U0591211

公安机关刑事法律文书制作指南与范例

（2020 年版）

主　编　孙茂利

副主编　李文胜　陈　敏

（公安机关内部发行）

中国人民公安大学出版社

·北　京·

图书在版编目（CIP）数据

公安机关刑事法律文书制作指南与范例：2020年版／孙茂利主编.
—北京：中国人民公安大学出版社，2020.10
ISBN 978-7-5653-4077-2

Ⅰ．①公… Ⅱ．①孙… Ⅲ．①公安机关–刑事诉讼–法律文书–中国 Ⅳ．①D925.2

中国版本图书馆CIP数据核字（2020）第192699号

公安机关刑事法律文书制作指南与范例（2020年版）

主 编 孙茂利 副主编 李文胜 陈 敏

出版发行：中国人民公安大学出版社
地 址：北京市西城区木樨地南里
邮政编码：100038
印 刷：北京市泰锐印刷有限责任公司

版 次：2020年10月第1版
印 次：2020年10月第1次
印 张：17.625
开 本：880毫米×1230毫米 1/32
字 数：473千字

书 号：ISBN 978-7-5653-4077-2
定 价：59.00元 （公安机关内部发行）

网 址：www.cppsup.com.cn www.porclub.com.cn
电子邮箱：zbs@cppsup.com zbs@cppsu.edu.cn

营销中心电话：010-83903254
读者服务部电话（门市）：010-83903257
警官读者俱乐部电话（网购、邮购）：010-83903253
公安业务分社电话：010-83905641

本社图书出现印装质量问题，由本社负责退换
版权所有 侵权必究
本书咨询电话：(010) 63485228 63453145

本书编委会

主　编　孙茂利

副主编　李文胜　陈　敏

撰稿人　孙茂利　李文胜　陈　敏
　　　　刘　晋　李冠东　李昊翰
　　　　汪　琪　王景红　冯景丽
　　　　高秀军　田洪峰　金　的
　　　　石鹏飞　李　敏

前　　言

　　刑事法律文书是公安机关办理刑事案件的具体表现形式，对保障公安机关正确执行法律，规范刑事执法活动具有十分重要的作用。2018 年 10 月 26 日，第十三届全国人民代表大会常务委员会第六次会议通过的《关于修改〈中华人民共和国刑事诉讼法〉的决定》对我国的刑事诉讼制度做了一系列重大修改、完善。为了保障修改后的《中华人民共和国刑事诉讼法》（以下简称《刑事诉讼法》）的贯彻实施，保障公安机关在刑事诉讼中正确履行职权，规范办案程序，2020 年 7 月 20 日，公安部对《公安机关办理刑事案件程序规定》（以下简称《程序规定》）进行了修改、补充和完善。

　　为了贯彻修改后的《刑事诉讼法》和《程序规定》，规范公安机关刑事执法活动，2020 年 8 月 21 日，公安部办公厅下发了《关于修改和补充部分刑事法律文书式样的通知》（公法制〔2020〕1009 号），对《公安机关刑事法律文书式样

（2012 版）》中的部分法律文书式样进行修改和补充。其中，对犯罪嫌疑人诉讼权利义务告知书等 7 个法律文书式样进行了修改、完善；补充了准许被取保候审人离开所居市县决定书等 3 个法律文书式样。另外，本书还对《公安机关刑事法律文书式样（2012 版）》中涉及的《刑事诉讼法》和《程序规定》条文序号作了相应修改。

为加强公安机关刑事法律文书的学习培训工作，帮助广大民警全面系统掌握刑事法律文书的制作要求，公安部法制局全程参与《程序规定》和《公安机关刑事法律文书式样（2012 版）》等规定修订工作的同志撰写了本书。

本书注重理论与实践相结合，突出实用性和可操作性，对公安机关办理刑事案件需要制作的法律文书，逐一阐明了法律依据、适用条件和制作要求，并提供了制作范例，对于执法实践具有较强的指导意义。

由于时间仓促、水平有限，错误疏漏在所难免，希望广大读者提出批评和改正的意见建议，以便进一步修改完善。

编　者
2020 年 9 月

目　录

第一编　公安机关刑事法律文书总论

第一章　公安机关刑事法律文书概论

第二章　公安机关刑事法律文书式样
修订情况和填写要求

第二编　公安机关刑事法律文书分论

第一章　立案、管辖、回避文书

第二章　律师参与刑事诉讼文书

第三章　强制措施文书

目　录

---

① 原延长拘留期限通知书、延长侦查羁押期限通知书、计算/重新计算侦查羁押期限通知书被最高人民法院、最高人民检察院、公安部《关于羁押犯罪嫌疑人、被告人实行换押和羁押期限变更通知制度的通知》所废止。——编者注

第四章　侦查取证文书

---

①② 　换押证、提讯提解证根据最高人民法院、最高人民检察院、公安部《关于羁押犯罪嫌疑人、被告人实行换押和羁押期限变更通知制度的通知》进行了修改。——编者注

目　录

① 第七章中的复议复核文书根据《公安机关刑事复议复核法律文书式样》增加，原复议决定书予以废止。——编者注

第九章　规范性文书

附

第一编 公安机关刑事法律文书总论

第一章 公安机关刑事法律文书概论

一、公安机关刑事法律文书的概念和特征

公安机关刑事法律文书是公安机关在办理刑事案件过程中依法制作和使用的具有法律效力的专用法律文书。公安机关刑事法律文书在制作主体、格式、内容和法律效力上都具有区别于其他文书的鲜明特征。了解这些特征，有助于更好地理解和使用公安机关刑事法律文书。

（一）公安机关刑事法律文书是专用法律公文书

1. 公安机关刑事法律文书是公文

文书是机关、团体、企事业单位以及个人在各种活动中形成的内容比较系统、格式比较完整的文字材料。按制作文书的主体划分，可以分为公文书和私文书。公文书简称为公文，主要包括立法机关、司法机关、行政机关、党的机关以及军队的公文等。公安机关属于行政机关，同时又是国家重要的刑事司法机关，在刑事诉讼活动中承担一定的司法职能。因此，公安机关刑事法律文书是公安

机关使用的具有刑事司法性质的公文。

2. 公安机关刑事法律文书是专用公文

专用公文，是指与《国家行政机关公文处理办法》规定的通用公文相对应的具有专业性特点的公文，如法律公文、外交公文、军事公文等。这些公文由特定的机关在专门的活动中形成和使用，具有与通用公文不同的特点。

公安机关刑事法律文书是公安机关办理刑事案件的专用公文，这些公文与《国家行政机关公文处理办法》规定的通用公文有很大不同。从内容上看，公安机关刑事法律文书只涉及办理刑事案件过程中的法律问题；通用公文则涉及行政机关行政管理活动中的各方面的问题。从形式上看，公安机关刑事法律文书多采用多联式；通用公文则都是单联式。从格式上看，公安机关刑事法律文书的组成部分一般包括发文机关标识、标题、字号、主送机关、正文、成文日期、印章等；通用公文一般包括秘密等级和保密期限、紧急程度、发文机关标识、发文字号、签发人、标题、主送机关、正文、附件说明、成文日期、印章、附注、主题词、抄送机关、印发机关和印发日期等部分，比公安机关刑事法律文书更加复杂。

3. 公安机关刑事法律文书是公安机关制作和使用的法律文书

法律文书是司法机关和执法机关在办理案件过程中制作和使用的具有法律效力的文书，是一种专用公文。法律文书包括人民法院的审判文书、检察机关的检察文书、公安机关的法律文书等。公安机关刑事法律文书具有专属性，只有公安机关可以制作和使用。

为了规范公安机关刑事法律文书的制作和使用，公安部专门制定了公安机关刑事法律文书的有关格式，各级公安机关应当依照上述文书式样制作和使用刑事法律文书。对于没有统一格式的文书，各地可以根据《刑事诉讼法》《公安机关办理刑事案件程序规定》和有关法律、规章的规定以及办案需要，自行制定有关法律文书。

（二）公安机关刑事法律文书是公安机关在办理刑事案件过程中制作和使用的法律文书

根据《人民警察法》的规定，公安机关职责广泛，包括刑事侦查、刑罚执行、治安行政管理、行政处罚、行政复议等。公安机关在履行以上职责过程中，都要使用相关的法律文书。公安机关刑事法律文书是公安机关在进行刑事侦查、执行刑罚过程中使用的法律文书，是公安机关刑事法律文书的一个重要组成部分。

根据《刑事诉讼法》的有关规定，按照公安机关办理刑事案件所涉及的各个诉讼阶段及有关诉讼制度，公安机关刑事法律文书式样主要包括立案、管辖、回避文书，律师参与刑事诉讼文书，强制措施文书，侦查取证文书，技术侦查文书，执行文书、复议复核文书等。需要注意的是，执行文书中只涉及与《刑事诉讼法》规定的执行程序有关的文书，看守所、派出所等行政管理文书或者其他内部管理文书，则不属于公安机关刑事法律文书。

公安机关刑事法律文书是公安机关在履行刑事司法职能过程中使用的法律文书受国家法律保护，任何单位和个人不得私自制作和使用。对于伪造、变造、买卖或者盗窃、抢夺、毁灭公安机关刑事法律文书的，应当依法追究行为人的刑事责任。

（三）公安机关刑事法律文书应当依法制作和使用

公安机关办理刑事案件，应当依法进行。公安机关刑事法律文书是公安机关在办理刑事案件过程中制作和使用的具有法律效力的文书，既是公安机关办理刑事案件的记录和证明，也是办理刑事案件的有机组成部分。因此，公安机关刑事法律文书应当依法制作和使用。

公安机关制作和使用刑事法律文书，主要依据《刑法》《刑事诉讼法》等有关刑事法律进行。因此，除少数内部文书（如呈请报告书）和技术性文书（如登记保存清单）外，《公安机关刑事法律文书式样（2012 版）》（以下简称文书式样）中收录的法律文书都有明确的法律依据。其中，对于仅适用《刑法》或者《刑事诉讼法》某一条规定的，将有关条款明确印制在文书式样中；对于适用两条以上规定的，可由办案人员根据案件具体情况，填写应当适用的法律条款。

（四）公安机关刑事法律文书是具有法律效力的法律文书

公安机关刑事法律文书依法制作，具有法律效力。所谓法律效力，是指由国家强制力保证实现的法律规定所要达到的效果。公安机关刑事法律文书具有法律效力的表现方式，就是通过具体的法律文书来确定公安机关和当事人或其他诉讼参与人之间、当事人和当事人之间的法律关系。这种法律关系一经有关法律文书确定，即具有执行效力或者稳定性，任何单位或者个人非经法定程序，不得改变或者拒不执行。

从这个角度来看，公安机关刑事法律文书应当是公安机关在办理刑事案件过程中对外使用的文书，而公安机关内部使用的文书对外一般没有法律效力。但是，有些内部使用的文书与对外使用的文书具有密切的关系。比如，根据《公安机关办理刑事案件程序规定》的相关规定，公安机关采取强制措施之前，首先应当制作呈请　报告书，经公安机关负责人批准，才能制作对外使用的法律文书。因此，呈请　报告书这一内部文书就对有关的对外使用的法律文书的真实性和法律效力具有重要影响。为了规范公安机关办案程序，提高办案质量，也将这类文书收入公安机关刑事法律文书式样。

二、公安机关刑事法律文书的作用

公安机关刑事法律文书在公安机关办理刑事案件过程中具有非常重要的作用。只有充分认识到法律文书的作用，才能更好地制作和使用法律文书，切实提高办案质量。公安机关刑事法律文书的作用表现在以下几个方面：

4

（一）公安机关刑事法律文书是公安机关刑事诉讼行为的表现形式

公安机关的刑事司法职能，必须通过诉讼行为来实现。诉讼行为是法律行为的一种。法律行为的表现形式有两种：书面形式和口头形式。在刑事诉讼过程中，除法律明确规定当事人的一些诉讼行为可以采取口头形式外，公安机关进行的诉讼行为都应当通过书面形式进行（如拘留犯罪嫌疑人，应当制作并出示拘留证），或者最终以书面形式加以确认（如对犯罪嫌疑人进行讯问是通过口头方式进行的，但要制作讯问笔录对讯问内容加以确认）。从这个意义上讲，公安机关刑事法律文书与公安机关办理的刑事案件是形式与内容的关系。没有公安机关的刑事诉讼活动，自然也就不会有刑事法律文书；而没有刑事法律文书，公安机关的刑事诉讼活动也无法得到体现。因此，公安机关刑事法律文书的制作和使用与办理刑事案件本身同等重要，或者说，公安机关制作和使用刑事法律文书是办理刑事案件的重要组成部分。在实际办案中，少数办案人员不严格依法制作和使用刑事法律文书，既不利于保护当事人的合法权益，也容易对侦查活动带来不利影响，必须予以纠正。

（二）公安机关刑事法律文书是公安机关依法办理刑事案件的重要凭据

公安机关办理刑事案件应当依法进行。公安机关刑事法律文书是证明公安机关遵守法律程序的重要依据。如果对公安机关的办案活动的合法性有疑问，可以通过刑事法律文书来排除。比如，对搜查的合法性有疑问，可以通过搜查证来证明搜查活动是否合法。

（三）公安机关刑事法律文书是公安机关办理刑事案件的档案记录

公安机关通过制作、使用、检查、分析刑事法律文书，一方面，可以及时发现、解决办案过程中存在的各种问题，提高办案质量和效率；另一方面，可以研究办案规律和犯罪活动规律，探讨、

5

制定预防犯罪的有效对策。

综上所述，公安机关刑事法律文书在公安机关办理刑事案件的过程中具有重要作用，各级公安机关办案人员一定要认真制作和使用，做到依法办案，以确保办案质量，顺利完成打击犯罪、保护人民的光荣任务。

三、公安机关刑事法律文书的种类

根据不同的分类标准，公安机关刑事法律文书可以有多种分类方法。为了更好地了解公安机关刑事法律文书的规律，正确制作、使用法律文书，对法律文书作以下分类介绍：

（一）根据组成联数的不同，可将刑事法律文书分为单联式文书和多联式文书

单联式文书在整体结构上只由一联组成，但一般要求制作多份，实际制作时，可以复写或者复印，但有关单位印章不得复写或复印。笔录类文书、清单类文书、审批类文书多为单联式文书。

多联式文书一般是对外使用的。与单联式文书相比，多联式文书的制作要求较为严格。多联式文书一般由存根和正副本各联组成，各联之间有骑缝线。填写文书时，存根和正副本各联之间的有关内容应保持一致，骑缝线上要填写字号，并加盖印章。决定类文书、通知类文书多为多联式文书。打印电子法律文书可以无骑缝线，不必加盖骑缝章。

（二）根据制作方式的不同，可将刑事法律文书分为填充型文书、填表型文书、叙述型文书

填充型文书内容框架已经事先印好，实际制作时，只需在空白处准确填写有关内容即可。决定类文书和通知类文书都是填充型文书。

填表型文书与填充型文书大致相同，也是事先印好格式，实际制作时填写空白处。不同之处在于，填充型文书多为决定书、通知

6

书等多联式文书，而填表型文书多为单联式的清单类文书。

叙述型文书，是指内容不固定或者正文长度不好掌握的文书，如各种笔录、提请批准逮捕书、起诉意见书、呈请　　报告书等。这类文书一般在印制格式时，只印制单位、文书名称、字号等开头内容，实际制作时，其他内容根据制作要求在拟稿后书写或者打印。

（三）根据内容和作用的不同，可将刑事法律文书分为决定类文书、通知类文书、审批类文书、笔录类文书、清单类文书

决定类文书是公安机关根据《刑法》《刑事诉讼法》对案件有关事项或者当事人的有关权利义务作出裁决时使用的文书。决定类文书一般都是多联式文书，由存根、正本和副本等联组成。正本和副本的内容完全一致，存根的内容与决定书内容也保持一致，但更简练一些。决定书的格式一般由首部、正文和尾部组成。决定书都是填充型文书，填写后，存根一般由管理法律文书的单位保存，正本送主送的单位或者当事人，副本送抄送单位，其中的附卷联由办案单位留存，存入诉讼卷。决定书送达当事人和某些单位，应当让当事人和有关单位在附卷联中签收。

通知类文书是公安机关在办理刑事案件过程中，需要将有关决定及一些事务性问题通知有关单位和当事人时使用的文书。通知类文书也是多联式文书，由存根和通知书等联组成。由于送达不同的当事人和单位，虽然是通知同一事项，但表达方式会有所不同，因此，除只有一个通知对象且须附卷留存的以外，通知书不分正本、副本。填写时，通知书根据具体情形填写，但涉及同一事项或者要素的，不同联中的内容应保持一致。存根内容要与通知书保持一致，但要更简练一些。通知书的格式一般由首部、正文和尾部组成。通知书都是填充型文书，填写后，存根一般由管理法律文书的单位保存，其他各联根据需要送达，其中的附卷联由办案单位留存，存入诉讼卷。通知书送达当事人和某些单位，应当让当事人和有关单位在附卷联中签收。

审批类文书包括两种情况：一种是对外使用的审批性文书，多为单联式填表型文书，如会见犯罪嫌疑人申请表等；另一种是内部使用的审批性文书，一般是单联式叙述型文书，如呈请　报告书等。审批类文书一般不能单独使用，领导审批之后，应当根据审批结果制作相应的法律文书，如准予会见犯罪嫌疑人决定书、通知书，提请批准逮捕书等。审批类文书一般存入侦查工作卷。

笔录类文书是公安机关在调查取证过程中，对有关行为和结果予以记录和固定的文书。严格来讲，笔录类文书不是法律文书，而是证据材料。这种材料起到如下作用：一是证明调查取证的合法性，包括调查人员的合法性和调查程序的合法性；二是记录证据内容的真实性。笔录类文书一般是叙述型文书，只制作一份，制作后，存入诉讼卷。

清单类文书是对办案过程中经手的物品、文件的流转过程进行记录的文书。严格来讲，清单类文书也不是法律文书，但是这种文书却有法律意义，它是物品管理权转移的证明。清单类文书是填表型文书，制作后，一般存入诉讼卷。

第二章 公安机关刑事法律文书式样修订情况和填写要求

一、《公安机关刑事法律文书式样》修订情况

（一）修订文书式样的必要性和过程

2012 年 3 月，修改后的《刑事诉讼法》颁布后，公安部对《公安机关办理刑事案件程序规定》相应做了全面修改。同时，近年来各地公安机关在使用刑事法律文书的过程中也发现了一些需要改进的问题。因此，有必要对公安机关刑事法律文书式样及时进行修改、补充和完善，以便将上述法律和规定的要求落到实处。

为保证文书式样能够与修改后的《刑事诉讼法》同步施行，公安部在 2012 年"两会"结束后即着手修订工作，在全面征求意见的基础上，对文书式样反复进行修改、完善，于 2012 年 12 月 19 日发布了公安部《关于印发〈公安机关刑事法律文书式样（2012 版）〉的通知》。修订后的文书式样对原文书式样做了全面修改、完善，删去原有文书 14 种，新增文书 32 种，将原有的 15 种文书合并为 6 种，修订后的文书式样共 97 种，分为八个部分，包括立案、管辖、回避文书，律师参与刑事诉讼文书，强制措施文书，侦查取证文书，技术侦查文书，执行文书，刑事通用文书，规范性文书。

2014 年 3 月，公安部会同最高人民法院、最高人民检察院印发《关于羁押犯罪嫌疑人、被告人实行换押和羁押期限变更通知制度的通知》，修改了换押证、提讯提解证，废止了延长拘留期限

通知书、延长侦查羁押期限通知书、计算/重新计算侦查羁押期限通知书，新增了变更羁押期限通知书。

2018 年 10 月，《刑事诉讼法》再次修改后，公安部对《公安机关办理刑事案件程序规定》进行了修正，并根据修正情况和实践需要，对《公安机关刑事法律文书式样（2012 版）》中的部分法律文书式样进行修改和补充。其中，对犯罪嫌疑人诉讼权利义务告知书等 7 个法律文书式样进行了修改，新增了准许被取保候审人离开所居市县决定书、准予补充鉴定/重新鉴定决定书、不准予补充鉴定/重新鉴定决定书 3 个法律文书式样，于 2020 年 8 月 21 日发布施行。

（二）修改文书式样的指导原则

在对文书式样进行修改时，主要坚持了以下原则：

1. 依法设置

刑事法律文书体现了公安机关的刑事执法权，与公民权益密切相关。因此，文书式样的修改和制定必须严格依法进行。在修改过程中，根据修改后的《刑事诉讼法》和《公安机关办理刑事案件程序规定》的有关规定，对相应的文书式样进行了调整。对法律赋予公安机关的权力，通过文书进一步明确操作程序。例如，根据 2012 年修改后的《刑事诉讼法》新增技术侦查措施的规定，文书式样中增加了技术侦查文书，并根据法律规定的采取、执行、延长期限、解除程序，相应设计了采取技术侦查措施决定书等 4 种文书；2012 年修改后的《刑事诉讼法》增加了查封措施，修订后的《公安机关办理刑事案件程序规定》增加了查封、扣押决定程序，文书式样中相应增加了查封决定书、扣押决定书，以保证执行查封、扣押程序的严肃性。同时对法律保障公民权利以及法律监督的规定切实予以执行。例如，根据 2012 年修改后的《刑事诉讼法》关于当事人权利义务的规定，增加了被取保候审人义务告知书、被害人诉讼权利义务告知书、证人诉讼权利义务告知书等，后又根据 2018 年修改后的《刑事诉讼法》对其内容进行了完善；根据执法公开的有关要求，增加了受案回执。

2. 务实好用

在征求意见过程中，一些地方反映部分现行刑事法律文书设计不够合理、不便使用。在研究过程中，公安部充分考虑了上述意见，对有关文书进行了修改、完善，力求解决实际问题，方便基层一线民警使用。例如，根据现场勘验检查的实践需要，并参考公安部刑侦局《公安机关刑事案件现场勘验检查卷宗制作规范》，对现场勘验笔录进行了修改，增加了提取痕迹、物证登记表，以解决现场勘验提取物证来源不清的问题，有利于及时固定证据；为保证取保候审、监视居住措施的有效执行，增加了传讯通知书、保存证件清单。

3. 高效减负

为减轻基层负担，方便民警使用，一方面将一些内容相近的文书予以合并。例如，将检查、复验复查、侦查实验、搜查、查封、扣押、辨认、提取等笔录整合为____笔录，形成一份通用笔录，由民警根据办案需要填写；将未成年犯罪嫌疑人法定代理人到场通知书、未成年证人/被害人法定代理人到场通知书合并为未成年人法定代理人到场通知书。同时，对在一种文书中能够一并解决的问题，不再另设单独文书，提高民警工作效率。例如，在拘留证、逮捕证中增加"属于律师会见需经许可的案件"的填写事项，一并解决送押犯罪嫌疑人时，将是否属于需经许可会见案件通知看守所的问题。

（三）需要说明的有关问题

1. 关于刑事案件、行政案件通用法律文书

现行公安刑事法律文书和行政法律文书是并行的两套法律文书，均有受案登记表，且内容不同。但从办案实践看，一些案件往往在受案环节尚难以准确判断案件性质，很难选择是填写刑事还是行政案件登记表。2012年修改时，经研究，将两个登记表的格式统一，合并为受案登记表，并将讯问犯罪嫌疑人、询问违法嫌疑人、被害人、证人的笔录内容予以简化整合，形成询问/讯问笔录，作为刑事案件、行政案件通用法律文书，便于实际操作。

2. 关于删去的文书

2012 年修改后的文书式样删去了 14 种文书。其中，一是根据修改后的《刑事诉讼法》对辩护制度的修改，删去了原有的 6 种律师参与刑事诉讼文书。修改后的《刑事诉讼法》删去了涉密案件律师在侦查阶段参与刑事诉讼需经审批的规定，增设了危害国家安全犯罪、恐怖活动犯罪案件，律师会见在押犯罪嫌疑人需经批准的程序。据此，删去了涉密案件聘请律师申请表等原有的 6 种文书，并增加了危害国家安全犯罪、恐怖活动犯罪案件中审批律师会见使用的会见犯罪嫌疑人申请表，准予会见犯罪嫌疑人决定书、通知书，不准予会见犯罪嫌疑人决定书。二是删去了处理物品、文件清单。原有的处理物品、文件清单主要是记载侦查终结时收集、调取、扣押的物品、文件的处理情况，但实际上这些处理情况已经分别在发还清单、随案移送清单、销毁清单中记明，没有必要重复填写。三是考虑到原有执行文书中部分涉及内部审批的文书使用量不大，可由地方根据实际制定，没有必要设置统一格式，因此，删去了提请减刑/假释审批表、暂予监外执行审批表、暂予监外执行延期审批表等 6 种文书。

3. 关于使用计算机制作文书的问题

目前，各地公安机关普遍建立了网上执法办案系统，网上填写、制作法律文书日益普及，同时电子印章的使用也有严格的审批程序。因此，在修订文书式样时，鼓励各地积极开展网上审核审批和制作法律文书，并充分考虑网上制作法律文书的特点，不再要求网上制作法律文书加盖骑缝章，解决原有分联式文书计算机打印困难以及因加盖骑缝章降低办案效率的问题。

二、《公安机关刑事法律文书式样（2020 版）》填写要求

（一）制作的基本要求

各地公安机关在办理刑事案件时，应当严格依照修改后的

《刑事诉讼法》《刑法》《公安机关办理刑事案件程序规定》等法律、规章进行选取、制作和填写、使用刑事法律文书。

（1）选取文书。在制作文书之前，应当了解每一种文书的使用条件和范围，并结合具体案情和实际需要准确选取相应的法律文书。

（2）制作和填写文书。填写纸质文书时，应当使用能够长期保持字迹的书写工具，做到字迹清楚、文字规范、文面整洁。文书设定的项目，应当逐项准确填写；确有些栏目不需要填写的，用斜线"＼"或者横线"—"划去。填写电子文书时，应当从系统选项栏中准确选取相应的项目。制作呈请立案报告书、提请批准逮捕书等叙述型文书时，应当做到描述案件事实清楚、引用法律条文准确、结论明确易懂、语言准确精练。

（3）使用文书。文书制作完毕，应当按照要求予以送达、签收，办案单位留存的文书，应当根据规定入卷。

（二）常见项目填写要求

（1）案件名称。根据不同的案件情况，采取不同的命名方法。对于有明确的犯罪嫌疑人和涉嫌犯罪情节清楚的案件，可采取"人名＋涉嫌罪名"命名，如"王××故意杀人案"；对于犯罪嫌疑人不明而被害人和被侵害情况清楚的案件，可采取"被害人＋被侵害情况"命名，如"张××被抢劫案"；对于犯罪嫌疑人和被害人不明或者犯罪嫌疑人、被害人人数众多不便概括以及需要保密等情形，可采取以案件发生时间、立案时间或者地名来命名，如"4·15案"、"×××（地名）抢劫案"。

（2）案件编号。各地在制作文书过程中应当本着便于对案件进行管理和统计的原则，根据本地或者本系统的要求进行填写。

（3）犯罪嫌疑人姓名。填写犯罪嫌疑人合法身份证件上的姓名，如果没有合法身份证件的，填写在户籍登记中使用的姓名。如果犯罪嫌疑人是外国人，除应当填写其合法身份证件上的姓名外，还应当同时写明汉语译名。对于一些叙述型法律文书，如提请批准

13

逮捕书、起诉意见书等，应当在写明犯罪嫌疑人姓名的同时，写明犯罪嫌疑人使用过的其他名称，包括别名、曾用名、绰号等。如有必要，还可写明笔名、网名等名称。确实无法查明其真实姓名的，也可以暂填写其自报的姓名。查清其真实姓名后，按照查清后的姓名填写，对之前填写的内容可不再更改，但应当在案件卷宗中予以书面说明。（犯罪嫌疑人出生日期、住址不明的，参照上述规定办理。）

（4）犯罪嫌疑人出生日期。犯罪嫌疑人的出生日期以公历（阳历）为准，除有特别说明的外，一律具体到年月日。确定犯罪嫌疑人的出生日期应当以其合法身份证件上记载的出生日期为准，没有合法身份证件的，以户籍登记中的出生日期为准。

（5）犯罪嫌疑人住址。填写犯罪嫌疑人被采取强制措施前的经常居所地。犯罪嫌疑人的经常居所地以户籍登记中的住址为准。如果该犯罪嫌疑人离开户籍所在地在其他地方连续居住满一年以上的，则以该地为经常居住地，并应当在填写经常居住地的同时注明户籍登记中的住址。

（6）犯罪嫌疑人的单位及职业。填写犯罪嫌疑人的工作单位名称以及从事的职业种类。单位名称应当填写全称，必要时在前面加上地域名称。认定犯罪嫌疑人的工作单位，不能单纯凭人事档案是否在该单位，而应当视其是否实际在该单位工作。只要其实际在该单位工作的，即可认定为工作单位。职业应当填写从事工作的种类。没有工作单位的，可以根据实际情况填写经商、务工、农民、在校学生或者无业等。

（7）身份证件种类及号码。填写居民身份证、军官证、护照等法定身份证件的种类及号码。

（8）文化程度。填写国家承认的学历。文化程度分为研究生（博士、硕士）、大学、大专、中专、高中、初中、小学、文盲等档次。

（9）批准人。填写批准制作该法律文书的有关负责人的姓名。

（10）批准时间。填写批准制作该法律文书的有关负责人的签字时间。

（11）办案人。填写办理案件民警的姓名，或者有关事项承办人的姓名。

（12）办案单位。填写办案单位或者部门的名称。

（13）填发时间。填写实际制作法律文书的时间。

（14）填发人。填写制作法律文书的人的姓名。

（15）签名。需要当事人签名确认的文书应当由其本人签名，不能签名的，可以捺指印；属于单位的，由法定代表人、主要负责人或者其授权的人签名，或者加盖单位印章。当事人拒绝签名的，侦查人员应当在文书中予以说明。

（16）各类清单。"编号"栏一律采取阿拉伯数字，按材料、物品的排列顺序从"1"开始逐次填写。"名称"栏填写材料、物品的名称；"数量"栏填写材料、物品的数量，使用阿拉伯数字填写；"特征"栏填写物品的品牌、型号、颜色、新旧等特点。表格多余部分应当用斜对角线划掉。

（17）发文字号。文书格式中的发文字号印刷为"×公（　）字〔　〕号"，实际填写时，"×"处填写制作法律文书的机关代字，如北京市填写"京"；"（　）"处填写办案部门简称，如经济犯罪侦查部门制作的文书填写"经"；"（　）"和"字"之间的部分为文书名称简称，文书格式已根据不同法律文书种类将其简称印在文书之上，如拘留证印"拘"、逮捕证印"捕"；〔　〕中填发文年度；〔　〕后填发文顺序号。

（18）法律条文的援引。引用法律，应当写明法律的全称；引用的法律条文，要写明具体的条文号，条文中有款、项的，要具体到款、项。

（19）计量单位。填写国家法定计量单位。

（20）联系方式。填写联系人的移动电话号码、固定电话号码、电子邮件地址等内容。

（21）数字。在引用的法律条文、部分结构层次顺序和在词、词组、惯用语、缩略语、具有修辞色彩语句中作为词素的数字时应当使用汉字，其他情况下应当使用阿拉伯数字。结构层次序数：第一层为"一、"，第二层为"（一）"，第三层为"1."，第四层为"（1）"。文书发文字号中年度、发文顺序号和成文日期应当使用阿拉伯数字。

（22）成文日期。成文日期填写批准人的批准日期。内部审批类文书的日期，制作人在末尾落款处填写制作日期，审核人、批准人在其签名下方填写审核、批准时的日期。

（23）印章的使用。对外使用的文书，应当在成文日期上加盖能够对外独立承担法律责任的单位印章，不能使用内部印章。

（24）骑缝线。打印电子法律文书可以无骑缝线，不必加盖骑缝章。纸质法律文书的骑缝线一律用汉字（发文年度和顺序号用大写）填写发文字号，然后加盖单位印章或专用骑缝章。

（25）选择性项目的填写。文书标题中的选择性项目不动。文书内容部分出现选择性项目的，电子文书根据案情从相应选项中选择适当的项目。纸质文书根据具体情况删去不需要的内容：文书中空余部分、较短的文字内容，可用斜线"\"删去，如犯罪嫌疑人是男性的，填写"男/女"。又如对于有控告人的案件，填写不予立案通知书时，应当填写"控告/移送"。有较长文字内容的可用横线"—"删去，如对于恐怖活动犯罪案件填写不准予会见犯罪嫌疑人决定书时，应当填写"危害国家安全犯罪案件/恐怖活动犯罪案件"。对于带有"□"的选择性项目，在选定的"□"中打"√"。选择"其他"的，还应当在随后的横线处填写具体情形。

三、公安机关刑事案卷立卷规范

公安机关刑事案卷，是公安机关对在办理刑事案件过程中形成的法律文书和证据材料，根据一定的顺序和要求组装后形成的案卷，是公安机关刑事执法办案水平和质量的重要体现。依照《刑

16

事诉讼法》《公安机关办理刑事案件程序规定》《公安部关于印发〈公安机关刑事法律文书式样（2012 版）〉的通知》《公安部办公厅关于修改和补充部分刑事法律文书式样的通知》《公安专业档案管理办法》《公安声像档案管理办法》等规定，结合公安工作实际情况，刑事案卷的立卷应当符合以下要求：

（一）立卷基本规范

（1）刑事案件侦查终结后，应当将全部案卷材料加以整理，按照要求装订立卷。全部案卷材料，是指与案件有关的所有法律文书和证据材料。法律文书，包括对外使用的法律文书和内部审批使用的法律文书。证据材料，包括证明犯罪嫌疑人有罪、罪重、无罪、罪轻的证据材料。严禁隐匿、篡改、销毁应当入卷的文书材料。

与案件无关的文书材料，不得归入案卷。

（2）存入刑事案卷的法律文书和证据材料，必须是按照《刑事诉讼法》和《公安机关办理刑事案件程序规定》等规定制作或者收集的文书材料。对于不符合法律规定或者没有按照法定程序制作与收集的文书和证据材料，应当进行补正，作出合理解释或者说明，否则不得作为证据使用。

（3）刑事案卷分为诉讼卷（又称正卷）和侦查工作卷（又称副卷）两大部分。诉讼卷主要包括对外使用的法律文书和证明案件事实的证据材料，组装后随案移送人民检察院，供诉讼使用。侦查工作卷主要包括不对外发生法律效力的内部审批文书、案件研究记录以及有保存价值但不需作为刑事诉讼证据使用的其他材料，装订后存档备查。

采取技术侦查制作的法律文书和获取的证据材料，作为证据使用的，应当将有关法律文书和证据材料归入诉讼卷随案移送，必要时单独立卷，标注密级；不作为证据使用的，归入侦查工作卷，不随案移送；与案件无关的材料必须及时销毁。

（4）侦查终结的案件，移送审查起诉时，可以对诉讼卷分诉讼文书卷、证据材料卷装订。

移送审查起诉的案件材料较少，适宜装订一卷的，可以将法律文书与证据材料按照先法律文书、后证据材料的顺序，装订一卷。

案件移送人民检察院审查起诉时，部分犯罪嫌疑人未归案需要另案处理的，应当复印相关文书及证据材料备用。

撤销刑事案件、终止侦查案件、不予立案案件，在归档管理时，不区分诉讼卷和侦查工作卷，按照先法律文书、后证据材料的顺序装订立卷。

已经暂停侦查工作不能及时侦查终结的案件，须归档管理的，侦查部门应当复印备案后，将原件材料不区分诉讼卷和侦查工作卷，按照先法律文书、后证据材料的顺序装订立卷；其中，全案只有报案笔录等少量材料的，可以多案装订成一卷，但应当在目录和案卷封面将案件名称标注清楚。

（5）侦查工作中涉及危害国家安全犯罪的案卷，诉讼卷在人民法院判决生效后，须退回公安机关的，由案件办理单位连同侦查工作卷一并移交所属公安机关档案部门；诉讼卷由人民检察院、人民法院等部门保管的，可以单独将侦查工作卷归档。

（二）诉讼卷立卷规范

诉讼卷，是公安机关对侦查终结的案件，根据规定移送同级人民检察院审查起诉的案卷。诉讼卷可以分为诉讼文书卷和证据材料卷两类。

1. 诉讼文书卷立卷规范

在办理刑事案件过程中，制作或者收集的反映诉讼程序以及采取强制措施的过程，对外产生法律效力的法律文书，如立案决定书、取保候审决定书、监视居住决定书、拘留证、逮捕证等，应当归入诉讼文书卷。

诉讼文书卷按照下列顺序和要求立卷，卷内文书按照文书类别和制作时间先后排列：

（1）卷内文书目录；

（2）证明案件来源的文书，包括：接处警登记表、受案登记表、受案回执；

（3）与立案、不予立案相关的文书，包括：立案决定书、不予立案通知书、刑事复议/复核决定书、人民检察院要求说明不立案理由通知书、不立案理由说明书、人民检察院通知立案书；

（4）移送案件通知书、指定管辖决定书；

（5）换押证；

（6）对犯罪嫌疑人拘留、逮捕的相关法律文书，包括：拘留证、拘留通知书、提请批准逮捕书、要求复议意见书、提请复核意见书、人民检察院批准/不批准逮捕决定书、人民检察院复议/复核决定书、逮捕证、逮捕通知书、变更逮捕措施通知书、提请批准延长侦查羁押期限意见书、人民检察院批准/不批准延长侦查羁押期限决定书、变更羁押期限通知书；

（7）变更强制措施申请、不予释放/变更强制措施通知书；

（8）释放通知书、释放证明书；

（9）入所健康检查表；

（10）对犯罪嫌疑人取保候审、监视居住的相关法律文书及有关材料，包括：取保候审的书面申请材料，不予释放/变更强制措施通知书、释放通知书、取保候审决定书、保证人身份证明材料、取保候审保证书或收取保证金通知书回执、准许被取保候审人离开所居市县决定书、责令具结悔过决定书、悔过书、对保证人罚款决定书、没收保证金决定书、没收保证金通知书回执、解除取保候审决定书、退还保证金决定书、退还保证金通知书回执、对保证人处罚的相关文书、被取保候审人义务告知书、保存证件清单、监视居住决定书/执行通知书、指定居所监视居住通知书、解除监视居住决定书/通知书；

（11）对人大代表/政协委员采取强制措施的许可证明材料或者报告、通报材料；

（12）采取技术侦查措施决定书、执行技术侦查措施通知书、延长技术侦查措施期限决定书、解除技术侦查措施决定书；

（13）回避相关文书，包括：申请回避的书面材料或者相关记录、回避/驳回申请回避决定书、不服驳回申请回避的复议申请材料、刑事复议决定书；

（14）律师会见相关文书，包括：提供法律援助通知书、会见犯罪嫌疑人申请表、准予会见犯罪嫌疑人决定书、通知书、不准予会见犯罪嫌疑人决定书；

（15）移送起诉告知书；

（16）辩护律师意见；

（17）死亡通知书、告知书；

（18）结案后的相关文书，包括：终止侦查决定书、撤销案件决定书；

（19）附带民事诉讼材料。

有多名犯罪嫌疑人的，应当将每名犯罪嫌疑人的法律文书分别集中在一起按照上述顺序排列；犯罪嫌疑人之间按照其在共同犯罪中作用和地位的不同，先主犯、后从犯排序。

起诉意见书、没收违法所得意见书、强制医疗意见书不装入卷内，直接附卷移送人民检察院。

2. 证据材料卷立卷规范

对于侦查过程中采取讯问、询问、勘验、检查、搜查、查封、扣押、查询、冻结、调取证据、鉴定、辨认、通缉等侦查措施形成的法律文书和取得的证据材料，应当归入证据材料卷。

对于物证，应当随案移送；对不宜移送的，应当在依照规定妥善保管的同时，拍摄或者制作足以反映原物外形或者内容的照片、录像或者复制品，并附有关制作过程及原件、原物存放地点的文字说明入卷。书证应当是原件，只有在取得原件确有困难时，才可以使用副本或者复制件。以书证的副本、复制件入卷的，应当附与原件核实无误的说明，或者经鉴定等方式证明其真实性的鉴定材料。以上说明材料，应当由制作人和物品持有人或者物品持有单位有关

20

人员签名。

视听资料、电子数据，可以通过截图、照片、文字打印、文字翻译等形式转换，其原始载体应当妥善保管。视听资料、电子数据的原始载体必须移送的，应当放入资料袋中，并附移交清单及制作或者来源说明。对视听资料，制作说明中应当附有提取或者制作过程的说明，并写明制作人、持有人身份，制作时间、地点、条件和方法，并由制作人签名。对电子数据，应当附有提取过程及原始存储介质存放地点的说明，写明收集的程序、方式是否符合法律及有关技术规范等内容，并由提取人签名。

证据材料卷按照下列顺序和要求立卷：

（1）卷内文书目录；

（2）证明案件来源的有关材料，包括：报案材料、举报信、移送案件材料等；

（3）犯罪嫌疑人基本情况（附照片）、户籍信息资料（如通过公安信息网系统打印，照片和身份信息与犯罪嫌疑人本人及其供述相符的，应当加盖办案单位印章，并注明制作时间、来源，由办案人员签名；照片和身份信息与犯罪嫌疑人本人及其供述不相符的，应当向犯罪嫌疑人户籍所在地公安机关核实信息并调取相关户籍信息等证据）、自然人主体的政治面貌、是否人大代表（政协委员）、国籍等特殊身份的证明，单位主体的身份证明及法定代表人、直接负责的主管人员和其他直接责任人员在单位的任职、职责、负责权限的证明；

（4）犯罪嫌疑人归案（抓获）情况的说明；

（5）继续盘问通知书、延长继续盘问时限审批表、当场（继续）盘问笔录、检查笔录；

（6）提讯提解证；

（7）犯罪嫌疑人供述或者辩解相关文书及材料，包括：传唤证、拘传证、传讯通知书、未成年人法定代理人到场通知书、犯罪嫌疑人诉讼权利义务告知书、讯问笔录、犯罪嫌疑人亲笔供词、辨认笔录（含辨认照片及照片说明）、指认现场笔录及照片；

（8）未成年犯罪嫌疑人社会调查报告；

（9）被害人陈述材料，包括：询问通知书、未成年人法定代理人到场通知书、被害人诉讼权利义务告知书、询问笔录、被害人亲笔证词、辨认笔录（含辨认照片及照片说明）；

（10）证人证言材料，包括：询问通知书、未成年证人法定代理人到场通知书、证人诉讼权利义务告知书、询问笔录、证人亲笔证词、辨认笔录（含辨认照片及照片说明）；

（11）人身检查笔录，提取指纹信息、采集血液等生物样本的，要制作提取笔录或采集生物样本笔录；

（12）物证照片及制作、保存说明，书证或者书证副本及制作说明，视听资料、电子数据，或者其转换复制证据及证明收集过程合法性的法律文书或者制作说明，并按照以下要求附收集物证、书证的相关法律文书：

①在现场勘查过程中扣押一般物品、文件的，应当有现场勘验笔录，载明发现该证据的具体时间、地点和扣押的过程，并附扣押清单；

②在搜查过程中扣押物品、文件的，应当有搜查证（在执行拘留、逮捕过程中进行搜查的，可不附）、搜查笔录，载明发现该证据的具体时间、地点和扣押过程；

③扣押价值较高或者可能严重影响正常生产经营的财物的，应当有经县级以上公安机关负责人批准制作的扣押决定书，并附扣押笔录和扣押清单；

④非现场勘查、搜查过程中扣押一般财物的，应当有经办案部门负责人批准制作的扣押决定书，并附扣押笔录和扣押清单；

⑤调取证据的，应当有调取证据通知书、调取证据清单；接受证据的，应当有接受证据材料清单；

（13）查封土地、房屋等不动产，或者船舶、航空器以及其他不宜移动的大型机器、设备等特定动产的，应当有查封决定书、查封笔录、查封清单、协助查封通知书回执；同时扣押不动产、特定动产及其产权凭证、使用权凭证的，应当有扣押清单、扣押笔录；

（14）各类检验、鉴定相关文书资料，包括：解剖尸体通知书、鉴定聘请书、鉴定委托书、鉴定意见通知书、法医和 DNA 检验鉴定、司法精神病鉴定、文件检验鉴定、痕迹检验鉴定、理化检验鉴定、伤情鉴定、估价鉴定、会计鉴定、审计报告、出具鉴定意见和文书的鉴定机构和鉴定人资质证明文件复印件、准予补充鉴定/重新鉴定决定书、不准予补充鉴定/重新鉴定决定书；

（15）涉案财物的处理情况及去向的证明文件，包括：发还清单、随案移送清单、销毁清单、相关照片、见证人身份信息、解除查封冻结的相关文件、解除扣押邮件/电报通知书等；

（16）现场勘验（复验）笔录、侦查实验笔录、现场图、现场照片、提取笔录等现场资料，见证人身份信息；

（17）证明犯罪嫌疑人有自首、立功、前科以及其他法定或者酌定从重、从轻、减轻或者免除处罚情节的材料及证明材料来源的有关文书或者说明；

（18）民事赔偿、赔礼道歉、被害人谅解（自愿和解）、达成和解协议的相关材料；

（19）同案犯罪嫌疑人作另案处理、其他处理的相关证明材料及主要证据复印件；

（20）其他需要移送的证据材料。

对同一犯罪嫌疑人的相关材料一般按照时间顺序排列，采取传唤、传讯措施通知犯罪嫌疑人到案接受讯问的，传唤证、传讯证应当与当次讯问笔录一同列入案卷，排在当次讯问笔录之前。

对涉及多名犯罪嫌疑人或多起案件，材料较多的，可对每个犯罪嫌疑人的供述和辩解及相关文书分别立卷；对其他材料，以每起案件为一个完整的组成部分，分别立卷，重罪在前，轻罪在后，同等罪的以时间先后排列。

对同一被害人、证人的询问笔录按照时间顺序排列，询问通知书排在当次询问笔录之前。

3. 补充侦查工作卷立卷规范

对于人民检察院退回补充侦查的案件，在补充侦查完毕后，另装订补充侦查工作卷，连同原案卷一并移送审查起诉。

补充侦查工作卷按照下列顺序立卷：

（1）卷内文书目录；

（2）换押证；

（3）退回补充侦查决定书、补充侦查事项或提纲；

（4）补充侦查报告书；

（5）补充侦查阶段强制措施文书；

（6）侦查措施文书及证据材料、照片（排放顺序按照证据材料卷执行）。

补充侦查工作卷也可以按照检察机关补充侦查提纲所列事项的顺序进行排列。补充侦查提纲所列事项较多的，可以先分类合并，再将补充侦查材料对应排列。

（三）侦查工作卷立卷规范

1. 侦查工作卷立卷规范

公安机关不对外发生法律效力的内部审批文书、领导批示、案件研究记录、侦查方案与实施情况的材料以及其他有保存价值但不需要作为刑事诉讼证据的材料等应当归入侦查工作卷。

提请批准逮捕书、起诉意见书等主要诉讼文书应当制作副本，存入侦查工作卷备查。移送后仍需要保存、使用的文书材料，应当制作副本存入侦查工作卷备查。

不愿公开姓名的扭送人、报案人、控告人、举报人的有关材料，以及公安机关决定不公开证人、鉴定人、被害人的真实姓名、住址和工作单位等个人信息，而使用化名代替和其他需要保密的书面情况说明材料，应当单独立秘密侦查工作卷并标明密级。

侦查工作卷按照下列顺序立卷：

（1）卷内文书目录；

（2）呈请侦查终结报告书、起诉意见书底稿和副本，人民检察院起诉、不起诉的相关文书以及复议（复核）文书、报告，（人民法院）判决书、裁定书；

（3）呈请撤销案件（终止侦查）报告书、撤销案件（终止侦查）决定书；

（4）继续盘问审批表、延长继续盘问时限审批表复印件；

（5）呈请立案（不予立案）报告书；

（6）协查、通缉、边控类材料，包括：协查通报、呈请通缉报告书，呈请撤销通缉令报告书，呈请边控报告书、边控对象通知书、呈请撤销边控报告书、关于撤销边控的通知、在逃人员信息登记/撤销表、移送证明、接收证明、通缉令、撤销通缉令通知；

（7）呈请强制措施类报告书，按照采取强制措施时间或办案环节的先后顺序排列入卷，含期限延长类、复议复核类所有报告书；

（8）律师会见相关审批材料；

（9）呈请采取侦查措施类报告，包括：呈请传唤（询问）报告书、呈请调取证据报告书、呈请侦查实验（复验、复查、搜查、检查）报告书，呈请查封/解除查封、扣押/解除扣押、查询、冻结/解除冻结报告书，呈请鉴定/补充鉴定/重新鉴定报告书；

（10）接受证据材料清单、调取证据清单、扣押清单、登记保存清单、随案移送清单、发还清单、销毁清单等有关涉案财物的清单副本；

（11）呈请回避/驳回回避报告书；

（12）不愿公开姓名和行为的扭送人、报案人、控告人、举报人的有关材料；

（13）侦查方案、讯问计划，案件汇报提纲、案件讨论记录；

（14）人民检察院检察建议书、纠正违法通知书；

（15）其他需要保存并能反映侦查活动的材料，包括：有关案件线索转交通知单、移送清单，先期采取行政措施的有关文书、材料，案件审核、研究的其他材料等。

2. 秘密侦查工作卷立卷规范

公安机关在办理刑事案件过程中，涉及的人员信息、技术侦查的工作措施和工作资料等，需要保密的，应当归入秘密侦查工作卷。

秘密侦查工作卷按照下列顺序立卷：

（1）卷内文书目录；

（2）受案登记表、立案决定书（复印件）；

（3）提供案件线索的特情、耳目身份材料及审批材料；

（4）需要保密的报案人、控告人、举报人等相关人员信息及使用化名的情况说明等；

（5）需要保密的证人信息及使用化名的情况说明等；

（6）采取技术侦查措施的有关材料，包括：

①延长技术侦查措施期限审批报告、采取技术侦查措施决定书、延长技术侦查措施期限决定书；

②解除技术侦查措施审批报告、解除技术侦查措施决定书；

③采取技术侦查措施的请示、批示、办案协作等材料；

④采取侦查人员隐匿身份和控制下交付侦查手段，需要保密的资料；

⑤采取技术侦查措施获得的案件相关材料；

⑥采取技术侦查措施获得的与案件无关材料的销毁记录。

（四）立卷技术规范

1. 卷内文书材料页号编写规范

卷内文书材料页号，即页码编号，是指每张（或者每页）文书材料在卷内所处的位置。卷内文书材料的排列次序固定后，应当编写卷内文书材料的页号。

（1）每一完整案卷，如证据材料卷，一律从卷内文书目录后的第一份文书材料开始，以数字"1"开始编排页号。分卷装订的，应当单独编号。

（2）编写卷内文书材料页号，应当以页为单位编号，即一页编一个号，没有文字记载的空白页，不编号。例如，一张文书材料只有单面有内容，另一面是空白页，就仅对有内容的页面编写页号。如果一张文书材料的正背面均有文字、图表等内容，其正面和背面均应当编写页号，各编为一页。例如，正面的页号是"5"，其背面的页号即为"6"。卷内的便条、小纸条、信封等，只要有文字（包括符号、图画等）的，都应当编写页号。

（3）编写页号要准确，不能漏编，也不能编重号。

（4）编写页号的位置要适当。页号应当标注在每页的右上角。文字材料背面有内容的，背面页号应当标注在该面的左上角。

（5）编写页号，一律使用阿拉伯数字，即1、2、3、4……

（6）有些书证以及其他不便于在上面直接编写页号的文书材料，应当用牛皮纸袋装好，并在纸袋上注明"内有材料××页"，然后在纸袋上编上统一的页号。同时，可以在纸袋上作必要的说明。

对提请批准逮捕或者未侦查终结的案件装订立卷时，可以用铅笔编写页号；移送起诉、撤销案件（终止侦查）、不予立案的案件，应当规范编写页号，保持页面整洁。

2. 卷内文书目录制作规范

卷内文书目录，是按照卷内文书材料的次序编排以供查找的文书材料的目录，不是法律文书。登记卷内文书目录，应当在卷内文书材料排列顺序、位置固定并编好页号以后进行。登记时，字迹要清晰、工整，不能潦草。

现行的卷内文书目录由序号、责任者、文号、标题、日期、页号、备注七项组成。

（1）序号。序号是对卷内文书材料按照排列顺序进行的编号。一份文书材料编一个号，用阿拉伯数字按照1、2、3、4……的顺序编排并填写，如起诉意见书无论有多少页，只能编一个序号。同类证据有多份的，应当分别编号，如对同一犯罪嫌疑人有多份讯问笔录的，应当按照讯问时间先后分别编号、排列。

（2）责任者。责任者是指制发文书的单位或者个人。文书材料上加盖印章的，责任者应当填写加盖印章的机关名称。例如，提请批准逮捕书、逮捕证、起诉意见书、提请复核意见书等，其责任者是制作该文书的机关（即××市、县公安局）。对没有印章的，如笔录类文书，其责任者是记录人或者询（讯）问人。亲笔供词、亲笔证词等，其责任者是书写人（即犯罪嫌疑人或者证人等）。

（3）文号。卷内文书材料有文号的，填写相应的发文字号，如拘留证的文号为×公（刑）拘字〔20××〕525号。

（4）标题。标题是卷内文书材料的名称。文书材料有标题的，要原文照录，不要随意更改和简化。没有标题的，应当根据其内容，准确地概括出主题作为标题。概括的标题要清楚、简要。对于选择性标题，应当把不需要的内容删去。

（5）日期。日期是文书制作完毕的年、月、日，即成文日期，以文件落款的日期为准，填写8位阿拉伯数字。例如，拘留证的落款日期为"二〇二〇年六月十二日"，其卷内目录的相应栏内应当填写"20200612"。

（6）页号。页号是指卷内文书材料所在的首页码。对于文书材料只有一页的，应当在相应的"页号"栏内填写该文书材料在案卷中的页号。一份文书材料有两页以上的，应当在相应的"页号"栏内填写起止号及文件首尾页在案卷中的页号。例如，拘留证在第5页上，那么它的页号为5；讯问笔录在案卷中的页次排列是从20页到28页，填写页号时，应当填写"20~28"。

（7）备注。备注用以注明卷内文书材料中需要特别说明的问题，以便有关人员查阅材料时参考。例如，对复制（印）件，应当在该文书材料对应的"备注"栏内注明"复制（印）件"。

3. 卷内备考表制作规范

卷内备考表，是反映卷内文书材料状况的记录单。无论保管期限长短，案卷内均要求有卷内备考表。卷内备考表置于卷尾，填写项目包括：本案卷情况说明、立卷人、检查人、案件承办人、立卷时间。

（1）本案卷情况说明：应当填写卷内文书材料缺损、修改、补充、移出、销毁及不宜装订入卷的文书材料的情况说明等，案卷装订移交后发生或者发现的问题由有关的档案管理员填写并签名、标注时间。

（2）立卷人：完成立卷时，由立卷者签名。

（3）检查人：由案卷质量检查者、审核者签名。

（4）立卷时间：填写立卷完成时的日期，具体到年、月、日。

4. 案卷封面制作规范

案卷封面，又称封一，是指装订成册的案卷的最外面的一层或一页。制作时，诉讼卷的封面和封底统一使用公安部规范的牛皮纸规格和式样，侦查工作卷的封皮统一使用公安档案部门规定的无酸卷皮规格和式样。案卷封面应当用能够长久保持字迹的中性笔、毛笔、钢笔填写或者电脑打印，字迹要工整、清晰。

（1）案卷的种类。根据需要填写诉讼文书卷、证据材料卷或者侦查工作卷。

（2）案件名称。填写侦查终结时确定的案件名称。一人一罪的，填写犯罪嫌疑人姓名＋案件性质＋案，如"马××故意杀人案"；一人数罪的，填写犯罪嫌疑人姓名＋由重罪到轻罪的所有罪名；共同犯罪的，填写主犯姓名等＋案件性质＋案；集团犯罪的，填写首要分子姓名＋集团案。

（3）案件编号。填写立案时确定的案件编号。

（4）犯罪嫌疑人姓名。犯罪嫌疑人姓名，是指本案犯罪嫌疑人的姓名。单独作案的，写明本案的犯罪嫌疑人姓名；有多名犯罪嫌疑人的，按照其在共同犯罪中的作用和地位依次填写，先主犯、后从犯等。

（5）立案时间。填写立案决定书上的立案时间。

（6）结案时间。填写结案报告书上领导批示同意的时间。

（7）立卷单位。立卷单位，是指装订案卷的单位，也即办案公安机关。一般应当填写本单位名称，不填内设部门的名称。

（8）立卷人。立卷人，是指整理装订案卷的人。一般情况下，办案人员就是立卷人。办案人员与立卷人不一致的，谁立卷谁即为立卷人。

（9）审核人。审核人，是指负责对案卷把关的办案单位负责人。

侦查案卷封面项目应当按照公安档案部门填写类别名称、案卷题名、卷内文件起止时间、保管期限、卷数、页数、立卷单位。

5. 组装案卷规范

组装案卷是立卷的最后一道工序。案卷各部分的排列格式为：案卷封面—卷内文书目录—文书—卷内备考表—案卷封底。具体要求如下：

（1）为了便于保存和防止破损，在装订前要把文书材料上的订书钉、大头针、回形针等金属去掉。

（2）对于大小不一的文书材料以及其他不便装订的材料，要进行加工裱糊。过大的文书材料可以折叠，过小的文书材料要进行托裱。裱糊时要用胶水，不要使用糨糊，以防虫蛀。对于那些已破损而又不便裱糊的重要材料，可用牛皮纸袋等保管。

（3）有的文书材料是用铅笔或圆珠笔制作的，但又不能重新制作，为了长期保存，应当将原件复制一份，放在原件之后，另编张次。

（4）案卷内的照片（包括底片）应当有文字说明。照片和文字说明是相辅相成、互不可缺的，是密不可分的整体，否则照片就失去保存和证明作用。

（5）装订案卷每册以 200 页（厚度 10~20 毫米）以内为宜，如果材料较多，可立一、二、三……分册。共同犯罪案件的立卷，除主卷（是指共同犯罪事实部分）外，每个犯罪嫌疑人可分别立卷，在案卷上注明××集团××犯罪嫌疑人。

（6）装订案卷，应当使用装订档案的专用线绳。

（7）装订案卷时，要将文书材料下边和右边取齐，最好能将上下左右都取齐，在案卷左侧距左沿 1.5 厘米处打线孔，用线绳三点一线连接，每两孔之间的距离以 10 厘米左右为宜。装订案卷要达到整齐、美观、坚固、不压字。不得为了追求案卷的外表美观，而将案件材料文字切掉。

（8）对于一些不能装订入卷的证明材料，应当单独立卷保管。

第二编 公安机关刑事法律文书分论

第一章 立案、管辖、回避文书

一、受案登记表

(一) 概念

受案登记表是公安机关接受公民报案、控告、举报、扭送、犯罪嫌疑人自首以及有关单位移送案件时使用的文书。它是公安机关受理案件的凭证,适用于行政案件、刑事案件,是一种通用的法律文书,主要作用是如实记录案件来源和简要案情。在某些情况下,本文书是确定违法犯罪行为追诉时效的重要凭证,因此,应当认真制作,妥善保管。

(二) 法律依据

根据《刑事诉讼法》第 110 条第 3 款的规定,公安机关对于报案、控告、举报,都应当接受。对于不属于自己管辖的,应当移送主管机关处理,并且通知报案人、控告人、举报人;对于不属于自己管辖而又必须采取紧急措施的,应当先采取紧急措施,然后移送主管机关。第 4 款规定,犯罪人向公安机关自首的,适用第 3 款规定。

《公安机关办理刑事案件程序规定》第 171 条规定，公安机关接受案件时，应当制作受案登记表和受案回执，并将受案回执交扭送人、报案人、控告人、举报人。扭送人、报案人、控告人、举报人无法取得联系或者拒绝接受回执的，应当在回执中注明。

《公安机关办理行政案件程序规定》第 60 条规定，县级公安机关及其公安派出所、依法具有独立执法主体资格的公安机关业务部门以及出入境边防检查站对报案、控告、举报、群众扭送或者违法嫌疑人投案，以及其他国家机关移送的案件，应当及时受理并按照规定进行网上接报案登记。对重复报案、案件正在办理或者已经办结的，应当向报案人、控告人、举报人、扭送人、投案人作出解释，不再登记。第 61 条规定，公安机关应当对报案、控告、举报、群众扭送或者违法嫌疑人投案分别作出下列处理，并将处理情况在接报案登记中注明：（1）对属于本单位管辖范围内的案件，应当立即调查处理，制作受案登记表和受案回执，并将受案回执交报案人、控告人、举报人、扭送人；（2）对属于公安机关职责范围，但不属于本单位管辖的，应当在 24 小时内移送有管辖权的单位处理，并告知报案人、控告人、举报人、扭送人、投案人；（3）对不属于公安机关职责范围的事项，在接报案时能够当场判断的，应当立即口头告知报案人、控告人、举报人、扭送人、投案人向其他主管机关报案或者投案，报案人、控告人、举报人、扭送人、投案人对口头告知内容有异议或者不能当场判断的，应当书面告知，但因没有联系方式、身份不明等客观原因无法书面告知的除外。在日常执法执勤中发现的违法行为，适用上述规定。

（三）适用条件

在接处警和其他警务工作中，发现有以下情形之一的，应当制作受案登记表：

1. 公民扭送、报案、控告或者举报的；
2. 110 报警服务台指令的；

3. 违法犯罪嫌疑人投案、自首的；

4. 公安机关及民警在日常执法执勤中发现有违法犯罪事实发生的；

5. 有关单位移送案件的。

（四）内容及制作要求

受案登记表属于单联式填表型文书，由首部、正文、尾部组成，一式两份，一份留存，一份附卷。制作要求说明如下：

1. 首部。首部由文书名称、受案单位名称和印章、文书编号、案件来源、报案人基本情况、移送单位、接报民警、接报时间及接报地点等栏目组成。受案单位，是指受理案件的具有侦查职能的部门，如派出所、刑侦大队等，受案单位名称和所盖印章应当一致。案件来源根据实际情况相应在"110 指令""工作中发现""报案"等前面的方框中打钩。报案人基本情况应逐项填写清楚，如没有报案人或者报案人匿名的，本栏不必填写，但应当在简要案情栏中注明。如案件系其他单位移送过来的，则只填写移送单位栏，报案人栏无须填写。接报民警可以是一人，也可以是两人以上。接报地点，通常是指发现、处置警情的地点或者向报案人了解情况、制作笔录的地点，应根据具体情况如实填写。

2. 正文。正文是对案情的简要描述。写明行为的时间、地点、简要过程，涉案人基本情况，受害情况等，表述要简明扼要，清楚准确。正文还应注明是否有接受证据情况。

3. 尾部。尾部包括受案意见栏、受案审批栏。为便于分流警情，受案意见栏已列举了几种常见的受案意见，可根据具体情况在各项前面的方框中打钩，需要补充说明的可以在最后一项的横线上填写。

（五）使用要求

1. 《刑事诉讼法》第 111 条第 1 款规定，接受口头报案、控告、举报的工作人员，应当写成笔录，经宣读无误后，由报案人、控告人、举报人签名或者盖章。因此，在制作本文书时，应当制作报案笔录。一般情况下，先制作报案笔录，再填写受案登记表。

2. 对于发现的违法犯罪事实和报案人、控告人、举报人陈述的事实，应当根据有关法律和《公安机关办理刑事案件程序规定》、《公安机关办理行政案件程序规定》以及《公安机关执法细则（第三版）》的规定提出处理意见，常见的情形有以下几种：

（1）有犯罪事实发生且属于本单位管辖的，作为刑事案件办理。

（2）有违法事实发生且属于本单位管辖的，作为行政案件办理。

（3）有违法事实发生且属于本单位管辖，但暂时无法确定该违法事实是否构成犯罪的，可以按照行政案件的程序办理，在办理过程中，认为涉嫌构成犯罪的，立为刑事案件进行侦查。

（4）有违法事实发生且属于公安机关职责范围，但不属于本单位管辖的，应当在受理后的24小时内移送有管辖权的单位处理，并告知报案人（单位）、控告人、举报人。

（5）报案、控告、举报的事项虽然涉嫌构成违法犯罪，但不属于公安机关管辖的，提出不予调查处理的意见，建议有关人员到主管机关报案（投案）或者移送主管机关处理。对不属于自己管辖又必须采取紧急措施的，应当先采取紧急措施，然后办理手续，移送主管机关。

3. 受案部门负责人应当及时在受案登记表上签署审批意见。对于在审查中发现案件事实或者线索不明，必要时，经办案部门负责人批准，可以进行初查。在初查过程中，可以依照有关法律和规定采取询问、查询、勘验、鉴定和调取证据材料等不限制被调查对象人身、财产权利的措施。

4. 所受理的事项作为行政案件办理的，受案登记表存入行政案件卷宗；经县级以上公安机关负责人批示立案侦查的，受案登记表存入刑事案件卷宗。存根应当装订成册，建档备查。

5. 如果报案人、控告人、举报人、扭送人等向公安机关提供了证据材料，受案单位应当制作接受证据材料清单，作为证据材料来源的证明。

6. 对于刑事案件，受案登记表内受案部门负责人的审批意见只是受案意见，下一步决定立案、不予立案或者初查，应当按照《公安机关办理刑事案件程序规定》规定的程序履行法律手续，如受案时建议立为刑事案件的，应当制作呈请立案报告书，经县级以上公安机关负责人批准后立案。

7. 在工作中要注意受案登记表与《公安机关执法细则（第三版）》设定的接处警登记表有所不同，前者是受理案件的凭证，要附卷；后者的主要作用是记录警情来源和民警现场处警的情况，其登记的内容除了案件之外，还有求助、投诉等类型的警情信息，一般不要求附卷。

（六）范例

（行政刑事通用）

受案登记表

××市公安局经侦支队（印）　　　　　×公（经）受案字〔20××〕××号

	案件来源	□110指令 □工作中发现 ☑报案 □投案 □移送 □扭送 □其他				
报案人	姓　名	黎××	性别	男	出生日期	19××年××月××日
	身份证件种类	身份证	证件号码	××××××××××××××××		
	工作单位	××市玮运通有限公司	联系方式	电话:××××××××		
	现住址	××市××区××路××号				
	移送单位		移送人		联系方式	
	接报民警	熊××	接报时间	20××年8月14日18时××分	接报地点	××市公安局经侦支队

简要案情或者报案记录（发案时间、地点、简要过程、涉案人基本情况、受害情况等）以及是否接受证据:

　　20××年8月14日，××市玮运通有限公司法定代表人黎××到我支队报案: 6月30日，该公司与××市×××公司签订钢材购销合同，并付给对方定金200万元，供货时间为8月3日，现找不到该公司任何人员，办公地点人去楼空。对方签合同时，法定代表人叫骆××，30多岁，男性，本地口音，另一人叫范××，女性，20多岁，北方口音。

　　黎××提供证据见接受证据材料清单。

受案意见	□属本单位管辖的行政案件，建议及时调查处理 ☑属本单位管辖的刑事案件，建议及时立案侦查 □不属于本单位管辖，建议移送————处理 □不属于公安机关职责范围，不予调查处理并当场书面告知当事人 □其他———— 受案民警: 熊×× 　　　　　　　　20××年8月14日
受案审批	拟立刑事案件侦查。 受案部门负责人: 张×× 　　　　　20××年8月14日

一式两份，一份留存，一份附卷。

二、受案回执

(一) 概念

受案回执是公安机关接受案件之后给报案人(单位)、控告人、举报人、扭送人开具的凭证,用于告知接受案件的情况,属于行政案件、刑事案件通用文书,与受案登记表配套使用。设置本文书的目的在于确保扭送人、报案人、控告人、举报人了解、监督受案单位的工作进展情况。

(二) 法律依据

根据《刑事诉讼法》第110条第3款的规定,公安机关对于报案、控告、举报,都应当接受。对于不属于自己管辖的,应当移送主管机关处理,并且通知报案人、控告人、举报人;对于不属于自己管辖而又必须采取紧急措施的,应当先采取紧急措施,然后移送主管机关。第4款规定,犯罪人向公安机关自首的,适用上述规定。

《公安机关办理刑事案件程序规定》第171条规定,公安机关接受案件时,应当制作受案登记表和受案回执,并将受案回执交扭送人、报案人、控告人、举报人。

(三) 适用条件

受案回执适用于有扭送人、报案人、控告人、举报人的行政案件和刑事案件。公安机关在接受案件之后,应当及时开具受案回执送达上述人员或者单位。

(四) 内容及制作要求

受案回执由公安机关受案单位填写制作,一式两份,一份附卷,一份交扭送人、报案人、控告人、举报人。文书由首部、正文和尾部组成,主要填写内容为:

1. 首部。首部由文书名称(已印制好)、受送达人姓名(报案单位名称)两部分组成。受送达人姓名(报案单位名称)栏填写扭送人、报案人、控告人、举报人姓名或者报案单位名称。

2. 正文。正文包括报案日期、案件名称、受案登记表文号、查询方式、联系人和联系方式等栏目。查询方式常见的有来电查询、来信来函查询、电子政务平台查询等。联系人通常为接报民警，也可以由受案单位指定专门联系人负责有关工作。

3. 尾部。尾部填写成文时间，写明单位名称，并加盖受案单位印章。

（五）使用要求

1. 应当及时制作并送达文书。扭送人、报案人、控告人、举报人在场的，应当让受送达人当面签收；不在场的，可以通过传真、邮寄等方式送达。扭送人、报案人、控告人、举报人无法取得联系或者拒绝接受回执的，应当在回执中注明。

2. 多名报案人就同一事项报案的，可以开具多份受案回执，也可以让他们在同一份回执的附卷联上签名，另一份复印分别送达众报案人；如就同一事项的报案人数太多，也可以让报案人推举代表签收回执。总之，既要保障报案人的知情权和监督权，又要提高办案效率。

（六）范例

（行政刑事通用）

受 案 回 执

　　黎××：
　　你（单位）于 <u>20××</u> 年 <u>8</u> 月 <u>14</u> 日报称的 <u>被诈骗合同定金</u> 一案我单位已受理（受案登记表文号为×公（经）受案字〔20××〕××号）。
　　你（单位）可通过 <u>来电</u>
　<u>　　　　　　</u> 查询案件进展情况。
　　联系人、联系方式：<u>胡××，电话×××××</u><u>××</u> 。

受案单位（印）
二○××年八月十四日

报案人、控告人、
举报人、扭送人：黎××
　　　　　20××年8月14日

一式两份，一份附卷，一份交报案人、控告人、举报人、扭送人。

三、立案决定书

(一) 概念

立案决定书是公安机关发现犯罪事实或者犯罪嫌疑人，决定立案侦查时使用的决定类文书，是公安机关立案所用的正式文书，其作用在于表明公安机关已经立案，案件进入侦查阶段。本文书是公安机关开展侦查活动的重要依据。

(二) 法律依据

《刑事诉讼法》第109条规定，公安机关发现犯罪事实或者犯罪嫌疑人，应当按照管辖范围，立案侦查。第112条规定，公安机关对于报案、控告、举报和自首的材料，应当按照管辖范围，迅速进行审查，认为有犯罪事实需要追究刑事责任的时候，应当立案；认为没有犯罪事实，或者犯罪事实显著轻微，不需要追究刑事责任的时候，不予立案，并且将不立案的原因通知控告人。控告人如果不服，可以申请复议。

《公安机关办理刑事案件程序规定》第178条第1款规定，公安机关接受案件后，经审查，认为有犯罪事实需要追究刑事责任，且属于自己管辖的，经县级以上公安机关负责人批准，予以立案。

(三) 适用条件

使用立案决定书，应当符合以下条件：

1. 有犯罪事实，需要追究刑事责任。有无犯罪事实，应当根据证据认定。是否需要追究刑事责任，应当根据《刑事诉讼法》第16条和《刑法》的有关规定，结合有关证据认定。只要有犯罪事实，需要追究行为人刑事责任的，即应立案侦查，而不管是否已经明确行为人是谁。

2. 符合管辖规定，案件属于本公安机关管辖。

3. 县级以上公安机关负责人已经批准立案侦查。公安机关受理案件后，经过审查，认为有犯罪事实需要追究刑事责任，且属于自己管辖的，由接受单位制作呈请立案报告书，经县级以上公安机关负责人批准，予以立案。县级以上公安机关负责人直接在受案登记表上批示立案侦查的，也应制作立案决定书。

（四）内容及制作要求

立案决定书属于多联式填充型文书，由正本和存根两部分组成。

1. 正本。正本是立案决定的依据和凭证，由首部、正文和尾部组成。

（1）首部。首部包括制作机关名称、文书名称（已印制好）和文书字号。

（2）正文。正文的填写内容主要是：

①法律依据。文书将法律依据设置为可选项。公安机关立案侦查，法律依据是《刑事诉讼法》第109条或者第112条。其中，公安机关在工作中发现犯罪事实或者犯罪嫌疑人的，法律依据选择第109条；公民报案、控告、举报、扭送或者犯罪嫌疑人自首的，选择第112条。

②案件名称。立案时能够确认犯罪嫌疑人的，填写犯罪嫌疑人的姓名和涉嫌的罪名；尚未确定犯罪嫌疑人的，按照本书第一编第二章填写要求中所述的方法确定案件名称。

（3）尾部。尾部填写清楚成文时间，写明单位名称，并加盖制作文书的公安机关印章。成文时间应当填写县级以上公安机关负责人批准立案的时间。

2. 存根。存根作为公安机关立案的凭证，用于公安机关留存备查。如犯罪嫌疑人尚未确定的，犯罪嫌疑人基本情况栏可以不填，并用横线划掉。

（五）使用要求

1. 公安机关制作完立案决定书，标志着公安机关对某一犯罪事实已经立案，可以开始采取有关强制措施和侦查措施。

2. 侦查终结时，立案决定书正本应当存入诉讼卷。

（六）范例

＊＊＊公安局
立案决定书

（存　根）

×公（经）立字〔20××〕100 号

案件名称　李××涉嫌合同诈骗案
案件编号　×××××××
犯罪嫌疑人　李××　　　男/女
出生日期　19××年××月××日
住　　址　××市××区××路
　　　　　42 号
单位及职业××市×××公司经理
批准人　张××
批准时间　20××年5月7日
办案人　周××、蔡××
办案单位××市公安局经侦支队
填发时间　20××年5月7日
填发人　周××

×公（经）立字贰零××第壹佰号

＊＊＊公安局
立案决定书

×公（经）立字〔20××〕100 号

　　根据《中华人民共和国刑事诉讼法》第一百零九条/第一百一十二条　之规定，决定对　李××涉嫌合同诈骗案立案侦查。

公安局（印）
二〇××年五月七日

此联附卷

43

四、不予立案通知书

（一）概念

不予立案通知书是公安机关对控告人控告的或行政执法机关移送的案件经过审查，认为没有犯罪事实，或者犯罪事实显著轻微，不需要追究刑事责任的时候，不予立案，并且将不立案的原因通知控告人时使用的法律文书。不予立案通知书是通知类文书，其作用在于对有控告人控告的案件，如果不予立案的，将结果通知控告人，以便让其知道不立案的原因，并对不予立案的案件采取其他的救济途径。本文书也是公安机关对案件不立案侦查的法律凭证。

（二）法律依据

根据《刑事诉讼法》第 112 条的规定，公安机关对于报案、控告、举报和自首的材料，应当按照管辖范围，迅速进行审查，认为没有犯罪事实，或者犯罪事实显著轻微，不需要追究刑事责任的时候，不予立案，并且将不立案的原因通知控告人。控告人如果不服，可以申请复议。

《公安机关办理刑事案件程序规定》第 178 条规定，公安机关接受案件后，经审查，认为有犯罪事实需要追究刑事责任，且属于自己管辖的，经县级以上公安机关负责人批准，予以立案；认为没有犯罪事实，或者犯罪事实显著轻微不需要追究刑事责任，或者具有其他依法不追究刑事责任情形的，经县级以上公安机关负责人批准，不予立案。对有控告人的案件，决定不予立案的，公安机关应当制作不予立案通知书，并在 3 日以内送达控告人。决定不予立案后又发现新的事实或者证据，或者发现原认定事实错误，需要追究刑事责任的，应当及时立案处理。第 180 条第 1 款规定，对行政执法机关移送的案件，公安机关应当自接受案件之日起 3 日以内进行审查，认为有犯罪事实，需要追究刑事责任，依法决定立案的，应当书面通知移送案件的行政执法机关；认为没有犯罪事实，或者犯罪事实显著轻微，不需要追究刑事责任，依法不予立案的，应当说明理由，并将不予立案通知书送达移送案件的行政执法机关，相应退回案件材料。

（三）适用条件

使用不予立案通知书，应当符合以下条件：

1. 案件不符合立案条件。不符合立案条件的案件包括三种情形：（1）没有犯罪事实；（2）犯罪事实显著轻微，不需要追究刑事责任；（3）具有其他依法不追究刑事责任的情形，如《刑事诉讼法》第16条规定的情形。

2. 通知的对象是控告人、移送案件的行政执法机关。如果案件是公安机关自己发现的，或者是其他公民自首、扭送或者举报的，如果不立案，无须制作不予立案通知书。

3. 应当经过县级以上公安机关负责人批准。

（四）内容及制作要求

不予立案通知书属于多联式填充型文书，由正本、副本和存根三联组成。

1. 正本。正本是公安机关交给控告人或行政执法机关的不予立案的凭证以及其申请复议的依据，由首部、正文、尾部组成。

（1）首部。首部包括制作机关名称、文书名称（已印制好）、文书字号和抬头。抬头填写控告人的姓名或行政执法机关名称。

（2）正文。正文填写内容主要包括：

①提出控告或移送的时间。

②控告事由。可以填写案件名称，如果没有确定案件名称的，概括填写案件的主要内容。

③不立案的原因。不立案的原因可以是上述不符合立案条件的三种情形中的任何一种，但要具体填写。如没有犯罪事实，可以填写"被控告人×××的行为不属于犯罪行为"。如有法定不需要追究刑事责任的情形，可以填写法定不需要追究刑事责任的具体情

形，如"张××的犯罪已过追诉时效"。

（3）尾部。尾部填写清楚成文时间，写明单位名称，并加盖制作文书的公安机关印章。成文时间应当填写批准人批准的时间。

2. 副本。副本是公安机关决定不予立案的凭证，用于办案部门附卷，其内容及制作方法与正本相同。

3. 存根。存根是公安机关决定不予立案的凭证，用于公安机关留存备查。存根中的控告事由、不予立案原因、批准时间应当与正本中的填写内容一致。

（五）使用要求

1. 不予立案通知书制作完毕，办案人员应当在决定不予立案后 3 日内送达控告人。送达时，应当将正本交控告人，并让其在副本上签收。控告人对不予立案决定不服的，可以在收到不予立案通知书后 7 日以内向作出决定的公安机关申请复议；公安机关应当在收到复议申请后 30 日以内作出决定，并书面通知控告人。

控告人对不予立案的复议决定不服的，可以在收到复议决定书后 7 日以内向上一级公安机关申请复核；上一级公安机关应当在收到复核申请后 30 日以内作出决定。对上级公安机关撤销不予立案决定的，下级公安机关应当执行。

2. 移送案件的行政执法机关对不予立案决定不服的，可以在收到不予立案通知书后 3 日以内向作出决定的公安机关申请复议。公安机关应当在收到行政执法机关的复议申请后 3 日以内作出决定，并书面通知移送案件的行政执法机关。

（六）范例

***公安局

不予立案通知书

×公（刑）不立字[20××]15 号

薛××：

你（单位）于 20×× 年 12 月 13 日提出控告/移送的 蔡×× 的行为属于犯罪行为，我局经局审查认为 蔡×× 的行为不属于犯罪行为 强奸案，根据《中华人民共和国刑事诉讼法》第一百一十二条之规定，决定不予立案。如不服本决定，可以在收到本通知书之日起 三日/七日 内向 ××区公安分局 申请复议。

×××公安局（印）

二○××年十二月十六日

×公（刑）不立字 贰零×× 第 拾 伍 号

此联交控告人或者移送单位

***公安局

不予立案通知书
（副 本）

×公（刑）不立字[20××]15 号

薛××：

你（单位）于 20×× 年 12 月 13 日提出控告/移送的 蔡×× 的行为属于犯罪行为，我局经局审查认为 蔡×× 的行为不属于犯罪行为 强奸案，根据《中华人民共和国刑事诉讼法》第一百一十二条之规定，决定不予立案。如不服本决定，可以在收到本通知书之日起 三日/七日 内向 ××区公安分局 申请复议。

×××公安局（印）

二○××年十二月十六日

本通知书已收到。

签收人：薛××

20××年12月16日

×公（刑）不立字 贰零×× 第 拾 伍 号

此联附卷

***公安局

不予立案通知书
（存 根）

×公（刑）不立字[20××]15号

控告人/移送单位 薛××

住 ××市××区××号

单位及职业 ××市纺织厂职工

控告事由 强奸

不予立案原因 蔡××的行为不属于犯罪行为

批准人 张××

批准时间 20××年12月16日

办案人 陆××

办案单位 ××区公安分局刑警大队

填发时间 20××年12月16日

填发人 高××

五、不立案理由说明书

(一) 概念

不立案理由说明书是公安机关应人民检察院要求，说明不立案理由时使用的法律文书。要求公安机关说明不立案的理由，是《刑事诉讼法》赋予人民检察院在刑事案件立案环节的法律监督职能，因此，公安机关在接到人民检察院的要求说明不立案理由通知书后，应当依法认真制作不立案理由说明书，送达有关人民检察院。

(二) 法律依据

《刑事诉讼法》第113条规定，人民检察院认为公安机关对应当立案侦查的案件而不立案侦查的，或者被害人认为公安机关对应当立案侦查的案件而不立案侦查，向人民检察院提出的，人民检察院应当要求公安机关说明不立案的理由。

《公安机关办理刑事案件程序规定》第182条规定，对人民检察院要求说明不立案理由的案件，公安机关应当在收到通知书后7日以内，对不立案的情况、依据和理由作出书面说明，回复人民检察院。公安机关作出立案决定的，应当将立案决定书复印件送达人民检察院。人民检察院通知公安机关立案的，公安机关应当在收到通知书后15日以内立案，并将立案决定书复印件送达人民检察院。

(三) 适用条件

公安机关收到人民检察院要求说明不立案理由通知书后，应按照《公安机关办理刑事案件程序规定》的要求制作不立案理由说明书。制作前，应当经县级以上公安机关负责人批准。

(四) 内容及制作要求

不立案理由说明书属于多联式填充型文书，由正本、副本和存根三联组成。

1. 正本。正本是公安机关说明不立案理由的凭证，送交要求说明不立案理由的人民检察院，包括首部、正文和尾部三部分。

（1）首部。首部包括制作机关名称、文书名称（已印制好）、文书字号和抬头。抬头填写送达的人民检察院的名称。

（2）正文。正文需要填写的内容主要是：

①检察机关要求说明理由文书的时间及文号。

②案件名称。填写本机关原确定的案件名称。如果没有确定案件名称的，概括填写案件的主要内容或者检察机关要求说明不立案理由通知书中提到的案件名称。

③不立案理由。不立案理由应当写明事实依据，可以参照不予立案通知书的填写方法填写。

（3）尾部。填写清楚成文时间，写明单位名称，并加盖制作文书的公安机关印章。成文时间填写批准人批准的时间。

2. 副本。副本是公安机关说明不立案理由的凭证，由办案部门留存，其内容及制作方法与正本相同。

3. 存根。存根用于公安机关留存备查。应当按照规定格式填写清楚有关内容。

（五）使用要求

对人民检察院要求说明不立案理由的案件，公安机关应当在收到通知书后7日以内，对不立案的情况、依据和理由作出书面说明，回复人民检察院。

（六）范例

×××公安局

不立案理由说明书

×公（刑）不立说字〔20××〕23 号

×××市人民检察院：

你院×监字〔20××〕字 6 月 28 日以 ×检立监字〔20××〕 23 号文要求我局对蔡××强奸 案说明不立案的理由，我局经审查认为 蔡××和薛××在一起同居已有半年，双方发生性关系系属自愿行为，即没有犯罪事实，决定不立案。根据《中华人民共和国刑事诉讼法》第一百一十三条之规定，特此说明。

×××公安局（印）

二○××年七月三日

×公（刑）不立说字贰零××第贰拾叁号

此联交检察院

×××公安局

不立案理由说明书
（副 本）

×公（刑）不立说字〔20××〕23 号

×××市人民检察院：

你院×监字〔20××〕字 6 月 28 日以 ×检立监字〔20××〕 23 号文要求我局对蔡××强奸 案说明不立案的理由，我局经审查认为 蔡××和薛××在一起同居已有半年，双方发生性关系系属自愿行为，即没有犯罪事实，决定不立案。根据《中华人民共和国刑事诉讼法》第一百一十三条之规定，特此说明。

×××公安局（印）

二○××年七月三日

本说明书已收到。

检察院收件人：张××

20××年7月4日

×公（刑）不立说字贰零××第贰拾叁号

此联附卷

×××公安局

不立案理由说明书
（存 根）

×公（刑）不立案字〔20××〕23 号

要求立案事由 蔡××强奸

不立案原因 没有犯罪事实

送往单位 ×××市人民检察院

批准人 张××

批准时间 20××年7月3日

办案人 高××，尚××

办案单位 ××市公安局明镇大队

填发时间 20××年7月3日

填发人 高××

六、指定管辖决定书

（一）概念

指定管辖决定书是上级公安机关对下级公安机关发生管辖争议的案件或者情况特殊的案件作出指定管辖决定时使用的法律文书。《刑事诉讼法》和《公安机关办理刑事案件程序规定》对有关管辖问题作出了明确的规定，但是在实践中，由于案件情况千差万别，一些案件在处理过程中会出现管辖争议的问题，一些案件由于情况特殊，有管辖权的公安机关的侦查活动难以进行，需要由上级公安机关确定管辖。指定管辖对公安机关保证打击犯罪及侦查活动的顺利进行具有十分重要的作用。

（二）法律依据

《公安机关办理刑事案件程序规定》第 22 条第 1 款、第 2 款规定，对管辖不明确或者有争议的刑事案件，可以由有关公安机关协商。协商不成的，由共同的上级公安机关指定管辖。对情况特殊的刑事案件，可以由共同的上级公安机关指定管辖。

（三）适用条件

使用指定管辖决定书，应当符合以下条件：

1. 几个公安机关之间对案件管辖权有争议且协商不成，或者案件情况特殊。所谓管辖权有争议，往往是因为犯罪地涉及几个地方，有关公安机关对案件都主张有管辖权。所谓情况特殊，主要是指公安机关在办案中遇到的一些问题，使有管辖权的公安机关难以开展正常的侦查活动，如犯罪嫌疑人在当地影响较大等，需要由上级公安机关指定其他公安机关管辖。

2. 作出指定管辖决定的公安机关应当是几个相关公安机关的共同上级机关。如果某一市辖区内的几个县级公安机关发生管辖争议，应当由该市市级公安机关作为决定机关；如果该市某县级公安机关与该省其他市级公安机关发生管辖争议，则应当由该省省级公安机关作为决定机关；如果某一省辖区内的任一公安机关与另一省辖区内的任一公安机关发生管辖争议，则应当由公安部作为决定机关。

如果争议的公安机关之间通过协商可以解决管辖问题的，不应当使用指定管辖决定书。如果公安机关与其他国家机关（如检察院、法院等）之间发生管辖争议的，应当通过其他途径解决，不使用指定管辖决定书。

3. 下级公安机关提请上级公安机关指定管辖时，应当在有关材料中列明犯罪嫌疑人基本情况、涉嫌罪名、案件基本事实、管辖争议情况、协商情况和指定管辖理由，经公安机关负责人批准后，层报有权指定管辖的上级公安机关。

（四）内容及制作要求

指定管辖决定书属于一式多份式填充型文书，主要填写内容为：

1. 首部。首部包括制作机关名称、文书名称（已印制好）和文书字号。制作机关为公安厅的，可以直接印制为×××公安厅。

2. 正文。正文的填写内容主要是：

（1）有争议且协商不成或者情况特殊，需指定管辖的案件。写明案件名称，对案件名称有争议或者尚未确定案件名称的，由决定机关确定案件名称。

（2）确定的管辖机关。写明被指定的管辖机关全称。需要注意的是，上级公安机关在指定管辖机关时，只能指定下一级公安机关，而不能指定下一级公安机关辖区内的再下一级公安机关，如省公安厅只能指定设区的市一级公安机关，而不能直接指定县级公安机关。

（3）证据材料的移送。依次写明已掌握案件材料但没有被指定为管辖机关的公安机关全称、移送证据材料的期限。

（五）使用要求

指定管辖决定书应当根据实际需要确定制作的份数。制作后，决定机关留存一份，其余分送被指定的公安机关和其他有关的公安机关。被指定的公安机关应当将收到的指定管辖决定书存入诉讼卷。

（六）范例

＊＊＊公安厅

指定管辖决定书

×公（×）指管字〔20××〕××号

经对　张××涉嫌合同诈骗　　　　案件的管辖问题进行审查，根据《公安机关办理刑事案件程序规定》第二十二条之规定，决定由　××市公安局　管辖。请　××市　　　公安（分）局在　×　日内将与案件有关的证据材料移送该公安机关。

××公安厅（印）

二〇××年九月五日

本决定书一式若干份，决定机关留存一份，其余分送被指定的公安机关和其他有关的公安机关。

七、移送案件通知书

（一）概念

移送案件通知书是公安机关对于接受后但不属于自己管辖的案件移送主管机关处理时使用的法律文书。

（二）法律依据

《刑事诉讼法》第 110 条第 3 款规定，公安机关对于报案、控告、举报，都应当接受。对于不属于自己管辖的，应当移送主管机关处理，并且通知报案人、控告人、举报人；对于不属于自己管辖而又必须采取紧急措施的，应当先采取紧急措施，然后移送主管机关。

《公安机关办理刑事案件程序规定》第 175 条第 1 款规定，经过审查，认为有犯罪事实，但不属于自己管辖的案件，应当立即报经县级以上公安机关负责人批准，制作移送案件通知书，在 24 小时以内移送有管辖权的机关处理，并告知扭送人、报案人、控告人、举报人。对于不属于自己管辖又必须采取紧急措施的，应当先采取紧急措施，然后办理手续，移送主管机关。第 184 条规定，经立案侦查，认为有犯罪事实需要追究刑事责任，但不属于自己管辖或者需要由其他公安机关并案侦查的案件，经县级以上公安机关负责人批准，制作移送案件通知书，移送有管辖权的机关或者并案侦查的公安机关，并在移送案件后 3 日以内书面通知扭送人、报案人、控告人、举报人或者移送案件的行政执法机关；犯罪嫌疑人已经到案的，应当依照该规定的有关规定通知家属。

（三）适用条件

使用移送案件通知书，应当符合以下条件：

1. 移送的案件是公安机关已经接受的案件。

2. 移送的案件是不属于自己管辖的案件。接受后经审查认为属于自己管辖的案件，不应当移送其他公安机关或者其他部门。

3. 应当经过县级以上公安机关负责人批准。办案部门应当先制作呈请移送案件报告书，县级以上公安机关负责人批准后，再制作移送案件通知书。

（四）内容及制作要求

移送案件通知书属于多联式填充型文书，由交报案、控告、举报人或移送单位联、交送往单位联、回执联、交看守所联、存根联组成。

1. 交报案、控告、举报人或移送单位联。本联由首部、正文和尾部组成。填写的主要内容为：

（1）首部。首部包括制作机关名称、文书名称（已印制好）、文书字号和抬头。按要求填写发文字号，抬头填写报案、控告、举报人或移送单位名称。

（2）正文。正文填写案件名称、移送理由、送往单位（即接收案件单位）。

（3）尾部。尾部填写成文时间，写明单位名称，并加盖移送单位印章。

2. 交送往单位联。本联由首部、正文和尾部组成。

（1）首部。首部包括制作机关名称、文书名称（已印制好）、文书字号和抬头。按要求填写发文字号，抬头填写送往单位名称。

（2）正文。正文填写案件名称、移送理由。

（3）尾部。尾部填写成文时间，写明单位名称，并加盖移送单位印章，附注填写移送案卷材料的卷数、页数。

3. 回执联。本联由首部、正文和尾部组成。

（1）首部。首部包括制作机关名称、文书名称（已印制好）、文书字号和抬头。按要求填写发文字号，抬头由接收案件单位填写移送单位的名称。

（2）正文。正文填写移送案件的时间、移送通知书文号和案件名称。

（3）尾部。尾部填写成文时间，写明单位名称，并加盖接收案件单位印章，附注填写接受案卷材料的卷数、页数。

4. 交看守所联。本联由首部、正文和尾部组成。

（1）首部。首部包括制作机关名称、文书名称（已印制好）、文书字号和抬头。按要求填写发文字号，抬头填写看守所名称。

（2）正文。正文填写案件名称、移送理由、接收单位名称，需要移交给接收案件单位处理的所有犯罪嫌疑人的姓名。

（3）尾部。尾部填写成文时间，写明单位名称，并加盖移送单位印章。

5. 存根联。按规定格式和内容填写相关内容，其中移送原因要简要填写通知书中的移送理由。

（五）使用要求

1. 移送案件通知书制作完毕，办案人员应当将交报案、控告、举报人或移送单位联交给有关人员或单位，如果有多人或者多个单位的，可将此联复印后分送；将交送往单位联、回执联送达接收案件单位；将交看守所联送交看守所。

2. 如果没有报案、控告、举报人或移送单位的，交报案、控告、举报人或移送单位联无须填写。如果犯罪嫌疑人没有被羁押，也无须填写交看守所联。

（六）范例

***公安局
移送案件通知书

×公（刑）移字〔20××〕12号

×县公安局：

经对 朱×等人盗窃 案进行审查，认为该案发生在×县辖区范围内，不属于我单位管辖，根据《中华人民共和国刑事诉讼法》第一百二十条第三款之规定，决定将该案移送你单位管辖。

公安局（印）

二O××年×月×日

附：案件材料共 2 卷 78 页。

×公（刑）移字贰零××第拾贰号

此联交送往单位

***公安局
移送案件通知书

×公（刑）移字〔20××〕12号

×县公安局：

经对 朱×等人盗窃 案进行审查，认为该案发生在×县辖区范围内，不属于我单位管辖，根据《中华人民共和国刑事诉讼法》第一百二十条第三款之规定，决定将该案移送 ×县公安局 管辖。

公安局（印）

二O××年×月×日

×公（刑）移字贰零××第拾贰号

此联交送报案、控告、举报人或移送单位

***公安局
移送案件通知书
（存根）

×公（刑）移字〔20××〕12号

案件名称	朱×等人盗窃案
案件编号	×××××××
嫌疑人	朱×　　男/女
出生日期	××××年
住址	××市××区××路×××号
单位及职业	无
移送原因	把案地在×县
送往单位	×县公安局
批准人	潘×
批准时间	二O××年×月×日
办案人	赵×、李×
办案单位	×市刑侦大队
填发时间	20××年×月×日
填发人	李××

＊＊＊公安局

移送案件通知书

×公（刑）移字[20××]12 号

××市　　看守所：

　　经对　朱　×等人盗窃　　案进行审查，
认为　该案发生在×县辖区范围内，不属于我单
位管辖　　，根据《中华人民共和国
刑事诉讼法》第一百二十条第三款之规定，决定
将该案移送　×县公安局　管辖。请办理该案
犯罪嫌疑人　朱×、谢××　的移交工作。

　　　　　　　　　　　　公安局　（印）

　　　　　　　　　　二○××年×月×日

第　拾　　　字　貳零　　移　（刑）　公　×
貳　号　　　　　××　　　　　　　　

此联交看守所

＊＊＊公安局

移送案件通知书

（回执）

×公（刑）移字[20××]12 号

××市　　公安局：

　　你局于　20××　年　×　月　×　日以　×
公（刑）移　字[20××]　12　号移送
案件通知书移送我单位的　朱×等盗窃
案已收到。

　　　　　　　　　　　送往单位　（印）

　　　　　　　　　　二○××年×月×日

附：收到案件材料共　2　卷　78　页。

第　拾　　　字　貳零　　移　（刑）　公　×
貳　号　　　　　××　　　　　　　　

此联由送往单位填写后退回附卷

八、回避/驳回申请回避决定书

（一）概念

回避/驳回申请回避决定书是公安机关在当事人对有关公安机关的负责人、侦查人员、鉴定人、记录人以及翻译人员提出回避的申请审查后，决定是否回避并通知当事人时使用的法律文书。本文书是由回避决定书和驳回申请回避决定书合并而成的，实际工作中可以根据情况选用。

（二）法律依据

根据《刑事诉讼法》第29~32条的有关规定，公安机关的负责人、侦查人员、鉴定人、记录人以及翻译人员有下列情形之一的，应当自行回避，当事人及其法定代理人也有权要求他们回避：（1）是本案的当事人或者是当事人的近亲属的；（2）本人或者他的近亲属和本案有利害关系的；（3）担任过本案的证人、鉴定人、辩护人、诉讼代理人的；（4）与本案当事人有其他关系，可能影响公正处理案件的；（5）接受当事人及其委托的人的请客送礼，违反规定会见当事人及其委托的人的。

《公安机关办理刑事案件程序规定》第32条规定，公安机关负责人、侦查人员有下列情形之一的，应当自行提出回避申请，没有自行提出回避申请的，应当责令其回避，当事人及其法定代理人也有权要求他们回避：（1）是本案的当事人或者是当事人的近亲属的；（2）本人或者他的近亲属和本案有利害关系的；（3）担任过本案的证人、鉴定人、辩护人、诉讼代理人的；（4）与本案当事人有其他关系，可能影响公正处理案件的。第33条规定，公安机关负责人、侦查人员不得有下列行为：（1）违反规定会见本案当事人及其委托人；（2）索取、接受本案当事人及其委托人的财物或者其他利益；（3）接受本案当事人及其委托人的宴请，或者参加由其支付费用的活动；（4）其他可能影响案件公正办理的不正当行为。违反上述规定的，应当责令其回避并依法追究法律责任。当事人及其法定代理人有权要求其回避。第 34 条规定，公安机关负责人、侦查人员自行提出回避申请的，应当说明回避的理由；口头提出申请的，公安机关应当记录在案。当事人及其法定代理人要求公安机关负责人、侦查人员回避，应当提出申请，并说明理由；口头提出申请的，公安机关应当记录在案。第 35 条规定，侦查人员的回避，由县级以上公安机关负责人决定；县级以上公安机关负责人的回避，由同级人民检察院检察委员会决定。

（三）适用条件

使用回避/驳回申请回避决定书，应当符合以下条件：

1. 当事人提出回避申请。根据《刑事诉讼法》和《公安机关办理刑事案件程序规定》的规定，回避分为申请回避、自行回避和决定回避三种。其中，自行回避和有权机关直接决定回避，不需要制作专门的法律文书。只有当事人申请回避的，才需要制作回避/驳回申请回避决定书，以便于当事人在不服有关决定时，可以进一步申请复议。

2. 被申请回避人是公安机关负责人、侦查人员、鉴定人、记录人和翻译人员。根据《刑事诉讼法》第 31 条第 1 款和《公安机关办理刑事案件程序规定》第 36 条第 2 款的规定，被申请回避人是县级以上公安机关负责人的，公安机关应当及时将申请移送同级人民检察院，由同级人民检察院检察委员会决定是否回避。

3. 有权机关作出有关决定。

（四）内容及制作要求

回避/驳回申请回避决定书属于多联式填充型文书，包括回避决定书和驳回申请回避决定书两个文书。本文书由一份正本、两份副本和存根四联组成。填写时应当注意：

1. 正本（交申请人联）。正本是对有关人员决定回避或者不予回避以及申请人据以提出复议申请的依据，由首部、正文和尾部组成。

（1）首部。首部包括制作机关名称、文书名称（已印制好）、文书字号及申请人和被申请人的基本情况（依次写明申请人的姓名、性别、出生日期、住址、单位、本案中的身份以及被申请人的姓名、单位及职务）。

（2）正文。

①申请事项。写明申请人提出申请的时间、申请理由、案件名称和被申请人的姓名、单位及职务。

②决定理由。写明事实依据。事实依据部分应当写明有无申请人提出的应当回避的事实，如"侦查人员×××是本案的当事人""侦查人员×××未接受当事人的请客送礼"等。

③决定人及决定内容。写明是县级以上公安机关负责人决定，还是同级人民检察院检察委员会决定，决定内容填写决定事项，如"侦查人员×××回避"或者"驳回申请人×××提出的要求侦查人员×××回避的申请"。

④复议单位。填写接受复议申请的单位名称。

（3）尾部。填写清楚成文时间，写明单位名称，并加盖制作文书的公安机关印章。

2. 副本。副本包括交被申请人联和附卷联。其内容及制作要求与正本基本一致。

交被申请人联中，正文部分没有复议单位一项，因被申请人没有申请复议的权利；附卷联中，尾部应由申请人签收。

3. 存根。存根是公安机关作出回避或者驳回申请回避决定的凭证，用于公安机关留存备查。存根内容应当根据决定书的内容填写清楚。

（五）使用要求

1. 回避/驳回申请回避决定书填写完毕，办案人员应当将正本交申请人，让申请人在附卷联（副本）上签收，并将另一副本交被申请人。

2. 根据《公安机关办理刑事案件程序规定》第 36 条第 1 款的规定，当事人及其法定代理人对侦查人员提出回避申请的，公安机关应当在收到回避申请后 2 日以内作出决定并通知申请人；情况复杂的，经县级以上公安机关负责人批准，可以在收到回避申请后 5 日以内作出决定。第 37 条规定，当事人及其法定代理人对驳回申请回避的决定不服的，可以在收到驳回申请回避决定书后 5 日以内向作出决定的公安机关申请复议。公安机关应当在收到复议申请后 5 日以内作出复议决定并书面通知申请人。

3.《公安机关办理刑事案件程序规定》第 38 条第 1 款规定，在作出回避决定前，申请或者被申请回避的公安机关负责人、侦查人员不得停止对案件的侦查。第 39 条规定，被决定回避的公安机关负责人、侦查人员在回避决定作出以前所进行的诉讼活动是否有效，由作出决定的机关根据案件情况决定。

4. 附卷联存入诉讼卷。

5. 当事人对驳回申请回避的决定不服申请复议的，公安机关复议后，应当制作复议决定书。

（六）范例

＊＊＊公安局

回避/驳回申请回避决定书
（副　本）

× 公（刑）回／驳回字［20××］6 号

申请人 张××，性别 男，出生日期 19××年××月××日，住址 ××市××区××路××号，单位及职务 ××市公安局刑侦支队侦查员，身份 本案中的犯罪嫌疑人。

被申请人 李××，单位及职务 ××市公安局刑侦支队侦查员。

申请人于 20××年 4 月 2 日以 李××是被害人李×的近亲属 为由，提出要求办理 李××是被害李×的近亲属 案的近亲属 回避的申请，经审查，认为 李××是被害人李×的近亲属，根据《中华人民共和国刑事诉讼法》第二十九条、第三十一条之规定，由 本局局长李××提出的本决定书×× 决定驳回申请人张×× 回避的申请。

如不服本决定，申请人可以在收到本决定书五日以内向 ××公安局 申请复议。

公安局（印）

二○××年四月四日

本决定书已收到。

申请人：张××

20××年4月4日

＊＊＊公安局

回避/驳回申请回避决定书
（存　根）

× 公（刑）回／驳回字［20××］6 号

案件名称	张××盗窃案
案件编号	×××××××
申请人	张××
被申请人	李××
决定内容	驳回回避申请
决定理由	李××不是被害人的近亲属
决定人	明××
批准时间	20××年4月4日　李××
办案单位	××市公安局刑侦支队
填发时间	20××年4月4日　陆××
填发人	陆××

此联附卷

***公安局

回避/驳回申请回避决定书

（副本）

×公（刑）回/驳回字〔20××〕6 号

申请人 张×× ，性别 男 ，出生日期 19××年××月××日 ，住址 ××市××区××路××号 ，单位及职务 ××市公安局刑警队侦查员 ，本案中的 身份：犯罪嫌疑人 。

被申请人 李×× ，单位及职务 ××市公安局刑警队侦查员 。

申请人于 20××年4月2日 以 李××是被害人×××的近亲属 为由，提出要求办理 张××是被害人×××的近亲属，本案中不是被害人×××的近亲属 的申请，经审查，认为 中华人民共和国刑事诉讼法《中华人民共和国刑事诉讼法》第二十九条、第三十一条之规定，由 本局局长李×× 决定驳回申请人张×××提出的要求侦查人员李×× 回避的申请。

公安局（印）

二○××年四月四日

×公（刑）回/驳回字贰零××第陆号

此联交被申请人

***公安局

回避/驳回申请回避决定书

×公（刑）回/驳回字〔20××〕6 号

申请人 张×× ，性别 男 ，出生日期 19××年××月××日 ，住址 ××市××区××路××号 ，单位及职务 ××市公安局刑警队侦查员 ，本案中的 身份：犯罪嫌疑人 。

被申请人 李×× ，单位及职务 ××市公安局刑警队侦查员 。

申请人于 20××年4月2日 以 李××是被害人×××的近亲属 为由，提出要求办理 张××是被害人×××的近亲属，本案中不是被害人×××的近亲属 的申请，经审查，认为 中华人民共和国刑事诉讼法《中华人民共和国刑事诉讼法》第二十九条、第三十一条之规定，由 本局局长李×× 决定驳回申请人张×××提出的要求侦查人员李×× 回避的申请。

如不服本决定，申请人可以在收到本决定书五日以内向××公安局，申请复议。

公安局（印）

二○××年四月四日

×公（刑）回/驳回字贰零××第陆号

此联交申请人

第二章 律师参与刑事诉讼文书

九、提供法律援助通知书

（一）概念

提供法律援助通知书是公安机关在办案中发现犯罪嫌疑人属于《刑事诉讼法》第 35 条、第 278 条规定的法律援助对象，通知法律援助机构指派律师提供法律援助时使用的通知类文书。

（二）法律依据

《刑事诉讼法》第 35 条规定，犯罪嫌疑人、被告人因经济困难或者其他原因没有委托辩护人的，本人及其近亲属可以向法律援助机构提出申请。对符合法律援助条件的，法律援助机构应当指派律师为其提供辩护。犯罪嫌疑人、被告人是盲、聋、哑人，或者是尚未完全丧失辨认或者控制自己行为能力的精神病人，没有委托辩护人的，人民法院、人民检察院和公安机关应当通知法律援助机构指派律师为其提供辩护。犯罪嫌疑人、被告人可能被判处无期徒刑、死刑，没有委托辩护人的，人民法院、人民检察院和公安机关应当通知法律援助机构指派律师为其提供辩护。第 278 条规定，未成年犯罪嫌疑人、被告人没有委托辩护人的，人民法院、人民检察院、公安机关应当通知法律援助机构指派律师为其提供辩护。

《公安机关办理刑事案件程序规定》第 43 条规定，公安机关在第一次讯问犯罪嫌疑人或者对犯罪嫌疑人采取强制措施的时候，应当告知犯罪嫌疑人有权委托律师作为辩护人，并告知其如果因经济困难或者其他原因没有委托辩护律师的，可以向法律援助机构申请法律援助。告知的情形应当记录在案。对于同案的犯罪嫌疑人委托同一名辩护律师的，或者两名以上未同案处理但实施的犯罪存在关联的犯罪嫌疑人委托同一名辩护律师的，公安机关应当要求其更换辩护律师。第46条规定，符合下列情形之一，犯罪嫌疑人没有委托辩护人的，公安机关应当自发现该情形之日起3日以内通知法律援助机构为犯罪嫌疑人指派辩护律师：（1）犯罪嫌疑人是盲、聋、哑人，或者是尚未完全丧失辨认或者控制自己行为能力的精神病人；（2）犯罪嫌疑人可能被判处无期徒刑、死刑。

（三）适用条件

使用提供法律援助通知书，应当符合下列条件：

1. 犯罪嫌疑人是盲、聋、哑人，或者是尚未完全丧失辨认或者控制自己行为能力的精神病人，或者是未成年人，或者可能被判处无期徒刑、死刑。

2. 犯罪嫌疑人没有委托辩护人。

（四）内容及制作要求

提供法律援助通知书属于多联式填充型文书，由附卷联、交法律援助机构联、存根组成。

1. 附卷联。附卷联由首部、正文和尾部组成。

（1）首部。首部包括制作机关名称、文书名称（已印制好）、文书字号和通知单位。通知单位应填写法律援助机构名称。

（2）正文。正文由案件名称、犯罪嫌疑人的基本情况、提供法律援助的理由、法律依据和联系人信息等组成。其中：

①提供法律援助理由。根据《刑事诉讼法》的规定，犯罪嫌疑人是盲、聋、哑人，或者是尚未完全丧失辨认或者控制自己行为能力的精神病人，或者是未成年人，或者可能被判处无期徒刑、死刑，没有委托辩护人的，公安机关应当通知法律援助机构，因此，办案人员应当填写上述其中一项理由。

②法律依据选择项。对以下三种情形，选择《刑事诉讼法》

第 35 条规定：一是犯罪嫌疑人因经济困难或者其他原因没有委托辩护人的；二是犯罪嫌疑人是盲、聋、哑人，或者是尚未完全丧失辨认或者控制自己行为能力的精神病人，没有委托辩护人的；三是犯罪嫌疑人可能被判处无期徒刑、死刑，没有委托辩护人的。对于未成年犯罪嫌疑人没有委托辩护人的，选择《刑事诉讼法》第 278 条规定。

③联系人、联系方式。一般应填写办案民警的姓名及联系电话。

（3）尾部。填写清楚成文时间，写明单位名称，并加盖制作文书的公安机关印章。公安机关还应要求法律援助机构收件人在文书尾部签名并盖章。

2. 交法律援助机构联。其主要内容与附卷联制作要求一致。

3. 存根。存根作为公安机关通知法律援助机构的凭证，用于留存备查。存根应当按顺序填写清楚各项内容。

（五）使用要求

根据《公安机关办理刑事案件程序规定》第 47 条的规定，公安机关收到在押的犯罪嫌疑人提出的法律援助申请后，应当在 24 小时以内将其申请转交所在地的法律援助机构，并在 3 日以内通知申请人的法定代理人、近亲属或者其委托的其他人员协助提供有关证件、证明等相关材料。犯罪嫌疑人的法定代理人、近亲属或者其委托的其他人员地址不详无法通知的，应当在转交申请时一并告知法律援助机构。犯罪嫌疑人拒绝法律援助机构指派的律师作为辩护人或者自行委托辩护人的，公安机关应当在 3 日以内通知法律援助机构。

（六）范例

＊＊＊公安局

提供法律援助通知书

＊＊＊法律援助机构

×公（刑）法援字〔20××〕11号

××市法律援助机构：

我局办理的蔡××盗窃案，犯罪嫌疑人蔡××（性别男），出生日期19××年×月×日，属于未成年人，因共《中华人民共和国刑事诉讼法》第三十五条/二百七十八条规定的情形，请依法指派律师为其提供辩护。××市××区×路×××号

联系人，联系方式：李××，电话：×××××××××

公安局（印）

二０××年×月×日

此联交法律援助机构

－－－－－－－－－－－ ×公（刑）法援字〔20××〕第壹拾壹号 －－－－－－－－－－－

＊＊＊公安局

提供法律援助通知书
（副 本）

＊＊＊法律援助机构

×公（刑）法援字〔20××〕11号

××市法律援助机构：

我局办理的蔡××盗窃案，犯罪嫌疑人蔡××（性别男），出生日期19××年×月×日，属于未成年人，因共《中华人民共和国刑事诉讼法》第三十五条/二百七十八条规定的情形，请依法指派律师为其提供辩护。××市××区×路×××号

联系人，联系方式：李××，电话：×××××××××

公安局（印）

二０××年×月×日

本通知书已收到。

法律援助机构收件人：李××

20××年×月×日

此联附卷

－－－－－－－－－－－ ×公（刑）法援字〔20××〕第壹拾壹号 －－－－－－－－－－－

＊＊＊公安局

提供法律援助通知书
（存 根）

×公（刑）法援字〔20××〕11号

案件名称 蔡××盗窃案

案件编号 ×××××××

犯罪嫌疑人 蔡×× 男/女

出生日期 19××年×月×日

住址 ××市××区×路×××号

法律援助机构 ××市法律援助机构

批准人 何××

批准时间 20××年×月×日

办案人 李××，胡××

办案单位 ××市公安局刑警大队

填发时间 20××年×月×日

填发人 李××

68

十、会见犯罪嫌疑人申请表

（一）概念

会见犯罪嫌疑人申请表是公安机关在办理涉及危害国家安全犯罪、恐怖活动犯罪案件过程中，对辩护律师要求会见犯罪嫌疑人的申请进行审查时使用的审批类文书。《刑事诉讼法》规定，涉及危害国家安全犯罪、恐怖活动犯罪案件时，辩护律师会见在押或监视居住的犯罪嫌疑人应当经过侦查机关批准。因此，公安机关在保护犯罪嫌疑人合法权益的同时，也要依法对是否允许辩护律师会见犯罪嫌疑人进行审查，以确保刑事诉讼的顺利进行。

（二）法律依据

《刑事诉讼法》第 39 条第 3 款规定，危害国家安全犯罪、恐怖活动犯罪案件，在侦查期间辩护律师会见在押的犯罪嫌疑人，应当经侦查机关许可。上述案件，侦查机关应当事先通知看守所。第 5 款规定，辩护律师同被监视居住的犯罪嫌疑人会见、通信，适用第 3 款的规定。

《公安机关办理刑事案件程序规定》第 51 条规定，辩护律师可以同在押或者被监视居住的犯罪嫌疑人会见、通信。第 52 条第 1 款规定，对危害国家安全犯罪案件、恐怖活动犯罪案件，办案部门应当在将犯罪嫌疑人送看守所羁押时书面通知看守所；犯罪嫌疑人被监视居住的，应当在送交执行时书面通知执行机关。第 2 款规定，辩护律师在侦查期间要求会见上述规定案件的在押或者被监视居住的犯罪嫌疑人，应当向办案部门提出申请。

（三）适用条件

使用会见犯罪嫌疑人申请表，应当符合以下条件：

1. 案件涉及危害国家安全犯罪、恐怖活动犯罪。

2. 犯罪嫌疑人已经接受了侦查机关的第一次讯问或者被采取强制措施。根据《刑事诉讼法》的规定，犯罪嫌疑人自被侦查机关第一次讯问或者采取强制措施之日起，有权委托辩护人。

3. 犯罪嫌疑人在押或者被监视居住。根据《刑事诉讼法》第39条规定，本文书的适用范围是律师会见被拘留、逮捕、监视居住的犯罪嫌疑人。

4. 申请人是犯罪嫌疑人的辩护律师。

（四）内容及制作要求

会见犯罪嫌疑人申请表属于单联式填表型文书，由申请人基本情况、犯罪嫌疑人基本情况、申请内容和侦查机关意见四部分组成。

1. 申请人基本情况包括申请人的姓名、性别、出生日期、单位、律师执业证编号。

2. 犯罪嫌疑人基本情况包括姓名、性别、出生日期、涉嫌罪名以及拘留、逮捕或监视居住时间等。

3. 申请内容主要写明律师的委托情况及申请会见的犯罪嫌疑人、法律依据。

4. 侦查机关意见由办案人意见、办案单位意见和领导批示组成。办案人意见由案件直接承办人填写，一般有建议批准和建议不批准两种意见，可填写"因涉及危害国家安全犯罪，律师会见可能引起同案犯逃避、妨碍侦查，建议不批准律师会见犯罪嫌疑人×××"或者"本案涉及危害国家安全犯罪，但律师会见犯罪嫌疑人不会有碍侦查或者泄露国家秘密，建议批准会见申请"。办案单位意见由办理案件的部门（如刑警大队等）负责人填写。领导批示意见由县级以上公安机关负责人填写。关于"有碍侦查"的情形，《公安机关办理刑事案件程序规定》第52条第5款已作了明确规定。办案中填写办案人意见时，应当结合案情，写明具体情形。

（五）使用要求

侦查终结时，会见犯罪嫌疑人申请表应当存入侦查工作卷。

（六）范例

会见犯罪嫌疑人申请表

申请人	赵××	性　别	男	出生日期	19××年×月×日
单　位	××市××律师事务所	律师执业证编　号	×××××××××× ××××××××		
犯罪嫌疑人	李××	性　别	男	出生日期	19××年×月×日
涉嫌罪名	煽动分裂国家罪	拘留/逮捕/监视居住时间	20××年×月×日		

我受____李×____委托，为犯罪嫌疑人提供辩护。根据《中华人民共和国刑事诉讼法》第三十九条第____三____款之规定，特申请会见犯罪嫌疑人。

申请人：赵××　　　　　　　20××年×月×日

侦查机关意见	办案人意见： 　　因涉及危害国家安全犯罪，律师会见可能引起同案犯逃避、妨碍侦查，建议不批准律师会见犯罪嫌疑人李××。 　　　　　　　　　　20××年×月×日
	办案单位意见： 　　拟同意办案人意见。 　　　　　　　　　　20××年×月×日
	领导批示： 　　同意办案单位意见。 　　　　　　　　　　20××年×月×日

十一、准予会见犯罪嫌疑人决定书、通知书

(一) 概念

准予会见犯罪嫌疑人决定书、通知书是公安机关在办理涉及危害国家安全犯罪、恐怖活动犯罪案件过程中，经过审查，依法决定批准受委托律师会见犯罪嫌疑人时使用的法律文书。本文书属于律师参与刑事诉讼文书，其目的在于将有关批准律师会见犯罪嫌疑人的决定告知提出申请的律师和相关部门。

(二) 法律依据

《刑事诉讼法》第 39 条第 3 款规定，危害国家安全犯罪、恐怖活动犯罪案件，在侦查期间辩护律师会见在押的犯罪嫌疑人，应当经侦查机关许可。上述案件，侦查机关应当事先通知看守所。第 5 款规定，辩护律师同被监视居住的犯罪嫌疑人会见、通信，适用第 3 款的规定。

《公安机关办理刑事案件程序规定》第 52 条第 3 款规定，对辩护律师提出的会见申请，办案部门应当在收到申请后 3 日以内，报经县级以上公安机关负责人批准，作出许可或者不许可的决定，书面通知辩护律师，并及时通知看守所或者执行监视居住的部门。除有碍侦查或者可能泄露国家秘密的情形外，应当作出许可的决定。第 5 款规定，有下列情形之一的，属于本条规定的"有碍侦查"：(1) 可能毁灭、伪造证据，干扰证人作证或者串供的；(2) 可能引起犯罪嫌疑人自残、自杀或者逃跑的；(3) 可能引起同案犯逃避、妨碍侦查的；(4) 犯罪嫌疑人的家属与犯罪有牵连的。这里的"三日以内"，是指作出决定的时间，而不是安排会见的时间。律师持"三证"和准予会见犯罪嫌疑人决定书到看守所会见。

(三) 适用条件

申请人填写会见犯罪嫌疑人申请表后，公安机关根据案件情况综合考虑律师会见是否有碍案件侦查等情况。如果律师会见犯罪嫌

疑人不会发生有碍侦查或者可能泄露国家秘密的情形，可以作出准予会见的决定，制作准予会见犯罪嫌疑人决定书、通知书。律师在侦查阶段会见在押犯罪嫌疑人是犯罪嫌疑人的一项基本权利，而因案件涉及危害国家安全犯罪、恐怖活动犯罪对是否准予律师会见进行审查是特殊情况，因此，在实践中应当注意不能随意扩大涉及危害国家安全犯罪、恐怖活动犯罪案件的范围，以便依法保障犯罪嫌疑人的合法权益。同时，有碍侦查或者可能泄露国家秘密的情形消失后，应当许可会见。

（四）内容及制作要求

准予会见犯罪嫌疑人决定书、通知书属于多联式填充型文书，由交申请人联、附卷联、通知书联以及存根四联组成。

1. 交申请人联。交申请人联是律师会见犯罪嫌疑人的凭证，分为首部、正文和尾部三部分。

（1）首部。首部由制作机关名称、文书名称（已印制好）和文书字号组成。

（2）正文。正文由申请人基本情况、法律依据、会见的犯罪嫌疑人姓名、看守所或监视居住执行部门名称组成。其中，申请人基本情况根据会见犯罪嫌疑人申请表载明的情况填写。

（3）尾部。填写清楚成文时间，写明单位名称，并加盖制作文书的公安机关印章。

2. 附卷联。附卷联是公安机关批准律师会见犯罪嫌疑人的凭证，用于附卷，其内容及制作要求与交申请人联一致。附卷联中，尾部应由申请人签收。

3. 通知书联。通知书联是看守所或者执行监视居住单位接待律师会见犯罪嫌疑人的依据，分为首部、正文和尾部三部分。

（1）首部。首部由制作机关名称、文书名称（已印制好）、文书字号及抬头组成。其中，文书字号与决定书相同，抬头填写看守所或执行监视居住单位的名称。

（2）正文。填写法律依据、律师事务所名称、律师姓名、律师执业证编号、犯罪嫌疑人基本情况、被采取刑事强制措施的时间和种类。

（3）尾部。填写清楚成文时间，写明单位名称，并加盖制作文书的公安机关的印章。

4. 存根。存根用于公安机关留存备查。存根内应当按照顺序填写所列内容。申请人填写律师姓名，会见时间与正文中一致。

（五）使用要求

1. 公安机关在规定的时间内将准予会见犯罪嫌疑人决定书、通知书制作完毕后，侦查人员应当将交申请人联送达提出会见要求的律师，并让其在附卷联的签收栏签名并填写收到时间，同时将通知书送达羁押犯罪嫌疑人的看守所或者执行监视居住单位。

2. 侦查终结时，附卷联应当存入诉讼卷。

（六）范例

× × ×公安局
准予会见犯罪嫌疑人决定书
（副 本）

× 公（刑）准见字〔20 × × 〕18 号

申请人 王 × × ， × × 律师事务
所律师，律师执业证编号 × × × × × × × × 。

根据《中华人民共和国刑事诉讼法》第三十
九条第 三 款之规定，决定同意申请人会见犯
罪嫌疑人 高 × × 。请持此决定书与 × × 市
看守所 联系会见事宜。

　　　　　　　　公安局 （印）

二○ × × 年 × 月 × 日

本决定书已收到。
申请人：王 × ×
20 × × 年 × 月 × 日

此联附卷

--------- × 公（刑）准见字贰零 × × 第拾捌号 ---------

× × ×公安局
准予会见犯罪
嫌疑人决定书
（存 根）

× 公（刑）准见字〔20 × × 〕18 号

案件名称 高 × × 爆炸案
案件编号 × × × × × × ×
犯罪嫌疑人 高 × × 男/女
出生日期 19 × × 年 8 月 1 日
申请人 王 × ×
执业证编号 × × × × × × × ×
律师事务所 × × 律师事务所
会见时间 20 × × 年 × 月 × 日
10 时
批准人 张 × ×
批准时间 20 × × 年 × 月 × 日
× 时
办案人 宋 × × 钱 × ×
办案单位 × × 县公安局刑警大队
填发时间 20 × × 年 × 月 × 日
填发人 钱 × ×

***公安局

准予会见犯罪嫌疑人通知书

×公（刑）准见字〔20××〕18号

××市看守所：

根据《中华人民共和国刑事诉讼法》第三十九条第三款之规定，决定同意 ×× 律师事务所 王×× 律师（律师执业证编号 ×××××× ）会见犯罪嫌疑人 高×× （性别 男 ，于 20×× 年出生日期 19××年8月1日被执行 刑事拘留 ）。× 月 × 日请予以安排。

公安局（印）

二○××年×月×日

×公（刑）准见字贰零××第拾捌号

此联交看守所或者执行监视居住单位

***公安局

准予会见犯罪嫌疑人决定书

×公（刑）准见字〔20××〕18号

申请人 王×× ， ×× 律师事务所律师，律师执业证编号 ××××××××××××

根据《中华人民共和国刑事诉讼法》第三十九条第三款之规定，决定同意申请人会见犯罪嫌疑人 高×× 。请持此决定书与 ×× 市看守所联系会见事宜。

公安局（印）

二○××年×月×日

×公（刑）准见字贰零××第拾捌号

此联交申请人

十二、不准予会见犯罪嫌疑人决定书

（一）概念

不准予会见犯罪嫌疑人决定书是公安机关在办理涉及危害国家安全犯罪、恐怖活动犯罪的案件过程中，经过审查，依法不批准受委托律师会见犯罪嫌疑人时使用的决定类文书。本文书属于律师参与刑事诉讼文书，其目的在于告知律师公安机关不准予其所申请的会见犯罪嫌疑人的决定，以保障侦查活动顺利进行。

（二）法律依据

《刑事诉讼法》第39条第3款规定，危害国家安全犯罪、恐怖活动犯罪案件，在侦查期间辩护律师会见在押的犯罪嫌疑人，应当经侦查机关许可。上述案件，侦查机关应当事先通知看守所。第5款规定，辩护律师同被监视居住的犯罪嫌疑人会见、通信，适用第3款的规定。

《公安机关办理刑事案件程序规定》第52条第4款规定，公安机关不许可会见的，应当说明理由。有碍侦查或者可能泄露国家秘密的情形消失后，公安机关应当许可会见。

（三）适用条件

使用不准予会见犯罪嫌疑人决定书，应当符合以下条件：案件涉及危害国家安全犯罪、恐怖活动犯罪。如果辩护律师申请会见在押或者被监视居住的犯罪嫌疑人，可能有碍侦查或者泄露国家秘密，则作出不许可的决定。

（四）内容及制作要求

不准予会见犯罪嫌疑人决定书属于多联式填充型文书，由正本、副本和存根三联组成。

1. 正本。正本是公安机关不准予受委托律师会见犯罪嫌疑人的依据，分为首部、正文和尾部三部分。

（1）首部。首部由制作机关名称、文书名称（已印制好）和文书字号组成。

（2）正文。正文由申请人基本情况、案件名称、涉及案件类型、法律依据、犯罪嫌疑人姓名组成。涉及案件类型属可选项，根据需要选择危害国家安全犯罪案件或者恐怖活动犯罪案件即可。法律依据可填写第 39 条第 3 款或者第 5 款。

（3）尾部。填写清楚成文时间，写明单位名称，并加盖制作文书的公安机关印章。

2. 副本。副本作为公安机关作出不准予受委托律师会见犯罪嫌疑人决定的凭证，用于附卷。其内容及制作要求与正本一致。副本中，尾部应由申请人签收。

3. 存根。存根用于公安机关留存备查。存根内应当按照顺序填写所列内容。

（五）使用要求

1. 不准予会见犯罪嫌疑人决定书制作完毕后，侦查人员应当将文书的正本送达提出会见要求的律师，并让其在决定书副本的签注栏签名并填写收到的时间。

2. 侦查终结时，不准予会见犯罪嫌疑人决定书应当存入诉讼卷。

（六）范例

***公安局

不准予会见犯罪嫌疑人决定书

×公（刑）不准见字〔20××〕09 号

申请人李××，　××　律师事务所律师，律师执业证编号××××××××××

因张××煽动分裂国家案属于危害国家安全犯罪案件/恐怖活动犯罪案件，会见有碍侦查或者可能泄露国家秘密，根据《中华人民共和国刑事诉讼法》第三十九条第三款之规定，决定不准予申请人会见犯罪嫌疑人张××。

公安局（印）

二○××年八月四日

×公（刑）不准见字贰零××第玖号

此联交申请人

***公安局

不准予会见犯罪嫌疑人决定书

（副本）

×公（刑）不准见字〔20××〕09 号

申请人李××，　××　律师事务所律师，律师执业证编号××××××××××

因张××煽动分裂国家案属于危害国家安全犯罪案件/恐怖活动犯罪案件，会见有碍侦查或者可能泄露国家秘密，根据《中华人民共和国刑事诉讼法》第三十九条第三款之规定，决定不准予申请人会见犯罪嫌疑人张××。

公安局（印）

二○××年八月四日

本决定书已收到。

申请人：李××

20××年8月4日

×公（刑）不准见字贰零××第玖号

此联附卷

***公安局

不准予会见犯罪嫌疑人决定书

（存根）

×公（刑）不准见字〔20××〕09号

案件名称　张××煽动分裂国家案

案件编号　×××××××

犯罪嫌疑人　张××　　　男 女

出生日期　19××年8月1日

申请人　李××

执业证号　×××××××××

律师事务所　××律师事务所

不准予会见原因　有碍侦查

批准人　王××

批准时间　20××年8月4日10时

办案人　周××

办案单位　××市公安局刑警支队

填发时间　20××年8月4日

填发人　马××

第三章　强制措施文书

十三、拘传证

（一）概念

拘传证是公安机关对未被逮捕、拘留的犯罪嫌疑人，依法强制其到指定地点接受讯问而使用的凭证式文书。本文书属于强制措施文书，目的在于强制传唤犯罪嫌疑人到案接受讯问。拘传是《刑事诉讼法》规定的刑事强制措施之一，是公安机关调查取证的重要手段。拘传在一定程度上限制犯罪嫌疑人的人身自由，因此，公安机关在对犯罪嫌疑人进行拘传时，必须办理拘传证，以确保侦查活动依法进行，避免侵害当事人合法权益问题的发生。

（二）法律依据

《刑事诉讼法》第 66 条规定，公安机关根据案件情况，对犯罪嫌疑人可以拘传。第 119 条第 2 款规定，拘传持续的时间不得超过 12 小时；案情特别重大、复杂，需要采取拘留、逮捕措施的，拘传持续的时间不得超过 24 小时。第 3 款规定，不得以连续拘传的形式变相拘禁犯罪嫌疑人。拘传犯罪嫌疑人，应当保证犯罪嫌疑人的饮食和必要的休息时间。

《公安机关办理刑事案件程序规定》第 78 条第 1 款规定，公安机关根据案件情况对需要拘传的犯罪嫌疑人，或者经过传唤没有正当理由不到案的犯罪嫌疑人，可以拘传到其所在市、县公安机关执法办案场所进行讯问。

（三）适用条件

使用拘传证，应当符合以下条件：

1. 拘传的对象是犯罪嫌疑人。对于犯罪嫌疑人以外的案件当事人、证人不能使用拘传证，如需要对证人进行询问，则应当使用询问通知书。

2. 根据案件情况，需要对犯罪嫌疑人拘传，或者经过合法传唤没有正当理由不到案。另外，根据《刑事诉讼法》第 66 条的规定，是否经过传唤不是拘传的必要条件。

3. 犯罪嫌疑人尚未被采取其他强制措施。如已经对犯罪嫌疑人采取取保候审、拘留、逮捕等强制措施，对犯罪嫌疑人进行讯问时就不需要使用拘传证。

（四）内容及制作要求

拘传证属于多联式填充型文书，由正本和存根两部分组成。

1. 正本。正本是通知犯罪嫌疑人接受讯问的依据和凭证，用于附卷，分为首部、正文和尾部三部分。

（1）首部。首部由制作机关名称、文书名称（已印制好）和文书字号组成。

（2）正文。正文是拘传的内容，主要填写犯罪嫌疑人基本情况（包括姓名、性别、出生日期及住址）。

（3）尾部。填写清楚成文时间，写明单位名称，并加盖制作文书的公安机关印章。

2. 存根。存根作为公安机关采取强制措施的凭证，用于公安机关留存备查。存根内应当按照顺序填写所列内容，其中存根的文书字号应与正本的文书字号一致；拘传原因填写"涉嫌××罪接受讯问"。

（五）使用要求

1. 需要拘传的，应当填写呈请拘传报告书，并附有关材料，报县级以上公安机关负责人批准。

2．拘传由 2 名以上侦查人员执行。执行拘传时，侦查人员应当表明执法身份，向犯罪嫌疑人出示拘传证，并责令其在拘传证上签名、捺指印。犯罪嫌疑人到案后，应当责令其在拘传证上填写到案时间并签名、捺指印。拘传结束后，应当由其在拘传证上填写拘传结束时间。犯罪嫌疑人拒绝填写的，侦查人员应当在拘传证上注明。需要注意的是，到案时间应当理解为公安机关拘传犯罪嫌疑人到其所在市、县内的指定地点的时间。

3．拘传证一次有效。每次拘传持续的时间不得超过 12 小时；案情特别重大、复杂，需要采取拘留、逮捕措施的，拘传持续的时间不得超过 24 小时。如果需要再次拘传犯罪嫌疑人的，应当制作新的拘传证，但是不得以连续拘传的形式变相拘禁犯罪嫌疑人。

4．需要对被拘传人变更强制措施的，应当在拘传期间内作出批准或者不批准的决定；对于拘传期限届满，未作出采取其他强制措施决定的，应当立即结束拘传。

5．侦查终结时，拘传证应当存入诉讼卷。

（六）范例

＊＊＊公安局

拘　传　证

（存　根）

×公（经）拘传字〔20××〕212 号

案件名称　王××涉嫌职务侵占案

案件编号　×××××××××

犯罪嫌疑人　王××　　　男/女

出生日期　19××年××月××日

住　　址　××市××区××路
　　　　　××号

单位及职业　××市××有限责任公
　　　　　司出纳

拘传原因涉嫌职务侵占罪接受讯问

批 准 人　周××

批准时间　20××年1月15日

执 行 人　黎××、曾××

办案单位　××市公安局××分局
　　　　　经侦支队

填发时间　20××年1月15日

填 发 人　李××

×公（经）拘传字零××第贰佰壹拾贰号

＊＊＊公安局

拘　传　证

×公（经）拘传字〔20××〕212 号

　　根据《中华人民共和国刑事诉讼法》第六十六条之规定，兹决定对犯罪嫌疑人　王××
（性别　男，出生日期　19××年××月××日，
住址　××市××区××路××号　　　）
执行拘传。

公安局（印）
二〇××年一月十五日

　　本证已于 20×× 年 1 月 15 日 10 时向我宣布。

被拘传人：王××　　（捺指印）

拘传到案时间 20×× 年 1 月 15 日 11 时。

被拘传人：王××　　（捺指印）

拘传结束时间 20×× 年 1 月 15 日 20 时。

被拘传人：王××　　（捺指印）

此联附卷

十四、传讯通知书

（一）概念

传讯通知书是公安机关通知被取保候审或监视居住的犯罪嫌疑人接受公安机关讯问时使用的通知类文书。传讯是《刑事诉讼法》规定的公安机关在办理刑事案件过程中，在执行取保候审、监视居住强制措施时使用的一种侦查措施。正确使用传讯措施，对于规范取保候审、监视居住强制措施的执行，获取犯罪证据，及时固定犯罪嫌疑人违反取保候审、监视居住规定的证据，保证刑事诉讼活动的顺利进行具有重要作用。

（二）法律依据

《刑事诉讼法》第71条第1款第3项规定，被取保候审的犯罪嫌疑人应当在传讯的时候及时到案。第3款规定，被取保候审的犯罪嫌疑人违反上述规定，已交纳保证金的，没收部分或者全部保证金，并且区别情形，责令犯罪嫌疑人具结悔过，重新交纳保证金、提出保证人，或者监视居住、予以逮捕。第77条第1款第3项规定，被监视居住的犯罪嫌疑人应当在传讯的时候及时到案。第2款规定，被监视居住的犯罪嫌疑人违反上述规定，情节严重的，可以予以逮捕；需要予以逮捕的，可以对犯罪嫌疑人先行拘留。

（三）适用条件

使用传讯通知书，应当符合以下条件：

1. 传讯的对象是被取保候审、监视居住的犯罪嫌疑人。如果不是传讯正在执行取保候审、监视居住的犯罪嫌疑人，而是其他犯罪嫌疑人，则不能使用传讯通知书。如传唤无逮捕、拘留必要的犯罪嫌疑人到案要使用传唤证。

2. 通知犯罪嫌疑人接受公安机关的讯问。使用传讯通知书的目的是通知犯罪嫌疑人接受公安机关的讯问，不能用于其他用途，如需要对犯罪嫌疑人或有关物品、场所进行搜查，则需要使用搜查证。

（四）内容及制作要求

传讯通知书属于多联式填充型文书，由正本、副本和存根三联组成。

1. 正本。正本是公安机关通知犯罪嫌疑人接受传讯的依据和凭证，分为首部、正文和尾部三部分。

（1）首部。首部由制作机关名称、文书名称（已印制好）、文书字号以及抬头组成。抬头应当填写犯罪嫌疑人的姓名。

（2）正文。正文包括法律依据选择项、传讯时间和传讯地点。

①法律依据选择项。传讯被取保候审人，选择《刑事诉讼法》第 71 条；传讯被监视居住人，则选择《刑事诉讼法》第 77 条。

②传讯时间。在填写正文的时间时要求精确到小时。

③传讯地点。传讯地点应当在公安机关执法办案场所的办案区内进行。

（3）尾部。填写清楚成文时间，写明单位名称，并加盖制作文书的公安机关印章。

2. 副本。副本作为公安机关侦查取证活动的凭证，用于附卷，其主要内容及制作要求与正本一致。副本中还设定了签注栏，对于文书无法送达或被传讯人不按规定接受传讯的，侦查人员应当注明具体情况。

3. 存根。存根作为公安机关侦查取证活动的凭证，用于公安机关留存备查。存根内应当按照顺序填写所列内容，其中，"强制措施"栏填写犯罪嫌疑人当时被采取的取保候审或者监视居住。

（五）使用要求

1. 传讯通知书制作完毕后，侦查人员应当将文书的正本送达犯罪嫌疑人或与其一同居住的成年亲属。如果被传讯人本人在场，应当由被传讯人在副本上签名、捺指印；如果被传讯人已逃跑，也可以交由与其同住的成年亲属代收。送达时，侦查人员应当出示传讯通知书和人民警察证，并告知其应当按照通知书要求的时间和地点接受传讯，无正当理由不到案情节严重的，或者经两次传讯不到案的，公安机关可以提请批准逮捕。在犯罪嫌疑人接受通知书后，侦查人员应当让其在文书副本的签注部分填写文书收到时间，并签名、捺指印。

2. 犯罪嫌疑人到案后，侦查人员应当让其在传讯通知书副本的签注栏填写到案时间，并签名、捺指印。

3. 犯罪嫌疑人拒绝接受传讯通知书或者拒绝填写到案时间的，侦查人员应当在传讯通知书副本的签注栏注明。

4. 传讯通知书一次有效。如果需要再次传讯犯罪嫌疑人的，应当制作新的传讯通知书。

5. 文书因被传讯人逃跑等特殊原因无法送达，或被传讯人未按规定接受传讯的，侦查人员应当在副本的签注栏注明有关情况。必要时，可以邀请见证人到场并在副本上签名确认。

6. 侦查终结时，传讯通知书应当存入诉讼卷。

（六）范例

***公安局

传讯通知书

×公(刑)传讯字〔20××〕45号

王×××：
　　根据《中华人民共和国刑事诉讼法》第七十一、第七十七条第一款第三项之规定，现通知你于20××年8月15日9时到___×××区××路××号___接受讯问。

公安局（印）

二○××年八月十四日

此联交被传讯人或其家属

×公（刑）传讯字贰零××第肆拾伍号

***公安局

传讯通知书

（副　本）

×公(刑)传讯字〔20××〕45号

王×××：
　　根据《中华人民共和国刑事诉讼法》第七十一、第七十七条第一款第三项之规定，现通知你于20××年8月15日9时到___×××区××路××号___接受讯问。

公安局（印）

二○××年八月十四日

本传讯通知书已于20××年8月14日14时收到。

被传讯人或其家属：王××　　（签指印）

被传讯人到达时间20××年8月15日9时。

被传讯人：王××　　（签指印）

文书无法送达被传讯人，或被传讯人未按规定接受传讯的，注明具体情况：_____。

办案人：
　　　　　年　月　日

此联附卷

×公（刑）传讯字贰零××第肆拾伍号

***公安局

传讯通知书

（存　根）

×公(刑)传讯字〔20××〕45号

案件名称　王××涉嫌诈骗案
案件编号　×××××××
被传讯人　王××　　男／女
出生日期　19××年×月××日
住　　址　×××市×××区××路××号
单位及职业　无
强制措施　取保候审
指定时间20××年8月15日9时
指定地点　××市公安局办案中心
批准人　张××
批准时间　20××年8月14日
执行人　刘×××、赵××
办案单位　20××年8月14日
填发时间　20××年8月14日
填发人　李××

87

十五、取保候审决定书、执行通知书

（一）概念

取保候审决定书、执行通知书是公安机关在侦查过程中依法决定对犯罪嫌疑人采取取保候审措施时使用的法律文书。取保候审是《刑事诉讼法》规定的刑事强制措施之一，对犯罪嫌疑人依法采取取保候审措施，有利于公安机关调查取证以及有效约束犯罪嫌疑人，对公安机关侦查活动的顺利进行具有重要作用。因此，公安机关在侦查过程中，一定要依法认真制作取保候审决定书、执行通知书。

（二）法律依据

《刑事诉讼法》第66条规定，公安机关根据案件情况，对犯罪嫌疑人可以取保候审。第67条规定，公安机关对有下列情形之一的犯罪嫌疑人，可以取保候审：（1）可能判处管制、拘役或者独立适用附加刑的；（2）可能判处有期徒刑以上刑罚，采取取保候审不致发生社会危险性的；（3）患有严重疾病、生活不能自理，怀孕或者正在哺乳自己婴儿的妇女，采取取保候审不致发生社会危险性的；（4）羁押期限届满，案件尚未办结，需要采取取保候审的。取保候审由公安机关执行。第91条第3款规定，对被拘留的犯罪嫌疑人，人民检察院不批准逮捕的，公安机关应当在接到通知后立即释放，并且将执行情况及时通知人民检察院。对于需要继续侦查，并且符合取保候审条件的，依法取保候审。第98条规定，犯罪嫌疑人被羁押的案件，不能在侦查羁押期限内办结的，对犯罪嫌疑人应当予以释放；需要继续查证的，对犯罪嫌疑人可以取保候审。

（三）适用条件

《公安机关办理刑事案件程序规定》第81条对适用取保候审的条件作了进一步说明，第1款列举了适用取保候审常见的几种情形：（1）可能判处管制、拘役或者独立适用附加刑的；（2）可能判处有期徒刑以上刑罚，采取取保候审不致发生社会危险性的；（3）患有严重疾病、生活不能自理，怀孕或者正在哺乳自己婴儿的妇女，采取取保候审不致发生社会危险性的；（4）羁押期限届满，案件尚未办结，需要继续侦查的。第2款规定，对拘留的犯罪嫌疑人，证据不符合逮捕条件，以及提请逮捕后，人民检察院不批准逮捕，需要继续侦查，并且符合取保候审条件的，可以依法取保候审。

应当注意的是，对累犯，犯罪集团的主犯，以自伤、自残办法逃避侦查的犯罪嫌疑人，严重暴力犯罪以及其他严重犯罪的犯罪嫌疑人不得取保候审，但犯罪嫌疑人具有《公安机关办理刑事案件程序规定》第81条第1款第3、4项规定情形的除外。

（四）内容及制作要求

取保候审决定书、执行通知书属于多联式填充型文书，由取保候审决定书正本和副本、取保候审执行通知书及存根四联组成。

1. 取保候审决定书正本。取保候审决定书正本是公安机关通知犯罪嫌疑人对其采取取保候审，并责令其接受保证人监督或者交纳保证金的依据和凭证，分为首部、正文和尾部三部分。

（1）首部。首部由制作机关名称、文书名称（已印制好）、文书字号及犯罪嫌疑人的基本情况组成。犯罪嫌疑人的基本情况包括犯罪嫌疑人姓名、性别、出生日期、住址、单位及职业、联系方式。

（2）正文。正文是决定的事项，依次填写案件名称、取保候审原因、法律依据、取保候审起算时间、保证方式等。填写时应当注意：

①案件名称。可以填写案件代号，如"11·27故意伤害""××团伙诈骗"，也可以用"犯罪嫌疑人姓名＋涉嫌罪名"的方式命名，如"张某某涉嫌盗窃"。

②取保候审原因。取保候审原因可根据案件情况按照《刑事诉讼法》第67条规定的有关事项分别填写，其中，因患有严重疾病被取保候审的，应写明患有何种疾病。

③法律依据。《刑事诉讼法》中关于取保候审的适用除了第67条第1款外，还有第91条第3款、第98条等条款，应根据案件具体情况准确适用条文。

④取保候审起算时间。应当填写取保候审决定日期。同时，最高人民法院《关于适用〈中华人民共和国刑事诉讼法〉的解释》第165条规定，以月计算的期限，自本月某日至下月同日为1个月。期限起算日为本月最后一日的，至下月最后一日为1个月。下月同日不存在的，自本月某日至下月最后一日为1个月。半个月一律按15日计算。

⑤保证方式。不能同时采取保证人保证和保证金保证，制作时可根据情况划掉不选择的内容。采取保证金形式取保候审的，保证金的起点数额为1000元。取保候审的决定机关应当综合考虑保证诉讼活动正常进行的需要，被取保候审人的社会危险性，案件的性质、情节，可能判处刑罚的轻重，以及被取保候审人的经济状况等情况，确定保证金数额。保证金应当以人民币交纳。

（3）尾部。填写清楚成文时间，写明单位名称，并加盖制作文书的公安机关的印章。

2. 取保候审决定书副本。取保候审决定书副本作为公安机关采取强制措施的凭证，用于附卷，其内容及制作要求与正本一致。

3. 取保候审执行通知书。取保候审执行通知书是取保候审决定机关通知执行机关对被取保候审人进行监督管理的依据和凭证，分为首部、正文和尾部三部分。

（1）首部。首部包括制作机关名称、文书名称（已印制好）、文书字号和执行单位名称。文书字号与决定书字号相同。抬头填写执行机关名称。《公安机关办理刑事案件程序规定》第91条第1款规定，公安机关决定取保候审的，应当及时通知被取保候审人居住地的派出所执行。必要时，办案部门可以协助执行。因此，抬头应填写被取保候审人居住地派出所。居住地包括户籍所在地、经常居住地，如果两地分属不同的公安派出所管辖，则应从有利于侦查和监督管理出发，选择便于执行取保候审的公安派出所。

（2）正文。按照格式要求依次填写取保候审原因、案件名称、被取保候审人的姓名、性别、出生日期、住址、单位及职业、联系方式、取保候审起算日期和保证方式。

（3）尾部。填写清楚成文时间，写明单位名称，并加盖制作文书的公安机关印章。

4. 存根。存根作为公安机关采取取保候审措施的凭证，用于公安机关留存备查。存根内应当按照顺序详细填写所列内容。

（五）使用要求

1. 需要对犯罪嫌疑人取保候审的，应当制作呈请取保候审报告书，说明取保候审的理由、采取的保证方式和被取保候审人应当遵守的规定，经县级以上公安机关负责人批准，制作取保候审决定书、执行通知书。取保候审决定书应当向犯罪嫌疑人宣读，由犯罪嫌疑人在副本上签名、捺指印。

2. 取保候审最长不得超过12个月。公安机关在取保候审期间不得中断对案件的侦查，对取保候审的犯罪嫌疑人，根据案情变化，应当及时变更强制措施或者解除取保候审。

3. 执行取保候审的派出所应当履行下列职责：（1）告知被取保候审人必须遵守的规定，及其违反规定或者在取保候审期间重新犯罪应当承担的法律后果；（2）监督、考察被取保候审人遵守有关规定，及时掌握其活动、住址、工作单位、联系方式及变动情况；（3）监督保证人履行保证义务；（4）被取保候审人违反应当遵守的规定以及保证人未履行保证义务的，应当及时制止、采取紧急措施，同时告知决定机关。此外，执行取保候审的派出所可以责令被取保候审人定期报告有关情况，并制作笔录。

4. 侦查终结时，取保候审决定书副本应当存入诉讼卷。

（六）范例

＊＊＊公安局

取保候审决定书

（副本）

×公（刑）取保字〔20××〕25号

犯罪嫌疑人　刘××，性别　女，出生日期
19××年×月××室，住址　××县×县××厂宿舍××
号，单位及职业　××县××厂工人，
联系方式　×××××××。

我局正在侦查　刘××涉嫌故意伤害　案，因犯罪
嫌疑人　刘××怀孕，根据《中华人民共和国刑事诉
讼法》第　六十七　条之规定，决定对其取保候审，期
限从　20××　年　8　月　8　日起算。犯罪嫌疑人应
当接受保证人　孙××　的监督。

支付保证金（大写）_____元。

公安局（印）

二〇××年×月×日

本决定书已收到。

被取保候审人：刘××（捺指印）

20××年8月8日

此联附卷

×公（刑）取保字第贰零××第贰拾伍号

＊＊＊公安局

取保候审决定书 执行通知

（存根）

×公（刑）取保字〔20××〕25号

案件名称　××涉嫌故意伤害案

案件编号　×××××××××

被取保候审人　刘××

出生日期　19××年×月××日　男/女

取保原因　怀孕

起算时间　20××年8月8日

保证人　孙××

出生日期　19××年×月××日　男/女

保证金　一

办案单位　××县公安局刑侦大队

执行机关　××县公安局　××派出所

批准人　李××

批准时间　20××年8月8日

填发时间　20××年8月8日

填发人　陈××

＊＊＊公安局

取保候审执行通知书

×公（刑）取保字〔20××〕25 号

×× 县公安局 ××× 派出所：

因 犯罪嫌疑人刘 ×× 怀孕，我局正在侦查 刘
×× 涉嫌故意伤害 案决定对犯罪嫌疑人 刘 ×× 住
（性别 女，出生日期 19×× 年 ×月 ×× 日，住
址 ×× 县 ××× 厂宿舍 ×号楼 ×室 ，单位及
职业 ××× 厂工人 ，联系方式 ×××××××××××
）取保候审，交由你单位执行，取保候审期限
从 20×× 年 8 月 8 日起算。

犯罪嫌疑人接受取保证人 孙 ×× 的监督/
支付保证金（大写） ＿＿＿＿＿＿元。

公安局（印）

二〇×× 年 ×月 ×日

此联交执行单位

＊＊＊公安局

取保候审决定书

×公（刑）取保字〔20××〕25 号

犯罪嫌疑人 刘 ×× ，性别 女 ，出生日期
19×× 年 ×月 ×× 日，住址 ×× 县 ××× 厂宿舍 ××
号楼 ×室 ，单位及职业 ××× 厂工人 ，
联系方式 ×××××××××× 。

我局正在侦查 刘 ×× 涉嫌故意伤害 案 因犯罪
嫌疑人 刘 ×× 怀孕 ，根据《中华人民共和国刑事诉
讼法》第 六十七 条之规定，决定对其取保候审，期
限从 20×× 年 8 月 8 日起算。犯罪嫌疑人应
当接受取保证人 孙 ×× 的监督/
支付保证金（大写） ＿＿＿＿＿＿元。

公安局（印）

二〇×× 年 ×月 ×日

此联交被取保候审人

93

十六、被取保候审人义务告知书

（一）概念

被取保候审人义务告知书是取保候审决定机关告知被取保候审人应当遵守有关规定的通知类文书。被取保候审人义务告知书属于强制措施文书，其目的在于明确被取保候审人应当遵守的规定，也是判断被取保候审人是否违反取保候审规定的重要依据。

（二）法律依据

《刑事诉讼法》第 71 条规定，被取保候审的犯罪嫌疑人应当遵守以下规定：（1）未经执行机关批准不得离开所居住的市、县；（2）住址、工作单位和联系方式发生变动的，在 24 小时以内向执行机关报告；（3）在传讯的时候及时到案；（4）不得以任何形式干扰证人作证；（5）不得毁灭、伪造证据或者串供。公安机关可以根据案件情况，责令被取保候审的犯罪嫌疑人遵守以下一项或者多项规定：（1）不得进入特定的场所；（2）不得与特定的人员会见或者通信；（3）不得从事特定的活动；（4）将护照等出入境证件、驾驶证件交执行机关保存。被取保候审的犯罪嫌疑人违反上述规定，已交纳保证金的，没收部分或者全部保证金，并且区别情形，责令犯罪嫌疑人具结悔过、重新交纳保证金、提出保证人，或者监视居住、予以逮捕。对违反取保候审规定，需要予以逮捕的，可以对犯罪嫌疑人先行拘留。

《公安机关办理刑事案件程序规定》第 89 条规定，公安机关在宣布取保候审决定时，应当告知被取保候审人遵守以下规定：（1）未经执行机关批准不得离开所居住的市、县；（2）住址、工作单位和联系方式发生变动的，在 24 小时以内向执行机关报告；（3）在传讯的时候及时到案；（4）不得以任何形式干扰证人作证；（5）不得毁灭、伪造证据或者串供。第 90 条规定，公安机关在决定取保候审时，还可以根据案件情况，责令被取保候审人遵守以下一项或者多项规定：（1）不得进入与其犯罪活动等相关联的特定场所；（2）不得与证人、被害人及其近亲属、同案犯以及与案件有关联的其他特定人员会见或者以任何方式通信；（3）不得从事与其犯罪行为等相关联的特定活动；（4）将护照等出入境证件、驾驶证件交执行机关保存。公安机关应当综合考虑案件的性质、情节、社会影响、犯罪嫌疑人的社会关系等因素，确定特定场所、特定人员和特定活动的范围。

（三）适用条件

公安机关作出取保候审决定时，应当根据侦查和诉讼工作顺利进行的需要，责令被取保候审人遵守《刑事诉讼法》第 71 条的规定，在宣布取保候审决定时，一并送达被取保候审人义务告知书。在取保候审期间，公安机关认为还需要责令被取保候审人遵守《刑事诉讼法》第 71 条第 2 款所列其他规定的，可以重新制作被取保候审人义务告知书送达被取保候审人和取保候审执行机关。

（四）内容及制作要求

被取保候审人义务告知书属于单联式填充型文书，一式三份，一份附卷，一份交被取保候审人，一份交执行机关。

本文书由标题和正文两部分组成。其中的填充项分别是：

1. 不得进入与其犯罪活动等相关联的特定场所；

2. 不得与证人、被害人及其近亲属、同案犯以及与案件有关联的其他特定人员会见或者以任何方式通信；

3. 不得从事与其犯罪行为等相关联的特定活动；

4. 将护照等出入境证件、驾驶证件交执行机关保存。

办案机关应当综合考虑案件的性质、情节、社会影响、犯罪嫌疑人的社会关系等因素，确定特定场所、特定人员和特定活动的范围，填写其中一项或者多项被取保候审人应当遵守的规定。

（五）使用要求

1. 办案人员在制作呈请取保候审报告书时，应当在报告书中列明被取保候审人应当遵守的规定，开具被取保候审人义务告知书时，填写人应当根据呈请取保候审报告书的有关内容填写，不得随意增减被取保候审人应当遵守的事项。

2. 在向犯罪嫌疑人宣布取保候审决定书时，应一并送达被取保候审人义务告知书，让其在签收栏签名、捺指印。

3. 在取保候审期间，根据办案需要，可以增加或者更改填充项其中若干项内容，重新制作被取保候审人义务告知书送达被取保候审人和取保候审执行机关。需要注意的是，所增加或者变更的内容要符合《刑事诉讼法》第 71 条的规定。

4. 侦查终结时，被取保候审人义务告知书应当存入诉讼卷。

（六）范例

被取保候审人义务告知书

根据《中华人民共和国刑事诉讼法》第七十一条第一款的规定，被取保候审人在取保候审期间应当遵守以下规定：

（一）未经执行机关批准不得离开所居住的市、县；

（二）住址、工作单位和联系方式发生变动的，在二十四小时以内向执行机关报告；

（三）在传讯的时候及时到案；

（四）不得以任何形式干扰证人作证；

（五）不得毁灭、伪造证据或者串供。

根据《中华人民共和国刑事诉讼法》第七十一条第二款的规定，被取保候审人还应遵守以下规定：

（一）不得进入＿＿＿＿——＿＿＿＿＿＿＿＿等场所；

（二）不得与＿受害人××、证人×××＿会见或者通信；

（三）不得从事＿＿＿——＿＿＿＿＿＿＿＿等活动；

（四）将＿护照、驾驶证＿＿＿＿证件交执行机关保存。

被取保候审人在取保候审期间违反上述规定，已交纳保证金的，由公安机关没收部分或者全部保证金，并且区别情形，责令被取保候审人具结悔过、重新交纳保证金、提出保证人，或者监视居住、予以逮捕。

本告知书已收到。

被取保候审人：刘××

20××年8月8日

一式三份，一份附卷，一份交被取保候审人，一份交执行机关。

十七、取保候审保证书

(一) 概念

取保候审保证书是公安机关在侦查过程中，依法决定对犯罪嫌疑人采取取保候审措施并采用保证人担保方式时，保证人向公安机关声明愿意监督犯罪嫌疑人遵守有关规定的证明文书。取保候审保证书属于强制措施文书，其目的在于明确取保候审保证人及其应承担的义务。

(二) 法律依据

《刑事诉讼法》第 68 条规定，公安机关决定对犯罪嫌疑人取保候审，应当责令犯罪嫌疑人提出保证人或者交纳保证金。

《公安机关办理刑事案件程序规定》第 84 条规定，公安机关决定对犯罪嫌疑人取保候审的，应当责令犯罪嫌疑人提出保证人或者交纳保证金。对同一犯罪嫌疑人，不得同时责令其提出保证人和交纳保证金。对未成年人取保候审，应当优先适用保证人保证。

(三) 适用条件

取保候审保证书仅适用于决定取保候审并采取保证人担保方式。对同一犯罪嫌疑人，不得同时责令其提出保证人和交纳保证金。

(四) 内容及制作要求

取保候审保证书属于单联式填充型文书。本文书由保证人情况、保证事项和尾部三部分组成。本文书一式两份，一份附卷，一份交保证人。

1. 保证人情况。按规定格式填写，其中与犯罪嫌疑人的关系，可按具体情况填写，如"父子""兄弟""朋友""同事"等。

2. 保证事项。保证事项来源于《刑事诉讼法》第 71 条的规定，保证人必须监督被取保候审人遵守的事项已经印制在保证书上，需要填充的部分应当与被取保候审人义务告知书填充项对应的内容相一致。

3. 尾部。填写成文时间，写明作出取保候审决定的公安机关名称，并由保证人签名、捺指印，填写签署保证书的日期。

（五）使用要求

1. 认真审查保证人是否符合条件。《刑事诉讼法》第 69 条规定，保证人必须符合下列条件：（1）与本案无牵连；（2）有能力履行保证义务；（3）享有政治权利，人身自由未受到限制；（4）有固定的住处和收入。

2. 保证人应当履行的义务。《刑事诉讼法》第 70 条规定，保证人应当履行以下义务：（1）监督被保证人遵守本法第 71 条的规定；（2）发现被保证人可能发生或者已经发生违反本法第 71 条规定的行为的，应当及时向执行机关报告。被保证人有违反本法第 71 条规定的行为，保证人未履行保证义务的，对保证人处以罚款，构成犯罪的，依法追究刑事责任。

3. 对犯罪嫌疑人采取保证人保证的，如果保证人在取保候审期间情况发生变化，不愿继续担保或者丧失担保条件，应当责令犯罪嫌疑人重新提出保证人或者交纳保证金。

4. 侦查终结时，取保候审保证书应当存入诉讼卷。

（六）范例

取保候审保证书

　　我叫　__孙××__　，性别　__男__　，出生日期　__19××年×月××__
__日__　，现住　__××县××街××院××号房__　，身份证件名称__
__身份证__　，号码　__×××××××××××××××××__　，单位及
职业　__××县××厂会计__　，联系方式__×××××××__　，与犯
罪嫌疑人　__刘××__　是　__同事__　关系。

　　我自愿作如下保证：

　　监督犯罪嫌疑人在取保候审期间遵守下列规定：

　　（一）未经执行机关批准不得离开所居住的市、县；

　　（二）住址、工作单位和联系方式发生变动的，在二十四小
时以内向执行机关报告；

　　（三）在传讯的时候及时到案；

　　（四）不得以任何形式干扰证人作证；

　　（五）不得毁灭、伪造证据或者串供。

　　监督犯罪嫌疑人遵守以下规定：

　　（一）不得进入_____等场所；

　　（二）不得与　__受害人××、证人×××__　会见或者通信；

　　（三）不得从事_____等活动；

　　（四）将　__护照、驾驶证__　　证件交执行机关保存。

　　本人未履行保证义务的，愿承担法律责任。

　　此致

　__××县__　公安局

保证人：孙××

20××年8月9日

　　一式两份，一份附卷，一份交保证人。

十八、收取保证金通知书

(一) 概念

收取保证金通知书是公安机关在侦查过程中，依法决定对犯罪嫌疑人采取保证金担保方式取保候审时，通知被取保候审的犯罪嫌疑人交纳保证金的通知类文书。收取保证金通知书属于强制措施文书，其目的在于明确被取保候审人交纳保证金的义务。

(二) 法律依据

根据《刑事诉讼法》第 68 条的规定，公安机关决定对犯罪嫌疑人取保候审，应当责令犯罪嫌疑人提出保证人或者交纳保证金。

(三) 适用条件

收取保证金通知书仅适用于决定取保候审并采取保证金担保方式。对同一犯罪嫌疑人，不得同时责令其提出保证人和交纳保证金。

(四) 内容及制作要求

收取保证金通知书属于多联式填充型文书，由交被取保候审人联、交银行联、回执和存根四联组成。

1. 交被取保候审人联。交被取保候审人联是通知犯罪嫌疑人交纳保证金的依据和凭证，分为首部、正文和尾部三部分。

(1) 首部。首部由制作机关名称、文书名称（已印制好）、文书字号和抬头组成。抬头应当填写犯罪嫌疑人的姓名。

(2) 正文。正文是通知的内容，包括交纳保证金的截止日期、办理银行名称、保证金数额。其中保证金数额要大写。

(3) 尾部。填写清楚成文时间，写明单位名称，并加盖制作文书的公安机关印章。

2. 交银行联。交银行联是银行收取被取保候审人交纳的保证金的依据。首部中的抬头填写银行的名称。

3. 回执。回执是银行已经收取被取保候审人交纳的保证金并存入保证金专户的凭证。其中，首部的字号与其他联首部的字号一致。

4. 存根。存根作为公安机关收取保证金的依据和凭证，用于公安机关留存备查。存根内应当根据规定内容按顺序填写清楚。

（五）使用要求

《公安机关办理刑事案件程序规定》对收取保证金的程序、保证金的数额作出了明确规定：

1. 取保候审保证金由县级以上公安机关统一收取和管理，县级以上公安机关应当在其指定的银行设立取保候审保证金专门账户，委托银行代为收取和保管保证金。保证金应当由办案部门以外的部门管理，严禁截留、坐支、挪用或者以其他任何形式侵吞保证金。公安机关应当将指定银行的名称通知人民检察院、人民法院。

2. 采取保证金形式取保候审的，保证金的起点数额为1000元。具体数额应当综合考虑保证诉讼活动正常进行的需要，犯罪嫌疑人的社会危险性，案件的性质、情节，可能判处刑罚的轻重以及犯罪嫌疑人的经济状况等情况确定。保证金应当以人民币交纳。

3. 责令犯罪嫌疑人交纳保证金的，应当经过严格审核后，报县级以上公安机关负责人批准。公安机关在通知犯罪嫌疑人交纳保证金时，应当告知其必须遵守的规定以及违反规定应当承担的后果。

4. 保证金由犯罪嫌疑人或者其亲友、法定代理人、单位向公安机关指定的银行专户交纳。提供保证金的人，应当一次性将保证金存入取保候审保证金专门账户。

5. 侦查终结时，收取保证金通知书回执应当存入诉讼卷。

（六）范例

***公安局
收取保证金通知书

×公（刑）收保字〔20××〕46号

黄××：

根据《中华人民共和国刑事诉讼法》第六十八条、第七十二条之规定，请持此通知书于 20×× 年 3 月 15 日之前到 ××银行××支行 交纳取保候审保证金（大写） 伍仟 元。

公安局（印）

二〇××年三月十二日

此联交被取保候审人

×公（刑）收保字贰零××第肆拾陆号

***公安局
收取保证金通知书
（存根）

×公（刑）收保字〔20××〕46号

案件名称 ××涉嫌盗窃案
案件编号 ×××××××
被取保候审人 黄×× 男×/次
出生日期 19××年×月××日
住　址 ××县××乡××村
单位及现业 ××县××村农民
保证金数额（大写）伍仟元整
尺收银行 ××银行××支行
收取截止时间 20××年3月15日
批准人 李××
批准时间 20××年3月2日
办案人 张××
办案单位 ××县公安局刑侦大队
填发时间 20××年3月12日
填发人 王××

***公安局
收取保证金通知书
（回执）

×公（刑）收保字〔20××〕46号

××县公安局：

根据你局通知，我单位已于20××年3月14日收取 黄×× （性别 男，出生日期 19××年×月××日，住址 ××县×乡××村 ）交来的保证金（大写）伍仟 元并存入你局保证金专户。

银行（印）

二○××年三月十四日

×公（刑）收保字贰零××第肆拾陆号

此联由银行填写后退回办案机关附卷

***公安局
收取保证金通知书

×公（刑）收保字〔20××〕46号

××银行××支行：

根据《中华人民共和国刑事诉讼法》第六十八条、第七十二条之规定，决定对被取保候审人 黄×× （性别 男，出生日期 19××年×月××日，住址 ××县×乡××村 ），收取保证金。请你单位将其交纳的取保候审保证金（大写）伍仟 元存入我局保证金专户。

公安局（印）

二○××年三月十二日

×公（刑）收保字贰零××第肆拾陆号

此联交银行

104

十九、保存证件清单

（一）概念

保存证件清单是公安机关根据《刑事诉讼法》以及《公安机关办理刑事案件程序规定》的规定，责令被取保候审人、被监视居住人将护照、驾驶证等证件交到公安机关保存时制作的文书。

（二）法律依据

《刑事诉讼法》第71条第2款第4项规定，公安机关可以根据案件情况，责令被取保候审的犯罪嫌疑人将护照等出入境证件、驾驶证件交执行机关保存。第77条第1款第6项规定，被监视居住的犯罪嫌疑人应当将护照等出入境证件、身份证件、驾驶证件交执行机关保存。

《公安机关办理刑事案件程序规定》第90条第1款第4项规定，公安机关在决定取保候审时，还可以根据案件情况，责令被取保候审人将护照等出入境证件、驾驶证件交执行机关保存。第115条第6项规定，公安机关在宣布监视居住决定时，应当告知被监视居住人必须将护照等出入境证件、身份证件、驾驶证件交执行机关保存。

（三）适用条件

使用保存证件清单，应符合以下两种情形之一：

1. 责令被取保候审人将有关证件交执行机关保存。公安机关可以根据《刑事诉讼法》第71条第2款第4项的规定，责令被取保候审人将护照等出入境证件、驾驶证件交取保候审执行机关保存，由执行取保候审的公安机关制作保存证件清单作为凭证。

2. 责令被监视居住人将有关证件交执行机关保存。按照《刑事诉讼法》第77条第1款第6项的规定，被监视居住人应当将护照等出入境证件、身份证件、驾驶证件交执行机关保存。执行机关收到被监视居住人交来的证件后，制作保存证件清单作为凭证。

（四）内容及制作要求

保存证件清单属于单联式填充型文书，由决定事项和清单两部分组成。

1. 决定事项。按照规定格式填写保存或者扣留证件的依据和证件持有人的姓名。保存被取保候审人证件的，在法律依据栏应当填写"第七十一条"；保存被监视居住人证件的，应填写"第七十七条"。

2. 清单内容。按照规定格式填写编号、扣留的证件名称、数量、特征等。

3. 填写完要保存的证件情况后，应分别由证件持有人、保管人、办案人签名并注明时间，加盖办案单位的印章。解除取保候审、监视居住或者变更强制措施时，应当发还所保存的证件。发还证件时可以制作发还清单，由领取人在清单上签名并注明发还日期，也可以让领取人直接在"发还情况"一栏签名并注明领取日期。

（五）使用要求

1. 对犯罪嫌疑人决定或者执行强制措施时，应当在呈批报告书上写明要保存的证件名称和数量，报县级以上公安机关负责人审批。在执行强制措施时，责令犯罪嫌疑人将有关证件交由公安机关保存。

2. 保存证件清单一式三份，一份附卷，一份交证件持有人，一份交公安机关保管人员。

3. 所保存的证件能够证明犯罪嫌疑人身份的，应当复印或者拍照附卷，作为证据使用。

（六）范例

＊＊＊公安局
保 存 证 件 清 单

根据《中华人民共和国刑事诉讼法》第＿＿七十一＿＿条之规定，责令犯罪嫌疑人（被告人）＿＿周××＿＿将以下证件交到公安机关，由我单位予以保存：

编号	名　称	数量	特　征	发还情况
1	往来港澳通行证	壹本	证号××××××	20××年12月19日领回。周××

证件持有人：　　　保管人：　　　　办案单位（盖章）

　周××　　　　　　陈××　　　　　　办案人：

　　　　　　　　　　　　　　　　　　张×× 李××

20××年6月20日　　20××年6月20日　　20××年6月20日

本清单一式三份，一份附卷，一份交证件持有人，一份交公安机关保管人员。

二十、准许被取保候审人离开所居市县决定书

（一）概念

准许被取保候审人离开所居市县决定书是公安机关对犯罪嫌疑人执行取保候审措施过程中使用的法律文书。取保候审是《刑事诉讼法》规定的刑事强制措施之一，对犯罪嫌疑人依法采取取保候审措施，有利于公安机关调查取证以及有效约束犯罪嫌疑人，对公安机关侦查活动的顺利进行具有重要作用。在执行过程中，被取保候审人有正当理由的，经公安机关批准，可以离开其所居住的市、县。2020 年公安部在公安机关刑事法律文书中增加了准许被取保候审人离开所居市县决定书，进一步严格了批准程序，也为被取保候审人离开所居住的市、县提供了有效证明文件。

（二）法律依据

《刑事诉讼法》第 71 条第 1 款第 1 项规定，被取保候审的犯罪嫌疑人、被告人未经执行机关批准不得离开所居住的市、县。

《公安机关办理刑事案件程序规定》第 89 条第 1 项规定，公安机关在宣布取保候审决定时，应当告知被取保候审人未经执行机关批准不得离开所居住的市、县。第 95 条规定，被取保候审人无正当理由不得离开所居住的市、县。有正当理由需要离开所居住的市、县的，应当经负责执行的派出所负责人批准。人民法院、人民检察院决定取保候审的，负责执行的派出所在批准被取保候审人离开所居住的市、县前，应当征得决定取保候审的机关同意。

（三）适用条件

被取保候审人无正当理由不得离开所居住的市、县。有正当理由需要离开所居住的市、县的，应当经负责执行的派出所负责人批准。这里的"正当理由"，一般是指被取保候审人确实有需要到所居住的市、县以外的地区去工作、学习、治病、奔丧（亲属死亡）、探亲等特定情况，而且不得具有对社会造成危害或者妨害诉

讼的风险。

（四）内容及制作要求

准许被取保候审人离开所居市县决定书属于多联式填充型文书，由准许被取保候审人离开所居市县决定书正本和取保候审执行机关留存联、交取保候审决定机关联及存根四部分组成。

1. 正本。准许被取保候审人离开所居市县决定书正本是公安机关通知犯罪嫌疑人准予其离开所居市、县的依据和凭证，分为首部、正文和尾部三部分。

（1）首部。首部由制作机关名称、文书名称（已印制好）、文书字号及犯罪嫌疑人的基本情况组成。犯罪嫌疑人的基本情况包括犯罪嫌疑人姓名、性别、出生日期、身份证件种类及号码、住址。

（2）正文。正文是决定的事项，依次填写案件名称、决定取保候审时间、单位、离开理由、离开起止时间、离开地址、去往地址、办理事项等。填写时应当注意向被取保候审人详细询问、据实填写。

（3）尾部。填写清楚成文时间，写明单位名称，并加盖制作文书的公安机关的印章。

2. 副本。准许被取保候审人离开所居市县决定书副本作为公安机关采取强制措施的凭证，包括取保候审执行机关留存联、交取保候审决定机关联，用于附卷，其内容及制作要求与正本一致。

3. 存根。存根作为公安机关准许被取保候审人离开所居市、县的凭证，用于公安机关留存备查。存根内应当按照顺序详细填写所列内容。

（五）使用要求

被取保候审人有正当理由需要离开所居住的市、县，向具体负责执行取保候审的派出所提出申请的，派出所应当认真进行审查，报经执行取保候审的派出所负责人批准。对人民法院、人民检察院决定取保候审的，负责执行的派出所在批准前应当征得人民法院、人民检察院的同意。准许被取保候审人离开所居住市、县的，应当出具准许被取保候审人离开所居市县决定书，列明准许其离开所居住市、县前往的地点，离开至返回的时间，以及办理有关事项情况。该决定书分别交由被取保候审人和取保候审决定机关，取保候审执行机关也要留存。负责执行的派出所负责人批准后，应当通知决定机关，并告知被取保候审人应当遵守保持联系方式畅通，并在传讯的时候及时到案；严格按照批准的地点、路线、往返日期出行；不得从事妨害诉讼活动；返回居住地后及时向执行机关报告等要求。

1. 经审查后，准许被取保候审人离开所居市县的，应当制作呈请准许被取保候审人离开所居市县报告书，说明被取保候审人离开所居市县的理由、采取的保证方式和被取保候审人应当遵守的规定，经县级以上公安机关负责人批准，制作准许被取保候审人离开所居市县决定书。准许被取保候审人离开所居市县决定书应当向被取保候审人宣读。

2. 取保候审最长不得超过12个月。公安机关在取保候审期间不得中断对案件的侦查，对取保候审的犯罪嫌疑人，根据案情变化，应当及时变更强制措施或者解除取保候审。

3. 执行取保候审的派出所应当履行下列职责：（1）告知被取保候审人必须遵守的规定，及其违反规定或者在取保候审期间重新犯罪应当承担的法律后果；（2）监督、考察被取保候审人遵守有关规定，及时掌握其活动、住址、工作单位、联系方式及变动情况；（3）监督保证人履行保证义务；（4）被取保候审人违反应当遵守的规定以及保证人未履行保证义务的，应当及时制止、采取紧急措施，同时告知决定机关。此外，执行取保候审的派出所可以责令被取保候审人定期报告有关情况，并制作笔录。

4. 被取保候审人违反取保候审规定，未经批准，擅自离开所居住的市、县，情节严重的，或者2次以上未经批准，擅自离开所居住的市、县的，可以提请批准逮捕。

5. 侦查终结时，准许被取保候审人离开所居市县决定书副本应当存入诉讼卷。

（六）范例

＊＊公安局

准许被取保候审人离开所居市县
决定书
（副　本）

×公（刑）准离字〔20××〕25号

被取保候审人　刘××，性别　女，出生日期　19××年××月××日，身份证件种类及号码×××××××××××××，住址　×县××厂宿舍××室。

该人因涉嫌　盗窃　罪，于　20××年　8　月　8　日被　××县公安局　取保候审。提出申请，经审查，认为具有正当理由，根据《中华人民共和国刑事诉讼法》第七十一条第一款之规定，决定准许其自20××年　9　月　8　日至　20××年　9　月　18　日离开其所居住的　××县××厂宿舍××号楼××室，去往　××市××县××镇××村　办理　探亲　事宜。

　　　　　　　　　　　公安局（印）
　　　　　　　　　二○××年九月八日

＊＊公安局

准许被取保候审人离开
所居市县决定书
（存　根）

×公（刑）准离字〔20××〕25号

被取保候审人　刘××　男/女
出生日期　19××年××月××日
身份证件种类　居民身份证
身份证件号码×××××××××××××
住址　×县××号楼××室
取保候审决定机关　××县公安局
涉嫌罪名　盗窃罪
去往地点　××市××县××镇××村
离开事由　探亲
离开时间　20××年9月8日
返回时间　20××年9月18日
是否准许　是
批准人　李××
批准时间　20××年9月8日
填发时间　20××年9月8日
填发人　陈××

＊＊公安局
准许被取保候审人离开所居市县决定书

×公（刑）准离字〔20××〕25号

被取保候审人　刘×× ，性别　女 ，出生日期　19××年××月××日 ，身份证件种类及号码　居民身份证××××××××××××× ，住址　××县××厂宿舍××××号楼××室 。

该人因涉嫌　盗窃 　罪，于　20××　年　8　月××日被　××县公安局　决定取保候审。该人因报来 　提出申请，经审查，认为具有正当理由，根据《中华人民共和国刑事诉讼法》第七十一条第一款之规定，决定准许其自　20××　年　9　月　8　日至　20××　年　9　月18　日离开其所居住的　××县××厂宿舍××号楼××室 ，去往　××市　××县×××镇×××村办理　报来　　事宜。

公安局（印）

二〇××年九月八日

此联交被取保候审人

×公（刑）准离字〔20××〕第贰拾伍号

＊＊公安局
准许被取保候审人离开所居市县决定书
（副本）

×公（刑）准离字〔20××〕25号

被取保候审人　刘×× ，性别　女 ，出生日期　19××年××月××日 ，身份证件种类及号码　居民身份证××××××××××××× ，住址　××县××厂宿舍××××号楼××室 。

该人因涉嫌　盗窃 　罪，于　20××　年　8　月××日被　××县公安局　决定取保候审。该人因报来 　提出申请，经审查，认为具有正当理由，根据《中华人民共和国刑事诉讼法》第七十一条第一款之规定，决定准许其自　20××　年　9　月　8　日至　20××　年　9　月18　日离开其所居住的　××县××厂宿舍××号楼××室 ，去往　××市　××县×××镇×××村办理　报来　　事宜。

公安局（印）

二〇××年九月八日

此联支保候审决定机关

×公（刑）准离字〔20××〕第贰拾伍号

二十一、退还保证金决定书、通知书

（一）概念

退还保证金决定书、通知书是在取保候审结束时公安机关向被取保候审人依法退还保证金所使用的文书。退还保证金决定书、通知书属于强制措施文书，用于作出退还保证金决定并通知指定的银行退还保证金。

（二）法律依据

《刑事诉讼法》第 73 条规定，犯罪嫌疑人在取保候审期间未违反本法第 71 条规定的，取保候审结束的时候，凭解除取保候审的通知或者有关法律文书到银行领取退还的保证金。

（三）适用条件

《公安机关办理刑事案件程序规定》第 101 条规定，被取保候审人在取保候审期间，没有违反本规定第 89 条、第 90 条有关规定，也没有重新故意犯罪的，或者具有本规定第 186 条规定的情形之一的，在解除取保候审、变更强制措施的同时，公安机关应当制作退还保证金决定书，通知银行如数退还保证金。被取保候审人或者其法定代理人可以凭退还保证金决定书到银行领取退还的保证金。被取保候审人委托他人领取的，应当出具委托书。

退还保证金决定书适用于下列情形之一：

1. 取保候审结束，被取保候审的犯罪嫌疑人在取保候审期间未违反有关规定，或者虽然曾经有过违反规定的行为，但未被没收全部保证金，以及虽然被没收全部保证金，但又重新交纳了保证金的。

2. 在侦查过程中，发现具有《公安机关办理刑事案件程序规定》第 186 条规定情形之一，不应对被取保候审人追究刑事责任的。

3. 被取保候审人没有违反取保候审规定，但在取保候审期间涉嫌重新犯罪被司法机关立案侦查的，负责执行的公安机关应当暂扣其交纳的保证金，待人民法院判决生效后，决定是否没收保证金。对故意重新犯罪的，应当没收保证金；对过失重新犯罪或者不构成犯罪的，应当退还保证金。

（四）内容及制作要求

退还保证金决定书、通知书属于多联式填充型文书。本文书由退还保证金决定书正本、副本，退还保证金通知书正本、回执以及存根五联组成。

1. 退还保证金决定书正本。退还保证金决定书正本是被取保候审人领取退还的保证金的依据和凭证，分为首部、正文和尾部三部分。

（1）首部。首部由制作机关名称、文书名称（已印制好）、文书字号及被取保候审人基本情况组成。

（2）正文。正文包括退还的数额和领取的银行。对于被取保候审的犯罪嫌疑人在取保候审期间未违反有关规定的，应当全额退还被取保候审时交纳的保证金。

（3）尾部。填写清楚成文时间，写明单位名称，并加盖制作文书的公安机关印章。

2. 退还保证金决定书副本。本联作为公安机关退还保证金的凭证，用于附卷，其内容及制作要求与正本相同。

3. 退还保证金通知书正本。退还保证金通知书正本是银行办理退还保证金手续的凭证，分为首部、正文和尾部。首部文书字号与退还保证金决定书的文书字号相同，抬头为办理银行的名称。正文依次填写被取保候审人姓名、性别、出生日期、住址及退还保证金的数额，其中，保证金的数额应当用大写。

4. 退还保证金通知书回执。退还保证金通知书回执由指定银行办理退还保证金手续之后，在回执上加盖印章并退回公安机关。首部文书字号与退还保证金通知书正本文书字号一致，抬头为作出决定的公安机关名称。正文依次填写被取保候审人姓名、性别、出生日期、住址及退还保证金的数额。

5. 存根。存根作为公安机关退还保证金的凭证，用于公安机关留存备查。

（五）使用要求

1. 决定退还保证金的，应当经县级以上公安机关负责人批准，制作退还保证金决定书、通知书。

2. 公安机关决定退还犯罪嫌疑人的保证金后，应当在解除取保候审、变更强制措施或者判决生效的同时，通知指定的银行将保证金如数退还被取保候审人，并由被取保候审人在退还保证金决定书上签名。具体做法为：退还保证金决定书制作完毕后，侦查人员应当将文书正本送达被取保候审人，让其在副本的签收栏签名、捺指印并填写收到决定书的日期。被取保候审人或者其法定代理人可以凭退还保证金决定书到银行领取退还的保证金。执行机关收到银行退回的回执后，应将该回执送达取保候审决定机关附卷。

3. 侦查终结时，退还保证金决定书副本及退还保证金通知书回执存入诉讼卷。

（六）范例

***公安局
退还保证金决定书

×公（刑）退保字〔20××〕11号

被取保候审人 吕××，性别 女，出生
日期 19××年×月×日，住址 ××市××区×
×路×号楼××室。

因被取保候审人在取保候审期间遵守有关规定，根
据《中华人民共和国刑事诉讼法》第七十三条之规定，
决定退还其交纳的取保候审保证金（大写）贰仟
元。请被取保候审人持此决定书，交款凭证和本人身份
证件到 ××市×× 银行领取。

公安局（印）

二○××年十二月四日

此联交被取保候审人

×公（刑）退保字贰零××第拾壹号

***公安局
退还保证金决定书
（副 本）

×公（刑）退保字〔20××〕11号

被取保候审人 吕××，性别 女，出生
日期 19××年×月×日，住址 ××市××区×
×路×号楼××室。

因被取保候审人在取保候审期间遵守有关规定，根
据《中华人民共和国刑事诉讼法》第七十三条之规定，
决定退还其交纳的取保候审保证金（大写）贰仟
元。请被取保候审人持此决定书，交款凭证和本人身份
证件到 ××市×× 银行领取。

公安局（印）

二○××年十二月四日

本决定书已收到。
被取保候审人：吕××　（捺指印）
20××年12月5日

此联附卷

×公（刑）退保字贰零××第拾壹号

***公安局
退还保证金决定书
决定通知
（存 根）

×公（刑）退保字〔20××〕11号

案件名称 吕××涉嫌妨害公务案

案件编号 ×××××××

被取保候审人 吕×× 男/女

出生日期 19××年×月×日

保证金数额（大写）贰仟元整

退还数额（大写）贰仟元整

办理银行 ××市××银行

批准人 田××

批准时间 20××年12月4日

办案人 周××、吴××

办案单位 ××市公安局刑侦支队一大队

填发时间 20××年12月4日

填发人 吴××

***公安局

退还保证金通知书

（回执）

×公（刑）退保字〔20××〕11号

××市公安局：

根据你局通知，我行已退还 19××年×月××日（性别 女，出生日期 ，吕××（住址 ××市××区×路×号楼××室 ）支纳的取保候审保证金（大写）贰仟 元。

银行（印）

二○××年十二月六日

×公（刑）退保字贰零××第拾壹号

此联由银行填写后退回公安机关，交由取保候审决定机关附卷。

***公安局

退还保证金通知书

×公（刑）退保字〔20××〕11号

××市××银行：

因被取保候审人 吕××（性别 女，出生日期 19××年×月××日，住址 ××市××区×路×号楼××室 ）在取保候审期间遵守有关规定，根据《中华人民共和国刑事诉讼法》第七十三条之规定，我局决定退还其支纳的取保候审保证金（大写）贰仟 元。请予以办理。

公安局（印）

二○××年十二月四日

×公（刑）退保字贰零××第拾壹号

此联交银行

二十二、没收保证金决定书、通知书

（一）概念

没收保证金决定书、通知书是公安机关依法没收违反取保候审规定的被取保候审人的全部或者部分保证金时使用的文书。没收保证金决定书、通知书属于强制措施文书，用于作出没收保证金决定并通知指定的银行没收保证金。正确运用没收保证金这一法律手段，可以约束被取保候审人遵守规定，有利于侦查和诉讼活动的顺利进行。

（二）法律依据

《刑事诉讼法》第 71 条第 3 款规定，被取保候审的犯罪嫌疑人、被告人违反应当遵守的规定，已交纳保证金的，没收部分或者全部保证金，并且区别情形，责令犯罪嫌疑人具结悔过、重新交纳保证金、提出保证人，或者监视居住、予以逮捕。

《公安机关办理刑事案件程序规定》第 96 条规定，被取保候审人在取保候审期间违反本规定第 89 条、第 90 条规定，已交纳保证金的，公安机关应当根据其违反规定的情节，决定没收部分或者全部保证金，并且区别情形，责令其具结悔过、重新交纳保证金、提出保证人，变更强制措施或者给予治安管理处罚；需要予以逮捕的，可以对其先行拘留。人民法院、人民检察院决定取保候审的，被取保候审人违反应当遵守的规定，负责执行的派出所应当及时通知决定取保候审的机关。

（三）适用条件

1. 被取保候审人违反了有关规定。被取保候审人在取保候审期间违反了《刑事诉讼法》第 71 条第 1 款、第 2 款的规定，应当根据其违反规定的具体情节，决定没收部分或者全部保证金。被取保候审人应当遵守的规定可参阅"十六、被取保候审人义务告知书"的有关内容。

2. 被取保候审人没有违反取保候审规定，但在取保候审期间涉嫌重新犯罪被司法机关立案侦查的，负责执行的公安机关应当暂扣其交纳的保证金，待人民法院判决生效后，决定是否没收保证金，对故意重新犯罪的，应当没收保证金。

（四）内容及制作要求

没收保证金决定书、通知书属于多联式填充型文书，由没收保证金决定书正本、副本和没收保证金通知书正本、回执以及存根五联组成。

1. 没收保证金决定书正本。没收保证金决定书正本是通知被取保候审人没收保证金以及被取保候审人申请复议的依据，分为首部、正文和尾部三部分。

（1）首部。首部由制作机关名称、文书名称（已印制好）、文书字号及被取保候审人基本情况组成。

（2）正文。正文填写内容包括没收保证金的原因、没收数额和复议机关等。

①没收保证金的原因。应当写明被取保候审人违反取保候审的具体情况，可根据《刑事诉讼法》第71条第1款、第2款的规定填写，如"未经执行机关批准离开所居住的市、县""经传讯不及时到案""干扰证人作证"等。

②没收数额。被取保候审人在取保候审期间违反有关规定的，公安机关应当根据其违法行为的情节，决定没收部分或者全部保证金，即没收保证金时要根据被取保候审人违反规定行为的情节轻重，确定数额，不能不分情况一律全额没收。

③复议机关。复议机关为作出没收保证金决定的公安机关。《公安机关办理刑事案件程序规定》第99条第1款规定，被取保候审人或者其法定代理人对没收保证金的决定不服的，可以在5日以内向作出决定的公安机关申请复议。

（3）尾部。填写清楚成文时间，写明单位名称，并加盖制作文书的公安机关印章。

2. 没收保证金决定书副本。没收保证金决定书副本作为公安机关没收保证金的凭证，用于附卷，其内容及制作要求与正本相同。

3. 没收保证金通知书正本。没收保证金通知书正本是指定银行办理没收保证金手续的凭证，分为首部、正文和尾部。首部的文书字号与没收保证金决定书的文书字号相同，抬头为指定银行的名称。正文依次填写被取保候审人的姓名、性别、出生日期、住址、没收保证金的原因、没收数额。其中，没收保证金的原因与没收保证金决定书的有关内容一致，没收保证金数额应当大写。

4. 没收保证金通知书回执。没收保证金通知书回执由指定银行办理没收保证金手续之后，在回执上加盖印章退回公安机关。此回执是保证金已没收上缴国库的凭证，由首部、正文和尾部组成。首部的文书字号与没收保证金通知书正本一致，抬头为作出没收保证金决定的公安机关名称。正文中依次填写犯罪嫌疑人的姓名、性别、出生日期、住址、没收保证金数额。其中，没收保证金数额应当大写。

5. 存根。存根作为没收保证金的凭证，用于公安机关留存备查。

（五）使用要求

1. 经过严格的审批程序。《公安机关办理刑事案件程序规定》第97条规定，需要没收保证金的，应当经过严格审核后，报县级以上公安机关负责人批准，制作没收保证金决定书。决定没收5万元以上保证金的，应当经设区的市一级以上公安机关负责人批准。

2. 向被取保候审人宣布没收保证金决定。《公安机关办理刑事案件程序规定》第98条规定，没收保证金的决定，公安机关应当在3日以内向被取保候审人宣读，并责令其在没收保证金决定书上签名、捺指印；被取保候审人在逃或者具有其他情形不能到场的，应当向其成年家属、法定代理人、辩护人或者单位、居住地的居民委员会、村民委员会宣布，由其成年家属、法定代理人、辩护人或者单位、居住地的居民委员会或者村民委员会的负责人在没收保证金决定书上签名。被取保候审人或者其成年家属、法定代理人、辩护人或者单位、居民委员会、村民委员会负责人拒绝签名的，公安机关应当在没收保证金决定书上注明。

3. 通知银行没收保证金。《公安机关办理刑事案件程序规定》第100条规定，没收保证金的决定已过复议期限，或者复议、复核后维持原决定或者变更没收保证金数额的，公安机关应当及时通知指定的银行将没收的保证金按照国家的有关规定上缴国库。人民法院、人民检察院决定取保候审的，还应当在3日以内通知决定取保候审的机关。

4. 文书附卷。执行机关应当将没收保证金决定书副本和没收保证金通知书回执联在执行后3日以内送达决定取保候审的机关，由决定机关存入诉讼卷。

（六）范例

***公安局

没收保证金决定书

×公（刑）没保字〔20××〕13 号

被取保候审人 赵×× ，性别 男 ，出生日期 19××年×月××日 ，住址 ××县××镇×村 ，单位及职业 无固定职业 。

根据《中华人民共和国刑事诉讼法》第七十一条之规定，决定没收被取保候审人赵××，因被取保候审人在取保候审期间 未经批准离开× ×县 的保证金 元，肆仟（大写）元。被取保候审人可以在收到决定书之日起五日以内向 我局 申请复议一次。

公安局（印）

二0××年一月二十日

此联交被取保候审人或者其家属，法定代理人、辩护人或其单位等

***公安局

没收保证金决定书

（副　本）

×公（刑）没保字〔20××〕13 号

被取保候审人 赵×× ，性别 男 ，出生日期 19××年×月××日 ，住址 ××县××镇×村 ，单位及职业 无固定职业 。

根据《中华人民共和国刑事诉讼法》第七十一条之规定，决定没收被取保候审人赵××，因被取保候审人在取保候审期间 未经批准离开× ×县 的保证金 元，肆仟（大写）元。被取保候审人可以在收到决定书之日起五日以内向 我局 申请复议一次。

公安局（印）

二0××年一月二十日

本决定书已收到。

被取保候审人：赵××　　（签名）

（被取保候审人在逃的或者其他情形不能到场的，由其家属，法定代理人、辩护人或其单位负责人签收）

20××年1月20日

此联附卷

***公安局

没收保证金决定书

（存　根）

×公（刑）没保字〔20××〕13 号

案件名称	赵××涉嫌诈骗案
案件编号	××××××
被取保候审人	赵×× 男 ×次
出生日期	19××年×月××日
单位及职业	无固定职业
取保候审决定机关	××县检察院
保证金数额	捌仟元
没收数额	肆仟元
办理银行	××县××银行
批准人	陈××
批准时间	20××年1月20日
办案人	张××、李××
办案单位	××县公安局××派出所
填发时间	20××年1月20日
填发人	王××

＊＊＊公安局

没收保证金通知书
（回　执）

×公（刑）没保字〔20××〕13 号

××县公安局：

你单位通知没收被取保候审人　赵××

（性别　男，出生日期　19××年×月××日，住

址　××县××镇×××村　　　）的保证金（大

写）　肆仟　元，我单位已办理完毕。

银行（印）

二○××年一月二十日

公（刑）没保字贰零××第拾叁号

此联由银行填写后退回公安机关，交由取保候审决定机关附卷。

＊＊＊公安局

没收保证金通知书

×公（刑）没保字〔20××〕13 号

××县××银行：

因被取保候审人　赵××　（性别　男，出生

日期　19××年×月××日，住址　××县××镇×

×村　　　）在取保候审期间　未经批准擅离开×

×县　　　，根据《中华人民共和国刑事诉讼法》

第七十一条之规定，决定没收其交纳的取保保证金

（大写）　肆仟　元。请予以办理。

公安局（印）

二○××年一月二十日

公（刑）没保字贰零××第拾叁号

此联交银行

二十三、对保证人罚款决定书、通知书

(一) 概念

对保证人罚款决定书、通知书是被取保候审的犯罪嫌疑人违反有关规定,而保证人未履行保证义务,公安机关对保证人处以罚款时使用的决定类文书。本文书包括罚款决定书和罚款通知书两部分。对保证人罚款决定书用于将罚款决定告知保证人,同时告知其可以申请复议的权利;对保证人罚款通知书用于将罚款决定通知取保候审决定机关。《刑事诉讼法》规定对未履行保证义务的保证人处以罚款,可以对保证人起到一定的约束作用,有利于取保候审的顺利执行。

(二) 法律依据

《刑事诉讼法》第70条规定,保证人应当履行以下义务:(1)监督被保证人遵守本法第71条的规定;(2)发现被保证人可能发生或者已经发生违反本法第71条规定的行为的,应当及时向执行机关报告。被保证人有违反本法第71条规定的行为,保证人未履行保证义务的,对保证人处以罚款,构成犯罪的,依法追究刑事责任。

《公安机关办理刑事案件程序规定》第103条规定,被保证人违反应当遵守的规定,保证人未履行保证义务的,查证属实后,经县级以上公安机关负责人批准,对保证人处1000元以上2万元以下罚款;构成犯罪的,依法追究刑事责任。第104条规定,决定对保证人罚款的,应当报经县级以上公安机关负责人批准,制作对保证人罚款决定书,在3日以内送达保证人,告知其如果对罚款决定不服,可以在收到决定书之日起5日以内向作出决定的公安机关申请复议。公安机关应当在收到复议申请后7日以内作出决定。保证人对复议决定不服的,可以在收到复议决定书后5日以内向上一级公安机关申请复核一次。上一级公安机关应当在收到复核申请后7

日以内作出决定。对上级公安机关撤销或者变更罚款决定的，下级公安机关应当执行。

（三）适用条件

根据《公安机关办理刑事案件程序规定》第 103 条的规定，使用对保证人罚款决定书、通知书，应当同时符合以下条件：

1. 被保证人违反了《刑事诉讼法》第 71 条所列的应当遵守的规定，保证人未履行《刑事诉讼法》第 70 条规定的义务，经查证属实的。

2. 经县级以上公安机关负责人批准，对保证人处以 1000 元以上 2 万元以下罚款。

对保证人罚款决定书不仅适用于被公安机关决定取保候审的犯罪嫌疑人的保证人，还适用于被人民检察院、人民法院决定取保候审的犯罪嫌疑人、被告人的保证人，因为人民检察院、人民法院作出的取保候审决定，也由公安机关执行。

（四）内容及制作要求

对保证人罚款决定书、通知书属于多联式填充型文书，由对保证人罚款决定书正本和副本、对保证人罚款通知书及存根四联组成。

1. 对保证人罚款决定书正本。对保证人罚款决定书正本是公安机关通知保证人罚款决定和保证人申请复议的依据和凭证，分为首部、正文和尾部三部分。

（1）首部。首部由制作机关名称、文书名称（已印制好）、文书字号及保证人、被取保候审人的基本情况组成。

（2）正文。正文是决定的内容，要填写的内容包括被取保候审人违反的规定、罚款数额和复议机关等项。

①被取保候审人违反的规定。引述被取保候审人违反《刑事诉讼法》第 71 条所列的规定，如"干扰证人作证""未经批准离开所居住的市、县"等。

②罚款数额。关于罚款的数额,《公安机关办理刑事案件程序规定》第 103 条规定为 1000 元以上 2 万元以下。

③复议机关。《公安机关办理刑事案件程序规定》第 104 条第 1 款规定,复议机关是作出罚款决定的公安机关。

(3)尾部。填写清楚成文时间,写明单位名称,并加盖制作文书的公安机关印章。

2. 对保证人罚款决定书副本。对保证人罚款决定书副本作为公安机关对保证人罚款并告知申请复议权的凭证,用于附卷,其内容及制作要求与正本一致。

3. 对保证人罚款通知书。对保证人罚款通知书是执行机关对保证人作出罚款决定后,将罚款决定通知取保候审决定机关的凭证,分为首部、正文和尾部。首部由制作机关名称、文书名称(已印制好)、文书字号和取保候审决定机关名称组成。正文包括被保证人和保证人的基本情况、对保证人罚款的原因、罚款数额。尾部的填写要求与对保证人罚款决定书正本相同。

4. 存根。存根作为公安机关对保证人罚款的凭证,用于公安机关留存备查。

(五) 使用要求

1. 对保证人罚款决定书制作完毕后,侦查人员应当在 3 日以内向保证人宣布,让其在副本的签收栏签名、捺指印,填写收到日期。

2.《公安机关办理刑事案件程序规定》第 105 条规定,对于保证人罚款的决定已过复议期限,或者复议、复核后维持原决定或者变更罚款数额的,公安机关应当及时通知指定的银行将保证人罚款按照国家的有关规定上缴国库。人民法院、人民检察院决定取保候审的,还应当在 3 日以内通知决定取保候审的机关。

3. 侦查终结时,对于保证人罚款决定书副本应当存入诉讼卷。

(六) 范例

× ×公安局

对保证人罚款决定书
（副 本）

×公（刑）保罚字[20××]12号

保证人 李×× ，性别 男 ，出生日期 19××年×月××日 ，住址 ××市××区××路20号 。

被取保候审人 张×× ，性别 男 ，出生日期 19××年×月××日 ，住址 ××市××区××号楼××室。

因被取保候审人在取保候审期间 干扰证人作证 ，违反《中华人民共和国刑事诉讼法》第七十一条 的规定，保证人未履行保证义务，根据《中华人民共和国刑事诉讼法》第七十条之规定，决定对保证人处以罚款 （大写）叁仟元 。

如不服本决定，保证人可以在收到决定书之日起五日以内向 我局 申请复议一次。

××公安局（印）

二〇××年六月八日

本决定书已收到。

保证人：李×× （捺指印）

20××年6月9日

此联附卷

公（刑）保罚字贰零××第拾贰号

× ×公安局

对保证人罚款决定书
（存 根）
通知

×公（刑）保罚字[20××]12号

案件名称 张××涉嫌诈骗告隐瞒案

案件编号 ××××××××

保证人 李×× 性别 男/女 出生日期 19××年×月××日 住址 ××市××区××路20号

被取保候审人 张×× 性别 男/女 出生日期 19××年×月××日

取保候审决定机关 ××区人民检察院

罚款原因 被保证人不履行保证义务，保证人未履行保证义务

罚款数额（大写）叁仟元

批准人 马××

批准时间 20××年6月8日

办 案 人 白××、王××

办案单位 ××区公安分局刑侦大队

填发时间 20××年6月8日

填发人 褚××

对保证人罚款通知书

×××公安局

×公（刑）保罚字〔20××〕12号

××区人民检察院：

你局（院）于 20×× 年 3 月 1 日以×公（刑）保罚字〔20××〕23 号决定书对犯罪嫌疑人 张×× （性别 男 ，出生日期 19××年×月××日，住址 ×××市××区××街×号楼×室）取保候审，保证人 李×× ，性别 男 ，住址 ××市××区××路20号。

因被取保候审人在取保候审期间 干扰证人作证 ，违反《中华人民共和国刑事诉讼法》第七十一条的规定，保证人未履行保证义务，根据《中华人民共和国刑事诉讼法》第七十条之规定，决定对保证人处以罚款（大写） ×× 元。

参件 元。

×××公安局（印）

二O××年六月八日

×公（刑）保罚字〔20××〕第壹贰×××号

此联交取保候审决定机关

对保证人罚款决定书

×××公安局

×公（刑）保罚字〔20××〕12号

保证人 李×× ，性别 男 ，出生日期19××年×月××日，住址 ×××市××区××路20号。

被取保候审人 张×× ，性别 男 ，出生日期19××年×月××日，住址 ×××市××区××街×号楼×室。

因被取保候审人在取保候审期间 干扰证人作证 ，违反《中华人民共和国刑事诉讼法》第七十一条的规定，保证人未履行保证义务，根据《中华人民共和国刑事诉讼法》第七十条之规定，决定对保证人处以罚款（大写） ×× 元。

如不服本决定，保证人可以在收到决定书之日起五日以内向 我局 申请复议一次。

×××公安局（印）

二O××年六月八日

×公（刑）保罚字〔20××〕第壹贰×××号

此联交保证人

二十四、责令具结悔过决定书

（一）概念

责令具结悔过决定书是公安机关对于违反取保候审规定的犯罪嫌疑人、被告人责令具结悔过所使用的决定类文书。责令具结悔过决定书属于强制措施文书，其目的在于责令违反取保候审规定的犯罪嫌疑人、被告人具结悔过。本文书不仅适用于公安机关决定取保候审的犯罪嫌疑人，也适用于人民检察院和人民法院决定取保候审的犯罪嫌疑人和被告人。

（二）法律依据

《刑事诉讼法》第 71 条第 3 款规定，被取保候审的犯罪嫌疑人、被告人违反取保候审应当遵守的规定，已交纳保证金的，没收部分或者全部保证金，并且区别情形，责令犯罪嫌疑人、被告人具结悔过，重新交纳保证金、提出保证人，或者监视居住、予以逮捕。

《公安机关办理刑事案件程序规定》第 96 条规定，被取保候审人在取保候审期间违反本规定第 89 条、第 90 条规定，已交纳保证金的，公安机关应当根据其违反规定的情节，决定没收部分或者全部保证金，并且区别情形，责令其具结悔过、重新交纳保证金、提出保证人，变更强制措施或者给予治安管理处罚；需要予以逮捕的，可以对其先行拘留。人民法院、人民检察院决定取保候审的，被取保候审人违反应当遵守的规定，负责执行的派出所应当及时通知决定取保候审的机关。

（三）适用条件

使用责令具结悔过决定书，应当符合以下条件：

1. 责令具结悔过的对象是被取保候审的犯罪嫌疑人、被告人。

2. 被取保候审人违反了《刑事诉讼法》第 71 条规定的被取保候审人应当遵守的规定，判断被取保候审人有无违反规定，要结合被取保候审人义务告知书的内容来确定。

（四）内容及制作要求

责令具结悔过决定书属于多联式填充型文书，由正本、副本和存根三联组成。

1. 正本。本联是责令被取保候审人具结悔过的依据和凭证，分为首部、正文和尾部三部分。

（1）首部。首部由制作机关名称、文书名称（已印制好）、文书字号以及被取保候审人基本情况组成。

（2）正文。正文是决定的内容，包括责令被取保候审人具结悔过的原因、限期交悔过书的时间。其中，具结悔过的原因可根据《刑事诉讼法》第71条的规定填写，如"未经执行机关批准离开所居住的市、县""在传讯的时候未及时到案""干扰证人作证""毁灭、伪造证据""串供"等。

（3）尾部。填写清楚成文时间，写明单位名称，并加盖制作文书的公安机关印章。

2. 副本。本联作为公安机关责令被取保候审人具结悔过的凭证，用于附卷，其内容及制作要求与正本相同。

3. 存根。本联用于公安机关留存备查。

（五）使用要求

1. 责令具结悔过决定书制作完毕后，侦查人员应当将文书的正本送达被取保候审人，并让其在文书副本的签收栏签名、捺指印，并填写接到通知的时间。

2. 侦查终结时，责令具结悔过决定书副本应当存入诉讼卷。

（六）范例

此联交被取保候审人

×× 公安局
责令具结悔过决定书

×公(经)责具字 [20××] 15 号

被取保候审人 姜×× ，性别 男 ，出生日期 19×× 年×月××日 ，住址 ××市××区××路××号 。

因被取保候审人在取保候审期间，在传讯的时候未及时到案，根据《中华人民共和国刑事诉讼法》第七十一条之规定，决定责令其具结悔过，并在接到本决定书之日起 三 日内将悔过书交我局。

公安局 (印)
二○××年九月七日

×公(经)责具字贰○××第拾伍号

此联附卷

×× 公安局
责令具结悔过决定书
(副 本)

×公(经)责具字 [20××] 15 号

被取保候审人 姜×× ，性别 男 ，出生日期 19×× 年×月××日 ，住址 ××市××区××路××号 。

因被取保候审人在取保候审期间，在传讯的时候未及时到案，根据《中华人民共和国刑事诉讼法》第七十一条之规定，决定责令其具结悔过，并在接到本决定书之日起 三 日内将悔过书交我局。

公安局 (印)
二○××年九月七日

本决定书已收到。
被取保候审人：姜××
20××年9月7日

×公(经)责具字贰○××第拾伍号

×× 公安局
责令具结悔过决定书
(存 根)

×公(经)责具字[20××]15号

案件名称 姜×× 涉嫌逃税案

案件编号 ×××××××

被取保候审人 姜×× ，男/女

出生日期 19×× 年×月××日

住址 ××市××区××路××号

具结悔过原因及时到案 在传讯的时候未及时到案

批准人 陈×× 20××年9月7日

办案单位 ××市公安局经侦支队 周××

填发时间 20××年9月7日 填发人 黄××

二十五、解除取保候审决定书、通知书

（一）概念

解除取保候审决定书、通知书是公安机关在依法解除对犯罪嫌疑人取保候审时使用的文书。取保候审虽然没有对犯罪嫌疑人进行羁押，但对当事人的人身自由有一定的限制，因此，对于符合法定解除取保候审情形的，应当及时制作解除取保候审决定书、通知书，依法解除取保候审强制措施。

（二）法律依据

《刑事诉讼法》第 79 条第 2 款规定，对于发现不应当追究刑事责任或者取保候审期限届满的，应当及时解除取保候审。解除取保候审应当及时通知被取保候审人和有关单位。

《公安机关办理刑事案件程序规定》第 108 条规定，需要解除取保候审的，应当经县级以上公安机关负责人批准，制作解除取保候审决定书、通知书，并及时通知负责执行的派出所、被取保候审人、保证人和有关单位。人民法院、人民检察院作出解除取保候审决定的，负责执行的公安机关应当根据决定书及时解除取保候审，并通知被取保候审人、保证人和有关单位。

（三）适用条件

使用解除取保候审决定书、通知书的条件是取保候审结束。取保候审结束有两种情况：

1. 取保候审法定期限届满。根据《刑事诉讼法》第 79 条第 1 款的规定，取保候审最长不得超过 12 个月。根据最高人民法院《关于适用〈中华人民共和国刑事诉讼法〉的解释》第 165 条的规定，以月计算的期限，自本月某日至下月同日为 1 个月。期限起算日为本月最后一日的，至下月最后一日为 1 个月。下月同日不存在的，自本月某日至下月最后一日为 1 个月。半个月一律按 15 日计算。

2. 发现不应当追究刑事责任。《公安机关办理刑事案件程序规定》第 186 条第 1 款规定，经过侦查，发现具有下列情形之一的，应当撤销案件：（1）没有犯罪事实的；（2）情节显著轻微、危害不大，不认为是犯罪的；（3）犯罪已过追诉时效期限的；（4）经特赦令免除刑罚的；（5）犯罪嫌疑人死亡的；（6）其他依法不追究刑事责任的。总之，案件被撤销或者依法不追究被取保候审人刑事责任的，应当及时解除取保候审。

（四）内容及制作要求

解除取保候审决定书、通知书属于多联式填充型文书。本文书由解除取保候审决定书正本、副本和解除取保候审通知书交保证人联、交执行机关联及存根五联组成。

1. 解除取保候审决定书。解除取保候审决定书正本是被取保候审人被解除取保候审的依据和凭证，分为首部、正文和尾部三部分。

（1）首部。首部由制作机关名称、文书名称（已印制好）、文书字号以及被取保候审人基本情况组成。

（2）正文。正文是决定的内容，包括取保候审的日期、解除的原因。取保候审的日期应与取保候审决定书注明的起算日期一致。解除的原因根据情况分别填写"取保候审期限届满""案件被撤销"或者"不应当追究刑事责任"。

（3）尾部。填写清楚成文时间，写明单位名称，并加盖制作文书的公安机关印章。

2. 解除取保候审决定书副本。本联作为公安机关解除取保候审的凭证，用于附卷，其内容及制作要求与正本相同。

3. 解除取保候审通知书交保证人联。本联是保证人被解除保证义务的依据和凭证，分为首部、正文和尾部三部分。

（1）首部。首部由制作机关名称、文书名称（已印制好）、文书字号和抬头组成。抬头填写保证人姓名。

（2）正文。正文是通知的内容，包括取保候审的日期、被取保候审人的基本情况、解除取保候审的原因。解除取保候审的原因与解除取保候审决定书的有关内容一致。

（3）尾部。填写清楚成文时间，写明单位名称，并加盖制作文书的公安机关的印章。

4. 解除取保候审通知书交执行机关联。本联是执行机关解除对被取保候审人监督管理的依据和凭证，分为首部、正文和尾部三部分。

（1）首部。首部由制作机关名称、文书名称（已印制好）、文书字号和抬头组成。抬头填写负责执行取保候审的派出所的名称。

（2）正文。正文是通知的内容，包括取保候审的日期、被取保候审人的基本情况、解除取保候审的原因。解除取保候审的原因与解除取保候审决定书的有关内容一致。

（3）尾部。填写清楚成文时间，写明单位名称，并加盖制作文书的公安机关印章。

5. 存根。存根作为公安机关解除取保候审的凭证，用于公安机关留存备查。

（五）使用要求

1. 《公安机关办理刑事案件程序规定》第 107 条规定，公安机关在取保候审期间不得中断对案件的侦查，对取保候审的犯罪嫌疑人，根据案情变化，应当及时变更强制措施或者解除取保候审。取保候审最长不得超过 12 个月。第 108 条规定，需要解除取保候审的，应当经县级以上公安机关负责人批准，制作解除取保候审决定书、通知书，并及时通知负责执行的派出所、被取保候审人、保证人和有关单位。人民法院、人民检察院作出解除取保候审决定的，负责执行的公安机关应当根据决定书及时解除取保候审，并通知被取保候审人、保证人和有关单位。

2. 根据《公安机关办理刑事案件程序规定》第 162 条的规定，取保候审变更为监视居住、拘留、逮捕的，不必办理解除取保候审手续，即无须填写解除取保候审决定书、通知书。

3. 解除取保候审决定书、通知书制作完毕后，侦查人员应当送交负责执行的派出所，该所应当及时将解除取保候审决定书正本送达被取保候审人，并让其在副本上签收，然后将该联退回决定机关；对于采取保证人方式取保候审的，负责执行的派出所应当将解除取保候审通知书交保证人联送达保证人。

4. 侦查终结时，解除取保候审决定书副本应当存入诉讼卷。

（六）范例

***公安局

解除取保候审决定书

×公（刑）解保字〔20××〕41号

被取保候审人 吕×× ，性别 女 ，出生日期 19××年×月××日，住址 ×××市××区××街××号楼××室

我局于 20×× 年 11 月 4 日起对其执行取保候审期限届满。

根据《中华人民共和国刑事诉讼法》第七十九条第二款之规定，决定予以解除。

公安局（印）

二０××年十二月四日

此联交被取保候审人

公（刑）解保字贰零××第肆拾壹号

***公安局

解除取保候审决定书
（副 本）

×公（刑）解保字〔20××〕41号

被取保候审人 吕×× ，性别 女 ，出生日期 19××年×月××日，住址 ×××市××区××街××号楼××室

我局于 20×× 年 11 月 4 日起对其执行取保候审期限届满

根据《中华人民共和国刑事诉讼法》第七十九条第二款之规定，决定予以解除。

公安局（印）

二０××年十二月四日

本决定书已收到。
被取保候审人：吕×× ，男
20××年12月4日 （捺指印）

此联附卷

公（刑）解保字贰零××第肆拾壹号

***公安局

解除取保候审决定书通知
（存 根）

×公（刑）解保字〔20××〕41号

案件名称 ×××涉嫌妨害公务案

案件编号 ×××××××××

被取保候审人 吕×× 男/女

出生日期 19××年×月××日

住址 ×××市××区××街××号楼××室

取保方式 保证人担保

执行机关 ××市公安局××分局 ××派出所

取保候审决定时间 20××年11月4日

解除原因取保候审期限届满

批准人 伍××

批准时间 20××年12月4日 男 ×××

办案人 周×× ，××

办案单位 ××市公安局刑侦支队一大队

填发时间 20××年12月4日

填发人 黄××

136

＊＊＊公安局

解除取保候审通知书

×公（刑）解保字〔20××〕41 号

×××市公安局××区分局××派出所：

我局于 20×× 年 12 月 4 日决定对犯罪嫌
疑人吕×× （性别 女 ，住址 ×××市×区×街×楼×
×月××日，出生日期 19×× 年×
×室 ）取保候审，现因 取保候审期限届满
，根据《中华人民共和国刑事诉讼法》
第七十九条第二款之规定，决定予以解除。

特此通知。

公安局（印）

二〇××年十二月四日

×
公
（
刑
）
解
保
字
贰
零
×
×
第
肆
拾
壹
号

此联交决定机关

＊＊＊公安局

解除取保候审通知书

×公（刑）解保字〔20××〕41 号

李××：

我局于 20×× 年 12 月 4 日决定对犯罪嫌
疑人吕×× （性别 女 ，住址 ×××市×区×街×楼×
×月××日，出生日期 19×× 年×
×室 ）取保候审，现因 取保候审期限届满
，根据《中华人民共和国刑事诉讼法》
第七十九条第二款之规定，决定解除对其取保候审，并
解除你的保证义务。

公安局（印）

二〇××年十二月四日

×
公
（
刑
）
解
保
字
贰
零
×
×
第
肆
拾
壹
号

此联交保证人

二十六、监视居住决定书、执行通知书

(一) 概念

监视居住决定书、执行通知书是公安机关在侦查过程中依法决定对犯罪嫌疑人采取监视居住时，向犯罪嫌疑人宣布监视居住决定和向执行机关通知时使用的决定类文书。监视居住是《刑事诉讼法》规定的强制措施之一，正确使用监视居住有利于保障侦查活动的依法顺利进行。

(二) 法律依据

《刑事诉讼法》第 66 条规定，公安机关根据案件情况，对犯罪嫌疑人可以监视居住。第 74 条规定，公安机关对符合逮捕条件，有下列情形之一的犯罪嫌疑人，可以监视居住：(1) 患有严重疾病、生活不能自理的；(2) 怀孕或者正在哺乳自己婴儿的妇女；(3) 系生活不能自理的人的唯一扶养人；(4) 因为案件的特殊情况或者办理案件的需要，采取监视居住措施更为适宜的；(5) 羁押期限届满，案件尚未办结，需要采取监视居住措施的。对符合取保候审条件，但犯罪嫌疑人不能提出保证人，也不交纳保证金的，也可以监视居住。第 71 条第 3 款规定，被取保候审的犯罪嫌疑人违反取保候审应当遵守的规定，可以监视居住。第 91 条第 3 款规定，对于人民检察院不批准逮捕，公安机关需要继续侦查，且符合监视居住条件的，依法监视居住。第 75 条第 1 款规定，监视居住应当在犯罪嫌疑人的住处执行；无固定住处的，可以在指定的居所执行。对于涉嫌危害国家安全犯罪、恐怖活动犯罪，在住处执行可能有碍侦查的，经上一级公安机关批准，也可以在指定的居所执行。但是，不得在羁押场所、专门的办案场所执行。第 77 条规定，被监视居住的犯罪嫌疑人应当遵守以下规定：(1) 未经执行机关批准不得离开执行监视居住的处所；(2) 未经执行机关批准不得会见他人或者通信；(3) 在传讯的时候及时到案；(4) 不得以任

何形式干扰证人作证；（5）不得毁灭、伪造证据或者串供；（6）将护照等出入境证件、身份证件、驾驶证件交执行机关保存。被监视居住的犯罪嫌疑人违反上述规定，情节严重的，可以予以逮捕；需要予以逮捕的，可以对犯罪嫌疑人先行拘留。

（三）适用条件

1. 根据《公安机关办理刑事案件程序规定》第 109 条第 1 款的规定，公安机关对符合逮捕条件，有下列情形之一的犯罪嫌疑人，可以监视居住：（1）患有严重疾病、生活不能自理的；（2）怀孕或者正在哺乳自己婴儿的妇女；（3）系生活不能自理的人的唯一扶养人；（4）因案件的特殊情况或者办理案件的需要，采取监视居住措施更为适宜的；（5）羁押期限届满，案件尚未办结，需要采取监视居住措施的。

2. 《公安机关办理刑事案件程序规定》第 109 条第 2 款规定，对人民检察院决定不批准逮捕的犯罪嫌疑人，需要继续侦查，并且符合监视居住条件的，可以监视居住。第 3 款规定，对于符合取保候审条件，但犯罪嫌疑人不能提出保证人，也不交纳保证金的，可以监视居住。第 4 款规定，被取保候审人违反本规定第 89 条、第 90 条规定的，可以监视居住。

（四）内容及制作要求

监视居住决定书、执行通知书属于多联式填充型文书。本文书由监视居住决定书正本、副本和监视居住执行通知书以及存根四联组成。

1. 监视居住决定书正本。本联是告知犯罪嫌疑人决定对其监视居住的依据，分为首部、正文和尾部三部分。

（1）首部。首部由制作机关名称、文书名称（已印制好）、文书字号及犯罪嫌疑人的基本情况组成。

（2）正文。正文是决定的内容，包括决定事项、监视居住期间应当遵守的规定。决定事项依次填写案件名称、监视居住的原因、法律依据、监视居住的地点、监视居住的类型、执行机关、监视居住期限起算时间。监视居住期间应当遵守的规定也已经印制在文书上。填写时应当注意：

①监视居住的原因和法律依据。根据《刑事诉讼法》第74条、第71条第3款、第91条第3款等规定，区分情形填写。若是指定居所监视居住的，还应当同时引用第75条的规定。

②监视居住的地点。根据《刑事诉讼法》第75条的规定，监视居住应当在犯罪嫌疑人的住处执行；无固定住处的，可以在指定的居所执行。对于涉嫌危害国家安全犯罪、恐怖活动犯罪，在住处执行可能有碍侦查的，经上一级公安机关批准，也可以在指定的居所执行。《公安机关办理刑事案件程序规定》第112条规定，固定住处，是指被监视居住人在办案机关所在的市、县内生活的合法住处。指定的居所，是指公安机关根据案件情况，在办案机关所在的市、县内为被监视居住人指定的生活居所。

③监视居住的类型。文书正文有"监视居住/指定居所监视居住"两种监视居住类型供选择，若属于指定居所监视居住的，则填写时将"监视居住"划掉即可。

④执行机关。《公安机关办理刑事案件程序规定》第117条规定，公安机关决定监视居住的，由被监视居住人住处或者指定居所所在地的派出所执行，办案部门可以协助执行。必要时，也可以由办案部门负责执行，派出所或者其他部门协助执行。因此，执行机关应填写实际执行的派出所或办案部门名称。

⑤监视居住期限起算时间。应当填写监视居住决定日期。根据最高人民法院《关于适用〈中华人民共和国刑事诉讼法〉的解释》第165条的规定，以月计算的期限，自本月某日至下月同日为1个月。期限起算日为本月最后一日的，至下月最后一日为1个月。下月同日不存在的，自本月某日至下月最后一日为1个月。半个月一律按15日计算。

（3）尾部。填写清楚成文时间，写明单位名称，并加盖制作文书的公安机关印章。

2. 监视居住决定书副本。本联作为公安机关采取监视居住的凭证，用于附卷，其内容及制作要求与正本相同。

3. 监视居住执行通知书。本联是有关执行机关（有关派出所或办案部门）对被采取监视居住的犯罪嫌疑人进行监督管理的依据，由首部、正文和尾部组成。首部中的抬头为负责执行监视居住的派出所或办案部门。正文包括监视居住的原因、监视居住场所、涉嫌的罪名、犯罪嫌疑人基本情况、监视居住的类型、监视居住起算日期、监视居住期间应当遵守的规定。内容填写要求与监视居住决定书正本相同。本联中是否属于律师会见需经许可的案件栏目，由侦查人员根据实际情况选择"是"或者"否"，若属于，就将"否"用删除线划掉；若不属于，就将"是"用删除线划掉。《刑事诉讼法》第39条第3款规定，危害国家安全犯罪、恐怖活动犯罪案件，在侦查期间辩护律师会见在押的犯罪嫌疑人，应当经侦查机关许可。上述案件，侦查机关应当事先通知看守所。第39条第5款规定，辩护律师同被监视居住的犯罪嫌疑人会见、通信，适用本条第3款的规定。因此，在法律文书中注明上述内容，可以让执行监视居住的执行机关了解案件是否属于上述两类特殊案件，从而掌握辩护律师会见被监视居住人之前是否需要侦查机关的许可。

4. 存根。本联用于公安机关留存备查。

（五）使用要求

1. 对犯罪嫌疑人监视居住，应当制作呈请监视居住报告书，经县级以上公安机关负责人批准，对于涉嫌危害国家安全犯罪、恐怖活动犯罪，在处所执行监视居住可能有碍侦查的，需经上一级公安机关批准。批准后，签发监视居住决定书。公安机关对犯罪嫌疑人决定监视居住的，应当向犯罪嫌疑人宣读监视居住决定书，由犯罪嫌疑人在副本的签收栏签名、捺指印，并将监视居住执行通知书送达执行机关。

2. 被监视居住的犯罪嫌疑人应将护照等出入境证件、身份证件、驾驶证件交执行机关保存，执行机关在收到犯罪嫌疑人的上述证件后，应开具保存证件清单一式三份，一份附卷，一份交证件持有人，一份交公安机关保管人员。

3. 根据《公安机关办理刑事案件程序规定》第 136 条的规定，被监视居住人违反监视居住规定，具有下列情形之一的，可以提请批准逮捕：

（1）涉嫌故意实施新的犯罪行为的；

（2）实施毁灭、伪造证据或者干扰证人作证、串供行为，足以影响侦查工作正常进行的；

（3）对被害人、举报人、控告人实施打击报复的；

（4）企图自杀、逃跑，逃避侦查的；

（5）未经批准，擅自离开执行监视居住的处所，情节严重的，或者两次以上未经批准，擅自离开执行监视居住的处所的；

（6）未经批准，擅自会见他人或者通信，情节严重，或者两次以上未经批准，擅自会见他人或者通信的；

（7）经传讯无正当理由不到案，情节严重的，或者经两次以上传讯不到案的。

4. 根据《公安机关办理刑事案件程序规定》第 120 条的规定，被监视居住人有正当理由要求离开住处或者指定的居所以及要求会见他人或者通信的，应当经负责执行的派出所或者办案部门负责人批准。人民法院、人民检察院决定监视居住的，负责执行的派出所在批准被监视居住人离开住处或者指定的居所以及与他人会见或者通信前，应当征得决定监视居住的机关同意。

5. 侦查终结时，监视居住决定书副本应当存入诉讼卷。

（六）范例

××公安局
监视居住决定书
（副本）

×公（刑）监居字〔20××〕12号

犯罪嫌疑人 李×× ，性别 男 ，出生日期 1977年6月26日 ，住址 ××省××县××乡××村×组。因李××涉嫌贩卖毒品案，我局正在侦查。李××涉嫌贩卖毒品案，因案件的特殊情况，未取监视居住措施尚未完成不足以羁押本市无固定住处之规定，根据《中华人民共和国刑事诉讼法》第七十四、七十五条之规定，决定在××市××区××路××号对犯罪嫌疑人李××监视居住，指定居所监视居住，由××市公安局××分局 20××年2月17日起算本决定。监视居住期限从20××年2月17日起监视居住期间，被监视居住人应当遵守下列规定：

一、未经执行机关批准不得离开执行居住的处所；
二、未经执行机关批准不得会见他人或者通信；
三、在传讯的时候及时到案；
四、不得以任何形式干扰证人作证；
五、不得毁灭、伪造证据或者串供；
六、将护照等出入境证件、身份证件、驾驶证件交执行机关保存。

如果被监视居住人违反以上规定，情节严重的，可以予以逮捕；需要予以逮捕的，可以先行拘留。

××公安局（印）
二○××年二月十七日

本决定书已收到。
被监视居住人：李××
20××年2月17日

此联附卷

××公安局
监视居住
决定书
执行通知
（存根）

×公（刑）监居字〔20××〕12号

案件名称 李××涉嫌贩卖毒品案
案件编号 ×××××××
被监视居住人 李××　　　性别 男／女
出生日期 1977年6月26日
住址 ××省××县××乡××村×组
监视居住原因及案件特殊情况，未住原因因指定监视居住措施尚未完成
监视居所 ××路
住地地点 ××号／室
指定居所 是／否
起算时间 20××年2月17日
执行机关 ××市公安局××分局××派出所
批准人 卢××
批准时间 20××年2月17日
办案人 朱××、陈××
办案单位 ××市公安局××分局刑警大队
填发时间 20××年2月17日
填发人 李××

××公安局　监视居住执行通知书

×公（刑）监居字〔20××〕12号

××市公安局××分局××派出所：

因案件的特殊情况，采取监视居住措施更为适宜且李××在本市无固定住处，我局决定，对犯罪嫌疑人 李××，（性别 男，出生日期1977年6月26日，住 ××省××县××乡××村××组）指定居所监视居住，交由你单位执行，监视居住期限从 20××年2月17日起施行，执行监视居住人应遵守下列规定：

一、未经执行机关批准不得离开执行监视居住的处所；
二、未经执行机关批准不得会见他人或者通信；
三、在传讯的时候及时到案；
四、不得以任何形式干扰证人作证；
五、不得毁灭、伪造证据或者串供；
将护照等出入境证件、驾驶证件交执行机关保存。
保：如果被监视居住人违反以上规定，情节严重的，可以予以逮捕；需要予以逮捕的，可以先行拘留。
属于被监视居住可经许可的案件：是 否

公安局（印）
二O××年二月十七日

此联交执行机关

×公（刑）监居字贰零××第拾贰号

××公安局　监视居住决定书

×公（刑）监居字〔20××〕12号

犯罪嫌疑人 李××，性别 男，出生日期1977年6月26日，住址 ××省××县××乡××村××组。

我局正在侦查 李××涉嫌贩卖毒品 案，因 案件的特殊情况，采取监视居住措施更为适宜且李××在本市无固定住处，根据《中华人民共和国刑事诉讼法》第 七十四、七十五 条之规定，决定对犯罪嫌疑人 李×× 指定居所监视居住，由 ××市××区××路××号 ××市公安局××分局 20××年2月17日起施行。

在监视居住期间，被监视居住人应当遵守下列规定：

一、未经执行机关批准不得离开执行监视居住的处所；
二、未经执行机关批准不得会见他人或者通信；
三、在传讯的时候及时到案；
四、不得以任何形式干扰证人作证；
五、不得毁灭、伪造证据或者串供；
六、将护照等出入境证件、身份证件、驾驶证件交执行机关保存。
保：如果被监视居住人违反以上规定，情节严重的，可以予以逮捕；需要予以逮捕的，可以先行拘留。

公安局（印）
二O××年二月十七日

此联交被监视居住人

×公（刑）监居字贰零××第拾贰号

二十七、指定居所监视居住通知书

（一）概念

指定居所监视居住通知书是公安机关对犯罪嫌疑人执行指定居所监视居住后，通知被监视居住人的家属时使用的通知类文书。

（二）法律依据

《刑事诉讼法》第 75 条第 2 款规定，指定居所监视居住的，除无法通知的以外，应当在执行监视居住后 24 小时以内，通知被监视居住人的家属。

（三）适用条件

使用指定居所监视居住通知书，应当符合以下条件：

1. 被监视居住人无固定住所。对于涉嫌危害国家安全犯罪、恐怖活动犯罪，在住处执行可能有碍侦查，并经上一级公安机关批准。

2. 没有无法通知的情形。根据《公安机关办理刑事案件程序规定》第 113 条第 2 款的规定，无法通知包括以下情形：（1）不讲真实姓名、住址、身份不明的；（2）没有家属的；（3）提供的家属联系方式无法取得联系的；（4）因自然灾害等不可抗力导致无法通知的。

（四）内容及制作要求

指定居所监视居住通知书属于多联式填充型文书。本文书由正本、副本和存根三联组成。

1. 正本。本联是公安机关通知犯罪嫌疑人家属其已被指定居所监视居住的证明，分为首部、正文和尾部三部分。

（1）首部。首部由制作机关名称、文书名称（已印制好）、文书字号和抬头组成。其中，抬头填写被指定居所监视居住人家属的姓名。家属，一般是与其共同居住的成年亲属。

（2）正文。正文包括法律依据、执行监视居住的时间、监视居住的原因、被监视居住人的基本情况。执行监视居住的时间与监视居住决定书副本上被监视居住人在签收栏部分填写的时间一致。

（3）尾部。填写清楚成文时间，写明单位名称，并加盖制作文书的公安机关印章。

2. 副本。本联是公安机关已经通知被指定居所监视居住人的家属的凭证，用于附卷，其内容及制作要求与正本一致。被监视居住人家属应当在签收栏签收，并填写时间，精确到小时，以监督公安机关是否在 24 小时内送达，在 24 小时内无法通知的，应当写明具体原因。

3. 存根。本联用于公安机关留存备查。

（五）使用要求

1. 在对犯罪嫌疑人指定居所监视居住后，要求其说明家属姓名以及地址，除无法通知的情形外，应当在执行监视居住后的 24 小时内制发指定居所监视居住通知书。

2. 尽快将指定居所监视居住通知书正本交被指定居所监视居住人的家属，能够直接送达的，应当送达被指定居所监视居住人的家属，并请其在副本的签收栏部分签收。如受送达人拒绝接收或者拒绝签名、捺指印，送达人可以邀请其邻居或者其他见证人到场，说明理由，留下指定居所监视居住通知书，在签收栏记明拒绝的事由、送达的日期，由送达人、见证人签名，即视为送达。直接送达确有困难的，可以邮寄送达。犯罪嫌疑人的家属在外地的，可以采用电话、传真等方式通知，但指定居所监视居住通知书应当在 24 小时以内交邮，并将邮件回执附卷，不得以口头通知代替书面通知。

3. 侦查结束时，指定居所监视居住通知书副本应当存入诉讼卷。

（六）范例

＊＊＊公安局 指定居所监视居住通知书

×公（刑）监通字〔20××〕6号

×公（刑）监通字贰零××第伍号

王×××：

根据《中华人民共和国刑事诉讼法》第七十五条之规定，我局已于 20×× 年 2 月 17 日 15 时对涉嫌 贩卖毒品 罪的 李×× （性别 男 ，住址 ×××省××县×乡××村×组 ，出生日期 1977 年 6 月 26 日 ）执行指定居所监视居住。

公安局（印）

二○××年二月十七日

此联交被监视居住人家属

＊＊＊公安局 指定居所监视居住通知书（副 本）

×公（刑）监通字〔20××〕6号

×公（刑）监通字贰零××第伍号

王×××：

根据《中华人民共和国刑事诉讼法》第七十五条之规定，我局已于 20×× 年 2 月 17 日 15 时对涉嫌 贩卖毒品 罪的 李×× （性别 男 ，住址 ×××省××县×乡××村×组 ，出生日期 1977 年 6 月 26 日 ）执行指定居所监视居住。

公安局（印）

二○××年二月十七日

本通知书已收到。

被监视居住人家属：王×× 20××年2月18日10时

如在监视居住后 24 小时内无法通知的，注明原因：

办案人：
　　年　月　日　时

此联附卷

＊＊＊公安局 指定居所监视居住通知书（存 根）

×公（刑）监通字〔20××〕6号

案件名称 李××涉嫌贩卖毒品案
案件编号 ×××××××
被监视居住人 李×× 男/女
出生日期 1977 年 6 月 26 日
住址 ×××省××县×乡××村×组
被监视居住原因 涉嫌贩卖毒品罪
指定居所地点 ×××省××县×区×乡×路××
家属姓名 王××
地址 ×××省××县×乡××村×组
批准机关 ××市公安局××分局×××
办案人 李××、陈××
办案单位 ×市公安局刑警大队
填发时间 20××年2月17日
填发人 李××

147

二十八、解除监视居住决定书、通知书

(一) 概念

解除监视居住决定书、通知书是公安机关在依法解除对犯罪嫌疑人监视居住时使用的决定类文书。

(二) 法律依据

《刑事诉讼法》第 79 条第 2 款规定，对于发现不应当追究刑事责任或者监视居住期限届满的，应当及时解除监视居住。解除监视居住，应当及时通知被监视居住人和有关单位。

《公安机关办理刑事案件程序规定》第 123 条规定，需要解除监视居住的，应当经县级以上公安机关负责人批准，制作解除监视居住决定书，并及时通知负责执行的派出所、被监视居住人和有关单位。人民法院、人民检察院作出解除、变更监视居住决定的，负责执行的公安机关应当及时解除并通知被监视居住人和有关单位。另外，变更为拘留、逮捕的，原监视居住自动解除，不再办理解除手续。

(三) 适用条件

使用解除监视居住决定书、通知书的条件是监视居住措施结束。监视居住措施结束有两种情况：一是发现不应当追究刑事责任。二是监视居住法定期限届满。根据《刑事诉讼法》第 79 条的规定，监视居住最长不得超过 6 个月。监视居住期限届满的，应当及时解除监视居住。

(四) 内容及制作要求

解除监视居住决定书、通知书属于多联式填充型文书。本文书由解除监视居住决定书正本、副本、解除监视居住通知书和存根四联组成。

1. 解除监视居住决定书正本。本联是犯罪嫌疑人被解除监视居住的依据和凭证，分为首部、正文和尾部三部分。

（1）首部。首部由制作机关名称、文书名称（已印制好）、文

书字号及被监视居住人的基本情况组成。

（2）正文。正文是决定的内容，包括被监视居住人监视居住的日期、解除监视居住的原因。监视居住的日期应与监视居住决定书日期一致，解除监视居住的原因根据情况填写"监视居住期限届满"或者"不应当追究刑事责任"等。

（3）尾部。填写清楚成文时间，写明单位名称，并加盖制作文书的公安机关印章。

2. 解除监视居住决定书副本。本联是公安机关对被监视居住人解除监视居住的依据和凭证，用于附卷，其内容及制作要求与正本相同。

3. 解除监视居住通知书。本联是执行机关解除对被监视居住人监督管理的依据，由首部、正文和尾部组成。首部中的抬头应当填写负责执行的派出所或办案部门名称。正文中的解除监视居住的原因与解除监视居住决定书的内容一致。尾部填写清楚成文时间，写明单位名称，并加盖制作文书的公安机关印章。

4. 存根。本联作为公安机关解除监视居住的凭证，用于公安机关留存备查。

（五）使用要求

1. 监视居住最长不得超过 6 个月。在监视居住期间，公安机关不得中断案件的侦查，对被监视居住的犯罪嫌疑人，应当根据案情变化及时解除监视居住或者变更强制措施。

2. 需要解除监视居住的，经县级以上公安机关负责人批准，签发解除监视居住决定书。解除监视居住应当及时通知执行机关、被监视居住人和有关单位。

3. 解除监视居住决定书、通知书制作完毕后，侦查人员应将解除监视居住通知书送达负责执行的派出所，将解除监视居住决定书正本送达被监视居住人，并让其在解除监视居住决定书副本上签名、捺指印。

4. 侦查终结时，解除监视居住决定书副本应当存入诉讼卷。

（六）范例

×××公安局
解除监视居住决定书
（副 本）

×公(支)解监字[20××]17号

被监视居住人 杜×× ，性别 男 ，出生日期
1970年3月5日 ，住址 ××省××县××镇××
村

我局于 20×× 年 6 月 20 日决定对××监视
居住，现因 不应当追究刑事责任 ，根据《中华人民共和国刑事诉讼法》第七十九条第二款
之规定，决定予以解除。

公安局（印）

二○××年七月十三日

本决定书已收到：被监视居住人：杜××（签指印）
20××年7月13日

此联附卷

×公(支)解监字第 贰零××× 拾柒 号

×××公安局
解除监视居住决定书
通知
（存 根）

×公(支)解监字[20××]17号

案件名称	杜××涉嫌交通肇事案
案件编号	×××××××
被监视居住人	杜×× 男/女
出生日期	1970年3月5日
住址	××省××县××镇××村
监视居住决定时间	20××年6月20日
执行机关	××县公安局××派出所
解除原因	不应当追究刑事责任
批准人	麦××
批准时间	20××年7月13日
办案人	张××、罗×× 高××
填发时间	20××年7月13日
填发人	高××

＊＊＊公安局

解除监视居住通知书

× 公（支）解监字 [20××] 17 号

×× 县公安局 ×× 派出所：

我局于 20×× 年 6 月 20 日决定对犯罪嫌疑人 ＿杜×× ＿（性别 男 ，出生日期 1970 年 3 月 5 日 ，住址 ××省××县××镇××村 ）监视居住，现因 不应当追究刑事责任 ，根据《中华人民共和国刑事诉讼法》第七十九条第二款之规定，决定予以解除。

公安局（印）

二〇××年七月十三日

× 公（支）解监字 贰零 × × 第 拾 柒 号

＊＊＊公安局

解除监视居住决定书

× 公（支）解监字 [20××] 17 号

被监视居住人 ＿杜×× ＿，性别 男 ，出生日期 1970 年 3 月 5 日 ，住址 ××省××县××镇××村 。

我局于 20×× 年 6 月 20 日决定对其监视居住，现因 不应当追究刑事责任 ，根据《中华人民共和国刑事诉讼法》第七十九条第二款之规定，决定予以解除。

公安局（印）

二〇××年七月十三日

× 公（支）解监字 贰零 × × 第 拾 柒 号

二十九、拘留证

（一）概念

拘留证是公安机关依法对犯罪嫌疑人执行拘留时使用的凭证式文书。根据我国《宪法》的有关规定，公民的人身自由不受侵犯，国家对公民人身自由的约束必须依照法定程序进行。《刑事诉讼法》第85条第1款规定，公安机关拘留人的时候，必须出示拘留证。因此，拘留证既是侦查人员执行拘留的凭证，也是对被拘留人执行羁押的依据，目的是对犯罪嫌疑人进行羁押。正确使用拘留证对于及时抓获犯罪嫌疑人，保障侦查活动顺利进行，防止侵犯公民人身权利的情况发生具有十分重要的作用。

（二）法律依据

根据《刑事诉讼法》第82条的规定，公安机关对于现行犯或者重大嫌疑分子，有下列情形之一的，可以先行拘留：（1）正在预备犯罪、实行犯罪或者在犯罪后即时被发觉的；（2）被害人或者在场亲眼看见的人指认他犯罪的；（3）在身边或者住处发现有犯罪证据的；（4）犯罪后企图自杀、逃跑或者在逃的；（5）有毁灭、伪造证据或者串供可能的；（6）不讲真实姓名、住址，身份不明的；（7）有流窜作案、多次作案、结伙作案重大嫌疑的。第71条第4款规定，对违反取保候审规定，需要予以逮捕的，可以对犯罪嫌疑人先行拘留。第77条第2款规定，被监视居住的犯罪嫌疑人违反监视居住应当遵守的规定，情节严重的，可以予以逮捕；需要予以逮捕的，可以对犯罪嫌疑人先行拘留。

《公安机关办理刑事案件程序规定》第125条规定，拘留犯罪嫌疑人，应当填写呈请拘留报告书，经县级以上公安机关负责人批准，制作拘留证。执行拘留时，必须出示拘留证，并责令被拘留人在拘留证上签名、捺指印，拒绝签名、捺指印的，侦查人员应当注明。紧急情况下，对符合本规定第124条所列情形之一的，经出示人民警察证，可以将犯罪嫌疑人口头传唤至公安机关后立即审查，办理法律手续。

（三）适用条件

使用拘留证，应当符合以下条件：

1. 拘留的对象须符合以下三种情形之一：

（1）现行犯或者重大嫌疑分子。现行犯，是指正在预备犯罪、施行犯罪或者在犯罪后即时被发觉的犯罪分子。重大嫌疑分子，是指有证据证明有重大犯罪嫌疑的人。《刑事诉讼法》第82条列举了可以先行拘留的七种情形，是否属于这七种情形，必须有相应的证据证明。《公安机关办理刑事案件程序规定》第193条明确规定，严禁在没有证据的情况下，仅凭怀疑就对犯罪嫌疑人采取强制措施。

（2）违反取保候审规定，情节严重，需要予以逮捕的。犯罪嫌疑人被取保候审后，违反取保候审的有关规定，采取监视居住尚不足以防止发生社会危害性，需要予以逮捕。

（3）违反监视居住规定，情节严重，需要予以逮捕的。

2. 案件已经立为刑事案件。《刑事诉讼法》第115条规定，公安机关对已经立案的刑事案件，应当进行侦查，收集、调取犯罪嫌疑人有罪或者无罪、罪轻或者罪重的证据材料。对现行犯或者重大嫌疑分子可以依法先行拘留，对符合逮捕条件的犯罪嫌疑人，应当依法逮捕。因此，对现行犯或重大嫌疑分子先行拘留的，必须是在已经立案的情况下进行。紧急情况下，可以将犯罪嫌疑人带至公安机关立即审查，办理立案、拘留手续。

3. 填写呈请拘留报告书，并经县级以上公安机关负责人批准。《公安机关办理刑事案件程序规定》第125条作此规定，目的是严格程序，防止错误拘留。对符合拘留条件，但因情况紧急来不及办理拘留手续的，应当将犯罪嫌疑人带至公安机关后立即办理法律手续。应当注意的是，拘留与抓获不同，抓获犯罪嫌疑人是紧急情况下的应急措施，抓获犯罪嫌疑人并不等于对犯罪嫌疑人执行了拘留措施。在抓获后应当进行初步审查，确定是否符合拘留条件，符合拘留条件的，应当依法办理拘留手续并羁押；不符合拘留条件的，应当立即释放。

（四）内容及制作要求

拘留证属于多联式填充型文书。本文书由正本、副本和存根三联组成。

1. 正本。本联是拘留犯罪嫌疑人的依据和凭证，分为首部、正文和尾部三部分。

（1）首部。首部由制作机关名称、文书名称（已印制好）和文书字号组成，按要求填写即可。

（2）正文。正文包括拘留的法律依据、被拘留人的基本情况和拟送羁押的看守所名称。法律依据一栏留空，根据不同的情形填写《刑事诉讼法》第 82 条、第 71 条、第 77 条；被拘留人的基本情况包括姓名、性别、出生日期、住址，被拘留人不讲真实姓名的，可以按其自报的姓名填写；看守所的名称填写拟送羁押的看守所名称。

（3）尾部。填写清楚成文时间，写明单位名称，并加盖制作文书的公安机关印章。

2. 副本。本联是看守所收押被拘留人的凭证，其正文内容及制作要求与正本基本一样。填写清楚执行拘留时间和涉嫌罪名。执行拘留时间应与正本向犯罪嫌疑人宣布拘留的时间保持一致。

3. 存根。本联作为公安机关执行拘留的凭证，用于公安机关留存备查。存根内按照顺序填写好所列内容。其中，"拘留原因"填写"涉嫌××罪"。

（五）使用要求

1. 根据《刑事诉讼法》和《公安机关办理刑事案件程序规定》的要求，拘留犯罪嫌疑人，应当签发拘留证。执行拘留时，必须出示拘留证，并责令被拘留人在拘留证正本签收栏的"本证已于＿＿＿年＿＿＿月＿＿＿日＿＿＿时向我宣布"后签名、捺指印，并填写向其宣布拘留的时间，其拒绝签名、捺指印的，侦查人员应当在拘留证上注明。

2. 在拘留犯罪嫌疑人后，应当立即将被拘留人送看守所羁押，至迟不得超过 24 小时，看守所应当凭公安机关签发的拘留证接收被拘留的犯罪嫌疑人。办案部门应将拘留证副本交看守所，并请看守所的接收民警在拘留证正本签收栏签名，加盖看守所印章，填写犯罪嫌疑人被送至看守所的时间，并精确到小时。需要特别注意的是，为避免违反时限规定，看守所收押时，应当签注办案部门将犯罪嫌疑人送达看守所的时间，而不是签注实际收押入所的时间。因为看守所要对犯罪嫌疑人进行身体健康检查，甚至可能要求办案部门将其送到医院检查，这段时间可能耗时较长，导致收押时间超过 24 小时。

3. 副本中是否属于律师会见需经许可的案件栏目，根据实际情况选择"是"或者"否"，若属于，就将"否"用删除线划掉；若不属于，就将"是"用删除线划掉。《刑事诉讼法》第 39 条第 3 款规定，危害国家安全犯罪、恐怖活动犯罪案件，在侦查期间辩护律师会见在押的犯罪嫌疑人，应当经侦查机关许可。上述案件，侦查机关应当事先通知看守所。因此，在法律文书中注明上述内容，可以让看守所了解案件是否属于上述两类特殊案件，从而掌握律师会见被拘留的犯罪嫌疑人之前是否需要侦查机关的许可。

4. 对于被拘留人，公安机关应当在拘留后 24 小时内进行讯问。在发现不应当拘留的时候，经县级以上公安机关负责人批准，签发释放通知书，看守所凭释放通知书发给被拘留人释放证明书，将其立即释放。

5. 注意拘留的法定时限，不要超期羁押。对于被拘留的犯罪嫌疑人，经过审查认为需要逮捕的，应当在法定的拘留期限内，提请人民检察院审查批准逮捕。

6. 对被拘留的犯罪嫌疑人审查后，根据案件情况报经县级以上公安机关负责人批准，分别作出如下处理：（1）需要逮捕的，在拘留期限内，依法办理提请批准逮捕手续；（2）应当追究刑事责任，但不需要逮捕的，依法直接向人民检察院移送审查起诉，或者依法办理取保候审或监视居住手续后，直接向人民检察院移送审查起诉；（3）尚未获取足够证据，未达到逮捕条件的，依法变更强制措施，继续侦查；（4）拘留期限届满，案件尚未办结的，依法办理取保候审或者监视居住手续后，继续侦查；（5）符合撤销案件或者终止侦查条件的，应当撤销案件，释放被拘留人，发给释放证明。需要行政处理的，依法予以处理或者移送有关部门。

7. 公安机关对现行犯或重大嫌疑分子先行拘留的时候，发现其是县级以上人民代表大会代表的，应当立即向其所属的人民代表大会主席团或常务委员会报告。在依法执行拘留中，发现被执行人是县级以上人民代表大会代表的，应当暂缓执行，并报告决定或者批准机关。如果在执行后发现是县级以上人民代表大会代表的，应当立即解除，并报告决定或者批准机关。公安机关依法对乡、民族乡、镇的人民代表大会代表采取拘留的，应当在执行后立即报告其所属的人民代表大会。公安机关依法对政治协商委员会委员执行拘留前，应当向该委员所属的政协组织通报情况；情况紧急的，可在执行的同时或者执行以后及时通报。

8. 侦查终结时，拘留证正本应当存入诉讼卷。

（六）范例

×××公安局

拘留证
（副本）

×公（刑）拘字〔20××〕525号

根据《中华人民共和国刑事诉讼法》第 八十二 条之规定，兹决定对犯罪嫌疑人 孙×× （性别 男 ，出生日期 1993 年 8 月 26 日，住址 ××市××区××路××号 ）执行拘留，送 ××县 看守所羁押。

涉嫌罪名 抢夺

执行拘留时间：20×× 年 5 月 13 日 20 时

属于律师会见需经许可的案件：是/否

×××公安局（印）

二○××年五月十三日

此联交看守所

×公（刑）拘字贰零××第伍佰贰拾伍号

×××公安局

拘留证

×公（刑）拘字〔20××〕525号

根据《中华人民共和国刑事诉讼法》第 八十二 条之规定，兹决定对犯罪嫌疑人 孙×× ，（性别 男 ，出生日期 1993 年 8 月 26 日，住址 ××市××区××路××号 ）执行拘留，送 ××县 看守所羁押。

本证已于 20×× 年 5 月 13 日 20 时向我宣布。

被拘留人：孙××（捺指印）

本证副本已收到。被拘留人 孙×× 20×× 年 5 月 14 日 13 时送至我所。

于 20×× 年 5 月 13 日 接收民警：李×× 看守所（印）

此联附卷

×公（刑）拘字贰零××第伍佰贰拾伍号

×××公安局

拘留证
（存根）

×公（刑）拘字〔20××〕525号

案件名称　孙×× 涉嫌抢劫杀案

案件编号　×××××××号

犯罪嫌疑人　孙××

出生日期　1993年 8 月 26 日

住址　××市××区××路××号

拘留原因　涉嫌抢劫罪

批准人　何××

批准时间　20××年5月13日

执行人　陈××、苏××

办案单位　××县公安局鲁大队

填发时间　20××年5月13日

填发人　黄××

三十、拘留通知书

（一）概念

拘留通知书是公安机关在对犯罪嫌疑人执行拘留后通知被拘留人的家属时使用的通知类文书。被拘留人的家属获知其被拘留的情况是被拘留人的一项重要诉讼权利，公安机关应当严格依法制作拘留通知书，切实保障被拘留人的诉讼权利。

（二）法律依据

《刑事诉讼法》第 85 条第 2 款规定，除无法通知或者涉嫌危害国家安全犯罪、恐怖活动犯罪通知可能有碍侦查的情形以外，应当在拘留后的 24 小时以内，通知被拘留人的家属。有碍侦查的情形消失后，应当立即通知被拘留人的家属。

《公安机关办理刑事案件程序规定》第 127 条规定，除无法通知或者涉嫌危害国家安全犯罪、恐怖活动犯罪通知可能有碍侦查的情形以外，应当在拘留后 24 小时以内制作拘留通知书，通知被拘留人的家属。拘留通知书应当写明拘留原因和羁押处所。本条规定的"无法通知"的情形适用本规定第 113 条第 2 款的规定。有下列情形之一的，属于本条规定的"有碍侦查"：（1）可能毁灭、伪造证据，干扰证人作证或者串供的；（2）可能引起同案犯逃避、妨碍侦查的；（3）犯罪嫌疑人的家属与犯罪有牵连的。无法通知、有碍侦查的情形消失以后，应当立即通知被拘留人的家属。对没有在 24 小时以内通知家属的，应当在拘留通知书中注明原因。

（三）适用条件

使用拘留通知书，应当符合以下条件：

1. 经县级以上公安机关负责人批准，对犯罪嫌疑人执行拘留。

2. 不存在通知可能有碍侦查（仅限于涉嫌危害国家安全犯罪、恐怖活动犯罪的案件）或者无法通知的情形。无法通知，是指：（1）被拘留人不讲真实姓名、住址、身份不明的；（2）被拘留人没有家属的；（3）被拘留人提供的家属联系方式无法取得联系的；（4）因自然灾害等不可抗力导致无法通知的。

（四）内容及制作要求

拘留通知书属于多联式填充型文书。本文书由正本、副本和存根三联组成。

1. 正本。本联是公安机关通知被拘留人家属其已被拘留的证明，分为首部、正文和尾部三部分。

（1）首部。首部由制作机关名称、文书名称（已印制好）、文书字号和抬头组成。抬头填写被拘留人家属的姓名。家属，一般是与其共同居住的成年亲属。

（2）正文。正文包括法律依据、拘留的时间、拘留的原因、被拘留人的姓名、羁押的看守所名称。法律依据一栏留空，根据不同的情形填写《刑事诉讼法》第 82 条、第 71 条、第 77 条；拘留的时间填写被拘留的时间，应与拘留证副本上被拘留人在签收栏部分填写的时间一致，时间应精确到小时。在接到拘留通知书后，被拘留人的法定代理人、近亲属、辩护律师有权为其申请取保候审。拘留期限届满的，若被拘留人家属未收到逮捕通知书，被拘留人也没有被释放，就可以持此通知书要求公安机关说明原因，对拘留超过法定期限的，有权要求解除强制措施。

（3）尾部。填写清楚成文时间，写明单位名称，并加盖制作文书的公安机关印章。签注填写羁押犯罪嫌疑人的看守所地址，以方便被拘留人家属知悉其羁押处所。

2. 副本。本联是公安机关通知被拘留人家属的凭证，用于附卷，其内容和制作要求与正本一致。被拘留人家属应当在签收栏签收，并填写时间，精确到小时，以监督公安机关是否在拘留后 24 小时内送达，在拘留后 24 小时内无法通知的，应当写明具体原因。

3. 存根。本联用于公安机关留存备查。其中，"拘留原因"填写"涉嫌××罪"，要写明具体涉嫌的罪名。

（五）使用要求

1. 在拘留犯罪嫌疑人后，要求其说明家属的姓名及地址，除涉嫌危害国家安全犯罪、恐怖活动犯罪可能有碍侦查或者无法通知的情形外，应当在拘留后的 24 小时以内制发本通知书。

2. 尽快将拘留通知书正本交被拘留人的家属，并请其在副本的签收栏部分签收。如受送达人拒绝接收或者拒绝签名、捺指印，送达人可以邀请其邻居或者其他见证人到场，说明理由，在签收栏记明拒绝的事由、送达的日期，由送达人、见证人签名，留下拘留通知书，即视为送达。直接送达确有困难的，可以邮寄送达。犯罪嫌疑人的家属在外地的，拘留通知书应当在 24 小时以内交邮，并将邮件回执附卷，不得以口头通知代替书面通知；同时在"注明原因"栏填写清楚。

3. 通知书正本的尾部应填写看守所地址，确保犯罪嫌疑人家属能及时了解其被羁押的情况，消除其家属到处找关系打听被拘留人情况的积弊，这也是公安机关人性化执法的体现。

4. 侦查终结时，拘留通知书副本应当存入诉讼卷。

（六）范例

＊＊＊公安局

拘留通知书

×公（刑）拘通字〔20××〕212 号

陈×：

根据《中华人民共和国刑事诉讼法》第 八十二 条之规定，我局已于 20×× 年 7 月 5 日 16 时时将涉嫌 强迫交易 罪的 陈×× 刑事拘留，现羁押在 ××县 看守所。

公安局（印）

二〇××年七月五日

注：看守所地址 ××县××路××号

此联交被拘留人家属

＊＊＊公安局

拘留通知书

（副　本）

×公（刑）拘通字〔20××〕212 号

陈×：

根据《中华人民共和国刑事诉讼法》第 八十二 条之规定，我局已于 20×× 年 7 月 5 日 16 时时将涉嫌 强迫交易 罪的 陈×× 刑事拘留，现羁押在 ××县 看守所。

公安局（印）

二〇××年七月五日

本通知书已收到。

被拘留人家属：陈×　20××年7月6日9时

如未在拘留后 24 小时内通知被拘留人家属，注明原

因：　　　　　　　　　　　　　　　　　　　。

办案人：

年　月　日　时

此联附卷

×公（刑）拘通字弎零××第弎佰壹拾弎号

＊＊＊公安局

拘留通知书

（存　根）

×公（刑）拘通字〔20××〕212号

案件名称 陈××涉嫌强迫交易案

案件编号 ×××××××

被拘留人 陈×　男 汉

出生日期 1985 年 7 月 13 日

拘留原因 涉嫌 强迫交易 罪

拘留时间 20××年7月5日16时

羁押处所 ××县××看守所

家属姓名 陈×

地　　址 ××县××乡××村××号

办案人 王××、周××

办案单位 ××县公安局刑警大队

填发时间 20××年7月5日

填发人 郭××

三十一、变更羁押期限通知书

(一) 概念

变更羁押期限通知书是办案机关未改变，但犯罪嫌疑人（被告人）的羁押期限发生依法延长、重新计算、不计算、开始计算等变化时用以通知看守所的文书。最高人民法院、最高人民检察院、公安部《关于羁押犯罪嫌疑人、被告人实行换押和羁押期限变更通知制度的通知》规定了本文书的格式，目的是严格执行有关羁押期限的规定，防止超期羁押。

(二) 法律依据

《刑事诉讼法》第 91 条规定，公安机关对被拘留的人，认为需要逮捕的，应当在拘留后的 3 日以内，提请人民检察院审查批准。在特殊情况下，提请审查批准的时间可以延长 1 日至 4 日。对于流窜作案、多次作案、结伙作案的重大嫌疑分子，提请审查批准的时间可以延长至 30 日。

《刑事诉讼法》第 149 条规定，对犯罪嫌疑人作精神病鉴定的期间不计入办案期限。

《刑事诉讼法》第 156 条规定，对犯罪嫌疑人逮捕后的侦查羁押期限不得超过 2 个月。案情复杂、期限届满不能终结的案件，可以经上一级人民检察院批准延长 1 个月。

《刑事诉讼法》第 158 条规定，下列案件在《刑事诉讼法》第 156 条规定的期限届满不能侦查终结的，经省、自治区、直辖市人民检察院批准或者决定，可以延长 2 个月：（1）交通十分不便的边远地区的重大复杂案件；（2）重大的犯罪集团案件；（3）流窜作案的重大复杂案件；（4）犯罪涉及面广，取证困难的重大复杂案件。

《刑事诉讼法》第 159 条规定，对犯罪嫌疑人可能判处 10 年有期徒刑以上刑罚，依照《刑事诉讼法》第 158 条规定延长期限届满，仍不能侦查终结的，经省、自治区、直辖市人民检察院批准或者决定，可以再延长 2 个月。

《刑事诉讼法》第 160 条规定，在侦查期间，发现犯罪嫌疑人另有重要罪行的，自发现之日起依照《刑事诉讼法》第 156 条的规定重新计算侦查羁押期限。犯罪嫌疑人不讲真实姓名、住址，身份不明的，应当对其身份进行调查，侦查羁押期限自查清其身份之日起计算，但是不得停止对其犯罪行为的侦查取证。对于犯罪事实清楚，证据确实、充分，确实无法查明其身份的，也可以按其自报的姓名起诉、审判。

最高人民法院、最高人民检察院、公安部《关于羁押犯罪嫌疑人、被告人实行换押和羁押期限变更通知制度的通知》规定，对于办案机关未改变，但是羁押期限发生变化的，办案机关应当在原法定羁押期限届满前，填写变更羁押期限通知书送达看守所。其中因犯罪嫌疑人、被告人不讲真实姓名、住址，身份不明等不计算羁押期限，或者因精神病鉴定停止计算羁押期限，以及恢复计算羁押期限的，办案机关应当在该情形出现或者消失后 3 日内，将变更羁押期限通知书送达看守所。根据这一规定，《公安机关刑事法律文书式样（2012 版）》（公通字〔2012〕62 号）中的延长拘留期限通知书、延长侦查羁押期限通知书、计算/重新计算侦查羁押期限通知书等三种文书废止，不再使用，由变更羁押期限通知书替换。

（三）适用条件

有下列情形之一的，使用变更羁押期限通知书：

1. 依法延长刑事拘留期限的；

2. 犯罪嫌疑人不讲真实姓名、住址，身份不明，不计算羁押期限，以及从查清其身份之日起开始计算侦查羁押期限的；

3. 因精神病鉴定停止计算羁押期限，以及恢复计算羁押期限的；

4. 依法延长逮捕后的侦查羁押期限、审查起诉期限、审理期限的；

5. 适用简易程序审理的案件转为第一审普通程序的；

6. 发现犯罪嫌疑人另有重要罪行，重新计算侦查羁押期限的；

7. 审理过程中，人民法院决定中止审理以及恢复审理的；

8. 死刑复核法院与第二审人民法院为同一法院，案件进入死刑复核程序的；

9. 羁押期限改变的其他情形。

（四）内容及制作要求

变更羁押期限通知书属于多联式填充型文书。由第一联（办案机关附卷）、第二联（看守所附卷）、第三联（在押人员留存）以及存根四联组成。

1. 第一联。本联由办案机关填写并附卷，作为变更羁押期限的凭证。本联由首部、正文和尾部组成。填写的主要内容是：

（1）首部。首部包括制作机关名称、文书名称（已印制好）、文书字号和抬头。文书字号由办案机关确定并填写，（ ）内填写办案机关简称，〔 〕内填写当年纪元，最后填文书顺序号；抬头填写羁押犯罪嫌疑人的看守所名称。

（2）正文。第一段，如果办案部门是公安机关，应将"（被告人）"用删除线删去，然后依次填写案件名称、犯罪嫌疑人姓名、性别、出生日期、变更期限的原因、法律依据、批准或者决定机关，变更期限的种类。其中变更期限的种类应根据案件不同情形分别填写"延长""重新计算""不计算""停止计算""恢复计算"或者"开始计算"。其中批准或者决定机关应当根据相关批准或者决定文书的签发机关填写，并选择用删除线删去"批准"或者"决定"，如公安机关办理的案件，延长刑事拘留期限是由公安机关决定的，则应当填写"经××公安局批准"，如果是依法延长逮捕后的侦查羁押期限，其延长是经过人民检察院批准的，则应当填写"经××人民检察院批准"；人民检察院自侦案件，延长羁押期限是由人民检察院决定的，则应当填写"经××人民检察院决

164

定"。

正文第二段，对于犯罪嫌疑人不讲真实姓名、住址，身份不明而不计算侦查羁押期限的，精神病鉴定期间不计入办案期限的，以及人民法院裁定中止审理的，不填写羁押期限起止时间，查清身份的、精神病鉴定意见作出后恢复计算羁押期限的，以及人民法院裁定恢复计算审理期限的，办案机关须再次制作变更羁押期限通知书送达看守所，开始恢复计算羁押期限，并填写起止日期。其他变更羁押期限的情形均要填写羁押期限的起止时间。

（3）尾部。尾部由办案机关填写成文时间，并加盖印章。

2. 第二联、第三联的填写方法与第一联相同。

3. 存根。存根由办案机关按照文书下附的"填写说明"填写并留存备查。

（五）使用要求

1. 办案机关应当在羁押期限届满前将变更羁押期限通知书第二联交看守所附卷，第三联由办案机关填写后送达看守所，由看守所交在押人员留存，第一联交看守所民警签收后由办案机关附卷。其中因犯罪嫌疑人、被告人不讲真实姓名、住址，身份不明等不计算羁押期限，或者因精神病鉴定停止计算羁押期限，以及恢复计算羁押期限的，办案机关应当在该情形出现或者消失后3日内，将变更羁押期限通知书送达看守所。

2. 侦查终结时，变更羁押期限通知书第一联应当存入诉讼文书卷。

（六）范例

×××公安局（院）

变更羁押期限通知书

（第一联　办案机关附卷）

（×公）变字〔20××〕38号

×× 看守所：

我局/院正在办理的 付×× 等××涉嫌故意伤害 案件，涉案犯罪嫌疑人（被告人）付×× （性别 男 ，1975 年 1 月 25 日出生），因 依法延长的留置时间 根据《中华人民共和国刑事诉讼法》第 九十一 条之规定，经 ×××公安局 批准（决定），延长 其羁押期限。

现羁押期限自 20×× 年 4 月 7 日。

至 20×× 年 3 月 11 日。

接收民警：李××

（看守所印）　（办案机关印）

20×× 年 3 月 10 日 二○×× 年三月十日

填写说明："批准（决定）"后根据不同情况分别填写：延长、重新计算、不计算、停止计算，恢复计算或者重新开始计算。

（×公）变字〔20××〕38号

×××公安局（院）

变更羁押期限通知书

（存根）

犯罪嫌疑人 付×× ，性别 男 ，1975 年 1 月 25 日出生，涉嫌 故意伤害罪 （同案人 李×× ）被采取 刑事拘留 强制措施。

原羁押期限自 20×× 年 3 月 8 日至 20×× 年 3 月 11 日

羁押期限变更原因 依法延长的留置时间

现羁押期限自 20×× 年 3 月 11 日至 20×× 年 4 月 7 日

送达单位 看守所

办案人 文×× 刘×× 办案单位 ×××公安局刑警大队

填发人 文×× 填发时间 20×× 年 3 月 10 日

批准人 文×× 批准时间 20×× 年 3 月 10 日

填写说明：1.（ ）内填写办案机关简称，〔 〕内填写当年年度，栏横线一律填写汉字（发文年度和顺序号用大写）填写发文字号。2."羁押期限变更原因"和各栏中的"因"后分别填写：依法延长侦查羁押期限，审查起诉羁押期限；因犯罪嫌疑人另有重要罪行，收法延长侦查羁押期限，重新计算或者开始计算；因采伐羁押期限，通知书送达的案件，重新计算；因案件移送审查起诉，退回补充侦查，重新计算；案件延长审理期间；因审查起诉羁押期限，改变管辖羁押期限；人民法院审理重新计算羁押期限；因人民检察院退回补充侦查转为第一审普通程序；人民法院审理中止计算羁押期限复计算羁押期限，案件退回补充侦查或者改变管辖转为第二审人民法院审理中止计算，案件延长审理期限，死刑复核程序等。

166

×××公安局(院)

变更羁押期限通知书

（第三联　在押人员留存）

(×公)变字[20××] 38号

　　　　　看守所：

　　我局/院正在办理的 付×× 等人涉嫌故意伤害 案件，涉案犯罪嫌疑人（被告人）付 ×× （性别 男 ，1975 年 1 月 25 日出生），因 依法延长羁押时间 根据《中华人民共和国刑事诉讼法》第 九十一 条之规定，（决定），延长 其羁押期限。

　　现羁押期限自 20×× 年 4 月 7 日。 至 20×× 年 3 月 11 日

（办案机关印）

二〇××年三月十日

填写说明：此联由办案机关填写后送看守所，由看守所交在押人员留存。

(×公)变字贰零××第叁拾捌号

×××公安局(院)

变更羁押期限通知书

（第二联　看守所附卷）

(×公)变字[20××] 38号

　　　　　看守所：

　　我局/院正在办理的 付×× 等人涉嫌故意伤害 案件，涉案犯罪嫌疑人（被告人）付 ×× （性别 男 ，1975 年 1 月 25 日出生），因 依法延长羁押时间 根据《中华人民共和国刑事诉讼法》第 九十一 条之规定，（决定），延长 其羁押期限。

　　现羁押期限自 20×× 年 4 月 7 日。 至 20×× 年 3 月 11 日

（办案机关印）

二〇××年三月十日

填写说明：此联由办案机关填写后送看守所

(×公)变字贰零××第叁拾捌号

三十二、提请批准逮捕书

(一) 概念

提请批准逮捕书是公安机关依法对犯罪嫌疑人提请人民检察院批准逮捕时使用的文书。根据我国《宪法》的规定，任何公民非经人民检察院批准或者人民法院决定，并由公安机关执行，不受逮捕。由于逮捕措施限制人身自由且时间较长，有利于案件的顺利侦破，但使用不好将会严重侵犯公民的人身权利，因此，公安机关在办理刑事案件的过程中，需要逮捕犯罪嫌疑人的，应当严格依法履行审批手续，认真制作提请批准逮捕书。

(二) 法律依据

《刑事诉讼法》第80条规定，逮捕犯罪嫌疑人、被告人，必须经过人民检察院批准或者人民法院决定，由公安机关执行。第87条规定，公安机关要求逮捕犯罪嫌疑人的时候，应当写出提请批准逮捕书，连同案卷材料、证据，一并移送同级人民检察院审查批准。

《公安机关办理刑事案件程序规定》第134条规定，有证据证明有犯罪事实，是指同时具备下列情形：（1）有证据证明发生了犯罪事实；（2）有证据证明该犯罪事实是犯罪嫌疑人实施的；（3）证明犯罪嫌疑人实施犯罪行为的证据已有查证属实的。前述规定的"犯罪事实"既可以是单一犯罪行为的事实，也可以是数个犯罪行为中任何一个犯罪行为的事实。第135条规定，被取保候审人违反取保候审规定，具有下列情形之一的，可以提请批准逮捕：（1）涉嫌故意实施新的犯罪行为的；（2）有危害国家安全、公共安全或者社会秩序的现实危险的；（3）实施毁灭、伪造证据或者干扰证人作证、串供行为，足以影响侦查工作正常进行的；（4）对被害人、举报人、控告人实施打击报复的；（5）企图自杀、逃跑，逃避侦查的；（6）未经批准，擅自离开所居住的市、县，情节严重的，或者两次以上未经批准，擅自离开所居住的市、县的；（7）经传讯无正当理由不到案，情节严重的，或者经两次以上传讯不到案的；（8）违反规定进入特定场所、从事特定活动或者与特定人员会见、通信两次以上的。第 136 条规定，被监视居住人违反监视居住规定，具有下列情形之一的，可以提请批准逮捕：（1）涉嫌故意实施新的犯罪行为的；（2）实施毁灭、伪造证据或者干扰证人作证、串供行为，足以影响侦查工作正常进行的；（3）对被害人、举报人、控告人实施打击报复的；（4）企图自杀、逃跑，逃避侦查的；（5）未经批准，擅自离开执行监视居住的处所，情节严重的，或者两次以上未经批准，擅自离开执行监视居住的处所的；（6）未经批准，擅自会见他人或者通信，情节严重的，或者两次以上未经批准，擅自会见他人或者通信的；（7）经传讯无正当理由不到案，情节严重的，或者经两次以上传讯不到案的。第 137 条规定，需要提请批准逮捕犯罪嫌疑人的，应当经县级以上公安机关负责人批准，制作提请批准逮捕书，连同案卷材料、证据，一并移送同级人民检察院审查批准。犯罪嫌疑人自愿认罪认罚的，应当记录在案，并在提请批准逮捕书中写明有关情况。

（三）适用条件

使用提请批准逮捕书，应当符合以下条件之一：

1. 对有证据证明有犯罪事实，可能判处徒刑以上刑罚的犯罪嫌疑人、被告人，采取取保候审尚不足以防止发生社会危险性的，应当予以逮捕：

（1）有证据证明有犯罪事实。根据《公安机关办理刑事案件程序规定》第 134 条的规定，"有证据证明有犯罪事实"，是指同时具备下列情形：①有证据证明发生了犯罪事实；②有证据证明该犯罪事实是犯罪嫌疑人实施的；③证明犯罪嫌疑人实施犯罪行为的证据已有查证属实的。犯罪事实既可以是单一犯罪行为的事实，也可以是数个犯罪行为中任何一个犯罪行为的事实。

（2）有逮捕必要的。根据《刑事诉讼法》第 81 条第 1 款的规定，具有以下社会危害性的情形之一，即为有逮捕必要：①可能实施新的犯罪的；②有危害国家安全、公共安全或者社会秩序的现实危险的；③可能毁灭、伪造证据，干扰证人作证或者串供的；④可能对被害人、举报人、控告人实施打击报复的；⑤企图自杀或者逃跑的。

2. 《刑事诉讼法》第 81 条第 3 款规定，对有证据证明有犯罪事实，可能判处 10 年有期徒刑以上刑罚的，或者有证据证明有犯罪事实，可能判处徒刑以上刑罚，曾经故意犯罪或者身份不明的，应当予以逮捕。本款规定的"应当予以逮捕"，主要包括三种情形：（1）有证据证明有犯罪事实，可能判处 10 年有期徒刑以上刑罚的；（2）有证据证明有犯罪事实，可能判处徒刑以上刑罚，曾经故意犯罪的；（3）有证据证明有犯罪事实，可能判处徒刑以上刑罚，身份不明的。犯罪嫌疑人只要符合这三种情形中的一种即可提请批准逮捕。

3. 违反取保候审或者监视居住规定，情节严重的。根据《刑事诉讼法》第 81 条第 4 款的规定，被取保候审、监视居住的犯罪嫌疑人、被告人违反取保候审、监视居住规定，情节严重的，可以予以逮捕。

（四）内容及制作要求

提请批准逮捕书属于叙述型文书，由首部、正文和尾部三部分组成。

1. 首部。首部由制作机关名称、文书名称（已印制好）、文书字号、犯罪嫌疑人的基本情况、违法犯罪经历以及因本案被采取强制措施的情况组成。

（1）犯罪嫌疑人的身份情况，包括犯罪嫌疑人的姓名（包括别名、曾用名、绰号等与案件有关的名字，犯罪嫌疑人姓名未查清的，按其自报的姓名填写）、性别、出生日期、出生地、身份证件种类和号码（包括身份证、护照等有关身份证件的号码）、民族、文化程度、职业或工作单位及职务、居住地、政治面貌（如是人大代表、政协委员，一并写明具体级、届）。

（2）违法犯罪经历以及因本案被采取强制措施的情况。对犯罪嫌疑人接受刑事处罚、治安处罚的情况应写清楚，同时应写明因本案被采取强制措施的情况。

（3）共同犯罪案件，有多个犯罪嫌疑人需要追究刑事责任的，犯罪嫌疑人的身份情况及违法犯罪经历要分别叙述，并按照首要分子、主犯、从犯、胁从犯的顺序排列。

（4）单位犯罪案件还应当写明单位的名称、地址。

（5）有辩护律师的，应将辩护律师的基本情况列在辩护对象基本情况的下方。辩护律师的基本情况主要包括姓名、所在律师事务所或者法律援助机构名称、律师执业证编号等。

2. 正文。正文包括案件办理情况和案件事实、相关证据、法律依据等。

（1）案件办理情况。具体包括：案由，可表述为"犯罪嫌疑人×××一案"；案件来源，即公安机关获取案件线索或者受理案件的来源，具体为单位或者公民举报、控告、上级交办、有关部门移送以及工作中发现等；案件侦查过程，简要写明案件侦查过程中的各个法律程序开始的时间，如接受案件、立案等的时间；犯罪嫌疑人归案情况等。

（2）案件事实。前面注明"经依法侦查查明"，详细叙述经侦查认定的犯罪事实，包括犯罪时间、地点、经过、手段、目的、动机、危害后果等与犯罪有关的事实要素，要根据具体情况，围绕《刑法》规定的犯罪构成要件，结合证据，具体写明，并说明应当逮捕的理由。对于只有一个犯罪嫌疑人的案件，其多次实施犯罪的犯罪事实应逐一列举；同时触犯数个罪名的犯罪嫌疑人，其犯罪事实应当按照主次顺序分别列举。对于共同犯罪的案件，写明犯罪嫌疑人的共同犯罪事实及各自在共同犯罪中的地位和作用后，按照犯罪嫌疑人的主次顺序，分别叙述各个犯罪嫌疑人的单独犯罪事实。

（3）证据。在叙述清楚犯罪事实后，另起一段以"认定上述犯罪事实的证据如下"引出列举的证据。列举证据并不是要将案件所有证据一一列举，而是根据不同性质的案件的不同特点，有针对性地列举主要证据，并说明证据与犯罪嫌疑人的关系。

（4）犯罪性质认定及呈捕依据。概括说明犯罪嫌疑人的行为特征及其触犯的《刑法》条文和涉嫌的罪名。

3. 尾部。填写清楚成文时间，写明单位名称，并加盖制作文书的公安机关的印章。

本文书一般是一案一份，在共同犯罪案件中，需要提请批准逮捕数名犯罪嫌疑人的，合写一份文书。在填写犯罪嫌疑人基本情况时，可按照各犯罪嫌疑人在共同犯罪中的地位和作用（主犯、从犯、胁从犯）依次填写。如果不对所有犯罪嫌疑人提请批准逮捕，在叙述案件情况时，应当叙述共同犯罪的全部犯罪事实，并说明对未提请批准逮捕的犯罪嫌疑人采取强制措施的情况。

（五）使用要求

1. 需要提请批准逮捕犯罪嫌疑人的，应当经县级以上公安机关负责人批准，制作提请批准逮捕书一式三份，连同案卷材料、证据，一并移送同级人民检察院审查。

2. 对于人民检察院不批准逮捕并通知补充侦查的，公安机关应当按照人民检察院补充侦查提纲的要求补充侦查。公安机关补充侦查完毕，认为符合逮捕条件的，应当重新提请批准逮捕。

3. 对于人民检察院决定不批准逮捕的，公安机关在收到不批准逮捕决定书后，如果犯罪嫌疑人已被拘留，应当立即释放，发给释放证明书，并将执行回执送达作出不批准逮捕决定的人民检察院。对已被拘留不批准逮捕的犯罪嫌疑人，公安机关认为需要补充侦查、要求复议或者提请复核的，可以变更为取保候审或者监视居住。

4. 对于人民检察院不批准逮捕而未说明理由的，公安机关可以要求人民检察院说明理由。对人民检察院不批准逮捕的决定，认为有错误需要复议的，应当在 5 日内制作要求复议意见书，报经县级以上公安机关负责人批准后，送交同级人民检察院复议。如果意见不被接受，认为需要复核的，可以提请上一级人民检察院复核。

5.《刑事诉讼法》第81条规定，批准或者决定逮捕，应当将犯罪嫌疑人、被告人涉嫌犯罪的性质、情节，认罪认罚等情况，作为是否可能发生社会危险性的考虑因素。据此，对于犯罪嫌疑人自愿认罪认罚的，要求在提请批准逮捕书中简要写明相关情况。同时，结合地方公安机关反馈意见，依据《刑事诉讼法》第81条和最高人民检察院、公安部《关于逮捕社会危险性条件若干问题的规定（试行）》，对提请批准逮捕书中说明符合逮捕条件的内容进行完善。

（六）范例

范例:

＊＊＊公安局

提 请 批 准 逮 捕 书

×公（刑）提捕字〔20××〕××号

犯罪嫌疑人×××……〔犯罪嫌疑人姓名（别名、曾用名、绰号等），性别，出生日期，出生地，身份证件种类及号码，民族，文化程度，职业或工作单位及职务，居住地（包括户籍所在地、经常居住地、暂住地），政治面貌（如是人大代表、政协委员，一并写明具体级、届代表、委员），违法犯罪经历以及因本案被采取强制措施的情况（时间、种类及执行场所）。案件有多名犯罪嫌疑人的，应逐一写明。〕

辩护律师×××……〔如有辩护律师，写明其姓名，所在律师事务所或者法律援助机构名称，律师执业证编号。〕

犯罪嫌疑人涉嫌×××（罪名）一案，由×××举报（控告、移送）至我局（写明案由和案件来源，具体为单位或者公民举报、控告、上级交办、有关部门移送、本局其他部门移交以及工作中发现等）。简要写明案件侦查过程中的各个法律程序开始的时间，如接受案件、立案的时间。具体写明犯罪嫌疑人归案情况。

经依法侦查查明:……（应当根据具体案件情况，详细叙述经侦查认定的犯罪事实，并说明应当逮捕理由。）

（对于只有一个犯罪嫌疑人的案件，犯罪嫌疑人实施多次犯罪的犯罪事实应逐一列举；同时触犯数个罪名的犯罪嫌疑人的犯罪事实应该按照主次顺序分别列举；

对于共同犯罪的案件，写明犯罪嫌疑人的共同犯罪事实及各自在共同犯罪中的地位和作用后，按照犯罪嫌疑人的主次顺序，分别叙述各个犯罪嫌疑人的单独犯罪事实。)

认定上述事实的证据如下:

……(分列相关证据,并说明证据与犯罪事实的关系。)

犯罪嫌疑人自愿认罪认罚的,简要写明相关情况。

综上所述,犯罪嫌疑人×××……(根据犯罪构成简要说明罪状),其行为已触犯《中华人民共和国刑法》第××条之规定,涉嫌×××罪,可能判处徒刑以上刑罚。现有(证明其犯罪事实的证据、其他证据)等证据证明,其(依据刑事诉讼法第八十一条第一款具体说明其可能具有的社会危险性)或者(……涉嫌××罪,可能判处十年有期徒刑以上刑罚/可能判处徒刑以上刑罚,曾经故意犯罪或者身份不明)。依照《中华人民共和国刑事诉讼法》第八十一条、第八十七条之规定,犯罪嫌疑人×××符合逮捕条件,特提请批准逮捕。

此致

××市××区人民检察院

公安局(印)

二〇××年八月八日

附:本案卷宗××卷××页

范例一：

＊＊＊公安局

提 请 批 准 逮 捕 书

×公（刑）提捕字〔20××〕××号

犯罪嫌疑人赵××，曾用名赵×，男，19××年5月19日生，出生地××省××县，身份证号码×××××××××××××××××××，汉族，高中文化，××市××电器制造有限公司工人，户籍所在地××市××区××路××号，现住××市××区××路××号。犯罪嫌疑人赵××于20××年曾因抢夺罪被××市××区人民法院判处有期徒刑3年，20××年9月27日刑满释放。20××年6月15日因涉嫌盗窃罪被我局刑事拘留。

辩护律师王××，××省××律师事务所律师，执业证号：×××××××××××。

犯罪嫌疑人赵××涉嫌盗窃一案，由被害人张××于20××年5月23日报案至我局。我局经过审查，于5月23日立案进行侦查。犯罪嫌疑人赵××已于20××年6月15日被抓获归案。

经依法侦查查明：犯罪嫌疑人赵××于20××年5月23日上午，潜入被害人在××市××区××路××号5楼213号的住房，窃取了被害人人民币现金5万元、手机1部（型号：IPhone4s，16G版，黑色机身，价值人民币3500元）、金项链1条（价值人民币6888元），折合人民币共计60388元。犯罪嫌疑人赵××曾因抢夺罪被判处有期徒刑3年，刑满释放后仍不思悔改，入户盗窃他人的财物，数额巨大，具有较大的社会危害性，依法应当予以逮捕。

认定上述犯罪事实的证据如下：张××的报案笔录及我局查获的部分涉案赃物，可证实犯罪事实发生及其被盗财物价值；证人朱××、古××证言，可证实案发现场破坏情况；赵××自制撬锁等作案工具、现场勘验笔录，可证实作案的经过和手段；赵××的前科材料，可证实其犯罪经历；犯罪嫌疑人赵××对犯罪事实供认不讳，可与其他证据材料相互印证。

综上所述，犯罪嫌疑人赵××利用秘密窃取的方法，盗窃他人财物，数额巨大，其行为已触犯《中华人民共和国刑法》第二百六十四条之规定，涉嫌盗窃罪，符合逮捕条件。依照《中华人民共和国刑事诉讼法》第八十一条、第八十七条之规定，特提请批准逮捕。

此致
××市××区人民检察院

公安局（印）

二〇××年六月二十日

附：1. 本案卷宗×卷×页。

2. 犯罪嫌疑人赵××现羁押在××市××区看守所。

范例二：

＊＊＊公安局
提请批准逮捕书

×公（刑）提捕字〔20××〕××号

犯罪嫌疑人宋××，男，19××年5月20日生，出生地××省××县，身份证号码××××××××××××××××××，汉族，初中文化，原系××市××煤矿职工，户籍所在地××省××市××区××路××号，现住××省××市××区××路××号。因涉嫌抢劫罪于20××年10月9日被我局刑事拘留。

辩护律师李××，××省××律师事务所律师，执业证号：12×××××××××××××。

犯罪嫌疑人陈××，男，19××年3月23日生，出生地××省××县，身份证号码××××××××××××××××××，汉族，高中文化，农民，户籍所在地××省××县××乡××村，现住××省××市××区××路××号。因涉嫌抢劫罪于20××年10月9日被我局刑事拘留。

辩护律师路××，××省××律师事务所律师，执业证号：12×××××××××××××。

犯罪嫌疑人庞××，男，19××年6月24日生，出生地××省××县，身份证号码××××××××××××××××××，汉族，初中文化，农民，户籍所在地××省××县××乡××村，暂住××省××市××区××路××号。因涉嫌抢劫罪于20××年10月9日被我局刑事拘留。

辩护律师刘××，省××律师事务所律师，执业证号：12×××××××××××××。

犯罪嫌疑人易××，男，19××年7月12日生，出生地××

省××县，身份证号码×××××××××××××××××××，汉族，初中文化，农民，户籍所在地××省××县××乡××村，暂住××省××市××区××路××号。因涉嫌抢劫罪于20××年10月9日被我局刑事拘留。

辩护律师李××，××省××律师事务所律师，执业证号：12××××××××××××××。

犯罪嫌疑人宋××、陈××、庞××、易××抢劫一案，由被害人张××于20××年9月19日报案至我局。我局经过审查，于当日立案进行侦查。犯罪嫌疑人宋××、陈××、庞××、易××已于20××年10月9日被抓获归案。

经依法侦查查明：宋××纠集陈××、庞××、易××自20××年9月2日至9月19日间，先后实施4次抢劫作案：

1. 20××年9月2日晚7时，宋××伙同陈××、庞××、易××在××市至××市公路××镇路口以北的××站，乘坐长途汽车，以事先携带的凶器威胁乘客王××交出随身携带的现金，共抢得人民币3500元。

2. 20××年9月9日晚9时，宋××伙同陈××、庞××在××市至××市公路××汽修厂站，乘坐长途汽车，以同样的方法抢劫乘客李××人民币3000元。

3. 20××年9月11日晚8时，宋××伙同陈××、易××在××市至××市公路××玩具厂站，乘坐长途汽车，以同样的方法抢劫乘客李××人民币13000元。

4. 20××年9月19日下午，宋××伙同陈××、庞××、易××在××市至××市公路××矿务局站，乘坐长途汽车，以同样的方法抢劫乘客人民币13300元。在抢劫过程中，乘客张××（男，45岁）因反抗被宋××用弹簧刀扎伤右胸，经法医鉴定构成重伤。

犯罪嫌疑人宋××积极组织进行抢劫犯罪活动，实施共同抢劫犯罪4次，抢得人民币32800元，且在抢劫过程中实施故意伤害他人行为，是本案的主犯；犯罪嫌疑人陈××参与抢劫4次，庞

××、易××参与抢劫3次，是本案的从犯。犯罪嫌疑人宋××、陈××、庞××、易××多次在公共交通工具上使用凶器实施抢劫，威胁和伤害被害人，并造成一名被害人重伤，社会危害性较大，可能判处十年有期徒刑以上刑罚，依法应当予以逮捕。

认定上述犯罪事实的证据如下：被害人的陈述，可证实犯罪事实发生及被抢财物价值，并辨认出部分犯罪嫌疑人；多名证人证言、视听资料、现场勘验笔录，可证实犯罪嫌疑人实施抢劫的经过，并可辨认出部分犯罪嫌疑人；被害人的人身伤害法医鉴定，可证实被害人张××构成重伤；犯罪嫌疑人陈××、庞××、易××对上述犯罪事实供认不讳，可与上述证据材料相互印证；犯罪嫌疑人宋××拒不供认犯罪事实，但其罪行有其他犯罪嫌疑人指证以及其他证据材料予以证实，足以认定。

综上所述，犯罪嫌疑人宋××、陈××、庞××、易××以非法占有为目的，采用暴力或者以暴力相威胁的手段，劫取他人财物，其行为已触犯了《中华人民共和国刑法》第二百六十三条之规定，涉嫌抢劫罪，符合逮捕条件。依照《中华人民共和国刑事诉讼法》第八十一条、第八十七条之规定，特提请批准逮捕。

此致
××市人民检察院

公安局　（印）
二○××年十一月二日

附：1. 本案卷宗×卷×页。
　　2. 作案现场视频资料光碟两张。
　　3. 犯罪嫌疑人宋××、陈××、庞××、易××现羁押在×
　　　 ×市看守所。

三十三、逮捕证

（一）概念

逮捕证是公安机关依法对犯罪嫌疑人执行逮捕时使用的凭证式文书。根据我国《宪法》的有关规定，任何公民，非经人民检察院批准或者人民法院决定，并由公安机关执行，不受逮捕。逮捕证既是侦查人员执行逮捕的凭证，也是公安机关对被逮捕人执行羁押的依据。正确、及时地适用逮捕措施，有利于防止犯罪嫌疑人继续危害社会，有利于进一步调查取证、查明案情，保证刑事诉讼活动的顺利进行。公安机关必须严格依法认真制作、使用逮捕证。

（二）法律依据

《刑事诉讼法》第 80 条规定，逮捕犯罪嫌疑人、被告人，必须经过人民检察院批准或者人民法院决定，由公安机关执行。第 93 条第 1 款规定，公安机关逮捕人的时候，必须出示逮捕证。

（三）适用条件

使用逮捕证，应当符合以下条件：

1. 逮捕的对象是《刑事诉讼法》规定的应当予以逮捕的犯罪嫌疑人和被告人。《刑事诉讼法》第 81 条规定，对有证据证明有犯罪事实，可能判处徒刑以上刑罚的犯罪嫌疑人、被告人，采取取保候审尚不足以防止发生下列社会危险性的，应当予以逮捕：（1）可能实施新的犯罪的；（2）有危害国家安全、公共安全或者社会秩序的现实危险的；（3）可能毁灭、伪造证据，干扰证人作证或者串供的；（4）可能对被害人、举报人、控告人实施打击报复的；（5）企图自杀或者逃跑的。批准或者决定逮捕，应当将犯罪嫌疑人、被告人涉嫌犯罪的性质、情节、认罪认罚等情况，作为是否可能发生社会危险性的考虑因素。对有证据证明有犯罪事实，可能判处 10 年有期徒刑以上刑罚的，或者有证据证明有犯罪事实，可能判处徒刑以上刑罚，曾经故意犯罪或者身份不明的，应当予以逮捕。被取保候审、监视居住的犯罪嫌疑人、被告人违反取保候审、监视居住规定，情节严重的，可以予以逮捕。

2. 经过人民检察院批准或者人民法院决定。《刑事诉讼法》第 87 条规定，公安机关要求逮捕犯罪嫌疑人的时候，应当写出提请批准逮捕书，连同案卷材料、证据，一并移送同级人民检察院审查批准。第 165 条规定，人民检察院直接受理的案件中符合本法第 81 条规定情形，需要逮捕犯罪嫌疑人的，由人民检察院作出决定，由公安机关执行。人民法院在审判过程中认为对被告人有逮捕必要的，可以作出逮捕决定。

3. 由公安机关出具逮捕证并执行。公安机关、人民检察院在侦查中以及人民法院在审理中需要逮捕犯罪嫌疑人、被告人的，均由公安机关执行，人民检察院和人民法院不能自行制作逮捕证和执行逮捕。

（四）内容及制作要求

逮捕证属于多联式填充型文书。本文书由正本、副本和存根三联组成。

1. 正本。本联是公安机关逮捕犯罪嫌疑人的依据和凭证，在向被逮捕人宣布后附卷，分为首部、正文和尾部三部分。

（1）首部。首部由制作机关名称、文书名称（已印制好）和文书字号组成，按要求填写即可。

（2）正文。正文包括逮捕批准或者决定机关名称、涉嫌罪名、被逮捕人的基本情况和拟送羁押的看守所名称。被逮捕人不讲真实姓名的，可以按其自报的姓名填写。

（3）尾部。填写清楚成文时间，写明单位名称，并加盖制作文书的公安机关印章。签注栏一部分由被逮捕人自行填写被逮捕的时间，时间精确到小时；另一部分由看守所填写接收犯罪嫌疑人时间，犯罪嫌疑人在逮捕前已在看守所拘留的，填写执行拘留的时间。

2. 副本。本联是公安机关将被逮捕人送看守所以及看守所羁押被逮捕人的凭证，其内容及制作要求与正本一样。

3. 存根。本联用于公安机关留存备查。存根内应当按照顺序填写所列内容。逮捕原因填写"涉嫌××罪"，要写明具体涉嫌的罪名。

（五）使用要求

1. 根据《公安机关办理刑事案件程序规定》第142条的规定，接到人民检察院批准逮捕决定书后，应当由县级以上公安机关负责人签发逮捕证，立即执行，并在执行完毕后3日以内将执行回执送达作出批准逮捕决定的人民检察院。如果未能执行，也应当将回执送达人民检察院，并写明未能执行的原因。

2. 人民检察院或者人民法院决定逮捕犯罪嫌疑人的，公安机关在核实人民检察院或者人民法院送交的有关法律文书和材料后，应当报请县级以上公安机关负责人签发逮捕证，并立即派员执行；公安机关逮捕犯罪嫌疑人后，应当立即将执行回执送达决定逮捕的人民检察院或者人民法院。

3. 执行逮捕的侦查人员不得少于2人。

4. 执行逮捕时，必须出示逮捕证，并责令被逮捕人在逮捕证正本签收栏的"本证已于＿＿＿年＿＿＿月＿＿＿日＿＿＿时向我宣布"后签名、捺指印，并填写向其宣布逮捕的时间，其拒绝签名、捺指印的，侦查人员应当在逮捕证上注明。

5. 在逮捕犯罪嫌疑人后，应当立即将被逮捕人送看守所羁押，严禁在公安机关办案场所、办公场所或者其他场所羁押犯罪嫌疑人。看守所应当凭公安机关签发的逮捕证收押被逮捕的犯罪嫌疑人。逮捕证副本交看守所，并请看守所的接收民警在逮捕证正本签收栏签名，加盖看守所印章，填写逮捕收押的时间。犯罪嫌疑人在逮捕前已在看守所拘留的，填写执行拘留的时间。

6. 副本中是否属于律师会见需经许可的案件栏目，根据实际情况选择"是"或者"否"，若属于，就将"否"用删除线划掉；若不属于，就将"是"用删除线划掉。《刑事诉讼法》第39条第3

款规定，危害国家安全犯罪、恐怖活动犯罪案件，在侦查期间辩护律师会见在押的犯罪嫌疑人，应当经侦查机关许可。上述案件，侦查机关应当事先通知看守所。因此，在法律文书中注明上述内容，可以让看守所了解案件是否属于上述两类特殊案件，从而掌握辩护律师会见被逮捕的犯罪嫌疑人之前是否需要侦查机关的许可。

7. 对于被逮捕的犯罪嫌疑人，公安机关应当在逮捕后 24 小时内进行讯问。在发现不应当逮捕的时候，经县级以上公安机关负责人批准，签发释放通知书，看守所凭释放通知书发给被逮捕人释放证明，将其立即释放，并将释放理由书面通知原批准逮捕的人民检察院。公安机关如果发现逮捕措施不当的，应当变更逮捕措施，并在作出变更决定后 3 日内通知原批准逮捕的人民检察院。

8. 严格遵守逮捕后的法定羁押期限，严禁超期羁押。《刑事诉讼法》第 156 条规定，对犯罪嫌疑人逮捕后的侦查羁押期限不得超过 2 个月。案情复杂、期限届满不能终结的案件，可以依照《刑事诉讼法》第 156—159 条的规定，向人民检察院申请批准延长羁押期限。

9. 公安机关在依法执行逮捕中，发现被执行人是县级以上人民代表大会代表的，应当暂缓执行，并报告原决定或者批准机关。如果在执行后发现被执行人是县级以上人民代表大会代表的，应当立即解除强制措施，并报告原决定或者批准机关。公安机关依法对乡、民族乡、镇的人民代表大会代表执行逮捕的，应当在执行后立即报告其所属的人民代表大会。公安机关依法对政治协商委员会委员执行逮捕前，应当向该委员所属的政协组织通报情况；情况紧急的，可在执行的同时或者执行以后及时通报。

10. 侦查终结时，逮捕证正本应当存入诉讼卷。

（六）范例

＊＊＊公安局

逮　捕　证

（副　本）

×公（刑）捕字〔20××〕128号

　　根据《中华人民共和国刑事诉讼法》第八十条之规定，经　××市××区人民检察院批准/决定，兹由我局对涉嫌　强奸　罪的　郑××　（性别　男　，××市××区　××市××区　出生日期　1989年7月5日，住址　××市××区××巷××号）执行逮捕，送　××市××看守所羁押。

执行逮捕时间：20××年　6　月　15　日　16　时

属于律师会见审查许可的案件：是/否

公安局（印）

二〇××年六月十五日

＊＊＊公安局

逮　捕　证

×公（刑）捕字〔20××〕128号

　　根据《中华人民共和国刑事诉讼法》第八十条之规定，经　××市××区人民检察院批准/决定，兹由我局对涉嫌　强奸　罪的　郑××　（性别　男　，××市××区　××市××区　出生日期　1989年7月5日，住址　××市××区××巷××号）执行逮捕，送　××市××看守所羁押。

公安局（印）

二〇××年六月十五日　16　时向我宣布。

被逮捕人：郑××　（捺指印）

本证副本已收到，被逮捕人　郑××　已于　20××年　5　月　13　日送至我所（如先行拘留的，填写拘留后留置时间）。

接收民警：李××（印）

看守所（印）

二〇××年六月十五日

＊＊＊公安局

逮　捕　证

（存　根）

×公（刑）捕字〔20××〕128号

案件名称　郑××涉嫌强奸杀案

案件编号　××××××××

犯罪嫌疑人　郑××　　　　　　男次

出生日期　1989年7月5日

住　　××市××区××街××巷××号

逮捕原因　涉嫌强奸杀罪

批准决定机关　××市××人民检察院

逮捕时间　20××年6月15日

执行人　郑××　潘××

办案单位（含办案机构）××市公安局刑警支队

填发时间　20××年6月15日

填发人　黄××

三十四、逮捕通知书

(一) 概念

逮捕通知书是公安机关在对犯罪嫌疑人执行逮捕后，通知被逮捕人的家属时使用的通知类文书。被逮捕人的家属获知其被逮捕的情况是被逮捕人的一项重要诉讼权利，公安机关应当严格依法制作逮捕通知书，切实保障被逮捕人的诉讼权利。

(二) 法律依据

根据《刑事诉讼法》第 93 条第 2 款的规定，除无法通知的以外，公安机关应当在逮捕后 24 小时以内，通知被逮捕人的家属。

(三) 适用条件

使用逮捕通知书，应当符合以下条件：

1. 对犯罪嫌疑人已经发逮捕证。

2. 不存在无法通知的情形。无法通知，是指：(1) 被逮捕人不讲真实姓名、住址，身份不明的；(2) 被逮捕人无家属的；(3) 被逮捕人提供的家属联系方式无法取得联系的；(4) 因自然灾害等不可抗力导致无法通知的。

(四) 内容及制作要求

逮捕通知书属于多联式填充型文书。本文书由正本、副本和存根三联组成。

1. 正本。本联是公安机关通知被逮捕人家属其已被逮捕的证明，分为首部、正文和尾部三部分。

(1) 首部。首部由制作机关名称、文书名称（已印制好）、文书字号和抬头组成。抬头填写被逮捕人家属的姓名。家属，一般是与其共同居住的成年亲属。

(2) 正文。正文包括批准逮捕的机关、逮捕的时间、逮捕的原因、被逮捕人的姓名、羁押的看守所名称。执行逮捕的时间填写被逮捕的时间，应与逮捕证正本上被逮捕人在签收栏部分填写的时间一致，时间应精确到小时。

（3）尾部。填写清楚成文时间，写明单位名称，并加盖制作文书的公安机关印章。签注填写羁押被逮捕人的看守所地址。

2. 副本。本联是公安机关已经通知被逮捕人家属的凭证，用于附卷，其内容及制作要求与正本一样。被逮捕人家属应当在签收栏签收，并填写时间，时间应精确到小时，以监督公安机关是否在24小时以内送达，在24小时以内无法通知的，应当写明具体原因。

3. 存根。本联用于公安机关留存备查。其中"逮捕原因"填写"涉嫌××罪"，要写明涉嫌的具体罪名；"逮捕时间"填写执行逮捕的时间。

（五）使用要求

1. 在逮捕犯罪嫌疑人后，要求其说明家属的姓名及地址，除无法通知的以外，应当在逮捕后24小时以内制发本通知书。

2. 尽快将逮捕通知书正本交被逮捕人的家属，并请其在副本的签收栏部分签收。如受送达人拒绝接收或者拒绝签名、捺指印的，送达人可以邀请其邻居或者其他见证人到场，说明理由，在副本的签收栏记明拒绝的事由、送达的日期，由送达人、见证人签名，留下逮捕通知书，即视为送达。直接送达确有困难的，可以邮寄送达。被逮捕人的家属在外地的，逮捕通知书应当在24小时以内交邮，并将邮件回执附卷，不得以口头通知代替书面通知。

3. 通知书正本的尾部应填写看守所地址，确保其家属能及时了解犯罪嫌疑人被羁押的情况，消除其家属到处找关系打听情况的积弊，这也是公安机关人性化执法的体现。

4. 侦查终结时，逮捕通知书副本应当存入诉讼卷。

（六）范例

＊＊＊公安局

逮捕通知书

×公（经）捕通字〔20××〕321号

兹××：

经 ×× 市人民检察院 批准，我局于 20×× 年 8 月 5 日 16 时对涉嫌 挪用资金 罪的 ×× ，现羁押在 ×× 市 看守所。于 ×× 执行逮捕，现羁押在 ×× 市 看守所。

公安局（印）

二〇××年八月五日

注：看守所地址 ×× 市××区××路××号

公（经）捕通字贰零××第叁佰贰拾壹号

此联交被逮捕人家属

＊＊＊公安局

逮捕通知书

（副本）

×公（经）捕通字〔20××〕321号

兹××：

经 ×× 市人民检察院 批准，我局于 20×× 年 8 月 5 日16 时对涉嫌 挪用资金 罪的 ×× ，现羁押在 ×× 市 看守所。于 ×× 执行逮捕，现羁押在 ×× 市 看守所。

公安局（印）

二〇××年八月五日

本通知书已收到。

被逮捕人家属：兹×× 20××年8月5日18时

如在逮捕后24小时内无法通知的，注明原因：

年 月 日 时

办案人：

公（经）捕通字贰零××第叁佰贰拾壹号

此联附卷

＊＊＊公安局

逮捕通知书

（存根）

×公（经）捕通字〔20××〕321号

案件名称　杨××涉嫌挪用资金案

案件编号　×××××

被逮捕人　杨××　　　男次

出生日期1983 年 12 月 31 日

逮捕原因　涉嫌挪用资金罪

逮捕时间　20××年8月5日

羁押地点　×× 市看守所

家属姓名　兹××

地　　　×× 县××乡××村××号

出生人　孔××、汪××

办案单位×× 市公安局经侦大队

办案时间　20××年8月5日

填发时间　20××年8月5日

填发人　郭××

三十五、变更逮捕措施通知书

（一）概念

变更逮捕措施通知书是公安机关依法对被逮捕的犯罪嫌疑人变更逮捕措施并通知原批准逮捕的人民检察院时使用的通知类文书。

（二）法律依据

《刑事诉讼法》第 96 条规定，人民法院、人民检察院和公安机关如果发现对犯罪嫌疑人、被告人采取强制措施不当的，应当及时撤销或者变更。公安机关释放被逮捕的人或者变更逮捕措施的，应当通知原批准的人民检察院。应当注意的是，虽然《刑事诉讼法》第 98 条规定，犯罪嫌疑人、被告人被羁押的案件，不能在本法规定的侦查羁押、审查起诉、一审、二审期限内办结的，对犯罪嫌疑人、被告人应当予以释放；需要继续查证、审理的，对犯罪嫌疑人、被告人可以取保候审或者监视居住，但该条规定没有要求通知原批准的人民检察院，而且这种情况下侦查羁押期限已经届满，再变更强制措施不需要使用本文书。

（三）适用条件

使用变更逮捕措施通知书，应当符合以下条件：

1. 拟对逮捕措施进行变更。本通知书只适用于犯罪嫌疑人被逮捕的情况，如果犯罪嫌疑人被拘留或者取保候审、监视居住，变更强制措施时无须通知人民检察院。

2. 发现逮捕措施不当。逮捕措施不当，是指不符合逮捕的条件，或者出现了需要变更逮捕措施的情形。对于符合《刑事诉讼法》第 67 条规定的，可以取保候审。根据《刑事诉讼法》第 74 条的规定，对符合逮捕条件，有患有严重疾病、生活不能自理，怀孕或者正在哺乳自己婴儿的妇女，系生活不能自理的人的唯一扶养人等情形的犯罪嫌疑人、被告人，可以监视居住。逮捕后才发现有这些情形的，一般应当变更强制措施。

3. 需要继续侦查。发现逮捕措施不当，如果属于不需要追究刑事责任的，应当撤销逮捕，签发释放通知书，立即释放被逮捕人；如需继续查证的，则变更逮捕措施为取保候审或者监视居住。

（四）内容及制作要求

变更逮捕措施通知书属于多联式填充型文书，由正本、副本和存根组成。

1. 正本。本联是公安机关通知人民检察院变更逮捕措施的凭证，由首部、正文和尾部组成。

（1）首部。首部由制作机关名称、文书名称（已制作好）、文书字号和抬头组成。抬头填写批准逮捕的人民检察院名称。

（2）正文。正文包括批准逮捕的时间、批准逮捕决定书的字号、被逮捕人的姓名、逮捕的时间、变更逮捕措施的原因、变更逮捕措施的法律依据和日期、变更后的强制措施种类。变更逮捕措施的原因填写发现逮捕不当的具体原因，如怀孕、可能被判处管制、拘役或者独立适用附加刑等。变更后的强制措施种类填写取保候审或者监视居住。变更逮捕措施的时间不能超过法定的羁押期限届满的时间。这里的法律依据应当区分情形填写，被逮捕人符合取保候审条件的，填写《刑事诉讼法》第 96、67 条；被逮捕人符合监视居住条件的，填写第 96、74 条。

（3）尾部。填写清楚成文时间，写明单位名称，并加盖制作文书的公安机关印章。

2. 副本。本联是公安机关通知人民检察院对已被逮捕的犯罪嫌疑人变更强制措施的依据和凭证，其内容及制作要求与正本一样。

3. 存根。本联用于公安机关留存备查。送往单位栏填写拟通知的人民检察院名称，也就是原批准逮捕的人民检察院名称。

（五）使用要求

1. 公安机关发现采取逮捕措施不当的，应当及时报县级以上公安机关负责人批准，制作变更逮捕措施通知书。

2. 将变更逮捕措施通知书正本交原批准逮捕的人民检察院，并请其在副本的签收栏签收，即在"检察院收件人"后签名，填写收到时间。

3. 侦查终结时，变更逮捕措施通知书副本应当存入诉讼卷。

（六）范例

***公安局 变更逮捕措施通知书

×公（经）变通字〔20××〕18号

××市人民检察院：

你院于 20××年4月6日以 ××× 〔20××〕156 号决定书批准逮捕的犯罪嫌疑人程××于 20××年4月6日被执行逮捕，现因程××患有严重心脏病，生活不能自理，根据《中华人民共和国刑事诉讼法》第九十六、七十四条之规定，我局决定于 20××年4月17日对其变更强制措施为监视居住。

公安局（印）

二○××年四月十六日

×公（经）变通字〔20××〕第拾捌号

此联交检察院

***公安局 变更逮捕措施通知书（副　本）

×公（经）变通字〔20××〕18号

××市人民检察院：

你院于 20××年4月6日以 ××× 〔20××〕156 号决定书批准逮捕的犯罪嫌疑人程××于 20××年4月6日被执行逮捕，现因程××患有严重心脏病，生活不能自理，根据《中华人民共和国刑事诉讼法》第九十六、七十四条之规定，我局决定于 20××年4月17日对其变更强制措施为监视居住。

公安局（印）

二○××年四月十六日

本通知书已收到。

检察院收件人：虞××

20××年4月17日

×公（经）变通字〔20××〕第拾捌号

此联附卷

***公安局 变更逮捕措施通知书（存　根）

×公（经）变通字〔20××〕18号

案件名称	程××涉嫌非法经营案
案件编号	×××
犯罪嫌疑人	程×× 男 发
出生日期	1967年3月16日
住址	××路××号 ××区 ××市
逮捕时间	20××年4月6日
羁押处所	市看守所
变更原因	患有严重心脏病
变更后的强制措施	监视居住
送往单位	××市人民检察院
批准人	江××
批准时间	20××年4月16日 高××
办案单位	××市公安局经侦支队
填发时间	20××年4月16日
填发人	高××

三十六、不予释放/变更强制措施通知书

(一) 概念

不予释放/变更强制措施通知书是人民检察院建议公安机关对犯罪嫌疑人予以释放或者变更强制措施，犯罪嫌疑人及其法定代理人、近亲属或者辩护人向公安机关申请变更强制措施，公安机关不同意对犯罪嫌疑人释放或者变更强制措施时，通知人民检察院或者犯罪嫌疑人及其法定代理人、近亲属或者辩护人使用的通知类文书。

(二) 法律依据

《刑事诉讼法》第 95 条规定，犯罪嫌疑人、被告人被逮捕后，人民检察院仍应当对羁押的必要性进行审查。对不需要继续羁押的，应当建议予以释放或者变更强制措施。有关机关应当在 10 日以内将处理情况通知人民检察院。第 97 条规定，犯罪嫌疑人、被告人及其法定代理人、近亲属或者辩护人有权申请变更强制措施。人民法院、人民检察院和公安机关收到申请后，应当在 3 日以内作出决定；不同意变更强制措施的，应当告知申请人，并说明不同意的理由。

《公安机关办理刑事案件程序规定》第 159 条规定，犯罪嫌疑人被逮捕后，人民检察院经审查认为不需要继续羁押，建议予以释放或者变更强制措施的，公安机关应当予以调查核实，认为不需要继续羁押的，应当予以释放或者变更强制措施；认为需要继续羁押的，应当说明理由。公安机关应当在 10 日以内将处理情况通知人民检察院。第 160 条规定，犯罪嫌疑人及其法定代理人、近亲属或者辩护人有权申请变更强制措施。公安机关应当在收到申请后 3 日以内作出决定；不同意变更强制措施的，应当告知申请人，并说明理由。

（三）适用条件

使用不予释放/变更强制措施通知书，应当符合《刑事诉讼法》第 95 条、第 97 条的规定，并经县级以上公安机关负责人批准。

（四）内容及制作要求

不予释放/变更强制措施通知书属于多联式填充型文书，由正本、副本和存根组成。

1. 正本。本联是公安机关通知人民检察院或者申请人对犯罪嫌疑人不予释放/变更强制措施的凭证，由首部、正文和尾部组成。

（1）首部。首部由制作机关名称、文书名称（已制作好）、文书字号和抬头组成。抬头填写建议释放或者变更强制措施的人民检察院名称、申请变更强制措施的申请人姓名。

（2）正文。正文包括人民检察院建议或者有关当事人申请的时间、已经对犯罪嫌疑人采取的强制措施种类、犯罪嫌疑人的基本情况、不予释放/变更强制措施的原因和法律依据。不予释放/变更强制措施的原因应根据具体情况填写。法律依据应根据实际情况，交检察机关的填写《刑事诉讼法》第 95 条，交申请人的填写《刑事诉讼法》第 97 条。

（3）尾部。填写清楚成文时间，写明单位名称，并加盖制作文书的公安机关印章。

2. 副本。本联是公安机关通知人民检察院或者申请人对犯罪嫌疑人不予释放/变更强制措施的依据和凭证，其内容及制作要求与正本一样。

3. 存根。本联用于公安机关留存备查。送往单位/个人栏填写拟通知的人民检察院或者申请人名称，也就是原建议予以释放或者变更强制措施的人民检察院，申请变更强制措施的犯罪嫌疑人及其法定代理人、近亲属或者辩护人。

（五）使用要求

1. 对人民检察院建议对犯罪嫌疑人予以释放或者变更强制措施，犯罪嫌疑人及其法定代理人、近亲属或者辩护人向公安机关申请变更强制措施，公安机关不同意对犯罪嫌疑人释放或者变更强制措施的，应当及时报县级以上公安机关负责人批准，制作不予释放/变更强制措施通知书，通知人民检察院或者申请人。

2. 将不予释放/变更强制措施通知书正本交原建议对犯罪嫌疑人予以释放或者变更强制措施的人民检察院，或者向公安机关申请变更强制措施的申请人，并请其在副本的签收栏签收，即在"收件人"后签名，填写收到时间。

3. 侦查终结时，不予释放/变更强制措施通知书副本应当存入诉讼卷。

（六）范例

×××公安局

不予释放/变更强制措施通知书

×公(治)不变字[20××] 18号

李××：

你（单位）于 20×× 年 4 月 14 日 建议/申请，对已被 拘留 的犯罪嫌疑人 程×× （性别 男，出生日期 1967 年 3 月 16 日 ） 释放/变更 强制措施。经审查，我局认为 程×× 有 可能 毁灭、伪造证据，干扰证人作证，根据《中华人民共和国刑事诉讼法》第 九十七 条之规定，决定不予 释放/变更强制措施。

公安局（印）

二0××年四月十六日

×公(治)不变字贰零××第拾捌号

此联交检察院或者申请人

×××公安局

不予释放/变更强制措施通知书

（副　本）

×公(治)不变字[20××] 18号

李××：

你（单位）于 20×× 年 4 月 14 日 建议/申请，对已被 拘留 的犯罪嫌疑人 程×× （性别 男，出生日期 1967 年 3 月 16 日 ） 释放/变更 强制措施。经审查，我局认为 程×× 有 可能 毁灭、伪造证据，干扰证人作证，根据《中华人民共和国刑事诉讼法》第 九十七 条之规定，决定不予 释放/变更强制措施。

公安局（印）

二0××年四月十六日

本通知书已收到。

收件人：李××

20××年 4 月 16 日

×公(治)不变字贰零××第拾捌号

此联附卷

×××公安局

不予释放/变更强制措施通知书

（存　根）

×公(治)不变字[20××]18号

案件名称	程××涉嫌非法经营案
案件编号	×××××
犯罪嫌疑人	程×× 男/女
出生日期	1967 年 3 月 16 日
住址	××市××区××路××号
拘留/逮捕时间	20××年 4 月 6 日
羁押处所	××市看守所
不予释放/变更原因	可能毁灭、伪造证据，干扰证人作证
送往	个人：李××、江××
批准人	张××、高××
批准时间	20××年 4 月 16 日
办案人	张××、高××
办案单位	××市公安局经侦支队
填发时间	20××年 4 月 16 日
填发人	高××

三十七、提请批准延长侦查羁押期限意见书

（一）概念

提请批准延长侦查羁押期限意见书是公安机关对侦查羁押期限届满而不能侦查终结的案件依法提请人民检察院延长侦查羁押期限的文书。

（二）法律依据

《刑事诉讼法》第 156 条规定，对犯罪嫌疑人逮捕后的侦查羁押期限不得超过 2 个月。案情复杂、期限届满不能终结的案件，可以经上一级人民检察院批准延长 1 个月。第 158 条规定，下列案件在本法第 156 条规定的期限届满不能侦查终结的，经省、自治区、直辖市人民检察院批准或者决定，可以延长 2 个月：（1）交通十分不便的边远地区的重大复杂案件；（2）重大的犯罪集团案件；（3）流窜作案的重大复杂案件；（4）犯罪涉及面广，取证困难的重大复杂案件。第 159 条规定，对犯罪嫌疑人可能判处 10 年有期徒刑以上刑罚，依照本法第 158 条规定延长期限届满，仍不能侦查终结的，经省、自治区、直辖市人民检察院批准或者决定，可以再延长 2 个月。第 157 条规定，因为特殊原因，在较长时间内不宜交付审判的特别重大复杂的案件，由最高人民检察院报请全国人民代表大会常务委员会批准延期审理。因此，除第 157 条规定的这种极特殊的情况外，其他案件逮捕后的侦查羁押期限最长为 7 个月，但根据《刑事诉讼法》第 160 条的规定，另有重要罪行重新计算侦查羁押期限的以及犯罪嫌疑人不讲真实姓名、住址，身份不明的不在此限。此外，根据《刑事诉讼法》第 149 条的规定，对犯罪嫌疑人作精神病鉴定的期间不计入办案期限。

（三）适用条件

使用提请批准延长侦查羁押期限意见书，应当符合《刑事诉讼法》第 156 条、第 158 条、第 159 条的规定，并经县级以上公安

机关负责人批准。

（四）内容及制作要求

提请批准延长侦查羁押期限意见书属于多联式填充型文书，由正本、副本及存根组成。

1. 正本。本联由首部、正文及尾部组成。

（1）首部。首部由制作机关名称、文书名称（已印制好）、文书字号和抬头组成。其中，抬头填写批准逮捕的人民检察院名称。

（2）正文。正文包括批准逮捕的时间、批准逮捕决定书的字号、被逮捕人的姓名、逮捕的时间、提请批准延长侦查羁押期限的原因、法律依据、提请批准延长的侦查羁押期限。提请批准延长侦查羁押期限的原因应当根据《刑事诉讼法》的规定，结合案件的具体情况进行叙述，如延长1个月的，不能只写"案情复杂"，而应当说明案情具体如何复杂，为什么在侦查羁押期限内不能办结，否则，人民检察院无法进行审查。法律依据应当与原因和提请批准延长的侦查羁押期限相符合。

（3）尾部。填写清楚成文时间，写明单位名称，并加盖制作文书的公安机关印章。

2. 副本。本联用于附卷，其内容及制作要求与正本一致。

3. 存根。本联用于公安机关留存备查。送往单位栏填写拟提请批准延长侦查羁押期限的人民检察院名称，也就是原批准逮捕的人民检察院名称。

（五）使用要求

1. 在侦查羁押期限届满前7日内，将提请批准延长侦查羁押期限意见书正本送交原批准逮捕的人民检察院，并请收件人在副本的签收栏签收，即在"检察院收件人"后签名，填写收到时间。需要注意的是，本文书必须在侦查羁押期限届满前制作并送达人民检察院，不能等到超期羁押后才提请延长侦查羁押期限。

2. 侦查羁押期限届满而人民检察院不批准延长的，必须立即释放被逮捕人，需要继续侦查的，可以采取取保候审或者监视居住。

3. 侦查终结时，提请批准延长侦查羁押期限意见书副本应当存入诉讼卷。

（六）范例

**×××公安局
提请批准延长侦查
羁押期限意见书**

×公（刑）提延字〔20××〕10号

××县 人民检察院：

你院于 20×× 年 2 月 7 日以 ×××〔20××〕36 号决定书批准逮捕的犯罪嫌疑人 ×曾××，因×已于 20×× 年 2 月 8 日被执行逮捕，该××××系重大系列杀人、抢劫犯罪集团的主犯，抢劫犯罪二十三起，目前尚有犯罪分子五名犯罪嫌疑人在逃，大量犯罪证据需要收集、核实。羁押期限届满不能侦查终结，根据《中华人民共和国刑事诉讼法》第一百五十六条之规定，特提请批准对其延长羁押期限 一 个月。

×××公安局（印）
二〇××年三月三十日

此联交检察院

×公（刑）提延字〔20××〕第 拾 号

**×××公安局
提请批准延长侦查
羁押期限意见书**
（副 本）

×公（刑）提延字〔20××〕10号

××县 人民检察院：

你院于 20×× 年 2 月 7 日以 ×××〔20××〕36 号决定书批准逮捕的犯罪嫌疑人 ×曾××，因×已于 20×× 年 2 月 8 日被执行逮捕，该××××系重大系列杀人、抢劫犯罪集团的主犯，抢劫犯罪二十三起，目前尚有犯罪分子五名犯罪嫌疑人在逃，大量犯罪证据需要收集、核实。羁押期限届满不能侦查终结，根据《中华人民共和国刑事诉讼法》第一百五十六条之规定，特提请批准对其延长羁押期限 一 个月。

×××公安局（印）
二〇××年三月三十日

本意见书已收到。
检察院收件人：孙××
20××年3月30日

此联附卷

×公（刑）提延字〔20××〕第 拾 号

**×××公安局
提请批准延长侦查
羁押期限意见书**
（存 根）

×公（刑）提延字〔20××〕10号

案件名称　×××涉嫌抢劫案
案件编号　×××××××
犯罪嫌疑人　×曾××　男 ×岁
出生日期　1983年5月23日
住　址　×县××镇××村
单位及职业　无民
提请时间　20××年2月8日
延长羁押原因　属重大的疑难侦查案件
提请延长期限　一个月
送往单位　××县×县检察院
批准人　汪××
批准时间　20××年3月30日　杨××
办案单位　××县公安局刑警大队
填发时间　20××年3月30日　杨××
填发人　杨××

三十八、入所健康检查表

（一）概念

入所健康检查表是看守所对收押的犯罪嫌疑人、被告人进行健康检查时使用的文书。入所健康检查表属于强制措施类文书，其目的在于对收押的犯罪嫌疑人进行健康检查，以确定是否符合收押条件。

（二）法律依据

《公安机关办理刑事案件程序规定》第154条规定，看守所收押犯罪嫌疑人、被告人和罪犯，应当进行健康和体表检查，并予以记录。

《看守所条例》第10条规定，看守所收押人犯，应当进行健康检查，有下列情形之一的，不予收押：（1）患有精神病或者急性传染病的；（2）患有其他严重疾病，在羁押中可能发生生命危险或者生活不能自理的，但是罪大恶极不羁押对社会有危险性的除外；（3）怀孕或者哺乳自己不满1周岁的婴儿的妇女。

（三）适用条件

使用入所健康检查表，应当符合以下条件：

1. 对象是送看守所羁押的犯罪嫌疑人、被告人。

2. 送押机关应当持有效凭证。包括县级以上公安机关、国家安全机关、监狱、人民法院、人民检察院逮捕、押送犯罪嫌疑人临时羁押的证明文件。

（四）内容及制作要求

入所健康检查表属于填表型文书。由负责检查的医生对送押的犯罪嫌疑人、被告人进行询问及身体检查后，根据实际情况对入所健康检查表内的检查时间、被检查人的基本情况、既往病史等逐项进行填写。自述症状和检查状况由负责检查的医生根据对送押的犯罪嫌疑人或者被告人的健康检查情况填写，一般应包括有无残疾或外伤、精神状况、有无传染性疾病、体表状况等，如发现有异常情况，应做进一步检查以确定是否符合收押条件。之后医生应当出具检查结论，说明送押人身体的总体状况如何、精神状况怎样、是否影响收押。最后由负责检查的医生、看守所领导、被送押人、送押人签名予以确认。

备注一栏可根据检查结果注明"同意办理收押手续""建议送医院作 X 光扫描"等内容。

（五）使用要求

1. 本文书按被检查人一人一份，由看守所留存，计算机编码由系统自动生成。

2. 经检查发现不应羁押的，提请案件主管机关依法变更强制措施。

（六）范例

入所健康检查表

（计算机编码处）×××××××× 　　　　　　检查日期：20××年3月21日

姓　　名	高××	性　　别	男	附人形图
出生日期	1977年7月	体　　重	75公斤	
身　　高	170厘米	鞋　　号	41	
民　　族	汉	文化程度	初中	
婚姻状况	已婚	健康状况	一般	
身份证号码	××××××××××××××××××			
单位及职业	××省××县××乡××村　农民			
体表特殊标记	无			
既往病史	无			
吸毒史	无			
有无急性传染病	无			
自述症状	无			
检查状况	无外伤，无传染性疾病，无异常反应，精神状态正常，身体健康			

语言表达能力	一般	口　音	南方	肢体活动状况	正常
医生签名	李××	领导签名	张××	被检查人员签名	高××
送押人签名	刘××	送押单位	××公安局××派出所		
备注	同意办理收押手续				

三十九、换押证

（一）概念

换押证是在刑事诉讼过程中改变办案机关时，公安机关、检察机关、人民法院对羁押在看守所的犯罪嫌疑人和被告人办理换押手续使用的凭证。最高人民法院、最高人民检察院、公安部《关于羁押犯罪嫌疑人、被告人实行换押和羁押期限变更通知制度的通知》对换押证作了修订，目的是严格执行有关羁押期限的规定，防止超期羁押。

（二）法律依据

根据《看守所条例》第15条的规定，公安机关或者国家安全机关侦查终结、人民检察院决定受理的犯罪嫌疑人，人民检察院审查或者侦查终结、人民法院决定受理的被告人，递次移送交接，均应办理换押手续，书面通知看守所。

（三）适用条件

有下列改变办案机关的情形之一的，应当办理换押手续并填写换押证：

1. 侦查机关侦查终结，移送人民检察院审查起诉的；

2. 人民检察院退回侦查机关补充侦查的，以及侦查机关补充侦查完毕后重新移送人民检察院审查起诉的；

3. 人民检察院提起公诉，移送人民法院审理的；

4. 审理过程中，人民检察院建议补充侦查，人民法院决定延期审理的，以及人民检察院补充侦查完毕后提请人民法院恢复审理的；

5. 人民检察院对人民法院第一审判决或者裁定提出抗诉以及被告人、自诉人及其法定代理人不服人民法院第一审判决或者裁定提出上诉，第二审人民法院受理的；

6. 第二审人民法院裁定撤销原判，发回原审人民法院重新审判的；

7. 中级人民法院判处死刑的第一审案件进入死刑复核程序，或者死刑复核法院与第二审人民法院不属同一法院，案件进入死刑复核程序，以及死刑复核后人民法院裁定不核准死刑发回重新审判的；

8. 案件在侦查、审查起诉以及审判阶段改变办案机关的。

（四）内容及制作要求

换押证是多联式填充型文书，由第一联（移送机关附卷）、第二联（看守所附卷）、第三联（看守所附卷）、第四联（在押人员留存）和第五联（看守所回执）以及存根组成。填写时注意：

1. 第一联。本联由移送机关填写并附卷，作为办理换押手续的凭证。本联由首部、正文和尾部组成。填写的主要内容是：

（1）首部。首部包括文书名称（已印制好）、文书字号。文书字号由移送机关确定并填写，（　）内填写移送机关简称，〔　〕内填写发文年度，最后填发文顺序号。

（2）正文。正文包括：

①换押人及案件情况：如果是移送犯罪嫌疑人，首先将"（被告人）"用删除线删去，然后依次填写换押的犯罪嫌疑人姓名、性别、出生日期、案由和犯罪嫌疑人被羁押的看守所名称；共同犯罪的，应当填写同案人的姓名。

②诉讼阶段变换和换押情况：填写"该案现因"时，应当根据案件所处环节，分别填写侦查机关侦查终结，移送××人民检察院审查起诉；侦查机关补充侦查完毕后重新移送××人民检察院审查起诉；改变办案机关等。

③换押证的送达形式：即"以_____形式"的填写，应当根据具体情况分别填写直接送达、邮寄、传真等。

（3）尾部。写明成文日期，加盖制作单位印章，并由接收民警、接收机关收件人签名。

2. 第二联。本联由移送机关填写后送达看守所留存附卷，作为看守所办理换押手续的凭证。本联由首部、正文和尾部组成。填写的主要内容是：

（1）首部。首部包括文书名称（已印制好）、文书字号和抬头。文书字号与第一联相同。抬头写明羁押犯罪嫌疑人的看守所名称。

（2）正文。正文包括：

①换押人及案件情况，与第一联相同。

②诉讼阶段变换、换押情况和送达形式，与第一联相同。

（3）尾部。写明成文日期，并加盖制作单位印章。

3.第三联。本联由移送机关填写有关内容后，交接收机关填写有关内容，然后交看守所留存，作为看守所办理换押手续的凭证。本联由首部、正文和尾部组成。填写的主要内容是：

（1）首部。首部由移送机关填写，包括文书名称（已印制好）、文书字号和抬头。文书字号与第一联相同。抬头写明羁押犯罪嫌疑人的看守所名称。

（2）正文。分别由移送机关和接收机关填写，内容包括：

①正文第一段：换押人及案件情况，诉讼阶段变换、换押情况，送达形式的填写与第一联相同。由移送机关填写后送达接收机关。

②正文第二段：收案时间及羁押期限，由接收机关填写收案日期以及诉讼阶段的法定羁押期限的截止日期。

（3）尾部。移送机关填写成文日期，加盖本单位印章后交接收机关。接收机关应当在尾部填写接收日期，加盖本单位印章后，交看守所。

4.第四联。本联由接收机关填写有关内容后，送达看守所转交在押人员留存。本联由首部、正文和尾部组成。填写的主要内容是：

（1）首部。首部包括文书名称（已印制好）、文书字号，与第一联相同。

（2）正文。与第一联相比较，除无羁押处所项外，其他内容填写要求相同。

（3）尾部。接收机关在尾部填写填发人姓名、成文日期并加盖本单位印章后，送看守所交在押人员留存。

5. 第五联。本联由看守所填写后交接收机关留存附卷，作为接收机关办理换押手续的凭证。本联由首部、正文和尾部组成。填写的主要内容是：

（1）首部。首部包括文书名称（已印制好）、文书字号和抬头。文书字号由移送机关确定并填写，内容与前四联相同。抬头由看守所填写，写明案件接收机关名称。

（2）正文。正文由看守所填写，内容与第三联相同。

（3）尾部。尾部由看守所填写，写明换押日期后，加盖看守所印章。

6. 存根。存根由移送机关按照文书下附的"填写说明"填写并留存备查。

需要注意的是，文书第一联至第五联以及存根的字号都应当由移送机关统一编号填写。

（五）使用要求

移送机关填写换押证第一联、第二联的全部内容和第三联应当填写的部分（首部、正文第一段和尾部的移送日期）后，将第一联分别交看守所和接收机关签收后由移送机关留存附卷，第二联交看守所，第三联、第四联和第五联交接收机关。接收机关填写完第三联应当填写的部分（正文第二段和尾部的接收日期）和第四联全部内容后，连同第五联交看守所。看守所留存第二联、第三联，将第四联交在押人员留存，第五联填写后退接收机关留存。

（六）范 例

换　押　证
（第一联）
移送机关附卷

（×公）换字〔20××〕32号

犯罪嫌疑人（被告人）单××，性别 男，
1975年 1 月 22 日出生，涉嫌 故意杀人
（同案人 李××）。现案现因 侦查终结，移送押于××县 看
守所。该案现因 侦查终结，移送 于 20××年 8 月 9 日 看
查起诉 移送 （退回）××人民检察院审
以 直接送达 ××人民检察
院（局）。

接收机关收件人：吴×
（移送机关印）
20××年 8 月 9 日

接收民警：张××
（看守所印）
20××年 8 月 9 日

换　押　证
（存　根）

（×公）换字〔20××〕32号

犯罪嫌疑人（被告人）单××，性别 男，
1975年 1 月 22 日出生，涉嫌 故意杀人
（同案人 李××），移送××人民检察 院审查起诉 于 20××年 8 月 9 日以 直接送达 形式移送 （退回）××
人民检察 院（局）。

填发人：吴××
二〇××年八月九日
（移送机关印）

填写说明：
1. 本证五联编号，由填写机关统一填写。（ ）内填写发文字号，后填写发文顺序年号。骑缝线一脚连接处编号，然后协助重移送机关。
……

换 押 证
（第三联 看守所所附卷）

（×公）换字〔20××〕32号

××县 看守所：

犯罪嫌疑人（被告人）单××，性别 男，1975年 1 月 22 日出生，该案现因 侦查终结，移送××人民检察院审查起诉，于 20××年 形式 移送（同案人李××）。

8 月 9 日直接送达 ×××人民检察院（局）。

（退回）接收机关收案时间：20××年 9 月 9 日，

羁押期限至 20××年 8 月 9 日。

二〇××年八月九日
（移送机关印）

二〇××年八月九日
（接收机关印）

填写说明：此联由移送机关填写第一段后送达接收机关，接收机关填写第二段后送达看守所。

- -

（×公）换字贰零××第叁拾贰号

换 押 证
（第二联 看守所所附卷）

（×公）换字〔20××〕32号

××县 看守所：

犯罪嫌疑人（被告人）单××，性别 男，1975年 1 月 22 日出生，该案现因 侦查终结，移送××人民检察院审查起诉，于 20××年 形式 移送（同案人李××）。

8 月 9 日直接送达 ×××人民检察院（局）。

二〇××年八月九日
（移送机关印）

填写说明：此联由移送机关填写后送达看守所。

- -

（×公）换字贰零××第叁拾贰号

209

换 押 证
（第五联）看守所回执

（×公）换字〔20××〕32号

犯罪嫌疑人（被告人）单××，性别男，1975年1月22日出生，涉嫌故意杀人（同案人李××）。该案现因侦查终结，移送××人民检察院审查起诉，于20××年8月9日以直接送达××人民检察院（退回）形式移送。

接收机关收案时间：20××年8月9日，羁押期限至20××年9月9日。该案已移送完毕接押手续。

二○××年八月九日
（看守所印）

（×公）换字贰零××第叁拾贰号

填写说明：此联由看守所填写后交接收机关附卷。

换 押 证
（第四联）在押人员留存

（×公）换字〔20××〕32号

犯罪嫌疑人（被告人）单××，性别男，1975年1月22日出生，涉嫌故意杀人（同案人李××）。该案现因侦查终结，移送××人民检察院审查起诉，于20××年8月9日以直接送达××人民检察院（退回）形式移送。羁押期限至20××年9月9日。

填发人：曾××
二○××年八月九日
（接收机关印）

（×公）换字贰零××第叁拾贰号

填写说明：此联接收机关填写后送达看守所，由看守所交在押人员留存。

四十、释放通知书

(一) 概念

释放通知书是公安机关通知看守所释放被逮捕或者拘留的犯罪嫌疑人以及通知批准逮捕的人民检察院时使用的通知类文书。《刑事诉讼法》明确规定了应当释放被羁押的犯罪嫌疑人的情形，公安机关应当严格遵守法律规定，及时制作释放通知书，坚决防止超期羁押和错误羁押。

(二) 法律依据

《刑事诉讼法》第 86 条规定，公安机关对被拘留的人，应当在拘留后的 24 小时以内进行讯问。在发现不应当拘留的时候，必须立即释放，发给释放证明。第 91 条第 3 款规定，人民检察院不批准逮捕的，公安机关应当在接到通知后立即释放被拘留人，并且将执行情况及时通知人民检察院。第 92 条规定，公安机关对人民检察院不批准逮捕的决定，认为有错误的时候，可以要求复议，但是必须将被拘留的人立即释放。第 94 条规定，公安机关对于经人民检察院批准逮捕的人，必须在逮捕后的 24 小时以内进行讯问。在发现不应当逮捕的时候，必须立即释放，发给释放证明。第 96 条规定，人民法院、人民检察院和公安机关如果发现对犯罪嫌疑人、被告人采取强制措施不当的，应当及时撤销或者变更。公安机关释放被逮捕的人或者变更逮捕措施的，应当通知原批准的人民检察院。第 98 条规定，犯罪嫌疑人、被告人被羁押的案件，不能在本法规定的侦查羁押、审查起诉、一审、二审期限内办结的，对犯罪嫌疑人、被告人应当予以释放；需要继续查证、审理的，对犯罪嫌疑人、被告人可以取保候审或者监视居住。第 99 条规定，人民法院、人民检察院或者公安机关对被采取强制措施法定期限届满的犯罪嫌疑人、被告人，应当予以释放、解除取保候审、监视居住或者依法变更强制措施。第 163 条规定，在侦查过程中，发现不应对犯罪嫌疑人追究刑事责任的，应当撤销案件；犯罪嫌疑人已被逮捕的，应当立即释放，发给释放证明，并且通知原批准逮捕的人民检察院。

《公安机关办理刑事案件程序规定》第 128 条规定，对被拘留的人，应当在拘留后 24 小时以内进行讯问。发现不应当拘留的，应当经县级以上公安机关负责人批准，制作释放通知书，看守所凭释放通知书发给被拘留人释放证明书，将其立即释放。第 144 条规定，对被逮捕的人，必须在逮捕后的 24 小时以内进行讯问。发现不应当逮捕的，经县级以上公安机关负责人批准，制作释放通知书，送看守所和原批准逮捕的人民检察院。看守所凭释放通知书立即释放被逮捕人，并发给释放证明书。

（三）适用条件

使用释放通知书，应当符合以下条件之一：

1. 发现不应当拘留或者逮捕犯罪嫌疑人的，应作出立即释放决定。这一般是指不应当对犯罪嫌疑人追究刑事责任，或者原认定的犯罪事实不存在等情况。

2. 逮捕后发现不宜羁押的，应当立即释放犯罪嫌疑人。《刑事诉讼法》第 67 条规定，人民法院、人民检察院和公安机关对有下列情形之一的犯罪嫌疑人、被告人，可以取保候审：（1）可能判处管制、拘役或者独立适用附加刑的；（2）可能判处有期徒刑以上刑罚，采取取保候审不致发生社会危险性的；（3）患有严重疾病、生活不能自理，怀孕或者正在哺乳自己婴儿的妇女，采取取保候审不致发生社会危险性的；（4）羁押期限届满，案件尚未办结，需要采取取保候审的。取保候审由公安机关执行。第 74 条规定，人民法院、人民检察院和公安机关对符合逮捕条件，有下列情形之一的犯罪嫌疑人、被告人，可以监视居住：（1）患有严重疾病、生活不能自理的；（2）怀孕或者正在哺乳自己婴儿的妇女；（3）系生活不能自理的人的唯一扶养人；（4）因为案件的特殊情况或者办理案件的需要，采取监视居住措施更为适宜的；（5）羁押期限届满，案件尚未办结，需要采取监视居住措施的。对符合取保候审条件，但犯罪嫌疑人、被告人不能提出保证人，也不交纳保证金的，可以监视居住。监视居住由公安机关执行。

3. 羁押期限届满的，应当立即释放犯罪嫌疑人。拘留期限届满不能提请批准逮捕或者逮捕后的侦查羁押期限届满不能办结的，应当释放犯罪嫌疑人。有继续侦查需要的，可以变更强制措施，但应先释放被羁押人。

4. 人民检察院不批准逮捕的，公安机关应当在接到通知后立即释放被拘留人，并且将执行情况及时通知人民检察院。对于需要继续侦查，并且符合取保候审、监视居住条件的，依法取保候审或者监视居住。公安机关对人民检察院不批准逮捕的决定，认为有错误的时候，可以要求复议，但是必须将被拘留人立即释放。

（四）内容及制作要求

释放通知书属于多联式填充型文书。本文书由交看守所联、交检察院联、附卷联和存根四联组成。交看守所联是看守所释放被羁押人的法律依据；交检察院联是原批准逮捕的检察院备案用的，如果释放的是被拘留人，则无须填写此联。释放通知书前三联均分为首部、正文和尾部三部分。

1. 交看守所联。

（1）首部。首部由制作机关名称、文书名称（已印制好）、字号和抬头组成。抬头填写看守所名称。

（2）正文。正文是通知的内容，包括被羁押人的姓名、基本情况、拘留或者逮捕的原因、执行拘留或者逮捕的时间、释放的原因、法律依据。释放的原因要根据具体情况填写，一般分为以下四类：一是不构成犯罪或者不应当追究刑事责任，撤销案件；二是羁押期限届满；三是有不宜羁押的情况已变更为取保候审、监视居住，主要包括患有严重疾病、生活不能自理，怀孕或者正在哺乳自己的婴儿，系生活不能自理的人的唯一扶养人；四是人民检察院作出不批准逮捕决定。法律依据要根据释放的原因填写对应的《刑事诉讼法》条文。

（3）尾部。填写清楚成文时间，写明单位名称，并加盖制作文书的公安机关印章。

2. 附卷联。附卷联的正文和尾部与交看守所联的内容和制作要求一致，只是首部的抬头部分按要求填写即可。

3. 交检察院联。抬头填写原批准逮捕的人民检察院名称。正文包括批准逮捕的时间、批准逮捕决定书的字号、被逮捕人的姓名、基本情况、执行逮捕的时间、释放的原因和法律依据。

4. 存根。存根用于公安机关留存备查。逮捕/拘留原因栏根据具体情况填写。

（五）使用要求

1. 对于应当释放被拘留人或者被逮捕人的，应当由县级以上公安机关负责人批准，制作释放通知书。

2. 将释放通知书交看守所联和交检察院联分别送交看守所和检察院，并请收件人在附卷联的签收栏签字。

（六）范例

×××公安局
释放通知书
×公（刑）释字〔20××〕138号

×××县看守所，×××县人民检察院：

王××（性别 女，住址 ×××市×××路×××号）出生日期 1972 年8月5日，因 涉嫌拐骗儿童罪，于 20×× 年 5 月 14 日被执行拘留/逮捕，现因 逮捕后的侦查羁押期限届满，根据《中华人民共和国刑事诉讼法》第 九十九 条之规定，予以释放。

公安局 （印）
二○××年七月十四日

本通知书已收到。
检察院收件人：霍××
20××年7月14日

本通知书已收到。
接收民警：李××
看守所（印）
20××年7月14日

×公（刑）释字 第 壹佰叁拾捌 号

此联附卷

×××公安局
释放通知书
（存　根）
×公（刑）释字〔20××〕138号

案件名称	王××涉嫌拐骗儿童案
案件编号	王××××××× 男/女
被释放人	王××
出生日期	1972 年8月5日
住　址	×××市×××路×××号
逮捕/拘留时间	20××年5月14日
逮捕/拘留羁押原因	因涉嫌拐骗儿童罪
释放原因	逮捕后的侦查羁押期限届满，案件尚未办结
批准人	张××
批准时间	20××年7月14日
办案人	白××、汪××
办案单位	×××县公安局刑警大队
填发时间	20××年7月14日
填发人	汪××

***公安局

释放通知书

×公（刑）释字〔20××〕138号

××县人民检察院：

你院 20×× 年 5 月 12 日以 ×× 〔20××〕240 号决定书批准逮捕的 王×× （性别　女，住址　××市××路××号），出生日期 1972 年 8 月 5 日，已于 20×× 年 5 月 14 日被执行逮捕，现因逮捕后的侦查羁押期限届满，根据《中华人民共和国刑事诉讼法》第九十九条之规定，予以释放。

公安局（印）

二○××年七月十四日

×公（刑）释字贰零××第壹佰叁拾捌号

此联交检察院

***公安局

释放通知书

×公（刑）释字〔20××〕138号

××县看守所：

王×× （性别　女，住址　××市××路××号），出生日期 1972 年 8 月 5 日 涉嫌拐骗儿童罪，于 20×× 年 5 月 14 日被执行拘留/逮捕，现因逮捕后的侦查羁押期限届满，根据《中华人民共和国刑事诉讼法》第九十九条之规定，予以释放。

公安局（印）

二○××年七月十四日

×公（刑）释字贰零××第壹佰叁拾捌号

此联交看守所

四十一、释放证明书

(一) 概念

释放证明书是看守所在释放被羁押人时开具的凭证式文书。《刑事诉讼法》对被羁押的犯罪嫌疑人、被告人的释放情形作出了明确的规定，看守所对于符合规定情形的，应当认真制作释放证明书，依法予以释放。

(二) 法律依据

《刑事诉讼法》第86条规定，公安机关对被拘留的人，应当在拘留后的24小时以内进行讯问。在发现不应当拘留的时候，必须立即释放，发给释放证明。第91条第3款规定，人民检察院不批准逮捕的，公安机关应当在接到通知后立即释放，并且将执行情况及时通知人民检察院。第92条规定，公安机关对人民检察院不批准逮捕的决定，认为有错误的时候，可以要求复议，但是必须将被拘留的人立即释放。第94条规定，公安机关对于经人民检察院批准逮捕的人，都必须在逮捕后的24小时以内进行讯问。在发现不应当逮捕的时候，必须立即释放，发给释放证明。第95条规定，犯罪嫌疑人、被告人被逮捕后，人民检察院仍应当对羁押的必要性进行审查。对不需要继续羁押的，应当建议予以释放或者变更强制措施。第96条规定，人民法院、人民检察院和公安机关如果发现对犯罪嫌疑人、被告人采取强制措施不当的，应当及时撤销或者变更。公安机关释放被逮捕的人或者变更逮捕措施的，应当通知原批准的人民检察院。第98条规定，犯罪嫌疑人、被告人被羁押的案件，不能在本法规定的侦查羁押、审查起诉、一审、二审期限内办结的，对犯罪嫌疑人、被告人应当予以释放；需要继续查证、审理的，对犯罪嫌疑人、被告人可以取保候审或者监视居住。第99条规定，人民法院、人民检察院或者公安机关对被采取强制措施法定期限届满的犯罪嫌疑人、被告人，应当予以释放、解除取保候审、监视居住或者依法变更强制措施。第 163 条规定，在侦查过程中，发现不应对犯罪嫌疑人追究刑事责任的，应当撤销案件；犯罪嫌疑人已被逮捕的，应当立即释放，发给释放证明，并且通知原批准逮捕的人民检察院。第 166 条规定，人民检察院对直接受理的案件中被拘留的人，应当在拘留后的 24 小时以内进行讯问。在发现不应当拘留的时候，必须立即释放，发给释放证明。第 167 条规定，人民检察院对直接受理的案件中被拘留的人，认为需要逮捕的，应当在 14 日以内作出决定。在特殊情况下，决定逮捕的时间可以延长 1 日至 3 日。对不需要逮捕的，应当立即释放。第 178 条规定，不起诉的决定，应当公开宣布，并且将不起诉决定书送达被不起诉人和他所在的单位。如果被不起诉人在押，应当立即释放。第 200 条规定，人民法院依据法律认定被告人无罪的，应当作出无罪判决；证据不足，不能认定被告人有罪的，应当作出证据不足、指控的犯罪不能成立的无罪判决。第 260 条规定，第一审人民法院判决被告人无罪、免除刑事处罚的，如果被告人在押，在宣判后应当立即释放。

《公安机关办理刑事案件程序规定》第 128 条规定，对被拘留的人，应当在拘留后 24 小时以内进行讯问。发现不应当拘留的，应当经县级以上公安机关负责人批准，制作释放通知书，看守所凭释放通知书发给被拘留人释放证明书，将其立即释放。第 140 条规定，对于人民检察院决定不批准逮捕的，公安机关在收到不批准逮捕决定书后，如果犯罪嫌疑人已被拘留的，应当立即释放，发给释放证明书，并在执行完毕后 3 日以内将执行回执送达作出不批准逮捕决定的人民检察院。第 144 条规定，对被逮捕的人，必须在逮捕后的 24 小时以内进行讯问。发现不应当逮捕的，经县级以上公安机关负责人批准，制作释放通知书，送看守所和原批准逮捕的人民检察院。看守所凭释放通知书立即释放被逮捕人，并发给释放证明书。

（三）适用条件

使用释放证明书应当符合的条件是人民法院、人民检察院、公安机关或者国家安全机关签发了释放通知书。

《看守所条例实施办法（试行）》第 52 条规定，看守所对于有下列情形之一的人，在出所时应当发给释放证明书：（1）拘留后，办案机关发现不应当拘留或者人民检察院不批准逮捕，通知立即释放的；（2）逮捕后，办案机关发现不应当逮捕，通知释放的；（3）人民检察院作出免予起诉、不起诉决定，办案机关通知释放的；（4）经人民法院审判后宣告无罪或者免于刑事处罚，通知释放的；（5）看守所监管的已决犯服刑期满的（根据《公安机关办理刑事案件程序规定》第 303 条的规定，这种情况下应当使用刑满释放证明书）。

（四）内容及制作要求

释放证明书属于多联式填充型文书，由正本、副本和存根三联组成。

1. 正本。本联是释放被拘留、逮捕人的凭证，由首部、正文和尾部组成。

（1）首部。首部由制作机关名称、文书名称（已印制好）、文书字号组成。

（2）正文。正文包括被释放人的姓名、基本情况、拘留或者逮捕的原因、执行拘留或者逮捕的时间、释放的原因、法律依据、作出决定的机关名称。释放的原因和法律依据要根据释放通知书填写。

（3）尾部。填写清楚成文时间，写明单位名称，并加盖制作文书的看守所印章。

2. 副本。本联是公安机关为被释放人开具了释放证明的凭证，用于附卷，其内容及制作要求与正本一致。

3. 存根。本联用于公安机关留存备查。拘留/逮捕原因栏根据具体情况填写。决定单位填写作出释放决定的单位名称，决定时间填写释放通知书制发的时间，释放时间填写释放证明书的成文日期（即文书尾部填写的时间）。

（五）使用要求

1. 对于应当释放被拘留或者逮捕人的，应当由县级以上公安机关负责人批准，制作本证明书。

2. 释放证明书制作完毕后，应当向被释放人宣读，并让其在副本的签收栏签名，填写收到的日期。

（六）范例

***看守所

释放证明书

×看释字〔20××〕154 号

王××，性别 女，出生日期 1972 年8月5日，住址 ××市××路××号，因 涉嫌拐骗儿童罪 于 20×× 年 7 月 12 日被拘留/逮捕，现因 犯罪已过追诉时效期限 ，根据《中华人民共和国刑事诉讼法》第 八十六 条之规定，经 ××县公安局 决定，予以释放。

看守所（印）

二○××年七月十四日

此联交被释放人

×看释字贰零××第壹佰伍拾肆号

***看守所

释放证明书

（副 本）

×看释字〔20××〕154 号

王××，性别 女，出生日期 1972年8月5日，住址 ××市××路××号，因 涉嫌拐骗儿童罪 于 20×× 年 7 月 12 日被拘留/逮捕，现因 犯罪已过追诉时效期限 ，根据《中华人民共和国刑事诉讼法》第 八十六 条之规定，经 ××县公安局 决定，予以释放。

看守所（印）

二○××年七月十四日

本证明书已收到。

被释放人：王××

20××年7月14日

此联附卷

×看释字贰零××第壹佰伍拾肆号

***看守所

释放证明书

（存 根）

×看释字〔20××〕154 号

案件名称 王××涉嫌拐骗儿童案

被释放人 王×× 男/女

出生日期 1972年8月5日

住 址 ××市××路××号

原拘留/逮捕 因 涉嫌拐骗儿童案

释放原因 犯罪已过追诉时效期限 20××年7月14日

决定单位 ××县公安局

决定时间 20××年7月14日

填发时间 20××年7月14日

填发人 李××

221

第四章　侦查取证文书

四十二、传唤证

（一）概念

传唤证是公安机关对于不需要逮捕、拘留的犯罪嫌疑人，为将其传唤到指定地点进行讯问而使用的凭证式文书。传唤是《刑事诉讼法》规定的公安机关办理刑事案件过程中，在调查取证时经常使用的一种侦查措施。正确使用传唤措施，对于及时获取犯罪证据，保证侦查活动顺利进行具有重要作用。

（二）法律依据

《刑事诉讼法》第119条第1款规定，对不需要逮捕、拘留的犯罪嫌疑人，可以传唤到犯罪嫌疑人所在市、县内的指定地点或者到他的住处进行讯问，但是应当出示人民检察院或者公安机关的证明文件。

《公安机关办理刑事案件程序规定》第198条第4款规定，对于不需要拘留、逮捕的犯罪嫌疑人，经办案部门负责人批准，可以传唤到犯罪嫌疑人所在市、县公安机关执法办案场所或者到他的住处进行讯问。第199条规定，传唤犯罪嫌疑人时，应当出示传唤证和侦查人员的人民警察证，并责令其在传唤证上签名、捺指印。犯罪嫌疑人到案后，应当由其在传唤证上填写到案时间。传唤结束时，应当由其在传唤证上填写传唤结束时间。犯罪嫌疑人拒绝填写的，侦查人员应当在传唤证上注明。

（三）适用条件

在办理刑事案件过程中使用传唤证，应当符合以下条件：

1. 传唤的对象是犯罪嫌疑人。传唤证适用于对犯罪嫌疑人进行讯问。对犯罪嫌疑人以外的案件当事人不能使用该文书，如需要到证人、被害人所在单位、住处或者证人、被害人提出的地点或者公安机关询问证人、被害人，则应当使用询问通知书。

2. 犯罪嫌疑人不需要拘留、逮捕。根据《刑事诉讼法》的有关规定，对于具有法定情形的现行犯或者重大嫌疑分子，可以先行拘留；对有证据证明有犯罪事实，可能判处徒刑以上刑罚的犯罪嫌疑人、被告人，采取取保候审、监视居住尚不足以防止发生社会危险性，而有逮捕必要的，可以予以逮捕。因此，拘留、逮捕均适用于社会危险性较大，有可能妨害刑事诉讼顺利进行的犯罪嫌疑人，而传唤则适用于不需要拘留、逮捕的犯罪嫌疑人，即犯罪嫌疑人的社会危害性较小，不采取拘留、逮捕措施，不至于发生社会危险性。

3. 传唤犯罪嫌疑人接受讯问。使用传唤证的目的是通知犯罪嫌疑人接受公安机关的讯问，如果不是讯问犯罪嫌疑人，而是进行其他侦查活动，则不能使用传唤证，而应当使用相应的法律文书，如需要对犯罪嫌疑人或有关物品、场所进行搜查，则需要使用搜查证。

（四）内容及制作要求

传唤证属于多联式填充型文书，由正本、副本和存根三联组成。

1. 正本。本联是公安机关通知犯罪嫌疑人接受讯问的依据和凭证，交给被传唤人，分为首部、正文和尾部三部分。

（1）首部。首部由制作机关名称、文书名称（已印制好）和字号组成。

（2）正文。依次填写犯罪嫌疑人涉嫌的罪名、犯罪嫌疑人的基本情况（姓名、性别、出生日期、住址）、指定接受讯问的时间和地点。传唤时间以小时计算，要求精确到时。

根据《刑事诉讼法》第119条第1款的规定，讯问地点包括：一是犯罪嫌疑人所在市、县内的指定地点。所谓指定地点，一般是指公安机关的办案地点，但由于办案需要，也可以是公安机关指定的其他地方。二是犯罪嫌疑人的住处。

（3）尾部。填写清楚成文时间，写明单位名称，并加盖制作文书的公安机关印章。

2. 副本。本联作为公安机关取证活动的凭证，用于附卷，其主体内容及制作要求与正本基本一样，不同之处在于副本还要求被传唤人在尾部填写收到传唤证的时间、传唤到达时间和传唤结束时间，同时签名、捺指印。

3. 存根。本联作为公安机关取证活动的凭证，用于公安机关留存备查。存根内应当按照顺序填写好所列内容，其中，传唤原因可填写"涉嫌××罪接受讯问"；指定时间、地点填写文书正文中确定的时间和地点。

（五）使用要求

1. 传唤证制作完毕后，侦查人员应当将文书的正本送达犯罪嫌疑人。送达时，侦查人员应当出示传唤证和侦查人员的工作证件，并告知其应当按照指定的时间和地点接受讯问，没有正当理由不到案的，公安机关可以对其进行拘传。在犯罪嫌疑人接受文书后，侦查人员应当让其在文书副本的签注部分填写文书收到时间，并签名、捺指印。

2. 犯罪嫌疑人到案后，侦查人员应当让其在传唤证副本的签注部分填写到达时间并签名、捺指印；讯问结束时，侦查人员应当让其在传唤证副本的签注部分填写传唤结束时间并签名、捺指印。

3. 犯罪嫌疑人拒绝接受传唤证或者拒绝填写传唤到达时间及传唤结束时间的，侦查人员应当在传唤证副本的签注部分注明。

4. 传唤证一次有效。每次传唤的时间一般为12小时，案情特别重大、复杂，需要采取拘留、逮捕措施的，经办案部门负责人批准，传唤持续的时间不得超过 24 小时。如果需要再次传唤犯罪嫌疑人的，应当制作新的传唤证。不得以连续传唤的形式变相拘禁犯罪嫌疑人。

5. 需要对犯罪嫌疑人变更强制措施的，应当在传唤期间内作出批准或者不批准的决定。对于不批准的，应当立即结束传唤。

6. 侦查终结时，传唤证副本应当存入诉讼卷。

（六）范例

＊＊＊公安局

传唤证

×公（刑）传唤字〔20××〕16号

根据《中华人民共和国刑事诉讼法》第一百一十九条之规定，兹传唤涉嫌诈骗罪的犯罪嫌疑人未××（性别 男，出生日期 19××年5月10日，住址 ××市××区××路××号）于 20××年2月10日9时 到××市××区公安分局刑侦大队接受讯问。无正当理由拒不接受传唤的，可以依法拘传。

公安局（印）

二○××年二月九日

此联交被传唤人

＊＊＊公安局

传唤证（副本）

×公（刑）传唤字〔20××〕16号

根据《中华人民共和国刑事诉讼法》第一百一十九条之规定，兹传唤涉嫌诈骗罪的犯罪嫌疑人未××（性别 男，出生日期 19××年5月10日，住址 ××市××区××路××号）于 20××年2月10日9时 到××市××区公安分局刑侦大队接受讯问。无正当理由拒不接受传唤的，可以依法拘传。

公安局（印）

二○××年二月九日

本证已于 20××年2月9日 收到。

被传唤人：未××（捺指印）

被传唤人到达送达时间 20××年2月10日9时。

被传唤人：未××（捺指印）

传唤结束时间 20××年2月10日16时。

被传唤人：未××（捺指印）

此联附卷

＊＊＊公安局

传唤证（存根）

×公（刑）传唤字〔20××〕16号

案件名称 未××涉嫌诈骗罪

案件编号 ×××××××

犯罪嫌疑人 未×× 男/女

出生日期 19××年5月10日

住　址 ××市××区××路××号

单位职业 无

传唤原因 涉嫌诈骗罪接受讯问

指定时间 20××年2月10日9时

指定地点 ××市××区公安分局刑侦大队

批准人 张××

批准时间 20××年2月9日

办案人 列××、黄××

办案单位 ××市××区公安分局刑侦大队

填发时间 20××年2月9日

填发人 谁××

226

四十三、提讯提解证

（一）概念

提讯提解证是办案部门为提讯、提解在押的犯罪嫌疑人、被告人使用的证明性文书。最高人民法院、最高人民检察院、公安部《关于羁押犯罪嫌疑人、被告人实行换押和羁押期限变更通知制度的通知》对本文书作了修订。严格执行有关提讯、提解的相关规定，认真制作提讯提解证，对于保障犯罪嫌疑人、被告人的权利，防止超期羁押，维护公安机关监管场所正常的管理秩序具有十分重要的作用。

（二）法律依据

《看守所条例》第 19 条、第 20 条规定，公安机关、国家安全机关、人民检察院、人民法院提讯犯罪嫌疑人、被告人时，必须持有提讯证或者提票。提讯人员不得少于 2 人。不符合上述规定的，看守所应当拒绝提讯。提讯人员讯问犯罪嫌疑人、被告人完毕，应当立即将犯罪嫌疑人、被告人交给值班看守人员收押，并收回提讯证或者提票。

《看守所条例实施办法（试行）》第 23 条第 2 款规定，因侦查工作需要，提犯罪嫌疑人、被告人出所辨认罪犯、罪证或者起赃的，必须持有县级以上公安机关、国家安全机关或者人民检察院领导的批示，凭加盖看守所公章的提讯证或者提票，由 2 名以上办案人员提解。

（三）适用条件

使用提讯提解证应当符合以下条件：

1. 适用的对象是在押的犯罪嫌疑人、被告人。如果对没有被羁押的犯罪嫌疑人、被告人进行讯问，则可以采用传唤、传讯或者拘传的形式进行，不必制作提讯提解证。

2. 对被羁押的犯罪嫌疑人、被告人提审讯问或者押解出所进行辨认、起赃等。

（四）内容及制作要求

提讯提解证是单页填表型文书。办案机关办理送押或者换押手续时，将此证交由看守所填写并加盖提讯专用章。本文书分为首部、基本情况、羁押期限变更情况及提讯提解情况。

1. 首部。本文书名称为印制好的"×××公安局（检察院、法院）提讯提解证"，其左侧应当由看守所加盖提讯专用章，其右侧由办案机关加盖印章，左上侧的"编号"由办案单位统一编号填写。发证日期栏填写制发此证的时间。

2. 基本情况部分。根据案件信息依次填写犯罪嫌疑人、被告人姓名、性别、出生日期，由看守所根据拘留证或者逮捕证等文书上注明的执行拘留、逮捕的时间，填写法定羁押起止时间。

3. 羁押期限变更情况部分。依法变更法定羁押期限的，由看守所根据办案单位提交的法律文书，填写变更原因和新的法定羁押起止时间并签名。变更羁押期限相应的法律文书由看守所存档。

4. 提讯、提解情况部分分为提讯、提解情况和收监、回所情况两部分。侦查人员应当填写清楚提讯、提解时间和事由，并签名。其中，"事由"应当根据具体情况填写在"备注"栏内，如在看守所内提审讯问填写"讯问"，如因侦查需要提解犯罪嫌疑人、被告人出所辨认罪犯、罪证或者起赃的，应当填写"出所辨认"或者"出所起赃"，提审讯问结束或者收监、回所时，看守所应当如实填写收监、回所时间（精确到分）并签名。

应当说明的是，为了加强监督制约，防止发生意外情况和安全事故，因侦查犯罪需要提解犯罪嫌疑人、被告人出所辨认或者起赃的，应当报经县级以上公安机关负责人批准，但在犯罪嫌疑人、被告人出所及回所时应当进行体表检查，并填写入所健康检查表。

（五）使用要求

提讯提解证是可多次使用的文书。因此，提讯提解证的提讯、提解情况部分留有多次使用的空格。侦查人员每次提讯、提解犯罪嫌疑人、被告人时必须填写。不填写提讯提解证、不携带提讯提解证以及超过法定羁押期限的，看守所应当拒绝提讯、提解。侦查终结时，提讯提解证应当存入证据材料卷。

（六）范例

编号：8

×××公安局

提 讯 提 解 证

看守所提讯专用章   办案机关印

发证日期 2014 年 8 月 7 日

犯罪嫌疑人、 被告人姓名	米××	性别	男	出生 日期	1976 年 11 月 21 日
法定羁押 起止时间	自 2014 年 8 月 7 日至 2014 年 8 月 10 日					
羁押期限 变更情况	变更原因	延长刑事拘留期限至 30 日				
	新的起止时间	自 2014 年 8 月 10 日至 2014 年 9 月 6 日 　　　　　　　　　　　填写人：刘××				
	变更原因	审查批准逮捕				
	新的起止时间	自 2014 年 9 月 6 日至 2014 年 9 月 13 日 　　　　　　　　　　　填写人：刘××				
	变更原因	逮捕				
	新的起止时间	自 2014 年 9 月 13 日至 2014 年 11 月 13 日 　　　　　　　　　　　填写人：刘××				
	变更原因					
	新的起止时间	自　　年　　月　　日至　　年　　月　　日 　　　　　　　　　　　填写人：				

注：1. 办案机关办理送押或者换押手续时，将此证交由看守所填写并加盖提讯专用章；2. 对超过《提讯提解证》上注明的法定羁押起止时间提讯、提解的，看守所应当拒绝；3. 属于提解出所情形的，须在"备注"中注明；4. 办案机关未改变的，提讯、提解记录栏目可复印使用。

提讯、提解时间	提讯、提解人员	收监或回所时间	看守所值班民警签名	备注
2014 年 8 月 8 日 9 时 55 分	刘 ×× / 李 ××	2014 年 8 月 8 日 11 时 30 分	陈 ××	讯问
2014 年 8 月 9 日 8 时 50 分	刘 ×× / 李 ××	2014 年 8 月 9 日 11 时 05 分	王 ××	出所起赃
2014 年 9 月 7 日 9 时 30 分	张 ×× / 杨 ××	2014 年 9 月 7 日 11 时 20 分	韩 ××	讯问
2014 年 9 月 14 日 10 时 20 分	刘 ×× / 李 ××	2014 年 9 月 14 日 12 时 10 分	黄 ××	出所指认现场
年　月　日　时　分		年　月　日　时　分		
年　月　日　时　分		年　月　日　时　分		
年　月　日　时　分		年　月　日　时　分		
年　月　日　时　分		年　月　日　时　分		
年　月　日　时　分		年　月　日　时　分		

231

四十四、询问/讯问笔录

（一）概念

询问/讯问笔录可刑事、行政案件通用，通过划选项实际可分为讯问笔录、询问笔录两类。在刑事案件中，讯问笔录适用于犯罪嫌疑人，询问笔录适用于被害人、证人。

讯问笔录是公安机关侦查人员在办理刑事案件过程中，依法对犯罪嫌疑人进行讯问时，记载讯问情况的文字记录。讯问笔录记录了犯罪嫌疑人对犯罪行为的供述和辩解，反映了讯问的全过程，为侦查人员分析案情、制订审讯策略、开展相关侦查取证活动提供直接的依据。经过查证核实的讯问笔录，可以被采纳为证据，用于对案件的定性处理。

询问笔录则是公安机关侦查人员在办理刑事案件过程中，依法向案件中的证人和被害人调查了解案件有关情况时制作的文字记录。询问笔录记录了证人和被害人所反映的案件有关情况，是公安机关在办理刑事案件过程中制作的调查取证的重要法律文书，对侦查人员分析案情、制订侦破方案、获取犯罪证据具有重要作用。经过法庭质证被采纳的询问笔录，可以作为定案的依据。

（二）法律依据

《刑事诉讼法》第 120 条第 1 款规定，侦查人员在讯问犯罪嫌疑人的时候，应当首先讯问犯罪嫌疑人是否有犯罪行为，让他陈述有罪的情节或者无罪的辩解，然后向他提出问题。犯罪嫌疑人对侦查人员的提问，应当如实回答。但是对与本案无关的问题，有拒绝回答的权利。第 122 条规定，讯问笔录应当交犯罪嫌疑人核对，对于没有阅读能力的，应当向他宣读。如果记载有遗漏或者差错，犯罪嫌疑人可以提出补充或者改正。犯罪嫌疑人承认笔录没有错误后，应当签名或者盖章。侦查人员也应当在笔录上签名。犯罪嫌疑人请求自行书写供述的，应当准许。必要的时候，侦查人员也可以要犯罪嫌疑人亲笔书写供词。第 126 条规定，本法第 122 条的规定，也适用于询问证人。第 127 条规定，询问被害人，适用上述规定。

（三）适用条件

询问/讯问笔录供公安机关侦查人员开展询问、讯问工作时使用。在办理刑事案件过程中，可能需要进行多次询问或讯问，每次都应当制作询问/讯问笔录。

（四）内容及制作要求

询问/讯问笔录属叙述型文书，由首部、正文和尾部组成。

1. 首部。首部包括文书名称（已印制好），询问/讯问的时间、地点，询问/讯问人、记录人的基本情况，被询问/讯问人的基本情况。每次询问/讯问都要认真逐项填写各项内容。

根据《刑事诉讼法》的修改，本文书增加了口头传唤、被扭送、自动投案人员到案及结束时间的选填项，在印制法律文书时，此栏也可以选择不预先印制，相关内容手工填写。

文书名称右上方的"第____次"要填写询问/讯问的次数；询问/讯问的时间要精确到某时某分，询问/讯问人、记录人的基本情况包括姓名和工作单位。被询问/讯问人的基本情况包括姓名、性别、年龄、出生日期、身份证件种类及号码、现住址、联系方式、户籍所在地等。到达时间应填写犯罪嫌疑人到达办案场所的时间，而不是讯问开始的时候，离开时间应填写犯罪嫌疑人离开办案场所或变更强制措施的时间，而不是讯问结束的时间。

2. 正文。这是询问/讯问笔录的关键部分，记载询问/讯问所了解的全部情况。其内容按以下顺序记载：

A：询问笔录

（1）表明身份。根据《刑事诉讼法》的有关规定，侦查人员在对有关证人、被害人进行询问时，应当首先出示公安机关的证明文件，或者侦查人员的工作证件，并在笔录上予以记录。

（2）告知被询问人有关作证义务的要求。根据《刑事诉讼法》第 62 条第 1 款的规定，凡是知道案件情况的人，都有作证的义务。公安机关有权向有关单位和个人收集、调取证据。有关单位和个人应当如实提供。侦查人员在询问时，应当告知证人、被害人应当如实提供证言，如果有意作伪证或者隐匿罪证的要负法律责任。在第一次询问时，侦查人员还应当将证人诉讼权利义务告知书送交证人，将被害人诉讼权利义务告知书送交被害人。

（3）证人、被害人了解的案件有关情况。对证人、被害人提供的案件有关情况，包括案件涉及的人物、时间、地点、经过、结果等都应当详细记录。要问清上述情况的来源，如现场目击、当场听到、听别人说等，同时还要问清当时的环境、是否还有其他人在场或者了解情况等。如果证人、被害人对当时的情况忘记、记忆不深或者不是很肯定的，都应当记录清楚，以便侦查人员综合判断。

3. 尾部。笔录制作结束后，应当交被询问/讯问人核对；对于没有阅读能力的，要向其宣读。如记载有差错或者遗漏，应当允许其更正或者补充，并在更正或者补充的文字上捺指印。被询问/讯问人看完或者听完笔录后，应当要求其在笔录的末尾写明对笔录的意见，即与"以上笔录我看过（或者'向我宣读过'），和我说的相符"意思相同的语句，并签名、捺指印。同时在笔录除最后一页以外的每页末尾右下角签名、捺指印。拒绝签名、捺指印的，应当在笔录尾部注明。笔录制作完成后，侦查人员应计算好笔录的总页数和次序，并在尾部予以注明。

B：讯问笔录

（1）告知犯罪嫌疑人诉讼权利义务。根据《刑事诉讼法》的相关规定，在对犯罪嫌疑人第一次讯问或采取强制措施的时候要告知犯罪嫌疑人诉讼权利义务。例如，进行第一次讯问时，首先应将犯罪嫌疑人诉讼权利义务告知书送交犯罪嫌疑人，如果犯罪嫌疑人没有阅读能力，侦查人员要向犯罪嫌疑人宣读（有关要求详见"四十五、犯罪嫌疑人诉讼权利义务告知书"）。然后，侦查人员要问犯罪嫌疑人是否看清或者听清告知书的内容，以及有何要求，即犯罪嫌疑人是否需要聘请律师、是否申请有关人员回避等。对于犯罪嫌疑人有具体要求的，一定要如实记录。

（2）对犯罪嫌疑人第一次进行讯问时要求比较严格，应当详细记明犯罪嫌疑人的姓名、别名、曾用名、绰号、性别、年龄、民族、出生年月日、出生地点、身份证件种类及号码、籍贯、户籍所在地、现住址、文化程度、职业和工作单位、政治面貌、身体健康状况、联系方式等）、家庭情况、社会经历、是否受过刑事或行政等处罚、是否人大代表或政协委员等。在以后的讯问中，上述情况一般不必再记录。但是如果对犯罪嫌疑人的基本情况有疑问，需要进一步核实的，可有针对性地进行讯问和记载。

（3）与案件事实有关的内容。第一次讯问时，首先要讯问犯罪嫌疑人是否有犯罪行为，让他陈述有罪的情节或者无罪的辩解，然后再向其提出问题。根据讯问情况，清楚准确地记载犯罪事实、动机、目的、手段，与犯罪有关的时间、地点，涉及的人、事、物等。如犯罪嫌疑人进行无罪辩解，要准确、完整地记录其陈述的理由和有关证据。在第二次以及以后的讯问中，主要根据以前对犯罪嫌疑人的讯问及案件侦查情况，有针对性地对案件有关情况作进一步讯问。讯问的情况可以是案件的全面情况，也可以是案件情况的某一个情节。

（4）根据《公安机关办理刑事案件程序规定》第201条的规定，传唤、拘传、讯问犯罪嫌疑人，应当保证犯罪嫌疑人的饮食和必要的休息时间，并记录在案。因此，讯问笔录中对安排其饮食和必要休息时间的情况应有所体现。

（五）制作询问/讯问笔录应当注意的问题

1. 根据《刑事诉讼法》第118条第1款的规定，讯问犯罪嫌疑人必须由人民检察院或者公安机关的侦查人员负责进行。讯问的时候，侦查人员不得少于2人。因此，侦查人员与记录人员不应由一人同时担任。书写询问/讯问笔录，应当使用能够长期保持字迹的材料。

2. 讯问前，侦查人员应当了解案件情况和证据材料，制订讯问计划，列出讯问提纲。讯问未成年人应当针对未成年人的身心特点，采取不同于成年人的讯问方式。记录人员要在讯问前熟悉、了解犯罪嫌疑人的基本情况以及案件的有关情况，以保证笔录质量，减少记录错误。

3. 讯问聋、哑犯罪嫌疑人，应当有通晓聋、哑手势的人参加，并在讯问笔录上注明犯罪嫌疑人的聋、哑情况，以及翻译人员的姓名、工作单位和职业。讯问不通晓当地语言文字的犯罪嫌疑人，应当配备翻译人员。

4. 为了保证记录的速度，对侦查人员提问和犯罪嫌疑人回答，一律用"问"和"答"表示，而不能用其他符号代替。侦查人员、翻译人员应当在笔录上签名。

5. 笔录内容要全面、准确。讯问笔录应当全面地反映讯问的情况，不能任意删改和遗漏。既要记载犯罪嫌疑人有罪的供述，也要记载其无罪的辩解；既要记载犯罪嫌疑人坦白检举的情况，也要记载其在讯问中的其他情况，包括神态、表情、动作等，如低头、哭泣、摇头、叹气、抓头发、顿足、捶胸等。同时，对于有关案情的内容，应尽可能记载犯罪嫌疑人的原话，不能任意改变原意。特别是犯罪嫌疑人的姓名，一定要问清、记准究竟是哪几个字。

6. 在讯问中，需要运用证据证实犯罪嫌疑人的罪行时，应当防止泄露侦查工作秘密。

7. 讯问犯罪嫌疑人时，应当严格依照《刑事诉讼法》和《公安机关办理刑事案件程序规定》的要求进行，严禁刑讯逼供或者使用威胁、引诱、欺骗以及其他非法方法获取供述。

8. 询问证人、被害人在法律程序上的要求与讯问犯罪嫌疑人基本一致。

（六）使用要求

1. 询问/讯问笔录是证明案件事实的重要证据之一，在侦查终结时，应当存入诉讼卷。

2. 在询问/讯问时，可以根据需要对问话过程进行录音、录像。

3. 被询问/讯问人请求自行书写的，应当准许；必要时，侦查人员也可以要求被询问/讯问人亲笔书写。被询问/讯问人应当在亲笔供词或者证词上逐页签名、捺指印。侦查人员收到后，应当在首页右上方写明"于某年某月某日收到"，并签名。

4. 根据《刑事诉讼法》第124条第2款的规定，询问证人应当个别进行。因此，在询问证人或者被害人时，应当讲究方式方法，不得对2名以上的证人、被害人一起进行询问，防止互相影响。在询问过程中，侦查人员也不得向证人、被害人泄露案情或者表示对案件的看法，以确保证言客观真实。

（七）范例

范例一：

询问/讯问笔录

时间 20×× 年 4 月 5 日 10 时 30 分至 20×× 年 4 月 5 日 12 时 10 分

地点　×× 市 ×× 公司

询问/讯问人（签名）　赵×× 、 王×× 工作单位　×× 市公安局刑警支队

记录人（签名）　王×× 工作单位　×× 市公安局刑警支队

被询问/讯问人 彭×× 性别 男 年龄×× 出生日期 19×× 年×× 月×× 日

身份证件种类及号码 身份证,×××××××××××××× 是☐否☑人大代表

现住址 ×× 省×× 市×× 区×× 小区×× 栋×× 房 联系方式 ××××××××

户籍所在地　×× 省×× 市×× 区×× 小区×× 栋×× 房

(口头传唤/被扭送/自动投案的被询问/讯问人于 — 月 — 日 — 时 — 分到达, — 月 — 日 — 时 — 分离开, 本人签名: —— 。)

问：我们是 ×× 市公安局的民警，现在有几个问题想找你了解核实。根据《刑事诉讼法》的有关规定，你应当如实提供证据、证言，如果有意作伪证或者隐匿罪证，要负法律责任。你明白吗？

答：我明白。

问：现交给你一份证人诉讼权利义务告知书，请你阅读。

答：（阅读 4 分钟左右）我清楚了。

问：你的基本情况？

答：我叫彭××，男，19×× 年×× 月×× 日出生，汉族，大学文化，身份证号码××××××××××××××××，现任×× 公司财务

部副经理，住××省××市××区××小区××栋××房，联系电话 ×××××××××。

问：4月3日上午你在公司吗？

答：我在公司。

问：4月3日上午经理室发生的事你看到了吗？

答：我看到了一些。

问：你看到了什么？

答：4月3日上午9点30分左右，我拿着本月的报表去财务科。当我路过经理室时，听到里面有人在争吵，又听到一阵乱响。我刚要走过经理室，忽然经理室的门开了，从里面冲出一个男的，手里拿了一把刀，刀上还带着血。这人顺着走廊跑了出去。这时，附近几个办公室的同事都出来了，进了经理室，我也跟着进了经理室，看到张经理手捂着腹部躺在地上。公司的同事就报了警。

问：那个男的长什么样？

答：他从经理室出来的时候很快，然后就跑出去了，正面没有看到。从背后看，大约身高有一米七五，身材较瘦，留平头，上身穿灰色短袖衬衣，下身穿蓝色长裤，脚穿一双黑皮鞋。

问：还有什么特征？

答：他跑得太快，别的没有看清。

问：你以前见过这个人吗？

答：没见过。

问：你听见经理室内在争吵什么吗？

答：没有听清。

问：那个男的从经理室冲出来时，走廊里除了你以外，还有谁？

答：我看到当时在走廊距我十几米远的地方有孙××、高××，其他的人没看见。

问：你还有什么要补充的吗？

答：没有了

问：好的，你以后想到了什么与案件有关的情况，也可以和我们联系，这是我的联系电话（递交警民联系卡）。你以上所说是否属实？

答：属实。

　　以上笔录我看过，和我说的相符。

彭××（捺指印）

范例二：

询问/讯问笔录

时间 20×× 年 1 月 10 日 10 时 05 分至 20×× 年 1 月 10 日 15 时 20 分

地点 ××市××区××派出所

询问/讯问人（签名） 张×× 、 郭× 工作单位 ××派出所

记录人（签名） 谢×× 工作单位 ××派出所

被询问/讯问人 骆×× 性别 男 年龄 ×× 出生日期 19××年4月24日

身份证件种类及号码 身份证，×××××××××××××××× 是□否☑人大代表

现住址 ××省××市××区××小区××栋××房 联系方式 ×××××××

户籍所在地 ××省××市××县××乡××村

（口头传唤／被扭送／自动投案的被询问/讯问人于 — 月 — 日 — 时 — 分到

达， — 月 — 日 — 时 — 分离开，本人签名： —— 。）

问：我们是××市公安局××派出所的民警，现依法对你进行讯

问，根据《中华人民共和国刑事诉讼法》的规定，对我们的提问

你应当如实回答，对与本案无关的问题，你有拒绝回答的权利。

听清楚没有？

答：听清楚了。

问：因你涉嫌抢劫，依法对你进行讯问。现将犯罪嫌疑人诉讼权

利义务告知书交给你，如果你阅读有困难，我们可以向你宣读，

你听清楚了吗？

答：听清楚了，我自己看犯罪嫌疑人诉讼权利义务告知书。（约5分钟）

问：法律规定如实供述自己的罪行可以从轻或者减轻处罚。我们有充分的证据证明你有违法犯罪行为，你自己好好想清楚。

答：好的。

问：根据《刑事诉讼法》的有关规定，你有权委托律师为你提供法律帮助，你是否要聘请律师？

答：你们通知我哥哥，让他帮请律师，他的电话是×××××××。

问：你的姓名、别名，有没有化名、绰号？

答：我叫骆××，没有用过别的名字，我的朋友叫我"大头"。

问：你的基本情况？

答：男，19××年4月24日出生，××省××市人，出生地××省××市，身份证号码××××××××××××××××××，汉族，高中文化，无业，户籍所在地××省××市××县××乡××村，户口属××派出所管辖，现住××省××市××区××小区××栋××房，政治面貌：群众。我身体不太好，有乙肝小三阳，左手小指先天残疾。我用的手机号码是×××××××××××。

问：你的社会经历？

答：19××年至19××年在××市××学校上小学、初中，19××年至19××年在××市××中学上高中。高中毕业后至今无业。

问：你的家庭情况？

答：父亲：骆××，55岁，××市××县××乡××村农民，政治面貌：群众；

母亲：刘××，53 岁，××市××县××乡××村农民，政治面

貌：群众；

哥哥：骆××，27 岁，××市××公司职员，政治面貌：群众。

问：你以前是否受过刑事处罚或者行政处理？

答：没有。

问：你是否人大代表、政协委员？

答：不是。

问：你是因何事被抓获的？

答：你们说我涉嫌抢劫。

问：你是否有抢劫行为？

答：没有，你们搞错了。

问：你身上带把刀干什么？（出示从其身上查获的三棱刮刀）

答：防身用的。

问：警察在现场搜捕犯罪嫌疑人的时候，你为什么要逃跑？

答：我没见过世面，看见警察心里一慌就跑了。

问：从你身上还搜出了一个 HTC 手机，这是你的吗？

答：（沉默约 2 分钟）我在路上捡到的。

问：骆××，请你如实回答。已有充分证据证明这台手机是一个

被抢妇女的，刚才已经到我们派出所报案了，你怎么解释？

答：（沉默不语，头上、脸上开始冒汗）

问：你不要自作聪明，当时那名妇女被抢的路段有视频监控系

统，你的样子我们看得清清楚楚。而且你逃跑的时候，我们好几

个警察追着你呢。我给你最后一次解释的机会，你要对你说的话

负责，不要把自己的路给堵死了。

答：（沉默5分钟）我说、我说。我因为没钱花，今天早上8点钟左右就带了把刀出来，想找个女的抢点东西。在××路一直等到差不多9点钟左右，看见一个女的边走边打电话，我就从她身后跑过去抢手机，那女的大喊"抢劫了、抢劫了"，扯着手机不放，我在她脑袋上猛打了两拳，那女的松手倒在地上。我抢到手机赶紧就跑，就听见后面有人边喊边追过来。我跑了几百米，有几个人追了上来，把我按在地上，说他们是警察，还把我身上的刀和抢来的手机都搜走了。

问：你在什么位置抢的东西？

答：在××路靠近××公交站的位置。

问：你的身高、体重，当时穿什么衣服？

答：我身高1.65米，重110斤左右。当时上身穿着一件灰色T恤，下身穿一条蓝色牛仔裤，脚穿一双黑色球鞋。

问：你抢的那个妇女有什么特征？

答：她大概30多岁，短头发，身高1.6米左右，有点胖，穿红色的连衣裙。

问：你抢了什么东西？

答：是一个黑色手机，什么特征没注意，当时光顾着跑。

问：你还有什么问题没有交代？

答：没有了，我是第一次出来抢东西就被你们抓住了。

问：根据我们掌握的情况，你还有问题没有交代。

答：真的没有了。

问：中午你吃过饭了吗？

答：你们给我拿来了个盒饭，我已经吃过了。

问：你以上所说是否属实？

答：全部属实。

　　以上笔录我看过，和我说的相符。

骆××（捺指印）

四十五、犯罪嫌疑人诉讼权利义务告知书

（一）概念

犯罪嫌疑人诉讼权利义务告知书是公安机关办理刑事案件过程中，在对犯罪嫌疑人采取强制措施之日或者对其第一次讯问时，将《刑事诉讼法》规定的犯罪嫌疑人在侦查阶段所享有的权利和应当承担的义务告知犯罪嫌疑人的文书。

为了保障犯罪嫌疑人的合法权益，保证刑事诉讼顺利进行，《刑事诉讼法》的有关条款规定了犯罪嫌疑人在侦查阶段所享有的权利和应当承担的义务。但在实践中有许多犯罪嫌疑人对自己在侦查过程中所应当享有的权利和承担的义务并不了解，因此，为了确保《刑事诉讼法》的相关规定得以贯彻实施，有效防止错案的发生，制定了犯罪嫌疑人诉讼权利义务告知书。

（二）适用条件

1. 适用的对象是犯罪嫌疑人。犯罪嫌疑人无论是否在押，均应当将有关权利义务予以告知，犯罪嫌疑人诉讼权利义务告知书应当交犯罪嫌疑人。

2. 应当在第一次讯问时或者采取强制措施之日送达本文书。《刑事诉讼法》规定了犯罪嫌疑人在侦查阶段所享有的权利和应承担的义务，但多数没有规定具体的告知时间。由于《刑事诉讼法》规定的犯罪嫌疑人的权利义务贯穿于整个侦查活动，因此，应当尽早让犯罪嫌疑人了解其所享有的权利和应承担的义务。为了有效保障犯罪嫌疑人的合法权益，保证案件准确、及时办理，参照《刑事诉讼法》关于告知犯罪嫌疑人聘请律师时间的规定，侦查人员应当在以下两种情况出现后将权利义务告知犯罪嫌疑人：一是对犯罪嫌疑人第一次讯问时；二是对犯罪嫌疑人采取强制措施之日。

（三）内容及制作要求

犯罪嫌疑人诉讼权利义务告知书列举了《刑事诉讼法》规定

的犯罪嫌疑人在侦查阶段所享有的权利和应承担的义务（已印制好）。根据《刑事诉讼法》和《公安机关办理刑事案件程序规定》的规定，犯罪嫌疑人享有的权利主要包括：（1）不通晓当地通用的语言文字时有权要求配备翻译人员，有权用本民族语言文字进行诉讼（《刑事诉讼法》第9条）；（2）对于公安机关及其侦查人员侵犯其诉讼权利和人身侮辱的行为，有提出控告的权利（《刑事诉讼法》第14条）；（3）对侦查人员、鉴定人、记录人、翻译人员申请回避的权利（《刑事诉讼法》第29、32条）；（4）聘请律师、申请法律援助和约见值班律师的权利（《刑事诉讼法》第34、35、36条）；（5）传唤、拘传、讯问犯罪嫌疑人，应当保证犯罪嫌疑人的饮食和必要的休息时间（《刑事诉讼法》第119条和《公安机关办理刑事案件程序规定》第201条）；（6）对于公安机关采取强制措施超过法定期限的，有要求解除的权利（《刑事诉讼法》第99条）；（7）接受讯问时为自己辩解，拒绝回答与案件无关的问题，如实供述自己罪行可以从宽处理的权利（《刑事诉讼法》第120条）；（8）自愿认罪认罚，获得从宽处理的权利（《刑事诉讼法》第120条）；（9）核对讯问笔录的权利（《刑事诉讼法》第122条）；（10）未成年犯罪嫌疑人要求通知其法定代理人到场的权利（《刑事诉讼法》第281条）；（11）聋、哑犯罪嫌疑人要求通晓聋、哑手势的人参加讯问的权利（《刑事诉讼法》第121条）；（12）有权知道用作证据的鉴定意见的内容，可以申请补充鉴定或重新鉴定（《刑事诉讼法》第148条）；（13）知悉案件移送审查起诉情况（《刑事诉讼法》第46条）。犯罪嫌疑人应当承担的义务主要包括：（1）如实回答侦查人员的提问（《刑事诉讼法》第120条）；（2）依法接受拘传、取保候审、监视居住、拘留、逮捕等强制措施和人身检查、搜查、扣押、鉴定等侦查措施（《刑事诉讼法》第一编第六章、第二编第二章的有关规定）；（3）公安机关送达的各种法律文书经确认无误后，应当签名、捺指印（《刑事诉讼法》第122条和《公安机关办理刑事案件程序规定》第八章"侦查"的有关规定）。

（四）使用要求

1. 公安机关侦查人员应当在对犯罪嫌疑人第一次讯问时或者采取强制措施之日告知犯罪嫌疑人诉讼权利义务。在使用犯罪嫌疑人诉讼权利义务告知书时应当注意，对于某个具体案件，侦查人员究竟是在对犯罪嫌疑人第一次讯问时还是在采取强制措施之日履行告知程序，应当根据两者的先后顺序决定，一般情况下，哪种情形在前，就在出现该情形时告知犯罪嫌疑人权利义务。

2. 在对犯罪嫌疑人第一次进行讯问时，侦查人员将犯罪嫌疑人诉讼权利义务告知书交给犯罪嫌疑人，经讯问犯罪嫌疑人听清其内容后，应当在讯问笔录上记明。

3. 在对犯罪嫌疑人采取强制措施时告知犯罪嫌疑人权利义务的，侦查人员在将犯罪嫌疑人诉讼权利义务告知书交给犯罪嫌疑人后，应当让其在有关强制措施文书的附卷联签注部分签收，对于拒绝签收的，侦查人员应当予以说明。同时要求犯罪嫌疑人在犯罪嫌疑人诉讼权利义务告知书空白处签名，并复印一份附卷，表明已告知其权利义务。

（五）范例

犯罪嫌疑人诉讼权利义务告知书

根据《中华人民共和国刑事诉讼法》的规定，在公安机关对案件进行侦查期间，犯罪嫌疑人有如下诉讼权利和义务：

1. 不通晓当地通用的语言文字时有权要求配备翻译人员，有权用本民族语言文字进行诉讼。

2. 对于公安机关及其侦查人员侵犯其诉讼权利和人身侮辱的行为，有权提出申诉或者控告。

3. 对于侦查人员、鉴定人、记录人、翻译人员有下列情形之一的，有权申请他们回避：（一）是本案的当事人或者是当事人的近亲属的；（二）本人或者他的近亲属和本案有利害关系的；（三）担任过本案的证人、鉴定人、辩护人、诉讼代理人的；（四）与本案当事人有其他关系，可能影响公正处理案件的。对于驳回申请回避的决定，可以申请复议一次。

4. 自接受第一次讯问或者被采取强制措施之日起，有权委托律师作为辩护人。如在押或者被监视居住，公安机关应当及时转达其委托辩护人的要求；也可以由其监护人、近亲属代为委托辩护人；依法同辩护律师会见和通信。因经济困难或者其他原因没有委托辩护人的，本人及其近亲属可以向法律援助机构提出申请。对于未成年人、盲、聋、哑人，尚未完全丧失辨认或者控制自己行为能力的精神病人，以及可能判处无期徒刑、死刑的犯罪嫌疑人，没有委托辩护人的，有权要求公安机关通知法律援助机构指派律师提供辩护。

犯罪嫌疑人没有委托辩护人，法律援助机构也没有指派律师提供辩护的，有权约见值班律师，获得法律咨询、程序选择建议、申请变更强制措施、对案件处理提出意见等法律帮助。

5. 在接受传唤、拘传、讯问时，有权要求饮食和必要的休息时间。

6. 本人及其法定代理人、近亲属或者辩护人有权申请变更强制措施；对于采取强制措施届满的，有权要求解除强制措施。

7. 对于侦查人员的提问，应当如实回答。但是对与本案无关的问题，有拒绝回答的权利。在接受讯问时有权为自己辩解。如实供述自己罪行的，可以从轻处罚；因如实供述自己罪行，避免特别严重后果发生的，可以减轻处罚。

8. 犯罪嫌疑人自愿如实供述自己的罪行，承认指控的犯罪事实，愿意接受处罚的，可以依法从宽处理。

9. 有核对讯问笔录的权利；如果没有阅读能力，侦查人员应当向其宣读笔录。笔录记载有遗漏或者差错，可以提出补充或者改正。可以请求自行书写供述。

10. 未成年犯罪嫌疑人在接受讯问时，有要求通知其法定代理人到场的权利。女性未成年犯罪嫌疑人有权要求讯问时有女性工作人员在场。

11. 聋、哑的犯罪嫌疑人在讯问时有要求通晓聋、哑手势的人参加的权利。

12. 有权知道用作证据的鉴定意见的内容，可以申请补充鉴定或重新鉴定。

13. 依法接受拘传、取保候审、监视居住、拘留、逮捕等强制措施和人身检查、搜查、扣押、鉴定等侦查措施。

14. 公安机关送达的各种法律文书经确认无误后，应当签名、捺指印。

15. 知悉案件移送审查起诉情况。

以上内容，我已看过/已向我宣读。(犯罪嫌疑人本人书写)

犯罪嫌疑人不能书写，以上内容已向其告知。(办案民警注明)

犯罪嫌疑人：刘××

办案民警：李××、陈××

本告知书在第一次讯问犯罪嫌疑人或者对其采取强制措施之日交犯罪嫌疑人，并在第一次讯问笔录中记明，同时将本告知书复印一份附卷。

四十六、被害人诉讼权利义务告知书

（一）概念

被害人诉讼权利义务告知书是公安机关在办理刑事案件过程中，依法对被害人进行第一次询问时，将《刑事诉讼法》规定的被害人在侦查阶段所享有的权利和应当承担的义务告知被害人的文书。

《刑事诉讼法》的有关条款规定了被害人在侦查阶段所享有的权利和应当承担的义务，为确保相关规定得以贯彻实施，切实保障被害人的合法权益，制定了被害人诉讼权利义务告知书。

（二）适用条件

1. 适用的对象是被害人。被害人诉讼权利义务告知书应当直接交给被害人。

2. 应当在第一次询问时送达本文书。为尽早让被害人了解其应享有的权利和承担的义务，切实有效地保障被害人的合法权益，保证案件准确、及时办理，要求侦查人员在对被害人第一次询问时就送达本文书。

（三）内容及制作要求

被害人诉讼权利义务告知书列举了《刑事诉讼法》规定的被害人在侦查阶段享有的权利和承担的义务（已印制好）。根据《刑事诉讼法》的有关规定，被害人享有的权利主要包括：（1）不通晓当地通用的语言文字时有权要求配备翻译人员，有权用本民族语言文字进行诉讼（第9条）；（2）对于公安机关及其侦查人员侵犯其诉讼权利和进行人身侮辱的行为，有提出控告的权利（第14条）；（3）对在诉讼中作证，人身安全面临危险的，可以向公安机关请求保护的权利（第64条）；（4）对侦查人员、鉴定人、记录人、翻译人员申请回避的权利（第29、32条）；（5）核对询问笔录的权利（第122、127条）；（6）未成年人要求通知其法定代理人到场的权利（第 281 条）；（7）提起刑事附带民事诉讼的权利（第 101 条）；（8）对公安机关不予立案决定有权申请复议或向人民检察院提出申诉（第 112、113 条）；（9）有权知道用作证据的鉴定意见的内容，可以申请补充鉴定或者重新鉴定（第 148 条）。被害人应当承担的义务主要包括：（1）作证的义务（第 62 条）；（2）如实提供证据、证言的义务（第 125 条）。

（四）使用要求

公安机关侦查人员应当在对被害人第一次询问时，将被害人诉讼权利义务告知书交给被害人，并在询问笔录中注明。同时由被害人在告知书上空白处签名，并复印一份附卷。

（五）范例

被害人诉讼权利义务告知书

根据《中华人民共和国刑事诉讼法》的规定，在公安机关对案件进行侦查期间，被害人有如下权利和义务：

1. 不通晓当地通用的语言文字时有权要求配备翻译人员，有权用本民族语言文字进行诉讼。

2. 对于公安机关及其侦查人员侵犯其诉讼权利或者进行人身侮辱的行为，有权提出申诉或者控告。

3. 因在诉讼中作证，人身安全面临危险的，可以向公安机关请求对本人或其近亲属予以保护。

4. 对于侦查人员、鉴定人、记录人、翻译人员有下列情形之一的，被害人及其法定代理人有权申请回避：（一）是本案的当事人或者是当事人的近亲属的；（二）本人或者他的近亲属和本案有利害关系的；（三）担任过本案的证人、鉴定人、辩护人、诉讼代理人的；（四）与本案当事人有其他关系，可能影响公正处理案件的。对驳回申请回避的决定，可以申请复议一次。

5. 有权核对询问笔录。如果记载有遗漏或者差错，有权提出补充或者改正，经核对无误后，应当在询问笔录上逐页签名、捺指印。有权自行书写亲笔证词。

6. 未满 18 周岁的被害人在接受询问时有权要求通知其法定代理人到场。

7. 由于被告人的犯罪行为而遭受物质损失的，有权提起附带民事诉讼。

8. 公安机关对被害人的报案作出不予立案决定的，被害人如果不服，可以申请复议、复核。被害人认为公安机关对应当立案侦查的案件而不立案侦查的，有权向人民检察院提出。

9. 有权知道用作证据的鉴定意见的内容，可以申请补充鉴定或重新鉴定。

10. 知道案件情况的有作证的义务。

11. 应当如实地提供证据、证言，有意作伪证或者隐匿罪证应负相应的法律责任。

以上内容，我已看过/已向我宣读。（被害人本人书写）

被害人不能书写，以上内容已向其告知。（办案民警注明）

被 害 人：陈××

办案民警：李××、陈××

本告知书在第一次询问时交被害人，并在第一次询问笔录中记明情况，同时将本告知书复印一份附卷。

四十七、证人诉讼权利义务告知书

（一）概念

证人诉讼权利义务告知书是公安机关在办理刑事案件过程中，依法对证人进行第一次询问时，将《刑事诉讼法》规定的证人在侦查阶段所享有的权利和应当承担的义务告知证人的文书。

《刑事诉讼法》的有关条款规定了证人在侦查阶段所享有的权利和应当承担的义务，为确保相关规定得以贯彻实施，切实保障证人的合法权益，制定了证人诉讼权利义务告知书。

（二）适用条件

1. 适用的对象是证人。证人诉讼权利义务告知书应当直接交给证人。

2. 应当在第一次询问时送达本文书。为尽早让证人了解其所享有的权利和应承担的义务，切实有效地保障证人的合法权益，保证案件准确、及时办理，要求侦查人员在对证人第一次询问时就送达本文书。

（三）内容及制作要求

证人诉讼权利义务告知书列举了《刑事诉讼法》规定的证人在侦查阶段享有的权利和承担的义务（已印制好）。根据《刑事诉讼法》的有关规定，证人享有的权利主要包括：（1）不通晓当地通用的语言文字时有权要求配备翻译人员，有权用本民族语言文字进行诉讼（第9条）；（2）对于公安机关及其侦查人员侵犯其诉讼权利和进行人身侮辱的行为，有提出控告的权利（第14条）；（3）对在诉讼中作证，人身安全面临危险的，可以向公安机关请求保护的权利（第64条）；（4）核对询问笔录的权利（第122、126条）；（5）未成年人要求通知其法定代理人到场的权利（第281条）。证人应当承担的义务主要包括：（1）作证的义务（第62条）；（2）如实提供证据、证言的义务（第125条）。

（四）使用要求

公安机关侦查人员应当在对证人第一次询问时，将证人诉讼权利义务告知书交给证人，并在询问笔录中注明。同时由证人在告知书上空白处签名，并复印一份附卷。

（五）范例

证人诉讼权利义务告知书

根据《中华人民共和国刑事诉讼法》的规定，在公安机关对案件进行侦查期间，证人有如下权利和义务：

1. 不通晓当地通用的语言文字时有权要求配备翻译人员，有权用本民族语言文字进行诉讼。

2. 对于公安机关及其侦查人员侵犯其诉讼权利或者进行人身侮辱的行为，有权提出申诉或者控告。

3. 因在诉讼中作证，人身安全面临危险的，可以向公安机关请求对本人或其近亲属予以保护。

4. 有权核对询问笔录。如果记载有遗漏或者差错，有权提出补充或者改正，经核对无误后，应当在询问笔录上逐页签名、捺指印。有权自行书写亲笔证词。

5. 未满 18 周岁的证人在接受询问时有权要求通知其法定代理人到场。

6. 知道案件情况的有作证的义务。

7. 应当如实地提供证据、证言，有意作伪证或者隐匿罪证应负相应的法律责任。

以上内容，我已看过/已向我宣读。（证人本人书写）
证人不能书写，以上内容已向其告知。（办案民警注明）

证　　　人：赵××
办案民警：李××、陈××

本告知书在第一次询问时交证人，并在第一次询问笔录中记明情况，同时将本告知书复印一份附卷。

四十八、未成年人法定代理人到场通知书

(一) 概念

未成年人法定代理人到场通知书是公安机关在对未成年人进行询问或讯问时，根据法律规定通知其法定代理人到场的法律文书。未满 18 周岁的未成年人尚在成长发育期，对社会了解不多，对事物的判断能力不强，因此，为了保护未成年人合法权益，防止各种侵犯未成年人合法权益的情况发生，公安机关在询问或讯问未成年人时，要通知其法定代理人到场。

(二) 法律依据

《刑事诉讼法》第 281 条第 1 款规定，对于未成年人刑事案件，在讯问和审判的时候，应当通知未成年犯罪嫌疑人、被告人的法定代理人到场。无法通知、法定代理人不能到场或者法定代理人是共犯的，也可以通知未成年犯罪嫌疑人、被告人的其他成年亲属，所在学校、单位、居住地基层组织或者未成年人保护组织的代表到场，并将有关情况记录在案。第 281 条第 5 款规定，询问未成年被害人、证人，适用本条第 1 款的规定。

(三) 适用条件

根据《刑事诉讼法》和《公安机关办理刑事案件程序规定》的有关规定，对未成年犯罪嫌疑人进行讯问或对未成年被害人、证人进行询问时，应当制作未成年人法定代理人到场通知书，通知其法定代理人到场。

(四) 内容及制作要求

未成年人法定代理人到场通知书属于多联式填充型文书，由正本、副本和存根组成。

1. 正本。本联是公安机关在对未成年人进行询问或讯问时，通知其法定代理人到场的依据，由首部、正文和尾部组成。

(1) 首部。首部包括制作文书的公安机关名称、文书名称

（已印制好）、发文字号以及抬头。抬头部分填写未成年人法定代理人或者其他人员的姓名。

（2）正文。正文要按照规定的格式填写清楚询问或讯问的时间、地点和未成年人的姓名。时间要精确到时，地点可以是公安机关，也可以是未成年人的住所、学校、单位或者其他适当的地点。

（3）尾部。尾部要填写清楚成文时间，写明单位名称，并加盖制作文书的公安机关印章。

2. 副本。本联作为公安机关已对未成年人的法定代理人履行了通知义务的凭证，用于附卷，其正文内容及制作要求与正本一致，尾部附注应当由未成年人的法定代理人或者其他人员签收，如果因特殊原因无法通知未成年人的法定代理人或者通知之后无法到场，民警通知其他人员到场的，由办案民警注明原因。

3. 存根。本联用于公安机关存档备查。应当根据规定的格式按照顺序填写清楚各项内容。需要注意的是，存根填写的法定代理人与正本、副本中填写的实际到场人员可能并不一致，因为犯罪嫌疑人的法定代理人如果因各种原因无法通知或无法到场，公安机关可以按照《刑事诉讼法》的规定通知其他人员到场，正本、副本中的抬头填写的是实际到场人员的姓名。

（五）使用要求

1. 未成年人法定代理人到场通知书制作完毕后，侦查人员应当采取各种可能的方式通知未成年人的法定代理人。

2. 未成年人的法定代理人到场的，侦查人员应当让其在副本"本通知书已收到"下签名并填写到场时间。拒绝签字的，侦查人员应当予以注明；接到通知无法到场的，或未成年人无法定代理人、不提供联系方式等特殊原因的，也可以通知未成年犯罪嫌疑人的其他成年亲属，所在学校、单位、居住地基层组织或者未成年人保护组织的代表到场。通知其他人员到场的，应当由其签名，并且办案民警要在文书副本中注明相关原因。

3. 通知未成年人法定代理人到场，是通知其到场参与询问或讯问的全过程，因此，要避免仅通知未成年人的法定代理人到公安机关工作场所或者其他指定地点却不参与询问或讯问的错误做法，切实保障未成年犯罪嫌疑人、被害人和证人的合法权益。

4. 未成年人法定代理人到场通知书一次使用有效。如果需要再次询问或讯问未成年人的，应当制作新的通知书。

5. 侦查终结时，通知书副本应当存入诉讼卷。

（六）范例

×××公安局
未成年人法定代理人到场通知书

×公（治）法代通字[20××]68号

牛×：

我局定于 20×× 年 10 月 5 日 16 时在 ××市××区冶安大队 对曹×× 进行询问/讯问。因其系未成年人，根据《中华人民共和国刑事诉讼法》第二百八十一条之规定，通知你届时到场。

公安局（印）

二○××年十月五日

×公（治）法代通字贰零××第陆拾捌号

此联交未成年人法定代理人或者其他人员

×××公安局
未成年人法定代理人到场通知书
（副　本）

×公（治）法代通字[20××]68号

牛×：

我局定于 20×× 年 10 月 5 日 16 时在 ××市××区冶安大队 对曹×× 进行询问/讯问。因其系未成年人，根据《中华人民共和国刑事诉讼法》第二百八十一条之规定，通知你届时到场。

公安局（印）

二○××年十月五日

本通知书已收到。

法定代理人或者其他人员：牛×

20××年10月5日10时

通知其他人员到场的，注明原因：犯罪嫌疑人曹××的法定代理人曹××等人均在外省，通知后无法定时到场，故通知曹××居住地的居委会主任牛×到场。

办案人：李××、赵××

20××年10月5日10时

×公（治）法代通字贰零××第陆拾捌号

此联附卷

×××公安局
未成年人法定代理人到场通知书
（存　根）

×公（治）法代通字[20××]68号

案件名称	曹××赌博案
案件编号	×××××××
犯罪嫌疑人	曹×× 男/女
正在人被讯	曹×× 男/女
法定代理人	曹×× —
住　址	××市××林××小区 ××栋××房
单　位	无
应到时间	20××年10月5日16时
应到地点	××市××区冶安大队
批准人	李××
批准时间	20××年10月5日
办案单位	××市××区冶安大队
办案时间	20××年10月5日
填发时间	20××年10月5日
填发人	包××

四十九、询问通知书

（一）概念

询问通知书是公安机关在办理刑事案件过程中，依法对证人、被害人进行询问时制作的通知其接受公安机关询问的法律文书。证人以及被害人的证言是证实案件事实的重要证据，对于准确认定案情，及时抓获犯罪嫌疑人具有重要作用，因此公安机关要严格依照法定程序制作询问通知书，以便及时、合法地获取证人及被害人的证言。

（二）法律依据

《刑事诉讼法》第124条第1款规定，侦查人员询问证人，可以在现场进行，也可以到证人所在单位、住处或者证人提出的地点进行，在必要的时候，可以通知证人到人民检察院或者公安机关提供证言。在现场询问证人，应当出示工作证件，到证人所在单位、住处或者证人提出的地点询问证人，应当出示人民检察院或者公安机关的证明文件。为明确《刑事诉讼法》规定的"证明文件"，《公安机关办理刑事案件程序规定》第210条第3款规定，到证人、被害人所在单位、住处或者证人、被害人提出的地点询问证人、被害人，应当经办案部门负责人批准，制作询问通知书。询问前，侦查人员应当出示询问通知书和人民警察证。《刑事诉讼法》第125条规定，询问证人，应当告知他应当如实地提供证据、证言和有意作伪证或者隐匿罪证要负的法律责任。第127条规定，询问被害人，适用上述规定。

（三）适用条件

使用询问通知书，应当满足以下条件：

1. 通知的对象是证人、被害人，对于涉案的其他人员，不使用本文书。

2. 要求证人、被害人在相应地点提供证言。询问通知书不是所有询问活动都必须使用的法律文书。根据《刑事诉讼法》第124条第1款的规定，询问证人可以在现场进行，也可以到证人所在单位、住处或者证人提出的地点进行。如果在现场询问的，只需出示工作证件，但到证人、被害人所在单位、住处或者证人、被害人提出的地点询问证人、被害人的，应当出示询问通知书和工作证件。另外，如果证人、被害人自己主动到公安机关接受询问，不需要制作询问通知书，但应当在笔录中注明相关情况。

（四）内容及制作要求

询问通知书属于多联式填充型文书，由正本、副本和存根组成。

1. 正本。本联是公安机关通知证人、被害人接受询问的依据，由首部、正文和尾部组成。

（1）首部。首部包括制作机关名称、文书名称（已印制好）、文书字号以及抬头。抬头填写证人或者被害人的姓名。

（2）正文。正文应当按照格式要求填写清楚案件名称、接受询问的时间和地点。为了节省时间，提高工作效率，接受询问的时间要精确到时。询问地点填写公安机关的办公地点。

（3）尾部。尾部要填写清楚成文时间，写明单位名称，并加盖文书制作机关印章。

2. 副本。本联是公安机关履行对证人、被害人接受询问的通知义务的凭证，由公安机关办案部门留存附卷，其内容及制作要求与正本一致。

3. 存根。本联作为公安机关取证活动的相关凭证，用于公安机关留存备查，存根内应当按照顺序填写好所列内容。其中，"应到时间"填写询问时间；"应到地点"填写询问地点。

（五）使用要求

1. 询问通知书制作完毕后，侦查人员应当将文书正本送达接受询问的证人或者被害人。送达时，侦查人员应当出示询问通知书

264

和工作证件。

2. 证人或者被害人接到询问通知书后，侦查人员应当让其在文书副本签注部分的"本通知书已收到"后签名并填写接到通知的时间。对于拒绝签字的，侦查人员应当予以注明。

3. 询问通知书一次使用有效。如果需要再次询问的，应当制作新的通知书。此外，根据《刑事诉讼法》第124条第2款的规定，询问证人应当个别进行。因此，在询问2名以上的证人或者被害人时，应当分别制作询问通知书。

4. 侦查终结时，询问通知书副本应当存入诉讼卷。

（六）范例

＊＊＊公安局

询问通知书

×公（刑）询通字〔20××〕50号

关×××：

我局正在办理 彭××抢劫 案，为查明案件事实，根据《中华人民共和国刑事诉讼法》第一百二十四条之规定，通知你于 20×× 年 3 月 16 日 9 时到 ××市公安局刑警支队一大队 接受询问。

××公安局（印）

二○××年三月十五日

此联交被询问人

×公（刑）询通字贰零××第伍拾号

＊＊＊公安局

询问通知书

（副本）

×公（刑）询通字〔20××〕50号

关×××：

我局正在办理 彭××抢劫 案，为查明案件事实，根据《中华人民共和国刑事诉讼法》第一百二十四条之规定，通知你于 20×× 年 3 月 16 日 9 时到 ××市公安局刑警支队一大队 接受询问。

××公安局（印）

二○××年三月十五日

本通知书已收到。

被询问人：关×× 20××年3月15日

此联附卷

×公（刑）询通字贰零××第伍拾号

＊＊＊公安局

询问通知书

（存根）

×公（刑）询通字〔20××〕50号

案件名称	彭××抢劫案
案件编号	×××
证人姓名大	关××× 性别 男/女
出生日期	19××年×月××日
住　址	××市××区
单　位	××公司
应到时间	20××年3月16日9时
应到地点	××市公安局刑警支队一大队
批准人	赵××
批准时间	20××年3月15日
办案人	孙××
办案单位	××市公安局刑警支队一大队
填发时间	20××年3月15日
填发人	陈××

五十、现场勘验笔录

(一) 概念

现场勘验笔录是公安机关侦查人员勘验与犯罪有关的场所时，记录现场勘验过程以及在现场提取证据等情况的文书。

现场勘验是《刑事诉讼法》规定的一项重要的侦查措施，其任务是查明犯罪现场的情况，发现和收集证据，研究分析案情，判断案件性质，确定侦查方向和范围，为破案提供线索和证据。公安机关对与犯罪有关的场所进行勘验后制作的现场勘验笔录，是公安机关分析、研究案情的重要依据，对案件的侦破具有重要作用。

(二) 法律依据

《刑事诉讼法》第128条规定，侦查人员对于与犯罪有关的场所、物品、人身、尸体应当进行勘验或者检查。在必要的时候，可以指派或者聘请具有专门知识的人，在侦查人员的主持下进行勘验、检查。第129条规定，任何单位和个人，都有义务保护犯罪现场，并且立即通知公安机关派员勘验。第130条规定，侦查人员执行勘验、检查，必须持有人民检察院或者公安机关的证明文件。第133条规定，勘验、检查的情况应当写成笔录，由参加勘验、检查的人和见证人签名或者盖章。

(三) 适用条件

现场勘验笔录适用于公安机关对刑事案件现场进行勘验情况的记录。所谓现场，即犯罪现场，是指犯罪分子作案的地点，包括犯罪分子作案的场所及其作案所遗留的痕迹与物品的地点。公安机关应当对犯罪现场有关情况进行全面勘验。

(四) 内容及制作要求

现场勘验笔录属于叙述型文书，由首部、正文、尾部以及相关附件组成。

1. 首部。首部包括：

（1）文书名称（已印制好）。

（2）现场勘验单位。

（3）指派/报告单位及时间。时间要求精确到分。

（4）勘验事由。要求填写案件来源、简要案情，必要的情况下可以填写勘验的目的。

（5）现场勘验开始、结束时间及现场地点。勘验时间要精确到分，勘验地点就是犯罪现场，应当准确说明。

（6）现场保护情况。要求填写保护人的姓名、单位、采取的保护措施、原始现场还是变动现场、现场变动原因等情况。《公安机关办理刑事案件程序规定》第214条第1款规定，发案地派出所、巡警等部门应当妥善保护犯罪现场和证据，控制犯罪嫌疑人，并立即报告公安机关主管部门。现场勘验笔录应当将上述情况记录清楚，以便对现场有关情况作出准确判断。

（7）天气情况。现场勘验笔录应当记载清楚进行现场勘验时的现场条件，包括天气、温度、湿度、风向等。

（8）勘验前现场的条件。在选择项中勾选变动现场或者原始现场。

（9）现场勘验利用的光线。在选择项中勾选自然光或者灯光。如有特殊光照条件的，可以在后面的横线上补充说明。

（10）现场勘验指挥人的基本情况（姓名、单位和职务）。

2. 正文。正文包括勘验过程及结果，主要记载现场方位、现场概貌和中心现场位置，现场是否有变动及变动原因，勘验步骤和方法，提取痕迹、物证，现场周边搜索情况，现场访问情况，以及其他需要说明的情况。

勘验过程首先要记录清楚发现或者接到报案的情况以及组织人员赴现场勘验情况。然后要重点记载现场和勘验的具体情况，如现场的空间、方位、大小及建筑布局，物体的摆放、陈设情况，犯罪工具及其他物证、痕迹的具体位置、种类、分布情况及提取方法，现场物品损害情况及被害人情况，以及其他变动或异常情况。对于性质不同的案件，要根据不同案件的特点，有针对性地进行勘验。例如，对于凶杀现场，要记录尸体的具体方位和姿势，周围是否有血迹，周围物品和痕迹的位置、特点以及尸表检查情况等；对于入室盗窃现场，要记录清楚门窗是否关闭、是否完整、有无撬压痕迹、有无指纹或足迹，室内家具有无移动、破坏情况等。

现场勘验结果，主要包括对现场物证、痕迹的处理情况，提取物品的名称、数量、标记和特征，提取痕迹的名称和数量。

现场勘验笔录是对案件现场勘验中发现的各种客观情况的记载，侦查人员对现场情况的分析意见不能记录在笔录中。笔录中对各种情况的记载顺序，应当与对现场情况进行实际勘验的顺序相符。笔录的文字一定要准确、清楚，避免使用晦涩难懂或者含混不清的语言，尤其是对现场物证和痕迹的位置、形状、距离、大小等特征，一定要准确记载。

3. 尾部。尾部记录拍摄现场照片、录音录像和绘制现场图的种类和数量，以及现场勘验记录人员、勘验人员、勘验见证人的签名。

4. 附件。附件由提取痕迹、物证登记表，现场勘验平面示意图，现场照片，现场勘验情况分析报告组成。提取痕迹、物证登记表是非常重要的附件文书和证据载体，可用于证明证据的合法来源，其内容包括各类痕迹、物证的名称、基本特征、数量、提取部位、提取方法、提取人。如果没有提取到痕迹、物证，此表可以不填。现场勘验情况分析报告为办案人员根据勘验情况，综合运用证据进行分析、推断，服务于侦查活动的报告，可根据具体情况逐项填写。

（五）使用要求

1. 《公安机关办理刑事案件程序规定》第 216 条规定，勘查现场，应当拍摄现场照片、绘制现场图，制作笔录，由参加勘查的人和见证人签名。对重大案件的现场勘查，应当录音录像。在实践中，现场照片、现场图可与现场勘验笔录相互补充、印证。

2. 现场勘验笔录作为案件的重要证据，在案件侦查终结时存入诉讼卷。

3. 现场勘验笔录中的"附件4　现场勘验情况分析报告"主要用于为下一步侦查方向提供意见和建议，应当附在侦查卷内，不随案移送。

（六）范例

现 场 勘 验 笔 录

现场勘验单位：××市公安局××区分局刑侦大队技术中队

指派/报告单位：××派出所时间：20××年6月9日8时50分

勘验事由： 20××年6月9日8时40分，××派出所接群众报警称：××市人民公园人工湖西侧凉亭内发现一中年妇女被打伤。被害人已被送医院抢救，现场地上有血迹，请速派人勘验现场。

现场勘验开始时间 20×× 年 6 月 9 日 9 时 05 分

现场勘验结束时间 20×× 年 6 月 9 日 11 时 10 分

现场地点： ××市人民公园人工湖西侧凉亭

现场保护情况： 现场已由××派出所民警林××、吴××指挥人民公园的部分职工划定保护范围并使用警戒带隔离，疏散了无关人员。因急救车到过现场，现场有变动。

天气：阴□/晴☑/雨□/雪□/雾□，温度：23℃~25℃湿度：35%~40%风向：东风3级

勘验前现场的条件： 变动现场☑/ 原始现场□

现场勘验利用的光线： 自然光☑/ 灯光□/

现场勘验指挥人： 郑×× 单位 ××区分局刑侦大队

职务 大队长

现场勘验情况：刑侦大队大队长郑××带领刑侦大队民警李××、赵××、周××，法医陈××，痕迹技术员孙××，照相技术员徐××于9点05分到达现场。

第 1 页 共 4 页

　　××派出所的林××和吴××汇报了案件有关情况：今天早晨 8 点 40 分，派出所接到报警电话后，就派他们两位到现场。8 点 45 分他们赶到现场时看到一中年妇女头朝北脚朝南仰面躺在凉亭内，脸上、脖子上、头上都有血，两手有血，一只手放在胸前，另一只手在身体一侧。用手摸被害人的脉搏，发现仍在跳动，随即拨打了急救中心电话，10 分钟后急救车赶来将被害人拉到 ×× 医院进行抢救。然后他们指挥公园工作人员一起疏散了无关群众，将现场用警戒带保护起来。

　　经派法医去医院调查得知，被害人是一位 40 多岁的中年妇女，已昏迷不醒，有生命危险。后背有长条状伤痕，脑后部也有明显的钝器伤，现正在进行抢救。

　　现场勘验由市局刑警队大队长郑××指挥，由民警李××制作现场勘验笔录，赵××、周××制作现场勘验平面示意图，技术员徐××现场照相，并邀请人民公园管理处的方××、黄××作为现场勘验见证人。

　　现场位于 ×× 市 ×× 区人民公园人工湖西侧的凉亭内。凉亭西侧有一高约 20m 的假山，北侧、南侧均为绿地，东侧与人工湖之间有一条宽约 3m 的人行路，东、西、南、北四个方向均可进出凉亭。凉亭高约 3.5m，面积为 36m^2。

　　现场血迹位于凉亭内北侧距东边长条凳 1m 的地上，面积为 20cm × 15cm，另外东侧长条凳下有一染有血迹的手绢，手绢为白底蓝花，20cm × 15cm。凉亭北侧长条凳下有一白色遮阳帽，旁边有一黑框玻璃近视眼镜。

　　　对凉亭四周进行了搜索，在西侧假山北侧发现一红色尼龙包，长 50cm，宽 30cm，双拎带，有拉锁（已坏，无法拉上）。经清查，内有可折叠水果刀一把，刃长 5cm，把长 6cm。在红色尼龙包旁边的湿地上发现两个鞋印，长 25cm。

　　　现场经认真搜索后，未发现其他物证。

　　　现场勘验于 6 月 9 日 11 时 10 分结束。提取了现场遗留的血迹样本、手绢、遮阳帽、眼镜、红色尼龙包及内部所有物品以及鞋印。

现场勘验制图　2　张；照相　25　张；录像　／　分钟；录音　／　分钟。

现场勘验记录人员：

笔录人：李××

制图人：赵××、周××

照相人：徐××

录像人：

录音人：

现场勘验人员：

本人签名：徐××　单位××区公安分局刑侦大队技术中队　职务技术员

本人签名：陈××　单位××区公安分局刑侦大队技术中队　职务法医

本人签名：孙××　单位××区公安分局刑侦大队技术中队　职务技术员

本人签名：李××　单位××区公安分局刑侦大队　职务侦查员

本人签名：周××　单位××区公安分局刑侦大队　职务侦查员

本人签名：赵××　单位××区公安分局刑侦大队　职务侦查员

现场勘验见证人：方××、黄××

本人签名方××性别男出生日期1968.5.7，住址×市××区××路××号

本人签名黄××性别男出生日期1989.3.2，住址×市××区××路××号

20××年6月9日

附件1

提取痕迹、物证登记表

序号	名称	基本特征	数量	提取部位	提取方法	提取人	备注
1	血迹样本	暗红色	壹个	凉亭内北侧距东边长条凳 1m 的地上	棉签蘸取	徐××陈××	血迹样本编号1号
2	手绢	白底蓝花，20cm×15cm	壹个	凉亭内东侧长条凳下	拍照后原物直接提取	徐××陈××	染有血迹
3	血迹样本	暗红色	壹个	手绢上	棉签蘸取	徐××陈××	血迹样本编号2号
4	遮阳帽	白色	壹顶	凉亭内北侧长条凳下	拍照后原物直接提取	徐××陈××	
5	近视眼镜	黑框、玻璃	壹副	凉亭内北侧长条凳下	拍照后原物直接提取	徐××陈××	
6	尼龙包	红色，长50cm，宽30cm，双拎带，有拉锁（已损坏）	壹个	凉亭西侧的假山北侧	拍照后原物直接提取	孙××李××	内有水果刀一把
7	水果刀	可折叠，刃长5cm，把长6cm	壹把	红色尼龙包内	拍照后原物直接提取	孙××李××	
8	鞋印	长25cm	贰枚	红色尼龙包旁边的湿地上	制作石膏模型	孙××李××	

见证人：

　　方××

20××年6月9日

办案单位（盖章）××区分局刑侦大队

提取人：徐××、陈××

　　　　孙××、李××

20××年6月9日

附件2

现场勘验平面示意图

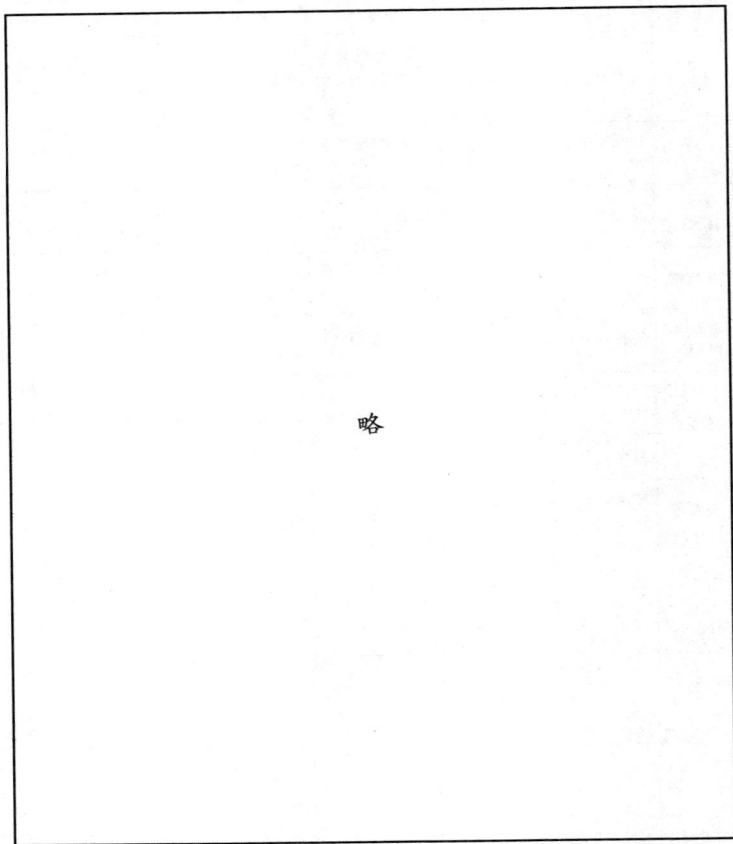

略

制　图　人：赵××、周××

制图时间：20××年6月9日

附件3

现场照片

略

略

照 相 人：　徐××
照相时间：　20××年6月9日

附件4

现场勘验情况分析报告

案件编号：×××××× 　　　　　　　　　　　　　　　　勘查号：×××

现场分析 依据的资料	现场提取的证据，包括脚印、血迹、尼龙包及其他物品等；公园大门监控录像；公园工作人员证言；被害人伤情鉴定等。		
侵害目标及损失	中年妇女；随身财物被抢，具体数目不详		
作案地点	××市人民公园人工湖西侧凉亭内		
作案时段	早晨8时至8时30分	作案进出口	人民公园西门
作案手段	使用钝器击打	侵入方式	
作案工具	木棍状长条钝器		
作案动机目的	抢劫财物		
案件性质	抢劫		
作案人数	1人		
作案过程	经分析，早晨8时至8时30分之间，犯罪嫌疑人在作案地点发现被害人后，乘其不备从身后接近并使用长条状钝器击打被害人后脑、后背，抢走财物后逃走。		
作案人特点	从监控录像、脚印综合分析，犯罪嫌疑人为平头，圆脸型，鼻梁较高，皮肤较黑，身高约1.6米，体重约70公斤，体型偏胖，身穿黑色T恤，灰色长裤、黑色球鞋。		
串并意见与根据			
工作建议	建议提取监控录像中犯罪嫌疑人的图像发各有关部门协查；调取附近路段治安视频监控录像，查找犯罪嫌疑人逃跑路线及方向；及时对提取的物证进行化验和对比，查找是否可能遗留犯罪嫌疑人血迹。		
现场分析人	孙××		

20××年6月10日

五十一、解剖尸体通知书

(一) 概念

解剖尸体通知书是公安机关办理刑事案件过程中，为了确定死者的死亡原因，在对尸体进行解剖时，通知死者家属到场的文书。对于案件有关当事人死因不明的，公安机关可以通过解剖尸体查明死因，同时死者家属也有权知道死者的死亡原因，这样既可以保障死者家属对死者死亡原因的知悉权，也可以对公安机关的有关调查取证活动起到证明及监督的作用。

(二) 法律依据

《刑事诉讼法》第131条规定，对于死因不明的尸体，公安机关有权决定解剖，并且通知死者家属到场。

《公安机关办理刑事案件程序规定》第218条规定，为了确定死因，经县级以上公安机关负责人批准，可以解剖尸体，并且通知死者家属到场，让其在解剖尸体通知书上签名。死者家属无正当理由拒不到场或者拒绝签名的，侦查人员应当在解剖尸体通知书上注明。对身份不明的尸体，无法通知死者家属的，应当在笔录中注明。第219条规定，对已查明死因，没有继续保存必要的尸体，应当通知家属领回处理，对于无法通知或者通知后家属拒绝领回的，经县级以上公安机关负责人批准，可以及时处理。

(三) 适用条件

使用解剖尸体通知书，应当符合以下条件：

1. 对尸体进行解剖。如果是对尸体进行尸表检查，则不需要通知死者家属到场。

2. 对死因不明的尸体进行解剖。如果死者的死亡原因已经查清，则不需要对尸体进行解剖，也不需要通知死者家属到场。

(四) 内容及制作要求

解剖尸体通知书属于多联式填充型文书，由正本、副本和存根组成。

1. 正本。本联是公安机关对死因不明的尸体进行解剖时，通知死者家属到场的依据，由首部、正文和尾部组成。

（1）首部。首部包括制作机关名称、文书名称（已印制好）、文书字号以及抬头。抬头填写死者家属姓名。

（2）正文。正文按照格式要求填写清楚死者姓名、解剖时间和解剖地点。

（3）尾部。尾部要填写清楚成文时间，写明单位名称，并加盖制作文书的公安机关印章。

2. 副本。本联是公安机关对死因不明的尸体进行解剖时，已履行对死者家属到场的通知义务的凭证，用于附卷，其内容及制作要求与正本一致。

3. 存根。本联作为公安机关对死因不明的尸体进行解剖时，通知死者家属到场的凭证，用于公安机关留存备查。存根应当按照顺序填写好所列内容，其中"解剖目的"栏填写"确定死亡原因"。

（五）使用要求

1. 解剖尸体通知书制作完毕后，侦查人员应当将文书正本送达死者家属。送达时，侦查人员应当出示解剖尸体通知书和工作证件。

2. 死者家属收到解剖尸体通知书后，侦查人员应当让其在文书副本签注部分的"本通知书已收到"后签名并填写收到通知的时间。对于拒绝签字的，侦查人员应当予以注明。

3. 死者家属无正当理由拒不到场不影响解剖尸体，但是应当在解剖尸体通知书副本上予以注明。对于身份不明的尸体，无法通知死者家属到场的，应当在解剖尸体笔录中予以注明。

4. 解剖尸体通知书一次使用有效。如果需要再次解剖尸体通知死者家属的，应当重新制作通知书。

5. 对已查明死因，没有继续保存必要的尸体，应当通知家属领回处理，对于无法通知或者通知后家属拒绝领回的，经县级以上公安机关负责人批准，可以及时处理。

6. 侦查终结时，解剖尸体通知书副本应当存入诉讼卷。

（六）范例

***公安局

解剖尸体通知书

×公（刑）剖通字 [20××] 10号

李××：

为确定死者 李×× 的死亡原因，我局决定于 20×× 年 7 月 10 日 10 时在 ××市公安局法医室 对其尸体进行解剖检验。根据《中华人民共和国刑事诉讼法》第一百三十一条之规定，请你届时到场。无正当理由拒不到场的，不影响解剖检验。

公安局（印）

二○××年七月八日

公（刑）剖通字 贰零×× 第壹拾号

此联交死者家属

***公安局

解剖尸体通知书

（副 本）

×公（刑）剖通字 [20××] 10号

李××：

为确定死者 李×× 的死亡原因，我局决定于 20×× 年 7 月 10 日 10 时在 ××市公安局法医室 对其尸体进行解剖检验。根据《中华人民共和国刑事诉讼法》第一百三十一条之规定，请你届时到场。无正当理由拒不到场的，不影响解剖检验。

公安局（印）

二○××年七月九日

本通知书已收到。

死者家属（签收或拒收）：李×× 20××年7月9日，注明情况：

办案人：

年　月　日

公（刑）剖通字 贰零×× 第壹拾号

此联附卷

***公安局

解剖尸体通知书

（存 根）

×公（刑）剖通字[20××]10号

案件名称　陈××故意伤害案

案件编号　×××××××

死者姓名　李××

死者家属　李××

住　　址　××省××市××区
　　　　　（县）××路××号

解剖时间　20××年7月10日10时

解剖地点　××市公安局法医室

解剖目的　确定死亡原因

批　　准　王××

批准时间　20××年7月8日

办案单位　××市公安局刑警支队

办案时间　20××年7月8日

填　发人　梁××

五十二、_____笔录

（一）概念

_____笔录是一份通用型文书，在空白处填写措施名称后，实际可拆分为检查、复验复查、侦查实验、搜查、查封、扣押、辨认、提取共八份笔录。

1. 检查笔录是为了确定被害人、犯罪嫌疑人的某些特征、伤害情况或者生理状态，对被害人、犯罪嫌疑人的人身进行检查时，对检查活动的经过和结果等情况依法制作的文字记录。

2. 复验复查笔录是公安机关根据人民检察院的要求，对勘验、检查的情况进行复验、复查时，对复验、复查情况依法制作的文字记录。

3. 侦查实验笔录是为了查明案情进行侦查实验时，对有关侦查实验情况依法制作的文字记录。

4. 搜查笔录是公安机关在办理刑事案件过程中，依法对犯罪嫌疑人以及可能隐藏罪犯或者犯罪证据的人的身体、物品、住处和其他有关地方进行搜查时，对搜查情况所作的文字记载。

5. 查封笔录、扣押笔录是公安机关对涉案财物执行查封、扣押时记录执行经过和结果的文书。

6. 辨认笔录是公安机关为了查明案情，在组织辨认活动时制作的记载辨认活动经过和结果的文书。辨认活动对于准确认定案情、查获犯罪嫌疑人、及时侦破案件具有重要作用。

7. 提取笔录是在侦查活动中，对非现场勘验、检查过程中发现的，与案件有关的痕迹、物证、生物样本、电子数据等证据及时进行提取而依法制作的文字记录。

（二）法律依据

1. 检查。《刑事诉讼法》第128条规定，侦查人员对于与犯罪有关的场所、物品、人身、尸体应当进行勘验或者检查。在必要的时候，可以指派或者聘请具有专门知识的人，在侦查人员的主持下进行勘验、检查。第132条规定，为了确定被害人、犯罪嫌疑人的某些特征、伤害情况或者生理状态，可以对人身进行检查，可以提取指纹信息，采集血液、尿液等生物样本。犯罪嫌疑人如果拒绝检查，侦查人员认为必要的时候，可以强制检查。检查妇女的身体，应当由女工作人员或者医师进行。第133条规定，勘验、检查的情况应当写成笔录，由参加勘验、检查的人和见证人签名或者盖章。

2. 复验复查。《刑事诉讼法》第134条规定，人民检察院审查案件的时候，对公安机关的勘验、检查，认为需要复验、复查时，可以要求公安机关复验、复查，并且可以派检察人员参加。

《公安机关办理刑事案件程序规定》第220条规定，公安机关进行勘验、检查后，人民检察院要求复验、复查的，公安机关应当进行复验、复查，并可以通知人民检察院派员参加。

3. 侦查实验。《刑事诉讼法》第135条规定，为了查明案情，在必要的时候，经公安机关负责人批准，可以进行侦查实验。侦查实验的情况应当写成笔录，由参加实验的人签名或者盖章。侦查实验，禁止一切足以造成危险、侮辱人格或者有伤风化的行为。

《公安机关办理刑事案件程序规定》第221条规定，为了查明案情，在必要的时候，经县级以上公安机关负责人批准，可以进行侦查实验。进行侦查实验，应当全程录音录像，并制作侦查实验笔录，由参加实验的人签名。进行侦查实验，禁止一切足以造成危险、侮辱人格或者有伤风化的行为。

4. 搜查。《刑事诉讼法》第136条规定，为了收集犯罪证据、查获犯罪人，侦查人员可以对犯罪嫌疑人以及可能隐藏罪犯或者犯罪证据的人的身体、物品、住处和其他有关的地方进行搜查。第138条规定，进行搜查，必须向被搜查人出示搜查证。在执行逮捕、拘留的时候，遇有紧急情况，不另用搜查证也可以进行搜查。

《公安机关办理刑事案件程序规定》第142条规定，接到人民检察院批准逮捕决定书后，应当由县级以上公安机关负责人签发逮捕证，立即执行，并在执行完毕后 3 日以内将执行回执送达作出批准逮捕决定的人民检察院。如果未能执行，也应当将回执送达人民检察院，并写明未能执行的原因。第 226 条规定，搜查的情况应当制作笔录，由侦查人员和被搜查人或者他的家属，邻居或者其他见证人签名。如果被搜查人拒绝签名，或者被搜查人在逃，他的家属拒绝签名或者不在场的，侦查人员应当在笔录中注明。

5. 查封、扣押。《公安机关办理刑事案件程序规定》第 229 条第 2 款规定，查封、扣押的情况应当制作笔录，由侦查人员、持有人和见证人签名。对于无法确定持有人或者持有人拒绝签名的，侦查人员应当在笔录中注明。

6. 辨认。《公安机关办理刑事案件程序规定》第 258 条规定，为了查明案情，在必要的时候，侦查人员可以让被害人、证人或者犯罪嫌疑人对与犯罪有关的物品、文件、尸体、场所或者犯罪嫌疑人进行辨认。第 262 条规定，对辨认经过和结果，应当制作辨认笔录，由侦查人员、辨认人、见证人签名。必要时，应当对辨认过程进行录音录像。

7. 提取。《公安机关办理刑事案件程序规定》第 59 条第 2 款第 7 项规定，证据包括勘验、检查、侦查实验、搜查、查封、扣押、提取、辨认等笔录。

（三）适用条件

1. 制作检查笔录应当符合以下条件：

（1）检查的对象是案件的被害人或者犯罪嫌疑人。

（2）检查的目的是确定被害人、犯罪嫌疑人的某些特征、伤害情况或者生理状态。

2. 制作复验复查笔录应当符合以下条件：

（1）对勘验、检查的情况进行复验、复查。如对其他取证活动有疑义需要重新进行的，不使用此文书；如对鉴定意见有疑义的，可以进行补充鉴定或者重新鉴定，但不是复验、复查。

（2）根据人民检察院的要求进行。人民检察院在审查案件过程中，认为公安机关的勘验、检查需要复验、复查的，可以要求公安机关复验、复查。

3. 制作侦查实验笔录应当符合以下条件：

（1）并非所有案件都要进行侦查实验，只有为了查明案情，必要时才进行侦查实验。至于什么情况下有必要，应当根据具体案情确定。

（2）必须经过公安机关负责人批准。《刑事诉讼法》对侦查实验规定了较为严格的审批程序，要求必须经过公安机关负责人批准。

（3）禁止一切足以造成危险、侮辱人格或者有伤风化的行为。

4. 制作搜查笔录应当符合以下条件：

（1）搜查的目的是收集犯罪证据、抓获犯罪嫌疑人。

（2）必须经过公安机关负责人批准，但根据《刑事诉讼法》第 138 条第 2 款的规定，在执行逮捕、拘留的时候，遇有紧急情况，不另用搜查证也可以进行搜查。

（3）搜查的对象是犯罪嫌疑人以及可能隐藏罪犯或者犯罪证据的人的身体、物品、住处和其他有关的地方。

5. 制作查封、扣押笔录应当符合以下条件：

（1）按照《公安机关办理刑事案件程序规定》第 228 条的规定，查封、扣押应当经过审批。

（2）查封、扣押的对象是涉案财物。

6. 制作辨认笔录应当符合以下条件：

（1）辨认的对象是与犯罪有关的人或物，包括有关物品、文件、尸体、场所或者犯罪嫌疑人。

（2）辨认人员包括被害人、证人或者犯罪嫌疑人。

7. 制作提取笔录应当符合以下条件：

（1）适用于单独提取某个证据，需要采取提取措施，说明证据来源，固定证据。如果进行了现场勘验、检查，应当制作现场勘验笔录或检查笔录，不应制作提取笔录。

（2）提取的对象是与案件有关的痕迹、物证、生物样本等证据。

（四）内容及制作要求

＿＿＿笔录属于叙述型文书，由首部、正文和尾部组成。

1. 首部。首部包括文书名称、起止时间、侦查人员和记录人的姓名和单位、当事人、对象、见证人、其他在场人员的情况、事由和目的、地点。

（1）时间要精确到分。

（2）当事人。可适用于不同的对象，检查笔录、提取笔录可填写"被害人""犯罪嫌疑人"信息，搜查笔录填写"犯罪嫌疑人"信息，查封笔录、扣押笔录填写"涉案财物持有人"信息，辨认笔录填写"辨认人"信息，后面填写其姓名、性别、年龄、住址或单位。复验复查笔录、侦查实验笔录无此项内容，可直接将此栏留空或将此项用删除线划除。

（3）对象。检查、搜查、辨认、提取笔录可填写人或场所的名称，如提取笔录可填写"现场遗留的痕迹、物证""犯罪嫌疑人藏匿的赃物"等，检查笔录可填写"犯罪嫌疑人身体""被害人身体"等，查封笔录、扣押笔录可填写涉案财物名称。复验复查笔录、侦查实验笔录无此项目，可直接将此栏留空或将此项用删除线划除。

（4）见证人。检查、搜查、查封、扣押、辨认、提取笔录需填写见证人的姓名、性别、年龄、住址或单位。复验复查笔录、侦查实验笔录不强制要求见证人在场，如果没有见证人，可直接在见证人后注明"无"或将此项用删除线划除；如果有见证人在场，须按要求填写其个人情况。

（5）其他在场人员。填写其他在场人员的诉讼身份、姓名、性别、年龄、住址或单位。例如，复验复查笔录中需要填写检察人员情况，检查笔录中可能需要填写检查人员（医师）的身份情况，搜查笔录中可能需要填写犯罪嫌疑人家属情况。如果没有其他在场参与人员，可直接填写"无"或将此项用删除线划除。

（6）事由和目的。填写简要案情和开展侦查措施的对象、目的，如检查目的是为了确定被害人或者犯罪嫌疑人的某些特征、伤害情况或者生理状态等；搜查目的是为了查找赃物等。辨认笔录中的辨认对象可填写在此栏。

（7）地点。填写侦查措施实施的地点。

2. 正文。过程和结果是笔录的主体部分，各种笔录制作要求如下：

（1）检查笔录。主要记载检查采用的方法及仪器等，然后详细记载检查情况，包括被害人或者犯罪嫌疑人身体的某些特征、伤害情况以及生理状态等。最后，写明检查结果。检查过程中进行拍照或录像的，要予以说明。

（2）复验复查笔录。重点记载复验、复查的过程及结果。根据复验、复查的情况，应当记录清楚进行复验、复查的具体地点，使用的方法和仪器情况，现场有关物品的方位及其他有关情况，被复验、复查对象的位置、形态和突出特征，收集到的有关证据及其特征，复验、复查对象的处置情况等。最后，写明复验、复查的结果。

（3）侦查实验笔录。首先，要记录已经掌握的进行侦查实验的事实依据情况、侦查实验要解决的问题以及侦查实验的环境条件（如现场的天气、气温、光线、湿度、声音以及其他有关情况）。其次，要分层次写清楚侦查实验的具体活动。最后，写明侦查实验得到的结果以及发现的问题。对现场拍照或者录像的，应当予以说明。

（4）搜查笔录。主要记载搜查的简要情况，制作时应当根据搜查的顺序写明搜查范围，扣押或提取的证据名称、规格、数量以及位置等，搜查中有无损坏物品现象，被搜查人及其家属是否配合等。如果在搜查中对查获的有关证据进行了拍照，应当在笔录中注明。

（5）查封笔录、扣押笔录。主要包括执行查封、扣押的情况，写明查封或者扣押财物的地点、规格、名称等，执行过程中财物有无变动、损坏等情况。

（6）辨认笔录。主要包括：已掌握的与辨认有关的案件情况；辨认人进行辨认的具体情况和现实条件；辨认对象的情况；辨认的方法和辨认过程中辨认人的态度；见证人的情况；辨认过程；辨认结果，包括辨认人对辨认对象确认、不能确认以及理由，有的还应包括辨认人对辨认提出的疑义和要求等内容。

（7）提取笔录。重点记载提取证据的过程及结果，包括证据所处现场的位置及建筑布局，提取对象所处的具体位置、分布情况，种类、大小、特征、数量，提取的方法和仪器设备使用的情况，提取时有无变动、损坏，以及其他需要记载的情况。

3. 尾部。尾部由侦查人员、记录人、当事人、见证人及其他在场人员分别签名。如果特定的人不在现场或者拒绝签名的，侦查人员应当在笔录中注明。

（五）使用要求

1. 上述笔录经查证核实，可以作为认定案情的证据，侦查终结后，应当存入诉讼卷。

2. 如果在采取上述侦查措施过程中拍摄有照片，应当在笔录中予以说明，并作为笔录附件一并归卷。

3. 搜查笔录应当在搜查时当场制作，并交被搜查人或其家属签字，同时对需要扣押的物品也应当当场制作扣押清单。

4. 在检查、提取、复验复查、搜查过程中需要提取证据的，可制作提取痕迹、物证登记表作为检查笔录、提取笔录、搜查笔录、复验复查笔录的附件使用。

5. 查封笔录、扣押笔录应当在查封、扣押时当场制作，对被查封、扣押的财产也应当当场制作查封、扣押清单。

6. 辨认需要遵循的规则：

（1）主持辨认的侦查人员不得少于2人。

（2）组织辨认前，应当向辨认人详细询问辨认对象的具体特征，以便有针对性地组织辨认。

（3）几名辨认人对同一辨认对象进行辨认时，应当由辨认人个别进行。

（4）辨认时，应当将辨认对象混杂在其他对象中，不得给辨认人任何暗示。

（5）辨认犯罪嫌疑人时，被辨认的人数不得少于7人；对犯罪嫌疑人、被害人的照片进行辨认时，不得少于10人的照片。

（6）辨认物品时，混杂的同类物品不得少于5件。

（7）对场所、尸体等特定的对象进行辨认的，陪衬物不受数量的限制。

（8）对犯罪嫌疑人的辨认，辨认人不愿意公开进行时，可以在不暴露辨认人的情况下进行，并应当为其保守秘密。

（9）辨认照片的说明，应当与辨认的照片一一对应。

（10）对辨认过程进行录音录像的，应当在辨认笔录中注明。

（六）范例

范例一：

<h1 style="text-align:center">检查　　笔录</h1>

时间 20×× 年 6 月 8 日 10 时 15 分至 20×× 年 6 月 8 日 11 时 05 分

侦查人员姓名、单位　张××、孙××，××县公安局刑警大队

记录人姓名、单位　孙××，××县公安局刑警大队

当事人：　犯罪嫌疑人王××，男，33 岁，住××省××市××

县××路××号

对象：　王××身体

见证人：　李××，男，30 岁，××县城关镇××小区居委会主任

其他在场人员：　检查人戴××，男，45 岁，××县公安局法医

事由和目的：　被害人陈述在反抗时将犯罪嫌疑人后背击伤，并

看见其前胸有文身。检查目的是确定犯罪嫌疑人王××后背是否

有伤，前胸是否有文身。

地点：　××县看守所医务室

过程和结果：　在本案侦查人员张××、孙××的主持下，聘请

本局法医戴××，在见证人李××的见证下，对犯罪嫌疑人王×

×进行了人身检查。检查前，侦查人员张××问犯罪嫌疑人王×

×身上是否有伤，王××回答有伤，并说是 6 月 3 日回家上楼时

不小心摔的。侦查人员让王××脱掉外衣外裤，对其全身进行了

仔细检查，发现王××后背有 6 处深达 1/2cm 的长条形伤痕，前

第 1 页　共 2 页

291

胸有一处 18cm × 16cm 大小的鹰形文身，上述特征与被害人的陈述相符。身上其他部位未见异常。检查过程中拍摄照片 4 张，伤痕及文身特征见照片三和照片四。

侦查人员：张××、孙××

记 录 人：孙××

当 事 人：王××

见 证 人：李××

其他在场人员：戴××

范例二：

复验复查　　笔录

时间 20×× 年 5 月 9 日 8 时 30 分至 20×× 年 5 月 9 日 10 时 25 分

侦查人员姓名、单位　　胡×× 、周×× ，×× 市公安局刑警支队

记录人姓名、单位　　周×× ，×× 市公安局刑警支队

当事人：　————————

对象：　————————

见证人：　无

其他在场人员：　检察员郭×× 、田×× ，×× 市人民检察院

事由和目的：　犯罪嫌疑人包×× 在审查起诉阶段供述，从盗窃地点的窗户出来时，因嫌手滑把手套脱掉，检察人员分析可能会留有犯罪嫌疑人指印。在检察机关建议下，拟重新勘验犯罪现场，提取有关证据。

地点：　×× 市×× 区×× 路×× 号×× 公司仓库

过程和结果：　在侦查人员胡×× 、周×× 的主持下，由×× 市人民检察院检察员郭×× 、田×× 参加，对犯罪嫌疑人包×× 盗窃的地点，×× 市×× 区×× 路×× 号×× 公司仓库进行了重新勘验。复验中，在该仓库朝南窗户外沿的金属框处，发现 3 枚较清晰的指印。

第 1 页　共 2 页

　　经复验，提取指印 3 枚，制作现场图 1 张，拍摄现场照片 6 张。

侦查人员：胡××、周××

记　录　人：周××

当　事　人：——

见　证　人：——

其他在场人员：郭××

田××

范例三：

侦查实验　　笔录

时间　20××年6月30日9时30分至20××年6月30日10时50分

侦查人员姓名、单位　赵××、钱××，××县公安局刑警大队民警

记录人姓名、单位　钱××，××县公安局刑警大队民警

当事人：————

对象：————

见证人：　陈××，男，28岁，××物业管理公司保安

其他在场人员：　无

事由和目的：　确定犯罪嫌疑人田××在15分钟内是否可以从5号楼的第7层701室下到第1层103室，拿走电脑后存放到105室，然后再返回701室。

地点：　××市××县××路××中学5号楼

过程和结果：　从5号楼701室到该层楼梯口约30米，正常行走速度需用时约35秒；从7楼楼梯下到1楼，需用时约3分钟；从1楼楼梯到103室25米，需用时约30秒；进到103室从张×床上拿走电脑到105室，需用时约20秒；从105室出来到1楼楼梯口，需用时约25秒；从1楼到7楼，需用时约5分钟；进入701室用时约35秒。总共需用时约10分30秒。如果加快速度，还可能提前完

成。侦查人员反复用正常速度和快速分别进行实验，均可在 15 分钟内从 5 号楼的第 7 层 701 室下到第 1 层 103 室，拿走电脑后存放到 105 室，然后返回 701 室。侦查实验在见证人陈××的见证下进行。

侦查人员：赵××、钱××

记 录 人：钱××

当 事 人：——

见 证 人：陈××

其他在场人员：无

范例四：

搜查 笔录

时间 20×× 年 2 月 10 日 10 时 30 分至 20×× 年 2 月 10 日 12 时 50 分

侦查人员姓名、单位 赵××、钱××，××县公安局刑侦大队

记录人姓名、单位 钱××，××县公安局刑侦大队

当事人： 犯罪嫌疑人李××，男，32 岁，住××市××县××镇××村××号

对象： 犯罪嫌疑人李××的住宅

见证人： 王××，男，55 岁，××村治保会主任

其他在场人员： 李××的妻子宋××，女，30 岁，无业

事由和目的： 犯罪嫌疑人李××供述其抢劫使用的工具和得来的财物部分放在了家中二楼卧室。为及时获取犯罪证据，查找赃物，需要对李××的住宅进行搜查。

地点： ××市××县××镇××村××号

过程和结果： 侦查人员邀请××村治保会主任王××作为见证人，经出示搜查证，对犯罪嫌疑人李××的住宅进行了搜查，李××的妻子宋××在场。侦查人员在李××二楼卧室的右侧床头柜发现驾驶证一本，持证人为王××，现金531元；在写字台中间抽屉发现三星手机1部，水果刀1把。

在搜查过程中，未有物品损坏。搜查时进行了拍照。被搜查人家属能够配合搜查工作，对搜查活动没有意见。

扣押物品详见扣押清单。

扣押清单一式三份，一份已交犯罪嫌疑人李××的妻子宋××收执。

侦查人员：赵××、钱××

记　录　人：钱××

当　事　人：　——

见　证　人：王××

其他在场人员：宋××

范例五：

查封　　笔录

时间 20××年 4 月 5 日 10 时 05 分至 20××年 4 月 5 日 11 时 20 分

侦查人员姓名、单位　李××、张××，××市公安局××经侦大队

记录人姓名、单位　张××，××市公安局××经侦大队

当事人：　犯罪嫌疑人王××，男，35 岁，××公司法人代表

对象：　王××名下房产（××市××路××号 401 室）

见证人：　刘××，××街道办事处工作人员

其他在场人员：王××的妻子赵××，女，30 岁，无业

事由和目的：　经侦查，查明犯罪嫌疑人王××通过诈骗手段获得一处房产（××市××路××号 401 室），为证明犯罪嫌疑人王××的犯罪事实，对该房产进行查封。

地点：　××市××路××号 401 室

过程和结果：　侦查人员李××、张××已于 20××年 4 月 3 日通知××市房管局协助办理 401 室的查封登记手续，并已收到××市房管局的回执。

4 月 5 日，侦查人员邀请××街道办事处工作人员刘××作为见证人，经出示查封决定书，对 401 室执行查封。王××的妻子赵××在场。侦查人员会同在场人员对 401 室内的设施、家具

和其他物品进行了查点，并对房间内部情况进行了拍照，最后在
401 室大门上张贴了封条。犯罪嫌疑人王××的妻子赵××能够
配合查封工作，对查封活动没有意见。

　　查封清单一式三份，一份已交犯罪嫌疑人王××的妻子赵×
×收执。

　　　　　　　　　　　侦查人员：李××、张××

　　　　　　　　　　　记 录 人：张××

　　　　　　　　　　　当 事 人：——

　　　　　　　　　　　见 证 人：刘××

　　　　　　　　　　　其他在场人员：赵××

范例六：

扣押 ___ 笔录

时间 20××年5月8日9时10分至20××年5月8日11时30分

侦查人员姓名、单位 李××、张××，××市公安局××县刑侦大队

记录人姓名、单位 张××，××市公安局××县刑侦大队

当事人：犯罪嫌疑人牛××，男，40岁，住××县××路××号506室

对象：犯罪嫌疑人牛××的笔记本电脑、移动硬盘

见证人：王××，××街道办事处工作人员

其他在场人员：牛××的妻子赵××，女，30岁，无业

事由和目的：经侦查，查明犯罪嫌疑人牛××在互联网上设置钓鱼网站，骗取钱财。根据牛××的供述，其是通过家里的××牌笔记本电脑、××牌移动硬盘进行犯罪活动的，电脑以及移动硬盘内可能存有证明牛××设置钓鱼网站的有关证据，需要予以扣押。

地点：××县××路××号506室

过程和结果：4月5日，侦查人员邀请××街道办事处工作人员王××作为见证人，经出示扣押决定书，执行了扣押。牛××

的妻子赵××在场。

　　侦查人员在506室主卧室内发现××牌笔记本电脑一台（生产编号：××××）、××牌移动硬盘两个（生产编号：××××），会同在场人员对笔记本电脑、移动硬盘的外观、使用状况进行了检查，并对上述物品执行了扣押。牛××的妻子赵××能够配合扣押工作，对扣押活动没有意见。

　　扣押清单一式三份，一份已交犯罪嫌疑人牛××的妻子赵××收执。

　　　　　　　　　　侦查人员：李××、张××

　　　　　　　　　　记　录　人：张××

　　　　　　　　　　当　事　人：——

　　　　　　　　　　见　证　人：王××

　　　　　　　　　　其他在场人员：赵××

范例七：

<u>　辨认　</u>　笔录

时间 <u>20××</u> 年 <u>7</u> 月 <u>5</u> 日 <u>10</u> 时 <u>20</u> 分至 <u>20××</u> 年 <u>7</u> 月 <u>5</u> 日 <u>10</u> 时 <u>40</u> 分

侦查人员姓名、单位 <u>张××、赵××，××市公安局××派出所</u>

记录人姓名、单位 <u>赵××，××市公安局××派出所</u>

当事人： <u>辨认人王××，××市××路×栋×号，××市××公</u>
<u>司员工</u>

对象： <u>一组 12 张不同男性正面免冠照片</u>

见证人： <u>刘××，××市××路×栋×号，××市××街道××</u>
<u>居委会</u>

其他在场人员： <u>无</u>

事由和目的： <u>被害人王××称可以辨认出涉嫌伤害他的犯罪嫌</u>
<u>疑人，为此，侦查人员准备了一组不同男性正面免冠照片 12 张，</u>
<u>让其辨认、确认本组照片中是否有本案的犯罪嫌疑人及其具体行</u>
<u>为。</u>

地点： <u>××市公安局××派出所</u>

过程和结果： <u>20××年7月4日在××市××公司发生一起故</u>
<u>意伤害案，辨认人王××是本案的被害人。王××在陈述中指</u>
<u>出，虽然叫不出犯罪嫌疑人的名字，但能够指认出是谁使用水果</u>

刀将其刺伤。为此，侦查人员事先准备好不同的男性正面免冠照片12张，其中有本案犯罪嫌疑人照片1张，分别编为1号至12号，无规则排列在一张硬纸上。对辨认人说明要求后，在××市××街道××居委会刘××的见证下，将照片提供给王××辨认。

王××将全部照片仔细地审视了一遍，指出：9号照片上的人（犯罪嫌疑人薛××）就是拿水果刀刺伤他的人。办案人员对辨认的过程进行了录音录像，具体内容详见×××××。

至此，辨认结束。

　　　　　　　　　　侦查人员：张××、赵××

　　　　　　　　　　记　录　人：赵××

　　　　　　　　　　当　事　人：王××

　　　　　　　　　　见　证　人：刘××

　　　　　　　　　　其他在场人员：无

辨 认 照 片

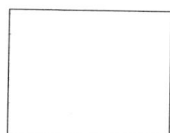

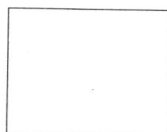

1号照片　　　　2号照片　　　　3号照片

4号照片　　　　5号照片　　　　6号照片

7号照片　　　　8号照片　　　　9号照片

10号照片　　　　11号照片　　　　12号照片

　　以上9号照片中的男子就是20××年7月4日在××市××公司拿水果刀刺伤我的人。

　　　　　　　　　　（辨认人签名、捺指印）　王××

　　　　　　　　　　20××年7月5日

（注：以上范例不代表实际辨认时必须附12张照片）

305

辨认照片说明

辨认照片编号对应姓名一览表：

1. ×××
2. ×××
3. ×××
4. ×××
5. ×××
6. ×××
7. ×××
8. ×××
9. 薛××（犯罪嫌疑人）
10. ×××
11. ×××
12. ×××

范例八：

提取　　笔录

时间 20×× 年 2 月 10 日 10 时 30 分至 20×× 年 2 月 10 日 12 时 50 分

侦查人员姓名、单位　赵××、钱××，××公安分局刑侦大队

记录人姓名、单位　钱××，××公安分局刑侦大队

当事人：　犯罪嫌疑人李××，男，28 岁，住××市××区××

路××号

对象：　犯罪嫌疑人李××藏匿的作案工具和赃物

见证人：　黄××，男，38 岁，××市××区街道办副主任

其他在场人员：　刘××，男，25 岁，××小区保安

事由和目的：　犯罪嫌疑人李××供述在抢劫逃跑时，将作案工具匕首和抢来的一条金项链藏在××路 32 路车巴士站旁的一间房子墙角处。为及时固定证据，证实犯罪嫌疑人供述的真实性，需要及时到该地点提取作案工具和赃物。

地点：　××市××小区××栋××号

过程和结果：　侦查人员赵××、钱××在同事的协助下，将犯罪嫌疑人李××押到××路 32 路车巴士站附近，并邀请××区街道办副主任黄××作为见证人。经观察，该巴士站南面 20 米处为

××市××小区。根据李××的供述，匕首和金项链藏在××小区××栋××号房附近。在小区保安刘××的协助下，侦查人员根据李××的指引，在该小区××栋××号房一楼西北向墙角边的阴沟里发现了匕首一把（三棱刀刃，总长25厘米，带木质刀柄，柄部长12厘米），金黄色项链一条（长30厘米，净重15克）。经李××指认，上述物品正是其逃跑时藏匿的作案工具和赃物。侦查人员拍照后，将匕首和项链提取装入物证袋。

提取过程拍摄照片6张，提取物品详见附件提取痕迹、物证登记表。

侦查人员：赵××、钱××

记 录 人：钱××

当 事 人：李××

见 证 人：黄××

其他在场人员：刘××

提取痕迹、物证登记表

序号	名称	基本特征	数量	提取部位	提取方法	提取人	备注
1	匕首	三棱刀刃，总长25厘米，带木质刀柄，柄部长12厘米	壹把	××小区××栋××号房一楼西北向墙角边的阴沟里	拍照后原物直接提取	赵××、钱××	
2	项链	金黄色，长30厘米，净重15克	壹条	××小区××栋××号房一楼西北向墙角边的阴沟里	拍照后原物直接提取	赵××、钱××	

见证人：

　　黄××

20××年2月10日

办案单位（盖章）××分局刑侦大队

提取人：赵××

　　　　钱××

20××年2月10日

五十三、调取证据通知书、调取证据清单

(一) 概念

调取证据通知书是公安机关在办理刑事案件过程中，依法向有关单位或者个人调取与案件有关的实物证据时制作的通知性文书。调取证据通知书是公安机关收集案件证据的重要依据和凭证，对于规范公安机关的取证活动具有重要作用。

调取证据清单是公安机关在办理刑事案件过程中，依法向有关单位或者个人调取证据时制作的记载调取证据情况的文书。

(二) 法律依据

《刑事诉讼法》第 54 条第 1 款规定，人民法院、人民检察院和公安机关有权向有关单位和个人收集、调取证据。有关单位和个人应当如实提供证据。

《公安机关办理刑事案件程序规定》第 62 条规定，公安机关向有关单位和个人调取证据，应当经办案部门负责人批准，开具调取证据通知书，明确调取的证据和提供时限。被调取单位及其经办人、持有证据的个人应当在通知书上盖章或者签名，拒绝盖章或者签名的，公安机关应当注明。必要时，应当采用录音录像方式固定证据内容及取证过程。

(三) 适用条件

使用调取证据通知书应当符合以下条件：

1. 调取的对象是与案件有关的实物证据，如果是收集与案件有关的证人证言，则应当制作询问通知书。

2. 未通过扣押等其他方式取得。一些实物证据可以通过其他侦查活动取得，如勘验、检查以及搜查中获得的实物证据，获得这些实物证据不需要制作调取证据通知书。

3. 公安机关向证据持有人调取。如果是证据持有人主动向公安机关提供，就不能使用调取证据通知书，应当采取接受证据或扣

押的方式。

4. 应当经办案部门负责人批准。

调取证据清单在公安机关向有关单位和个人调取案件有关证据时制作。

（四）调取证据通知书的内容及制作要求

调取证据通知书属于多联式填充型文书，由正本、副本和存根组成。

1. 正本。本联是公安机关向有关单位和个人调取证据的依据，由首部、正文和尾部组成。

（1）首部。首部包括文书的制作机关名称、文书名称（已印制好）、文书字号及抬头。抬头填写持有证据的单位的名称或者个人的姓名。

（2）正文。正文按照格式要求填写案件名称和需要调取的证据的有关情况，包括证据的名称、数量、特征等。

（3）尾部。尾部填写清楚成文时间，写明单位名称，并加盖制作文书的公安机关印章。

2. 副本。本联是公安机关向有关单位和个人调取证据的凭证，由办案部门存卷，其内容及制作要求与正本一致。

3. 存根。本联是公安机关调取有关单位和个人持有的案件证据的凭证，由公安机关留存备查。存根内应当按照顺序填写清楚有关栏目内容。

（五）调取证据清单的内容及制作要求

调取证据清单属于填表型文书。制作本文书时，应当按照规定的格式按顺序填写所调取证据的编号、名称、数量、特征及备注。

1. 编号，即调取的物品或文件的顺序号，用阿拉伯数字填写。

2. 名称。要写清调取的物品或文件的准确名称。

3. 数量。要写清每种物品或文件的数量，应当用大写。

4. 特征。要详细写明物品的商标、规格、形状、新旧程度、产地等，或者文件的制作者、字号、制作日期以及是否复印件等有关特征。

5. 备注。记载其他需要说明的内容。

填写上述内容时，应当一项一格，中间不能有空格。如果填写完留有空格，应当在空格的对角线处划一斜线；空格不够的，可以续页。填写完调取证据的有关项目后，应当由证据持有人（包括提供证据的有关单位或者个人）、保管人和办案人在清单的下方分别签字。

（六）使用要求

1. 调取证据通知书制作完毕后，公安机关侦查人员应当持通知书正本和副本到证据持有单位或者个人处调取证据。执行调取时，应当向证据持有单位或者个人出示调取证据通知书和办案人员的有关身份证件，并要求证据持有单位或者个人在通知书副本附注部分的"本通知书已收到"后盖章或者签名。拒绝盖章或者签名的，公安机关应当注明。

2. 公安机关向有关单位调取的书面证据材料，必须由提供人签名，并加盖单位印章；向个人调取的书面证据材料，必须由本人确认无误后签名。

3. 制作调取证据通知书并非调取证据的唯一方式，如果可通过其他方式（如勘验、检查或者扣押）获取证据的，可不使用调取证据通知书。

4. 使用调取证据通知书调取证据的，应当制作调取证据清单，一并归入诉讼卷。

5. 调取证据通知书一次使用有效，如果需要再次调取证据的，应当制作新的调取证据通知书。

6. 调取证据清单应当制作一式三份，一份由办案部门留存，与调取证据通知书一起存入诉讼卷，一份交证据持有人，一份交公安机关的证据保管人员。

（七）范例

＊＊公安局

调取证据通知书

×公（刑）调证字〔20××〕1号

赵××：

根据《中华人民共和国刑事诉讼法》第五十四条之规定，我局侦办的 范××盗窃 案需调取你下列有关证据：深圳产天王牌石英男士手表1块。

伪造证据、隐匿证据或者毁灭证据的，将受法律追究。

＊＊公安局（印）

二○××年一月一日

此联交证据持有人

×公（刑）调证字贰零××第壹号

＊＊公安局

调取证据通知书
（副本）

×公（刑）调证字〔20××〕1号

赵××：

根据《中华人民共和国刑事诉讼法》第五十四条之规定，我局侦办的 范××盗窃 案需调取你下列有关证据：深圳产天王牌石英男士手表1块。

伪造证据、隐匿证据或者毁灭证据的，将受法律追究。

＊＊公安局（印）

二○××年一月一日

本通知书已收到。

证据持有人：赵××　20××年1月1日

此联附卷

×公（刑）调证字贰零××第壹号

＊＊公安局

调取证据通知书
（存根）

×公（刑）调证字〔20××〕1号

案件名称：范××盗窃案

案件编号：×××××××

证据持有人：赵××

地址：××市××县××镇××小区××幢××号

调取证据：深圳产天王牌石英 男士手表1块

批准人：王××

批准时间：20××年1月1日

办案人：陈××、杨××

办案单位：××县公安局刑警大队

填发时间：20××年1月1日

填发人：杨××

＊＊＊公安局
调 取 证 据 清 单

编号	名　称	数量	特　　征	备注
1	手表	壹块	深圳产天王牌，石英男士，型号×××，不锈钢材质	

证据持有人：赵××　　　　保管人：王××　　　　办案单位（盖章）

办案人：陈××、钱××

20××年1月1日　　　　20××年1月1日　　　　20××年1月1日

本清单一式三份，一份附卷，一份交证据持有人，一份交公安机关保管人员。

314

五十四、搜查证

(一) 概念

搜查证是公安机关在办理刑事案件过程中，依法对犯罪嫌疑人进行搜查时制作的证明性法律文书。搜查是《刑事诉讼法》规定的一项重要侦查措施，对于查获案件证据、抓获犯罪嫌疑人具有重要作用。但如果不严格按照法定程序进行，将会产生严重侵犯公民权益的问题。因此，公安机关在进行搜查时，一定要严格依法制作并出示搜查证。

(二) 法律依据

《刑事诉讼法》第136条规定，为了收集犯罪证据、查获犯罪人，侦查人员可以对犯罪嫌疑人以及可能隐藏罪犯或者犯罪证据的人的身体、物品、住处和其他有关的地方进行搜查。第138条第1款规定，进行搜查，必须向被搜查人出示搜查证。

《公安机关办理刑事案件程序规定》第222条规定，为了收集犯罪证据、查获犯罪人，经县级以上公安机关负责人批准，侦查人员可以对犯罪嫌疑人以及可能隐藏罪犯或者犯罪证据的人的身体、物品、住处和其他有关的地方进行搜查。第223条规定，进行搜查，必须向被搜查人出示搜查证，执行搜查的侦查人员不得少于2人。

(三) 适用条件

使用搜查证应当符合以下条件：

1. 搜查的目的是收集犯罪证据、抓获犯罪嫌疑人。

2. 必须经过公安机关负责人批准。

3. 搜查的对象是犯罪嫌疑人以及可能隐藏罪犯或者犯罪证据的人的身体、物品、住处和其他有关的地方。

(四) 内容及制作要求

搜查证属于多联式填充型文书，由正本和存根组成。

1. 正本。本联是公安机关对犯罪嫌疑人以及可能隐藏罪犯或者犯罪证据的人的身体、物品、住处和其他有关的地方进行搜查的凭证，用于证明公安机关侦查人员进行搜查活动的合法性，由首部、正文和尾部组成。

（1）首部。首部包括制作机关名称、文书名称（已印制好）和文书字号。

（2）正文。正文按照格式要求填写清楚搜查对象相关内容。搜查对象要填写清楚具体的被搜查的人、物品、住处或其他有关地方的名称。

（3）尾部。尾部填写清楚成文时间，写明单位名称，并加盖公安机关印章。

2. 存根。本联是公安机关进行搜查活动的凭证，用于留存备查。存根要按照格式要求顺序填写清楚所列内容。其中，"搜查原因"可根据案件情况，分别填写"查找犯罪嫌疑人×××""查找×××物品"。"搜查对象"可根据案件的具体情况填写，搜查犯罪嫌疑人或者可能隐藏犯罪证据的人的身体的，填写"犯罪嫌疑人×××"或者有关人员姓名；搜查有关物品、住处或其他地方的，填写具体的物品、住处或有关地方的名称或具体位置，如"犯罪嫌疑人×××的住宅""×××歌舞厅"等。

（五）使用要求

1. 搜查证制作完毕后，侦查人员应当持正本对搜查对象进行搜查。

2. 进行搜查时，侦查人员首先要向被搜查人出示搜查证，并要求被搜查人或其家属或其他见证人在搜查证的附注部分注明向其宣布搜查证的时间并签名。被搜查人或其家属或其他见证人拒绝签字的，侦查人员应当在搜查证上予以注明。

3. 进行搜查时，应当有被搜查人或者其家属、邻居或者其他见证人在场。搜查妇女的身体，应当由女工作人员进行。

4. 根据《刑事诉讼法》第 138 条第 2 款的规定，在执行逮捕、拘留的时候，遇有紧急情况，不另用搜查证也可以进行搜查。其中，"紧急情况"主要是指：（1）犯罪嫌疑人可能随身携带凶器的；（2）可能隐藏爆炸、剧毒等危险物品的；（3）可能隐匿、毁弃、转移犯罪证据的；（4）可能隐匿其他犯罪嫌疑人的；（5）其他可能突然发生的紧急情况。

5. 搜查证一次使用有效，需要再次搜查的，应当制作新的搜查证。

6. 侦查终结时，搜查证正本应当存入诉讼卷。

（六）范例

＊＊＊公安局

搜 查 证

（存　根）

×公(刑)搜查字〔20××〕68号

案件名称	李××抢劫案
案件编号	××××××
犯罪嫌疑人	李××　　　男/女
出生日期	19××年××月××日
住　　址	××市××县××镇××村××号
单位及职业	农民
搜查原因	查找赃物
搜查对象	李××的住宅
批 准 人	王××
批准时间	20××年2月10日
办 案 人	赵××、钱××
办案单位	××县公安局刑侦大队
填发时间	20××年2月10日
填 发 人	钱××

×公（刑）搜查字贰零××第陆拾捌号

＊＊＊公安局

搜 查 证

×公（刑）搜查字〔20××〕68号

　　因侦查犯罪需要，根据《中华人民共和国刑事诉讼法》第一百三十六条之规定，我局依法对犯罪嫌疑人李××在××市××县××镇××村××号的住处　进行搜查。

公安局（印）
二○××年二月十日

　　本证已于　20××　年　2　月　10　日　10　时向我宣布。

　　被搜查人或其家属或其他见证人：刘××

（被搜查人家属）

此联附卷

五十五、接受证据材料清单

(一) 概念

接受证据材料清单是公安机关在接受案件和侦查过程中，对于扭送人、报案人、控告人、举报人、自动投案人主动向公安机关提供的有关证据材料、物品等进行接受、登记的文书。接受的证据对立案、侦查工作有重要的意义，因此公安机关一定要认真记载证据种类及特征，并妥善保管。

(二) 法律依据

《刑事诉讼法》第110条规定，任何单位和个人发现有犯罪事实或者犯罪嫌疑人，有权利也有义务向公安机关、人民检察院或者人民法院报案或者举报。被害人对侵犯其人身、财产权利的犯罪事实或者犯罪嫌疑人，有权向公安机关、人民检察院或者人民法院报案或者控告。公安机关、人民检察院或者人民法院对于报案、控告、举报，都应当接受。

《公安机关办理刑事案件程序规定》第170条规定，公安机关对扭送人、报案人、控告人、举报人、投案人提供的有关证据材料等应当登记，制作接受证据材料清单，由扭送人、报案人、控告人、举报人、投案人签名，并妥善保管。必要时，应当拍照或者录音录像。

(三) 适用条件

接受证据材料清单是公安机关在接受案件和侦查过程中，相关人员向公安机关主动提供证据时使用。

(四) 内容及制作要求

接受证据材料清单属于填表型文书，应当按照规定的格式填写编号、名称、数量、特征及备注（有关填写要求可参见"五十三、调取证据清单"）。填写接受的有关证据、物品后，应当分别由证据提交人、保管人、办案人签名，注明接受时间，并加盖办案单位公章。

（五）使用要求

1. 接受证据材料清单一式三份，一份由接受单位留存附卷，一份交证据提交人，一份交公安机关的证据保管人员。

2. 接受的证据对下一步的立案、侦查工作有重要的意义，接受过程中一定要认真登记，按照要求制作接受证据材料清单，必要时予以拍照或者录音录像，并妥善保管。

（六）范例

＊＊＊公安局

接受证据材料清单

编号	名　　称	数量	特　　征	备　　注
1	合同书	壹份	A4纸，共30页	复印件
2	公司印章	壹枚	直径5厘米，印文为"××公司"	

提交人：周××　　　　保管人：刘××　　　　办案单位（盖章）

办案人：赵××、钱××

20××年1月5日　　　20××年1月5日　　　　20××年1月5日

本清单一式三份，一份附卷，一份交证据提交人，一份交公安机关保管人员。

321

五十六、查封决定书

（一）概念

查封决定书是公安机关对在侦查活动中发现的可用以证明犯罪嫌疑人有罪或者无罪的各种财物、文件予以查封时使用的决定性法律文书。

（二）法律依据

《刑事诉讼法》第 141 条第 1 款规定，在侦查活动中发现的可用以证明犯罪嫌疑人有罪或者无罪的各种财物、文件，应当查封、扣押；与案件无关的财物、文件，不得查封、扣押。

《公安机关办理刑事案件程序规定》第 227 条规定，在侦查活动中发现的可用以证明犯罪嫌疑人有罪或者无罪的各种财物、文件，应当查封、扣押；但与案件无关的财物、文件，不得查封、扣押。持有人拒绝交出应当查封、扣押的财物、文件的，公安机关可以强制查封、扣押。第 228 条第 2 款规定，在侦查过程中需要查封土地、房屋等不动产，或者船舶、航空器以及其他不宜移动的大型机器、设备等特定动产的，应当经县级以上公安机关负责人批准并制作查封决定书。

（三）适用条件

使用查封决定书应当符合以下条件：

1. 查封的对象是可用以证明犯罪嫌疑人有罪或者无罪的各种不动产和特定动产。

2. 查封要经县级以上公安机关负责人批准并制作查封决定书。

（四）内容及制作要求

查封决定书属于多联式填充型文书，分正本、副本、存根三联。

1. 正本。本联是公安机关查封犯罪嫌疑人不动产和特定动产的凭证，分为首部、正文和尾部三部分。

（1）首部。首部由制作机关名称、文书名称（已印制好）、文书字号以及犯罪嫌疑人、不动产和特定动产所有人或单位的姓名、名称等基本情况组成。

执行查封时，所有人或单位应当选择填写，不能同时填写；如果要同时对所有人和单位的相关财物执行查封，应当分别开具查封决定书。

（2）正文。正文包括案件名称、查封的法律依据，同时要填写查封不动产或特定动产的编号、名称、地址、特征等信息（有关填写要求可参见"五十三、调取证据清单"）。

（3）尾部。尾部填写清楚成文时间，写明单位名称，并加盖制作文书的公安机关印章。

2. 副本。本联填写内容与正本相同。签注栏由持有人、见证人分别签名，并注明时间。

3. 存根。本联由公安机关留存备查。存根应当按照顺序填写清楚有关栏目内容。

（五）范例

＊＊公安局

查封决定书

×公（经）封字〔20××〕123号

姓名 徐××，性别 男，出生日期 1975年6月6日，身份证件种类及号码 身份证，××××××××××××××××××，住址 ×市×区×街道×花园C区68号。

单位地址及联系方式 徐××集资诈骗。

我局在侦查 徐××集资诈骗 案件中发现你（单位）持有的下列财物，文件可用以证明犯罪嫌疑人 徐××有罪或者无罪，根据《中华人民共和国刑事诉讼法》第一百四十一条之规定，现决定查封：

编号	名称	地址	特征
1	别墅	×市×区×街道×花园C区68号	房地产权登记业主姓名××，身份证号×××××××××××××××××

法定代表人 ——

公安局（印）

20××年11月20日

此联交持有人

＊＊公安局

查封决定书

（副 本）

×公（经）封字〔20××〕123号

姓名 徐××，性别 男，出生日期 1975年6月6日，身份证件种类及号码 身份证，××××××××××××××××××，住址 ×市×区×街道×花园C区68号。

单位地址及联系方式 徐××集资诈骗。

我局在侦查 徐××集资诈骗 案件中发现你（单位）持有的下列财物，文件可用以证明犯罪嫌疑人 徐××有罪或者无罪，根据《中华人民共和国刑事诉讼法》第一百四十一条之规定，现决定查封：

编号	名称	地址	特征
1	别墅	×市×区×街道×花园C区68号	房地产权登记业主姓名××，身份证号×××××××××××××××××

持有人：徐××   见证人：吴××   法定代表人 ——

20××年11月20日   20××年11月20日   公安局（印）

20××年11月20日

此联附卷

＊＊公安局

查封决定书

（存 根）

×公（经）封字〔20××〕123号

案件名称 徐××集资诈骗案

案件编号 ×××××××××××

犯罪嫌疑人 徐××　　　　　男／女

出生日期 1975年6月6日

被查封单位 ——

查封原因 徐××集资诈骗案

批准人 张××　　　侦查徐××集资

批准时间 20××年11月20日

办案人 林××，胡××

办案单位 ××公安局经济犯罪侦查大队

填发时间 20××年11月20日

填发人 林××

五十七、扣押决定书

（一）概念

扣押决定书是公安机关对在侦查活动中发现的可用以证明犯罪嫌疑人有罪或者无罪的各种财物、文件予以扣押时使用的决定性法律文书。

（二）法律依据

《刑事诉讼法》第 141 条第 1 款规定，在侦查活动中发现的可用以证明犯罪嫌疑人有罪或者无罪的各种财物、文件，应当查封、扣押；与案件无关的财物、文件，不得查封、扣押。

《公安机关办理刑事案件程序规定》第 227 条规定，在侦查活动中发现的可用以证明犯罪嫌疑人有罪或者无罪的各种财物、文件，应当查封、扣押；但与案件无关的财物、文件，不得查封、扣押。持有人拒绝交出应当查封、扣押的财物、文件的，公安机关可以强制查封、扣押。第 228 条第 1 款规定，在侦查过程中需要扣押财物、文件的，应当经办案部门负责人批准，制作扣押决定书；在现场勘查或者搜查中需要扣押财物、文件的，由现场指挥人员决定；但扣押财物、文件价值较高或者可能严重影响正常生产经营的，应当经县级以上公安机关负责人批准，制作扣押决定书。

（三）适用条件

使用扣押决定书应当符合以下条件：

1. 扣押的对象是可用以证明犯罪嫌疑人有罪或者无罪的各种财物、文件。

2. 扣押要结合具体情况，即对一般侦查过程中需要扣押的，经办案部门负责人批准并制作扣押决定书；对扣押财物、文件价值较高或者可能严重影响正常生产经营的，应当经县级以上公安机关负责人批准并制作扣押决定书。

（四）内容及制作要求

扣押决定书属于多联式填充型文书，分正本、副本和存根三联。

1. 正本。本联是公安机关扣押犯罪嫌疑人财物、文件的凭证，分为首部、正文和尾部三部分。

（1）首部。首部由制作机关名称、文书名称（已印制好）、文书字号以及犯罪嫌疑人、财物、文件持有人或单位的姓名、名称等基本情况组成。

执行扣押时，被扣押财物、文件的持有人或单位应当选择填写，不能同时填写；如果要同时对持有人和单位的有关财物、文件执行扣押，应当分别开具决定书。

（2）正文。正文包括案件名称、扣押的法律依据，同时要填写好扣押财物、文件的编号、名称、数量、特征等信息（有关填写要求可参见"五十三、调取证据清单"）。

（3）尾部。尾部填写清楚成文时间，写明单位名称，并加盖制作文书的公安机关印章。

2. 副本。本联填写内容与正本相同。签注栏由持有人、见证人分别签名，并注明时间。

3. 存根。本联由公安机关留存备查。存根应当按照顺序填写清楚有关栏目内容。

（五）使用要求

1. 在侦查过程中需要扣押财物、文件的，应当经办案部门负责人批准并制作扣押决定书。

2. 扣押财物、文件价值较高或者可能严重影响正常生产经营的，应当经县级以上公安机关负责人批准并制作扣押决定书。

（六）范例

＊＊＊公安局
扣押决定书

×公（经）扣字〔20××〕123号　1975年

姓名 徐×× ，性别 男 ，出生日期
6月6日 ，身份证件种类及号码 ×××××××××××
×××，住址 ×市×区×街道×花园C区68号 ，
单位名称　　　，单位地址及联系方式　　　，法定代表人　　　，
我局在侦查 徐×× 集资诈骗 案件中发现你（单
位）持有的下列财物，文件可用以证明犯罪嫌疑人有罪或
者无罪，根据《中华人民共和国刑事诉讼法》第一百四十
一条之规定，现决定扣押：

编号	名称	数量	特征
1	笔记本电脑	多台	白色××牌、型号为×××

公安局（印）
20××年11月20日

此联交持有人

×公（经）扣字〔20××〕第壹佰贰拾叁号

＊＊＊公安局
扣押决定书
（副本）

×公（经）扣字〔20××〕123号　1975年

姓名 徐×× ，性别 男 ，出生日期
6月6日 ，身份证件种类及号码 ×××××××××××
×××，住址 ×市×区×街道×花园C区68号 。
单位名称　　　，单位地址及联系方式　　　，法定代表人　　　，
我局在侦查 徐×× 集资诈骗 案件中发现你（单
位）持有的下列财物，文件可用以证明犯罪嫌疑人有罪或
者无罪，根据《中华人民共和国刑事诉讼法》第一百四十
一条之规定，现决定扣押：

编号	名称	数量	特征
1	笔记本电脑	多台	白色××牌、型号为×××

持有人：徐×× 见证人：吴××　公安局（印）
20××年11月20日 20××年11月20日 20××年11月20日

此联附卷

×公（经）扣字〔20××〕第壹佰贰拾叁号

＊＊＊公安局
扣押决定书
（存根）

×公（经）扣字〔20××〕123号

案件名称	徐××集资诈骗案
案件编号	××××××××　男/女
犯罪嫌疑人	徐××
出生日期	1975年6月6日
教中原审单位	
扣押原因	侦查徐××集资诈骗的委案
批准	张××
批准时间	20××年11月20日 胡××
办案人	林××
办案单位	××公安局经济犯罪侦查支队
填发时间	20××年11月20日 林××
填发人	

五十八、扣押清单

（一）概念

扣押清单是公安机关在侦查活动中对发现的可用以证明犯罪嫌疑人有罪或者无罪的各种财物、文件进行扣押时制作的文书。扣押清单客观地记载了公安机关扣押的财物、文件情况，是公安机关侦查活动的重要证明，制作好该文书，对于规范公安机关的扣押活动，依法保护有关当事人的合法权益具有重要作用。

（二）法律依据

《刑事诉讼法》第 142 条规定，对查封、扣押的财物、文件，应当会同在场见证人和被查封、扣押财物、文件持有人查点清楚，当场开列清单一式两份，由侦查人员、见证人和持有人签名或者盖章，一份交给持有人，另一份附卷备查。

《公安机关办理刑事案件程序规定》第 230 条第 1 款、第 2 款规定，对查封、扣押的财物和文件，应当会同在场见证人和被查封、扣押财物、文件的持有人查点清楚，当场开列查封、扣押清单一式三份，写明财物或者文件的名称、编号、数量、特征及其来源等，由侦查人员、持有人和见证人签名，一份交给持有人，一份交给公安机关保管人员，一份附卷备查。对于财物、文件的持有人无法确定，以及持有人不在现场或者拒绝签名的，侦查人员应当在清单中注明。

（三）适用条件

使用扣押清单应当符合以下条件：

1. 在侦查活动中进行的扣押活动，如需调取证据，不必制作本文书，而应当制作调取证据通知书。

2. 扣押的对象是便于提取、运输、保管的财物或者文件。

3. 扣押的财物或者文件可用以证明犯罪嫌疑人有罪或者无罪；对于与案件无关的财物、文件不得扣押，但违禁品除外。

（四）内容及制作要求

1. 扣押清单属于填表型文书，应当按照规定的格式填写法律文书号（即扣押财物、文件的，要在扣押清单中填写扣押决定书文号；如果是在执行拘留、逮捕或者搜查过程中进行扣押的，应当填写搜查证、拘留证、逮捕证等法律文书号，但扣押财物、文件价值较高或者可能严重影响正常生产经营的，应当制作扣押决定书，并在扣押清单中填写该法律文书号）、扣押财物、文件的编号、名称、数量、特征及备注（有关填写要求可参见"五十三、调取证据清单"）。

2. 填写完扣押的有关财物、文件后，应当分别由财物、文件持有人、见证人、保管人和办案人签字并注明扣押时间。

（五）使用要求

扣押清单应当制作一式三份，一份由办案部门留存归入诉讼卷，一份交财物、文件持有人，一份交公安机关的证据保管人员。

（六）范例

＊＊＊公安局
扣 押 清 单

法律文书号：×公（经）扣字〔20××〕123号

编号	名　称	数量	特　征	备注
1	摩托车	壹辆	雅马哈牌、女式、银色、车辆号牌：粤Y××××，发动机号：××××，车架号：××××	登记权属人：李××
2	老虎钳	壹把	黑色、钢制，有红色橡胶手柄，长约20cm	
3	砍刀	壹把	用铁水管焊接的砍柴刀，长度约为100cm	
4	电缆	贰捆	珠江电缆，10mm铜芯，35m长	
5	电缆	贰捆	樱花牌电缆，15mm铜芯，一捆20m，另一捆18m	
6	编织袋	壹个	蓝红条纹相间80cm×80cm，有拉链	

持有人：　　　　见证人：　　　　保管人：　　　　办案单位（盖章）

张××　　　　　刘××　　　　　吴××　　　　　××市公安局刑侦大队

办案人：陈××、徐××

20××年××月××日　20××年××月××日　20××年××月××日　20××年××月××日

本清单一式三份，一份附卷，一份交持有人，一份交公安机关保管人员。

五十九、登记保存清单

(一) 概念

登记保存清单是用于对需要作为证据使用但是不便提取或者不需要查封、扣押的财物、文件，经登记、拍照或者录音录像、估价后，交财物、文件持有人保管或者封存时使用的法律文书。

(二) 法律依据

《公安机关办理刑事案件程序规定》第231条规定，对作为犯罪证据但不便提取或者没有必要提取的财物、文件，经登记、拍照或者录音录像、估价后，可以交财物、文件持有人保管或者封存，并且开具登记保存清单一式两份，由侦查人员、持有人和见证人签名，一份交给财物、文件持有人，另一份连同照片或者录音录像资料附卷备查。财物、文件持有人应当妥善保管，不得转移、变卖、毁损。

(三) 适用条件

使用登记保存清单应当符合以下条件：

1. 需要作为证据使用。

2. 不便提取或者不需要查封、扣押。

(四) 内容及制作要求

登记保存清单属于填表型文书，应当按照规定的格式填写登记保存的财物、文件的编号、名称、保存地点、数量、特征及备注（有关填写要求可参见"五十三、调取证据清单"）。填写登记保存的有关财物、文件后，应当分别由财物、文件持有人、见证人和办案人签字并注明登记保存时间。

(五) 使用要求

1. 对有关财物、文件需要登记、拍照或者录音录像、估价，以固定证据。

2. 将有关财物、文件交持有人保管或者封存。这是为了不影响持有人对财物、文件的支配和使用，但同时为了保持原始证据诉讼价值，又必须要求持有人妥善保管或者封存。

3. 登记保存清单一式两份，一份由办案部门连同照片或者录像资料归入诉讼卷，一份交财物、文件持有人。

（六）范例

＊＊＊公安局

登 记 保 存 清 单

（公安机关名称和印章）

案　　由	张××盗窃案	办案单位		××公安局刑侦大队
持 有 人	李××	性别	男	出生日期　1975.4.6
现 住 址	××市××区××路××号A座111室			
工作单位	××医院		联系电话	139××××××××

　　根据《公安机关办理刑事案件程序规定》第二百三十一条的规定，决定对下列财物、文件进行登记保存。在登记保存期间内未经本机关批准，不得转移、变卖、毁损。

编号	名称	保存地点	数量	特征	备注
1	彩色B超仪	××市××区××路××医院放射科	壹台	××牌，××型号，制造商××，机身编码××××	
2	电子血压仪	××市××区××路××医院内科	壹台	××牌，××型号，制造商××，机身编码××××	
3	××频谱色相分析仪	××市××区××路××医院化验室	壹台	××牌，××型号，制造商××，机身编码××××	

证据持有人： 李×× 20××年××月××日	见证人： 刘×× 20××年××月××日	办案人： 王××、陈×× 20××年××月××日

　　本清单一式两份，一份附卷，一份交证据持有人。

六十、查封/解除查封清单

（一）概念

查封/解除查封清单是公安机关在侦查活动中对发现的可用以证明犯罪嫌疑人有罪或者无罪的各种财物、文件进行查封，以及对经查明确实与案件无关的被查封财物、文件解除查封时制作的文书。查封/解除查封清单客观地记载了公安机关查封/解除查封的财物、文件情况，是公安机关侦查活动的重要证明，制作好该文书，对于规范公安机关的查封活动，依法保护有关当事人的合法权益具有重要作用。

（二）法律依据

《刑事诉讼法》第142条规定，对查封、扣押的财物、文件，应当会同在场见证人和被查封、扣押财物、文件持有人查点清楚，当场开列清单一式两份，由侦查人员、见证人和持有人签名或者盖章，一份交给持有人，另一份附卷备查。第145条规定，对查封、扣押的财物、文件、邮件、电报或者冻结的存款、汇款、债券、股票、基金份额等财产，经查明确实与案件无关的，应当在3日以内解除查封、扣押、冻结，予以退还。

《公安机关办理刑事案件程序规定》第230条第1款、第2款规定，对查封、扣押的财物和文件，应当会同在场见证人和被查封、扣押财物、文件的持有人查点清楚，当场开列查封、扣押清单一式三份，写明财物或者文件的名称、编号、数量、特征及其来源等，由侦查人员、持有人和见证人签名，一份交给持有人，一份交给公安机关保管人员，一份附卷备查。对于财物、文件的持有人无法确定，以及持有人不在现场或者拒绝签名的，侦查人员应当在清单中注明。第233条规定，对查封、扣押的财物、文件、邮件、电子邮件、电报，经查明确实与案件无关的，应当在3日以内解除查封、扣押，退还原主或者原邮电部门、网络服务单位；原主不明确的，应当采取公告方式告知原主认领。在通知原主或者公告后 6 个月以内，无人认领的，按照无主财物处理，登记后上缴国库。

（三）适用条件

使用查封/解除查封清单应当符合以下条件：

1. 在开展侦查活动中进行的查封或解除查封活动。

2. 查封的对象一般是价值较高的不动产、需要登记的特殊动产或者大宗、不便搬运的财物，有些还需要其他单位、人员协助实施查封。

3. 查封的财物可用以证明犯罪嫌疑人有罪或者无罪。对于与案件无关的财物不得查封，但违禁品除外。

4. 经查明确实与案件无关的被查封的财物，办案机关应当在 3 日以内解除查封。

（四）内容及制作要求

查封/解除查封清单属于填表型、凭证式文书，应当按照规定的格式填写法律文书号（即查封决定书、协助解除查封通知书等的法律文书号），查封财物、文件的编号、名称、数量、特征、财产所在地、登记机关及备注（有关填写要求可参见"五十三、调取证据清单"）。登记机关的填写一般以产权证明为准。

填写完查封或解除查封的有关财物、文件后，应当分别由财物、文件持有人、见证人和办案人签字并注明查封或解除查封的时间。

（五）使用要求

查封或解除查封的财物应当开具查封/解除查封清单，由持有人、见证人和办案人签名。开具的清单应当一式三份，一份交财物、文件持有人，一份连同照片或录像载体附卷，一份交给公安机关的证据保管人员。在查封财物时，可以根据需要拍照或者录像。

（六）范例

＊＊＊公安局
查封/解除查封清单

法律文书号：×公（经）封字〔20××〕123号

编号	名称	数量	特　征	财产所在地	登记机关	备注
1	保时捷卡宴汽车	壹辆	黑色，号牌粤×××××，车架号×××××，发动机号××××	××市××区××街道88号××花园C区68号车库	××市公安局车辆管理所	行驶证、完税证明、保险单已交公安机关保管
2	别墅	壹套	建筑面积450㎡，占地面积1000㎡，房地产权登记业主姓名黄××	××市××区××街道88号××花园C区68号	××市房地产管理局	房产证已交公安机关保管
3	机床	叁台	自动卷烟机，×牌，型号××，编号××，制造商××，生产日期××	××市××区××路××号××包装有限公司		从××公司租赁
4	机床	伍台	自动包装机，×牌，型号××，编号××，制造商××，生产日期××	××市××区××路××号××包装有限公司	抵押登记单位：××银行××支行	已设置抵押登记
5	厂房	壹间	建筑面积1000㎡，砖墙钢梁结构	××市××区××路××号		从××村委会租赁
6	游艇	壹艘	号牌××××，制造商××××，产品编号××××，排水量15吨	××市××区××码头	××海事局	船舶证书、航运许可证已交公安机关保管

持有人：张××　　见证人：刘××　　办案单位（盖章）　　××市公安局经侦大队

办案人：陈××、徐××

20××年××月××日　20××年××月××日　　20××年××月××日

本清单一式三份，一份附卷，一份交持有人，一份交公安机关保管人员。

六十一、协助查封/解除查封通知书

(一) 概念

协助查封/解除查封通知书是公安机关为了正确处理涉案财物，依法对价值较高的不动产、需要登记的特殊动产或者大宗、不便搬运的各类财产进行查封或解除查封，但该项措施必须要通过其他有关部门协助才能有效实施时依法制作的通知性文书。

(二) 法律依据

《刑事诉讼法》第 141 条第 1 款规定，在侦查活动中发现的可用以证明犯罪嫌疑人有罪或者无罪的各种财物、文件，应当查封、扣押；与案件无关的财物、文件，不得查封、扣押。第 145 条规定，对查封、扣押的财物、文件、邮件、电报或者冻结的存款、汇款、债券、股票、基金份额等财产，经查明确实与案件无关的，应当在 3 日以内解除查封、扣押、冻结，予以退还。

《公安机关办理刑事案件程序规定》第 228 条第 1 款规定，在侦查过程中需要扣押财物、文件的，应当经办案部门负责人批准，制作扣押决定书；在现场勘查或者搜查中需要扣押财物、文件的，由现场指挥人员决定；但扣押财物、文件价值较高或者可能严重影响正常生产经营的，应当经县级以上公安机关负责人批准，制作扣押决定书。第 233 条规定，对查封、扣押的财物、文件、邮件、电子邮件、电报，经查明确实与案件无关的，应当在 3 日以内解除查封、扣押，退还原主或者原邮电部门、网络服务单位；原主不明确的，应当采取公告方式告知原主认领。在通知原主或者公告后 6 个月以内，无人认领的，按照无主财物处理，登记后上缴国库。

(三) 适用条件

使用协助查封/解除查封通知书应当符合以下条件：

1. 查封的对象必须是犯罪嫌疑人的涉案财产。

2. 被查封的财产在有关部门办理了权属或其他登记事项或被

有关单位、人员合法持有的，需要有关单位、人员协助实施查封。

3. 对于无须其他单位、人员协助，公安机关能够独立实施查封的，直接使用查封/解除查封清单即可，无须制作本文书。

（四）内容及制作要求

协助查封/解除查封通知书属于多联式填充型文书，是由协助查封通知书和解除查封通知书两个文书合并而成，分为正本、回执及存根三联。

1. 正本。本联是有关单位、人员协助查封或者解除查封犯罪嫌疑人财物、文件的凭证，由首部、正文和尾部组成。

（1）首部。首部包括制作机关名称、文书名称、文书字号及抬头。应当注意的是，被查封的财物、文件可能在有关部门办理了权属或其他登记事项或被有关单位、人员合法持有，因此公安机关在查封犯罪嫌疑人的财物、文件时，应当根据案件的具体情况填写协助查封的有关单位、人员名称。

（2）正文。正文应当按照规定的格式选择查封或者解除查封的法律依据、犯罪嫌疑人的姓名以及需要查封或者解除查封的财物、文件的情况。其中，查封选择"第一百四十一条"，解除查封选择"第一百四十五条"，财物、文件的情况应当尽量写明名称、权利人姓名及证件号码、特征、财产所在地、登记机关等信息，有关要求可参见"五十三、调取证据清单"。

（3）尾部。尾部填写清楚成文时间，写明单位名称，并加盖制作文书的公安机关印章。

2. 回执。本联是公安机关查封或者解除查封犯罪嫌疑人财物、文件的结果，由协助查封或者解除查封的有关单位填写。回执由首部、正文和尾部组成。首部中的字号由公安机关填写，与正本字号一致，抬头填写制作协助查封/解除查封通知书的公安机关名称。正文应当按照格式要求填写犯罪嫌疑人的姓名以及查封或者解除查封的犯罪嫌疑人的财物、文件的情况。尾部由协助查封或者解除查封单位填写日期并加盖印章。

3. 存根。本联是公安机关查封或者解除查封的凭证，用于公安机关留存备查。应当根据格式要求按照顺序填写清楚有关内容。

（五）使用要求

依法查封不动产、车辆、船舶等财产的，应当扣押其权利证书，并告知有关财产的登记、管理部门在解除查封之前禁止办理出售、转让、抵押等手续。

（六）范例

***公安局

协助查封/解除查封通知书

（回执）

×公（经）封通/解封通字〔20××〕123号

××公安局：

根据你局通知，犯罪嫌疑人 徐×× 在 ××市××区××街道88号××花园C区 68号 的 别墅 已办理协助查封/解除查封手续，此复。

协助查封/解除查封单位（印）

二○××年九月二十一日

此联由协助单位填写退通知机关附卷

***公安局

协助查封/解除查封通知书

×公（经）封通/解封通字〔20××〕123号

××市房地产管理局 ：

根据《中华人民共和国刑事诉讼法》第一百四十一条等 集资诈骗 之规定，请予以协助查封/解除查封 ×× 案件中犯罪嫌疑人 徐×× 的下列财物、文件：

编号	权利人姓名及证件号码	名称	特征	财产所在地登记机关	备注
1	徐××、身份证号××××××××××××××××××××××	别墅	房地产权登记，主土地名称号××××××××××××××××	××市××区××街道88号××花园C区68号	房产证 市房地产管理局 保管

查封时间从 20×× 年 9 月 20 日起至 20×× 年 3 月 9 日止。请在解除查封之前对查封对象不予办理出售、转让、抵押等手续，暂扣产权证件，并将协助查封解除查封情况及时复我局。

××公安局（印）

二○××年九月二十日

此联交协助查封或者协助解除查封单位

***公安局

协助查封/解除查封通知书

（存 根）

×公（经）封通/解封通字〔20××〕123号

案件名称 ×××××××集资诈骗案

案件编号 ×××××××

犯罪嫌疑人 徐×× 性别 男 ××岁

出生日期 ××××年××月××日

协助查封/解除查封单位 ××市房地产管理局

查封/解除查封对象 房产

查封/解除查封原因 侦查需要 查封××集资的会案

时间 20××年9月20日

批准人 ×××

批准时间 20××年9月20日，胡××

办案单位 ××公安局经济犯罪侦查大队

填发时间 20××年9月20日

填发人 林××

340

六十二、发还清单

（一）概念

发还清单是公安机关在办理刑事案件过程中制作的记载依法退还有关单位或个人财物、文件情况的文书。在办理刑事案件过程中，对于查获的有关财物、文件，原则上都应当在人民法院判决后再进行处理，但对于办案中查获的赃款赃物，已经查到被害人，不及时退还会影响被害人生产生活的，在不影响起诉和审判工作的情况下可以提前发还被害人，或者对于扣押的财物、文件，经查明确实与案件无关的，应当退还原主。发还财物、文件时，应当制作发还清单。

（二）法律依据

《刑事诉讼法》第 245 条第 1 款规定，公安机关、人民检察院和人民法院对查封、扣押、冻结的犯罪嫌疑人、被告人的财物及其孳息，应当妥善保管，以供核查，并制作清单，随案移送。任何单位和个人不得挪用或者自行处理。对被害人的合法财产，应当及时返还。对违禁品或者不宜长期保存的物品，应当依照国家有关规定处理。第 145 条规定，对查封、扣押的财物、文件、邮件、电报或者冻结的存款、汇款、债券、股票、基金份额等财产，经查明确实与案件无关的，应当在 3 日以内解除查封、扣押、冻结，予以退还。

《公安机关办理刑事案件程序规定》第 233 条规定，对查封、扣押的财物、文件、邮件、电子邮件、电报，经查明确实与案件无关的，应当在 3 日以内解除查封、扣押，退还原主或者原邮电部门、网络服务单位；原主不明确的，应当采取公告方式告知原主认领。在通知原主或者公告后 6 个月以内，无人认领的，按照无主财物处理，登记后上缴国库。第 234 条规定，有关犯罪事实查证属实后，对于有证据证明权属明确且无争议的被害人合法财产及其孳息，且返还不损害其他被害人或者利害关系人的利益，不影响案件正常办理的，应当在登记、拍照或者录音录像和估价后，报经县级以上公安机关负责人批准，开具发还清单返还，并在案卷材料中注明返还的理由，将原物照片、发还清单和被害人的领取手续存卷备查。领取人应当是涉案财物的合法权利人或者其委托的人；委托他人领取的，应当出具委托书。侦查人员或者公安机关其他工作人员不得代为领取。查找不到被害人，或者通知被害人后，无人领取的，应当将有关财产及其孳息随案移送。

（三）适用条件

使用发还清单应当符合以下条件：

1. 办案中查获的赃款赃物已经查到被害人，不及时退还会影响被害人生产生活，权属明确无争议，并且涉嫌犯罪事实已经查证属实的，在不影响起诉和审判工作的情况下可以提前发还被害人。

2. 经查明确实与案件无关的被扣押财物，应当在 3 日以内解除扣押，发还原主。

（四）内容及制作要求

1. 发还清单属于填表型文书，要根据规定的格式填写清楚编号、名称、数量、特征、备注（有关填写要求可参见"五十三、调取证据清单"）。

2. 应当对发还的财物登记、拍照或者录音录像和估价。

3. 应当由领取人在"以上财物、文件、证件如数收到"后签字，注明领取日期；由办案人注明"办案单位"，并签字，写明文书制作日期。

4. 将原物照片、清单和被害人的领取手续存卷备查。

（五）使用要求

发还清单一式两份，一份交领取人，一份由办案部门留存，存入诉讼卷。

（六）范例

＊＊＊公安局
发 还 清 单

编号	名　称	数量	特　征	备注
1	笔记本电脑	壹台	××牌，××型号，黑色，机身编号×××	
2	手机	壹部	Iphone4s32G 版，黑色，机身编号×××，电话卡号 139 ××××××××	
3	金色项链	壹条	金色金属，22.5克，有一花朵状吊坠	
4	皮包	壹个	印有 LV 标志的单肩皮包，包的底角有轻微磨损	

以上财物、文件、证件如数收到。　　办案单位（盖章）××市公安局刑侦大队

　领取人：张×× 　　　　　　　办案人：刘××、郭××

　20××年××月××日 　　　　　　　20××年××月××日

本清单一式两份，一份附卷，一份交领取人。

六十三、随案移送清单

（一）概念

随案移送清单是公安机关在办理刑事案件过程中，对随案移送的财物、文件制作的文书。

（二）法律依据

《刑事诉讼法》第245条第1款、第2款规定，公安机关、人民检察院和人民法院对查封、扣押、冻结的犯罪嫌疑人、被告人的财物及其孳息，应当妥善保管，以供核查，并制作清单，随案移送。任何单位和个人不得挪用或者自行处理。对被害人的合法财产，应当及时返还。对违禁品或者不宜长期保存的物品，应当依照国家有关规定处理。对作为证据使用的实物应当随案移送，对不宜移送的，应当将其清单、照片或者其他证明文件随案移送。

《公安机关办理刑事案件程序规定》第185条规定，案件变更管辖或者移送其他公安机关并案侦查时，与案件有关的法律文书、证据、财物及其孳息等应当随案移交。移交时，由接收人、移交人当面查点清楚，并在交接单据上共同签名。第288条规定，对查封、扣押的犯罪嫌疑人的财物及其孳息、文件或者冻结的财产，作为证据使用的，应当随案移送，并制作随案移送清单一式两份，一份留存，一份交人民检察院。制作清单时，应当根据已经查明的案情，写明对涉案财物的处理建议。对于实物不宜移送的，应当将其清单、照片或者其他证明文件随案移送。待人民法院作出生效判决后，按照人民法院送达的生效判决书、裁定书依法作出处理，并向人民法院送交回执。人民法院在判决、裁定中未对涉案财物作出处理的，公安机关应当征求人民法院意见，并根据人民法院的决定依法作出处理。

（三）适用条件

随案移送清单适用于以下情形：

1. 公安机关向人民检察院移交案件时，清单记载的物品是向人民检察院移交的用作证据的实物。对不宜移送的物证，应当采取措施予以保全，如拍成照片、绘图、录像、制作笔录、制作模型等，案件移交时，应当将上述有关物证的照片及其他有关证明文件记载清楚。

2. 案件变更管辖时，记载随案移交的与案件有关的财物、文件。

（四）内容及制作要求

随案移送清单属于填表型文书，应当按照规定的格式要求填写清楚移送财物、文件的编号、名称、数量、特征、财产所在地、侦查措施、处理建议及备注（有关填写要求可参见"五十三、调取证据清单"），侦查措施填写"扣押""查封"等措施，处理建议填写"发还""没收""拍卖"等建议，供人民法院判决参考。随案移送清单最后应当由接收单位的接收人员及办案单位的办案人分别填写各自单位名称并签名，注明时间。

（五）使用要求

随案移送清单一式两份，一份由移交案件的公安机关留存附卷，一份交案件接收单位。

（六）范例

＊＊＊公安局
随 案 移 送 清 单

编号	名称	数量	特征	财产所在地	侦查措施	处理建议	备注
1	笔记本电脑	壹台	××牌，××型号，黑色，机身编号×××	××公安局涉案财物保管室	扣押	发还被害人	
2	手机	壹部	Iphone4s32G版，黑色，机身编号×××，电话卡号139×××××××	××公安局涉案财物保管室	扣押	发还被害人	
3	金项链	壹条	22.5克，有一花朵状吊坠	××公安局涉案财物保管室	扣押	发还被害人	
4	皮包	壹个	印Nike标志的单肩皮包，包的底角有轻微磨损	××公安局涉案财物保管室	扣押	发还被害人	
5	螺丝刀	壹个	××牌，中号，十字头，红色手柄	××公安局涉案财物保管室	扣押	没收	
6	水果刀	壹个	××牌，刀刃长××厘米，黑色手柄，手柄长××厘米	××公安局涉案财物保管室	扣押	没收	

接收单位：

接收人员：朱××

　　20××年××月××日

办案单位（盖章）

　　办案人：刘××、郭××

　　20××年××月××日

　　本清单一式两份，一份附卷，一份交接收单位。实物未移送的应当在备注中注明并附照片或其他证明文件。

六十四、销毁清单

（一）概念

销毁清单是公安机关在办理刑事案件过程中，按照有关规定销毁财物、文件时制作的记载所销毁财物、文件情况的文书。

（二）法律依据

《刑事诉讼法》第 245 条第 1 款规定，公安机关、人民检察院和人民法院对查封、扣押、冻结的犯罪嫌疑人、被告人的财物及其孳息，应当妥善保管，以供核查，并制作清单，随案移送。任何单位和个人不得挪用或者自行处理。对被害人的合法财产，应当及时返还。对违禁品或者不宜长期保存的物品，应当依照国家有关规定处理。

《公安机关办理刑事案件程序规定》第 235 条第 1 款规定，对查封、扣押的财物及其孳息、文件，公安机关应当妥善保管，以供核查。任何单位和个人不得违规使用、调换、损毁或者自行处理。第 236 条规定，在侦查期间，对于易损毁、灭失、腐烂、变质而不宜长期保存，或者难以保管的物品，经县级以上公安机关主要负责人批准，可以在拍照或者录音录像后委托有关部门变卖、拍卖，变卖、拍卖的价款暂予保存，待诉讼终结后一并处理。对于违禁品，应当依照国家有关规定处理；需要作为证据使用的，应当在诉讼终结后处理。

（三）适用条件

1. 销毁清单适用于需要对案件有关财物、文件进行销毁的情况。应当销毁的物品，主要是指淫秽物品、毒品及其原料等违禁品以及其他依法应当予以销毁的物品。

2. 已对有关财物、文件采取鉴定、估价、拍照、录像等方式加以固定，不需要作为证据使用。

（四）内容及制作要求

销毁清单属于填表型文书，应当按照规定的格式要求填写清楚销毁财物、文件的编号、名称、数量、特征、来源、销毁理由及备注等（有关填写要求可参见"五十三、调取证据清单"）。销毁清单最后由批准人、办案人和监销人分别签名，并注明日期。

（五）使用要求

侦查终结时，销毁清单应当存入诉讼卷。

（六）范例

＊＊＊公安局
销 毁 清 单

编号	名称	数量	特征	来源	销毁理由	备注
1	海洛因	1.23克	白色，密封塑料袋盛装	从嫌疑人陈××处扣押	毒品	
2	匕首	壹把	××牌，刀刃长××厘米，黑色手柄，手柄长××厘米	从嫌疑人陈××处扣押	管制刀具	
3	六合彩投注单	叁张	分别印有"××、×　×、××"编号	从嫌疑人陈××处扣押	赌博单据	
4	VCD	贰张	盘上分别印有"××、××"字样	从嫌疑人陈××处扣押	淫秽物品	
5	挎包	壹个	假冒LV单肩皮包，包的底角有明显磨损	检查嫌疑人陈××时扣押	假冒注册商标的商品	

批准人：郭××　　　　办案人：张××　　　　　　监销人：王××

朱××

20××年××月××日　　20××年××月××日　　20××年××月××日

本清单附卷。

六十五、扣押/解除扣押邮件/电报通知书

(一) 概念

扣押/解除扣押邮件/电报通知书是公安机关为了查明案情，依法通知有关部门扣押犯罪嫌疑人的邮件、电报，以及对于不需要继续扣押，依法予以解除时制作的文书。扣押犯罪嫌疑人的邮件、电报是《刑事诉讼法》规定的重要侦查措施，对于查明案情，发现犯罪事实具有重要作用，但如果不按照规定扣押或者解除扣押，会产生侵害与案件有关当事人的合法权益的问题，因此，公安机关根据案情需要扣押或解除扣押犯罪嫌疑人邮件、电报的，一定要依法制作扣押/解除扣押邮件/电报通知书。

(二) 法律依据

《刑事诉讼法》第 143 条规定，侦查人员认为需要扣押犯罪嫌疑人的邮件、电报的时候，经公安机关或者人民检察院批准，即可通知邮电机关将有关的邮件、电报检交扣押。不需要继续扣押的时候，应即通知邮电机关。

《公安机关办理刑事案件程序规定》第 232 条规定，扣押犯罪嫌疑人的邮件、电子邮件、电报，应当经县级以上公安机关负责人批准，制作扣押邮件、电报通知书，通知邮电部门或者网络服务单位检交扣押。不需要继续扣押的时候，应当经县级以上公安机关负责人批准，制作解除扣押邮件、电报通知书，立即通知邮电部门或者网络服务单位。

(三) 适用条件

使用扣押/解除扣押邮件/电报通知书应当符合以下条件：

1. 扣押的必须是犯罪嫌疑人的邮件、电报。对于犯罪嫌疑人以外的其他有关人员，如被害人、证人的邮件、电报，不得扣押。

2. 扣押的必须是与犯罪嫌疑人有关的邮件、电报。对经查明确实与案件无关的犯罪嫌疑人的邮件、电报，应当在 3 日以内解除

扣押。

（四）内容及制作要求

扣押/解除扣押邮件/电报通知书属于多联式填充型文书，是由扣押邮件/电报通知书和解除扣押邮件/电报通知书两个文书合并而成，分为正本、回执及存根三联。

1. 正本。本联是有关单位协助扣押或者解除扣押犯罪嫌疑人邮件、电报的凭证，由首部、正文和尾部组成。

（1）首部。首部包括制作机关名称、文书名称、文书字号及抬头。公安机关在扣押或者解除扣押犯罪嫌疑人的邮件、电报时，抬头应当根据案件的具体情况填写协助扣押或者解除扣押的有关单位名称。

（2）正文。正文应当按照规定的格式填写清楚扣押或者解除扣押邮件、电报的开始时间，犯罪嫌疑人的姓名以及需要扣押或者解除扣押的邮件、电报的情况。其中，邮件、电报的情况应当尽量写明邮件、电报的编号、名称、数量、特征等。

（3）尾部。尾部填写清楚成文时间，写明单位名称，并加盖制作文书的公安机关印章。

2. 回执。本联是公安机关扣押或者解除扣押犯罪嫌疑人邮件、电报的结果，由协助扣押或者解除扣押的有关单位填写。回执由首部、正文和尾部组成。首部中的字号由公安机关填写，与正本字号一致，抬头填写制作扣押/解除扣押邮件/电报通知书的公安机关名称。正文应当按照格式要求填写犯罪嫌疑人的姓名以及扣押或者解除扣押的犯罪嫌疑人的邮件、电报的情况。尾部由协助扣押或者解除扣押的单位填写日期并加盖印章。

3. 存根。本联是公安机关扣押或者解除扣押邮件、电报的凭证，用于公安机关留存备查，应当根据格式要求按照顺序填写清楚有关内容。

（五）使用要求

扣押/解除扣押邮件/电报通知书制作完毕后，由办案人员将通知书正本及回执送达协助扣押或者解除扣押的有关单位。正本由协助扣押或者解除扣押单位留存，作为扣押或者解除扣押犯罪嫌疑人邮件、电报的依据。回执由协助扣押或者解除扣押单位填写后退回公安机关，待侦查终结时，由办案人员存入诉讼卷。

（六）范例

×××公安局
扣押/解除扣押邮件/电报通知书
（回执）

×公（经）扣通字[20××]123号

××市 公安局：

根据你局通知，犯罪嫌疑人 史×× 的
包裹1件，邮政快递1件 已于
20×× 年 9 月 21 日 扣押/解除扣押，
此复。

协助扣押/解除扣押单位（印）

二〇××年九月二十一日

第壹佰贰拾叁号

此联由协助单位填写退通知机关附卷

×××公安局
扣押/解除扣押邮件/电报通知书

×公（经）扣通字[20××]123号

××市邮政局：

根据《中华人民共和国刑事诉讼法》第一百
四十三条之规定，决定从 20×× 年 9 月
20 日起，扣押/解除扣押犯罪嫌疑人 史×
× 的下列邮件、电报：

1. 包裹1件，寄出地址：×××市××路××号；2. 邮
政快递1件，寄出地址：×××市××路×××号。

请将扣押/解除扣押情况及时告我局。

公安局（印）

二〇××年九月二十日

第壹佰贰拾叁号

此联交协助单位

×××公安局
扣押/解除扣押邮件/电报通知书
（存根）

×公（经）扣通字[20××]123号

案件名称	史×× 合同诈骗案
案件编号	×××××××
犯罪嫌疑人	史×× 男/女
出生日期	××××年××月××日
扣押/解除扣押 邮件/电报特征	包裹1件，邮政快递1件 ××市邮政局
协助单位	
扣押/解除	
批准人	李××
批准时间	20××年9月20日
办案人	林××，明××
办案单位	××公安局侦查支大队
填发时间	20××年9月20日
填发人	明××

353

六十六、协助查询财产通知书

（一）概念

协助查询财产通知书是公安机关在办理刑事案件过程中，为了查明案情，通知银行、邮局、证券公司等有关单位协助查询犯罪嫌疑人的财产时制作的文书。

（二）法律依据

《刑事诉讼法》第144条第1款规定，人民检察院、公安机关根据侦查犯罪的需要，可以依照规定查询、冻结犯罪嫌疑人的存款、汇款、债券、股票、基金份额等财产。有关单位和个人应当配合。

《公安机关办理刑事案件程序规定》第238条规定，向金融机构等单位查询犯罪嫌疑人的存款、汇款、证券交易结算资金、期货保证金等资金，债券、股票、基金份额和其他证券，以及股权、保单权益和其他投资权益等财产，应当经县级以上公安机关负责人批准，制作协助查询财产通知书，通知金融机构等单位协助办理。

（三）适用条件

使用协助查询财产通知书应当符合以下条件：

1. 查询的是犯罪嫌疑人的有关财产情况，对案件中的其他人不得随意查询。只有对已经被确立为刑事案件的犯罪嫌疑人的，才能依法查询其财产。

2. 查询的对象是犯罪嫌疑人的存款、汇款、债券、股票、基金份额等财产。如果查询犯罪嫌疑人的其他有关情况，不能使用本文书。

3. 应当经县级以上公安机关负责人批准。

（四）内容及制作要求

协助查询财产通知书属于多联式填充型文书，由正本、回执及存根组成。

1. 正本。本联是公安机关通知金融机构等相关部门协助查询犯罪嫌疑人财产的依据和凭证，由首部、正文和尾部组成。

（1）首部。首部包括制作机关名称、文书名称（已印制好）、文书字号以及抬头。应当注意的是，随着经济的发展，公民和单位的财产种类增多，除了存款、汇款，还有债券、股票、基金份额、期货等财产。因此，公安机关在查询财产时，应当根据财产种类的具体情况填写有关单位的名称。

（2）正文。正文应当按照规定的格式填写清楚犯罪嫌疑人的基本情况、财产种类以及查询线索。财产种类填写存款、汇款、股票、基金份额等相关财产内容。查询线索是有关单位协助查询的重要依据，办案人员应当将所了解的线索尽量填写清楚，查询存款的，要尽量写明存款人姓名、存款时间、存款金额（包括大小写）、账号、所在金融机构及非金融机构名称以及其他有关内容；查询汇款的，要尽量写明汇款人姓名、收款人姓名、汇款时间、汇款金额（包括大小写）、汇票号码、所在邮局名称及其他有关内容；查询房产的，要写明权利人姓名、地址等相关内容。

（3）尾部。尾部填写清楚成文时间，写明单位名称，并加盖制作文书的公安机关印章。

2. 回执。本联是公安机关对犯罪嫌疑人财产查询的结果，由协助查询的有关单位填写，由首部、正文和尾部组成。首部中的文书字号由公安机关填写，与正本字号一致。抬头及正文、尾部都由协助查询财产的单位填写。其中，抬头填写制作协助查询财产通知书的公安机关名称；正文应当按照格式要求填写犯罪嫌疑人的姓名以及犯罪嫌疑人的财产查询结果；尾部由协助查询单位填写清楚成文时间，写明单位名称，并加盖印章。

3. 存根。本联是公安机关查询犯罪嫌疑人财产的凭证，用于公安机关留存备查。存根应当根据格式要求按照顺序填写清楚有关内容。

（五）使用要求

1. 协助查询财产通知书制作完毕后，由办案人员将通知书正本及回执送达协助查询的有关单位。正本由协助查询单位留存，作为查询犯罪嫌疑人财产的依据。回执由协助查询单位填写后退回公安机关，待侦查终结时，存入诉讼卷。

2. 协助查询财产通知书一次使用有效，需要再次查询犯罪嫌疑人财产的，应当制作新的协助查询财产通知书。

（六）范例

××公安局 协助查询财产通知书（回执）

×公（经）查财字〔20××〕123号

××公安局：

根据你局通知，现将犯罪嫌疑人高××
财产的情况提供如下：

1. 股东证代码为××××××
2. 股票资金余额为××××××
3. 持有股票代码为××××××，数量××
万股

协助查询单位（印）

二○××年八月二十日

第壹佰贰拾叁号　×公（经）查财字贰零××

此联由协助查询单位填写退回通知机关附卷

××公安局 协助查询财产通知书

×公（经）查财字〔20××〕123号

××证券交易所：

因侦查犯罪需要，根据《中华人民共和国刑
事诉讼法》第一百四十四条之规定，我局派员前
往你处查询犯罪嫌疑人高××（性
别：男，出生日期××××年××月××日
）的财产，请予协助！

财产种类：股票账户

查询线索：姓名：高××，性别：男，身份证号：×
生日期：×××年××月××日，身份证号：×
×××××××××××××××××××。

公安局（印）

二○××年八月二十日

第壹佰贰拾叁号　×公（经）查财字贰零××

此联交协助查询单位

××公安局 协助查询财产通知书（存根）

×公（经）查财字〔20××〕123号

案件名称	××诈骗案
案件编号	××××
犯罪嫌疑人	高×× 男/女
出生日期	××××年××月××日
查询内容	高××的股票账户情况
协助查询单位	××证券交易所
批准人	万××
批准时间	20××年8月20日
办案人	王××、刘××
办案单位	××公安局经侦大队
填发时间	20××年8月20日
填发人	刘××

六十七、协助冻结/解除冻结财产通知书

(一) 概念

协助冻结/解除冻结财产通知书是公安机关在办理刑事案件过程中，为了查明案情，及时追缴赃款，依法通知有关单位冻结犯罪嫌疑人的存款、汇款、债券、股票、基金份额等财产，或者对已经冻结的犯罪嫌疑人的上述财产经查明确实与案件无关的，依法通知有关单位解除冻结时制作的文书。本文书是合并型文书，办案人员应区分不同情况，制作相应的文书。

(二) 法律依据

《刑事诉讼法》第144条规定，人民检察院、公安机关根据侦查犯罪的需要，可以依照规定查询、冻结犯罪嫌疑人的存款、汇款、债券、股票、基金份额等财产。有关单位和个人应当配合。犯罪嫌疑人的存款、汇款、债券、股票、基金份额等财产已被冻结的，不得重复冻结。第145条规定，对查封、扣押的财物、文件、邮件、电报或者冻结的存款、汇款、债券、股票、基金份额等财产，经查明确实与案件无关的，应当在3日以内解除查封、扣押、冻结，予以退还。

《公安机关办理刑事案件程序规定》第239条规定，需要冻结犯罪嫌疑人财产的，应当经县级以上公安机关负责人批准，制作协助冻结财产通知书，明确冻结财产的账户名称、账户号码、冻结数额、冻结期限、冻结范围以及是否及于孳息等事项，通知金融机构协助办理。冻结股权、保单权益的，应当经设区的市一级以上公安机关负责人批准。冻结上市公司股权的，应当经省级以上公安机关负责人批准。第241条规定，不需要继续冻结犯罪嫌疑人财产时，应当经原批准冻结的公安机关负责人批准，制作协助解除冻结财产通知书，通知金融机构等单位协助办理。

（三）适用条件

协助冻结/解除冻结财产通知书适用于冻结犯罪嫌疑人的财产以及解除冻结犯罪嫌疑人的财产两种情形，因此，办案人员应当分清不同情况，制作相应的文书。

（四）内容及制作要求

协助冻结/解除冻结财产通知书属于多联式填充型文书，由正本、回执和存根组成。

1. 正本。本联是公安机关通知有关单位冻结或者解除冻结犯罪嫌疑人的存款、汇款、债券、股票、基金份额等财产的依据和凭证，包括首部、正文和尾部。

（1）首部。首部包括制作机关名称、文书名称（已印制好）、文书字号及抬头。应当注意的是，随着经济的发展，公民和单位的财产种类增多，除了存款、汇款，还有债券、股票、基金份额、期货等财产。因此，公安机关在冻结或解除冻结犯罪嫌疑人的财产时，应当根据财产种类的具体情况填写有关单位的名称。

（2）正文。正文应当按照规定的格式填写清楚以下内容：

①法律依据。冻结财产适用的法律条款是"第一百四十四条"，解除冻结财产适用的法律条款是"第一百四十五条"。

②冻结或者解除冻结财产情况。应当按照顺序填写清楚"类型""所在机构""户名或权利人""账号等号码""冻结数额"以及其他有关事项。

③冻结时间。根据《公安机关办理刑事案件程序规定》第243条规定，冻结存款、汇款、证券交易结算资金、期货保证金等财产的期限为6个月。每次续冻期限最长不得超过6个月。对于重大、复杂案件，经设区的市一级以上公安机关负责人批准，冻结存款、汇款、证券交易结算资金、期货保证金等财产的期限可以为1年。每次续冻期限最长不得超过1年。第244条规定，冻结债券、股票、基金份额等证券的期限为2年。每次续冻期限最长不得超过2

年。第 245 条规定，冻结股权、保单权益或者投资权益的期限为 6 个月。每次续冻期限最长不得超过 6 个月。

④解除冻结时间。根据《公安机关办理刑事案件程序规定》第 247 条的规定，对冻结的财产，经查明确实与案件无关的，应当在 3 日以内通知金融机构等单位解除冻结，并通知被冻结财产的所有人。

（3）尾部。尾部填写清楚成文时间，写明单位名称，并加盖公安机关印章。

2. 回执。本联是公安机关冻结或者解除冻结犯罪嫌疑人财产的结果，由协助冻结的有关单位填写。回执由首部、正文和尾部组成。首部中的字号由公安机关填写，与正本字号一致。抬头及正文、尾部由协助执行单位填写。其中，抬头填写制作协助冻结/解除冻结财产通知书的公安机关名称；正文应当按照格式要求填写犯罪嫌疑人的姓名、财产所在机构的名称以及冻结或者解除冻结犯罪嫌疑人财产的数额；尾部由协助执行冻结或者解除冻结单位填写清楚成文时间，写明单位名称，并加盖印章。

3. 存根。本联是公安机关冻结或者解除冻结犯罪嫌疑人财产的凭证，用于公安机关留存备查，应当根据格式要求按照顺序填写清楚存根中的有关内容。

（五）使用要求

1. 协助冻结/解除冻结财产通知书制作完毕后，由办案人员将通知书正本及回执送达协助冻结或者解除冻结的有关单位。正本由协助冻结或者解除冻结单位留存，作为冻结或者解除冻结犯罪嫌疑人财产的依据。回执由协助冻结或者解除冻结单位填写后退回公安机关，待侦查终结时，由办案人员存入诉讼卷。

2. 根据《公安机关办理刑事案件程序规定》第 242 条的规定，犯罪嫌疑人的财产已被冻结的，不得重复冻结，但可以轮候冻结。

3. 上级公安机关发现下级公安机关冻结、解除冻结财产有错误时，可以依法作出决定，责令下级公安机关限期改正，下级公安机关应当立即执行。对拒不改正的，上级公安机关可以直接向有关银行或者其他金融机构发出通知，纠正下级公安机关所作的错误决定，并通知原作出决定的公安机关。

4. 根据最高人民法院、最高人民检察院、公安部、国家安全部、司法部、全国人大常委会法制工作委员会《关于实施刑事诉讼法若干问题的规定》第 39 条的规定，《刑事诉讼法》第 144 条第 1 款中规定："人民检察院、公安机关根据侦查犯罪的需要，可以依照规定查询、冻结犯罪嫌疑人的存款、汇款、债券、股票、基金份额等财产。"根据上述规定，人民检察院、公安机关不能扣划存款、汇款、债券、股票、基金份额等财产。对于犯罪嫌疑人、被告人死亡，依照《刑法》规定应当追缴其违法所得及其他涉案财产的，适用《刑事诉讼法》第五编第三章规定的程序，由人民检察院向人民法院提出没收违法所得的申请。

（六）范例

＊＊＊公安局

协助冻结/解除冻结财产通知书

（回执）

×公（经）冻财/解冻财字〔20××〕123 号

×××公安局：

根据你局通知，犯罪嫌疑人 徐×× 在我行 的 人民币存款贰仟万圆（2000 万元）已冻结/解除冻结，此复。

协助冻结/解除冻结单位（印）

二○××年三月二十六日

此联由协助单位填写退通知机关附卷

＊＊＊公安局

协助冻结/解除冻结财产通知书

×公（经）冻财/解冻财字〔20××〕123 号

中国工商银行××支行：

根据《中华人民共和国刑事诉讼法》第一百四十四条/第一百四十五条之规定，请予冻结/解除冻结犯罪嫌疑人 徐××（性别 男 出生日期××××年××月××日）的下列财产：

类型（名称）存款

所在机构 中国工商银行××支行

户名或权利人 徐××

账号或卡号 6222××××××××××

冻结数额（大、小写）贰仟万圆整（2000 万元）

其他 币种为人民币

冻结时间从 20××年 9 月 26 日 起至 20××年 3 月 26 日止。

公安局（印）

二○××年三月二十五日

此联交协助单位

＊＊＊公安局

协助冻结/解除冻结财产通知书

（存根）

×公（经）冻财/解冻财字〔20××〕123 号

案件名称 徐×× 集资诈骗案

案件编号 ×××××××

犯罪嫌疑人 徐×× 男 次

出生日期 ××××年××月××日

协助冻结单位 中国工商银行××支行

冻结/解除 集查

冻结原因 诈骗集资委

财产类型 存款

数 额 人民币 2000 万元

冻结/解除 自 20××年 3 月 26 日起至 20××年 9 月 26 日

批准时间 20××年 3 月 25 日

批准人 王××

办案单位 ×××公安局经侦大队

破案单位 20××年 3 月 25 日

填发人 张××

六十八、鉴定聘请书

（一）概念

鉴定聘请书是公安机关在办理刑事案件过程中，为了查明案情，解决案件中某些专门性问题，聘请具有专门知识的人进行鉴定时制作的文书。鉴定活动对于准确认定案情，甄别犯罪嫌疑人具有重要作用，公安机关在需要聘请具有专门知识的人进行鉴定时，应当认真制作鉴定聘请书。

（二）法律依据

《刑事诉讼法》第146条规定，为了查明案情，需要解决案件中某些专门性问题的时候，应当指派、聘请有专门知识的人进行鉴定。

《公安机关办理刑事案件程序规定》第248条规定，为了查明案情，解决案件中某些专门性问题，应当指派、聘请有专门知识的人进行鉴定。需要聘请有专门知识的人进行鉴定，应当经县级以上公安机关负责人批准后，制作鉴定聘请书。

（三）适用条件

根据《刑事诉讼法》第146条的规定，公安机关需要对案件涉及的专门性问题进行鉴定时，有两种鉴定方式：一是指派；二是聘请。所谓指派，是指公安机关要求其内部具有鉴定资格的人进行鉴定。在这种情况下，不需要制作鉴定聘请书。聘请，是指邀请本公安机关以外的具有鉴定资格的人进行鉴定。聘请本公安机关以外的专业人员进行鉴定时，应当制作鉴定聘请书。

在制作鉴定聘请书之前，办案人员要了解被聘请的鉴定人是否具备解决本案专门性问题的专门知识和技能以及客观公正的态度。有下列情形之一的，不能充当本案的鉴定人：一是本案的当事人或当事人的近亲属的；二是本人或者其近亲属与本案有利害关系的；三是本案的证人的；四是与本案当事人有其他关系，可能影响公正鉴定的；五是参加审理本案的侦查人员的。

（四）内容及制作要求

鉴定聘请书属于多联式填充型文书，由正本、副本和存根组成。

1. 正本。正本是公安机关聘请具有鉴定资格的人进行鉴定的依据和凭证，由首部、正文和尾部组成。

（1）首部。首部包括制作单位名称、文书名称、文书字号，按要求填写即可。抬头填写鉴定人姓名。

（2）正文。正文应当按照规定的格式填写清楚案件名称、鉴定事项以及提交有关鉴定情况和意见的书面材料的时间。

（3）尾部。尾部填写制作鉴定聘请书的时间，写明单位名称，并加盖制作单位印章。

2. 副本。副本是公安机关聘请具有鉴定资格的人进行鉴定的证明，由办案部门留存附卷。其制作方法与正本相同。

3. 存根。存根用于公安机关存档备查。应当按照规定的格式按顺序填写清楚各项内容。

（五）使用要求

1. 鉴定聘请书制作完毕后，办案人员应当持正本及副本送达被聘请人，正本由被聘请人留存，作为对案件中有关专门性问题进行鉴定的依据。副本由被聘请人在附注部分"本聘请书已收到"后签名、注明日期，由办案人员带回，待侦查终结时，存入侦查卷（主卷）。

2. 鉴定聘请书一次使用有效，需要聘请其他专业人员的，应当制作新的鉴定聘请书。

（六）范例

××公安局
鉴定聘请书

×公（刑）鉴聘字〔20××〕36号

高××：

为了查明 孙×× 涉嫌故意杀人案，根据《中华人民共和国刑事诉讼法》第一百四十六条之规定，特聘请你对 死者卧室茶杯中残留液体的成分 进行鉴定。请于 20×× 年 4 月 22 日前将鉴定情况和意见书面送交我局。

××公安局（印）

二○××年四月十日

此联交被聘请人

××公安局
鉴定聘请书
（副本）

×公（刑）鉴聘字〔20××〕36号

高××：

为了查明 孙×× 涉嫌故意杀人案，根据《中华人民共和国刑事诉讼法》第一百四十六条之规定，特聘请你对 死者卧室茶杯中残留液体的成分 进行鉴定。请于 20×× 年 4 月 22 日前将鉴定情况和意见书面送交我局。

××公安局（印）

二○××年四月十日

本聘请书已收到。

被聘请人：高××

20××年4月11日

此联附卷

××公安局
鉴定聘请书
（存根）

×公（刑）鉴聘字〔20××〕36号

案件名称	孙××故意杀人案
案件编号	×××××××
犯罪嫌疑人	孙×× 男 ×岁
出生日期	×××年×月××日
鉴定内容	死者卧室茶杯中残留液体的成分
被聘请人	高××
单位及职务	××市化工研究所研究员
鉴定意见提交时间	20××年4月22日前
批准	陈××
批准时间	20××年4月10日
办案单位	××市公安局刑警队
填表时间	20××年4月10日
填发人	林××

六十九、鉴定意见通知书

（一）概念

鉴定意见通知书是公安机关将用作证据的鉴定意见通知犯罪嫌疑人、被害人时制作的文书。鉴定意见是刑事诉讼的证据种类之一，对于认定案情、确定犯罪嫌疑人以及认定犯罪嫌疑人是否承担刑事责任等具有重要的证明作用。因此，公安机关将用作证据的鉴定意见及时告知犯罪嫌疑人、被害人，使犯罪嫌疑人、被害人可以有效行使申请补充鉴定、重新鉴定的权利，对于保证案件正确处理具有十分积极的作用。

（二）法律依据

《刑事诉讼法》第148条规定，侦查机关应当将用作证据的鉴定意见告知犯罪嫌疑人、被害人。如果犯罪嫌疑人、被害人提出申请，可以补充鉴定或者重新鉴定。

《公安机关办理刑事案件程序规定》第252条规定，对鉴定意见，侦查人员应当进行审查。对经审查作为证据使用的鉴定意见，公安机关应当及时告知犯罪嫌疑人、被害人或者其法定代理人。

（三）适用条件

使用鉴定意见通知书应当符合以下条件：

1. 告知的对象是犯罪嫌疑人、被害人。

2. 告知的内容是经审查作为证据使用的鉴定意见。对于不作为证据使用的鉴定意见，不需要通知犯罪嫌疑人、被害人。

（四）内容及制作要求

鉴定意见通知书属于多联式填充型文书，由交被害人或其法定代理人联、交犯罪嫌疑人联、附卷联及存根组成。

1. 交被害人或其法定代理人联。本联是公安机关将用作证据的鉴定意见通知被害人或其法定代理人的依据及凭证，由首部、正文和尾部组成。

（1）首部。首部包括制作文书的公安机关名称、文书名称（已印制好）、文书字号及抬头。抬头填写被害人或其法定代理人的姓名。

（2）正文。正文应当按照规定的格式填写清楚鉴定事项、鉴定的结论性意见。告知的鉴定意见应当与鉴定书中的结论性部分一致，不填写鉴定书中的其余部分，如检测过程、方法手段等内容。

（3）尾部。尾部填写清楚成文时间，写明单位名称，并加盖制作文书的公安机关印章。

2. 交犯罪嫌疑人联。本联是公安机关将用作证据的鉴定意见通知犯罪嫌疑人的依据及凭证。其内容及制作要求与交被害人或其法定代理人联相同。

3. 附卷联。本联是公安机关将用作证据的鉴定意见通知被害人或其法定代理人、犯罪嫌疑人的证明，由办案部门留存附卷。其制作方法与交被害人或其法定代理人联相同。

4. 存根。本联用于公安机关存档备查。应当根据规定的格式按照顺序填写清楚各项内容。

（五）使用要求

1. 鉴定意见通知书制作完毕后，由办案人员持交被害人或其法定代理人联、交犯罪嫌疑人联及附卷联分别送达被害人或其法定代理人、犯罪嫌疑人。交被害人或其法定代理人联由被害人或其法定代理人留存，交犯罪嫌疑人联由犯罪嫌疑人留存。附卷联由被害人或其法定代理人以及犯罪嫌疑人在该联附注部分分别签收、注明送达时间后，由办案人员带回，待侦查终结时，存入诉讼卷。

2. 犯罪嫌疑人、被害人对鉴定意见有异议提出申请，以及办案部门或者侦查人员对鉴定意见有疑义的，可以将鉴定意见送交其他专门知识的人员提出意见。必要时，询问鉴定人并制作笔录附卷。经审查，发现符合补充鉴定或重新鉴定条件的，侦查人员应及时制作呈请补充鉴定报告书或呈请重新鉴定报告书，经县级以上公安机关负责人批准，可以补充鉴定或者重新鉴定。

3. 鉴定意见通知书一次使用有效，需要再次通知鉴定意见的，应当制作新的鉴定意见通知书。

（六）范例

＊＊＊公安局　鉴定意见通知书（副　本）

×公（刑）鉴通字〔20××〕31 号

林××、梁××：

　我局指派／聘请有关人员，对被害人梁××的人身伤害进行了医学鉴定。鉴定意见是被害人梁××脑部因受钝器击打，致颅脑损伤造成脑内血肿，被害人梁××的伤情系重伤。

　根据《中华人民共和国刑事诉讼法》第一百四十八条之规定，如果你对该鉴定意见有异议，可以提出补充鉴定或者重新鉴定的申请。

公安局（印）

二○××年九月十九日

本通知书已收到。　　本通知书已收到。

被害人或其家属：梁××　　犯罪嫌疑人：林××（捺指印）

20××年9月20日　　20××年9月20日

此联附卷

×公（刑）鉴通字贰零××第叁拾壹号

＊＊＊公安局　鉴定意见通知书（存　根）

×公（刑）鉴通字〔20××〕31 号

案件名称	林××故意伤害案
案件编号	××××××××
犯罪嫌疑人 林××	男/女 ×月×日
出生日期	19××年×月×日
被害人 梁××	男/女 ×月×日
出生日期	19××年×月×日
鉴定内容	被害人梁××的伤情
鉴定结论	被害人梁××系重伤
批准人	吴××
批准时间	20××年9月19日
办案人	高××
办案单位	××市公安局刑警队
填发时间	20××年9月19日
填发人	王××

***公安局
鉴定意见通知书
×公（刑）鉴通字〔20××〕31号

林××：

　　我局根据/接请有关人员，对 被害人梁×× 的人身伤害进行了鉴定。被害人梁×× 的医学伤情是 脑部因受钝器击打，致预脑脑损伤造成脑内血肿，被害人梁×× 的伤情系重伤。

　　根据《中华人民共和国刑事诉讼法》第一百四十八条之规定，如果你对该鉴定意见有异议，可以提出补充鉴定或者重新鉴定的申请。

***公安局（印）
二○××年九月十九日

×公（刑）鉴通字〔20××〕第叁拾壹号

此联交犯罪嫌疑人

***公安局
鉴定意见通知书
×公（刑）鉴通字〔20××〕31号

梁××：

　　我局根据/接请有关人员，对 被害人梁×× 的人身伤害进行了鉴定。被害人梁×× 的医学伤情是 脑部因受钝器击打，致预脑脑损伤造成脑内血肿，被害人梁×× 的伤情系重伤。

　　根据《中华人民共和国刑事诉讼法》第一百四十八条之规定，如果你对该鉴定意见有异议，可以提出补充鉴定或者重新鉴定的申请。

***公安局（印）
二○××年九月十九日

×公（刑）鉴通字〔20××〕第叁拾壹号

此联交被害人或其法定代理人

七十、准予补充鉴定/重新鉴定决定书

（一）概念

2020 年公安部在公安机关刑事法律文书中增加了准予补充鉴定/重新鉴定决定书。该文书是公安机关在办理刑事案件过程中，犯罪嫌疑人、被害人对鉴定意见有异议，提出补充鉴定或者重新鉴定的申请，经县级以上公安机关负责人批准补充鉴定或者重新鉴定的决定性文书。

补充鉴定，是指公安司法人员或当事人等在对鉴定意见进行分析研究后，若认为所作意见不够完备、不够明确或提出了新的鉴定要求或发现与案件有关的新资料，可以决定或申请将已鉴定或新发现的检体，仍交给原委托的鉴定人进行检验，鉴定人对新要求所作的修正补充，就是补充鉴定。

重新鉴定，是指对原鉴定意见的可靠性发生疑问时，将原案材料再另行委托其他鉴定人进行的鉴定。重新鉴定的鉴定人，可以不受原鉴定内容和材料的限制，根据委托单位的要求和提供的材料进行鉴定。重新鉴定时若所得出的意见与原鉴定意见不一致，应当说明原因。

（二）法律依据

《刑事诉讼法》第 148 条规定，侦查机关应当将用作证据的鉴定意见告知犯罪嫌疑人、被害人。如果犯罪嫌疑人、被害人提出申请，可以补充鉴定或者重新鉴定。

《公安机关办理刑事案件程序规定》第 254 条第 1 款规定，经审查，发现有下列情形之一的，经县级以上公安机关负责人批准，应当补充鉴定：（1）鉴定内容有明显遗漏的；（2）发现新的有鉴定意义的证物的；（3）对鉴定证物有新的鉴定要求的；（4）鉴定意见不完整，委托事项无法确定的；（5）其他需要补充鉴定的情形。第 255 条第 1 款规定，经审查，发现有下列情形之一的，经县

级以上公安机关负责人批准，应当重新鉴定：（1）鉴定程序违法或者违反相关专业技术要求的；（2）鉴定机构、鉴定人不具备鉴定资质和条件的；（3）鉴定人故意作虚假鉴定或者违反回避规定的；（4）鉴定意见依据明显不足的；（5）检材虚假或者被损坏的；（6）其他应当重新鉴定的情形。

（三）适用条件

1. 经审查，发现具有《公安机关办理刑事案件程序规定》第254条第1款规定情形的，应当经县级以上公安机关负责人批准，准予补充鉴定。

2. 经审查，发现具有《公安机关办理刑事案件程序规定》第255条第1款规定情形的，应当经县级以上公安机关负责人批准，准予重新鉴定。

（四）内容及制作要求

准予补充鉴定/重新鉴定决定书属于多联式填充型文书，由正本、副本和存根三部分组成。

1. 正本。准予补充鉴定/重新鉴定决定书是决定机关通知申请人准予补充鉴定/重新鉴定决定的依据和凭证，分为首部、正文和尾部三部分。

（1）首部。首部包括制作机关名称、文书名称（已印制好）、文书字号及申请人的基本情况组成。申请人的基本情况包括申请人姓名、性别、出生日期、案件名称及申请人与案件的关系。填写时应当注意：

①案件名称。可以填写案件代号，如"11·27故意伤害案""××团伙诈骗案"，也可以用"犯罪嫌疑人姓名＋涉嫌罪名"的方式命名，如"刘某某涉嫌盗窃案"。

②申请人与案件的关系，即填写清楚申请人是该案件的犯罪嫌疑人、被害人，还是其法定代理人。

（2）正文。按照格式要求依次填写出具鉴定意见单位、案件名称、鉴定意见编号等。填写时应当注意县级以上公安机关负责人批准的是补充鉴定，还是重新鉴定，可根据具体情况划掉不选择的内容。

（3）尾部。填写清楚成文时间，写明单位名称，并加盖制作文书的公安机关印章。

2. 副本。准予补充鉴定/重新鉴定决定书副本作为公安机关准予补充鉴定/重新鉴定的凭证，用于附卷，其内容及制作要求与正本一致。

3. 存根。存根作为公安机关准予补充鉴定/重新鉴定的凭证，用于公安机关留存备查。存根内应当按照顺序详细填写所列内容。

（五）使用要求

准予补充鉴定/重新鉴定决定书应当向申请人宣读，由申请人在正本和副本上签名、捺指印，并注明时间。

进行重新鉴定，可以另行委托其他鉴定机构进行鉴定。鉴定机构应当从列入鉴定人名册的鉴定人中选择与原鉴定人专业技术资格或者职称同等以上的鉴定人实施。

补充鉴定或者重新鉴定的，应当单独制作鉴定文书。

（六）范例

＊＊＊公安局
准予补充鉴定/重新鉴定决定书

×公（刑）准鉴字〔20××〕25号

申请人 刘×× ，性别 女 ，出生日期 19××年××月××日 系 刘××涉嫌故意伤害 19××案 （犯罪嫌疑人、被害人或者其未法定代理人）

因对本 案的鉴定意见（鉴定文书编号：×××× 涉嫌故意伤害 案） ×××》 市司法鉴定中心 出具的 刘×× 所提异议符合重新鉴定条件，根据《中华人民共和国刑事诉讼法》第一百四十八条之规定，决定准予补充鉴定/重新鉴定。

公安局（印）

二○××年八月八日

本决定书已收到。

申请人：刘××

20××年8月8日

此联交申请人

＊＊＊公安局
准予补充鉴定/重新鉴定决定书
（副　本）

×公（刑）准鉴字〔20××〕25号

申请人 刘×× ，性别 女 ，出生日期 19××年××月××日 系 刘××涉嫌故意伤害 案 （犯罪嫌疑人、被害人或者其未法定代理人）

因对本 案的鉴定意见（鉴定文书编号：刘×× 涉嫌故意伤害 案） 市司法鉴定中心 出具的 所提异议符合重新鉴定条件，根据《中华人民共和国刑事诉讼法》第一百四十八条之规定，决定准予补充鉴定/重新鉴定。

公安局（印）

二○××年八月八日

本决定书已收到。

申请人：刘××

20××年8月8日

此联附卷

＊＊＊公安局
准予补充鉴定/重新鉴定决定书
（存　根）

×公（刑）准鉴字〔20××〕25号案

案件名称 刘××涉嫌故意伤害案

案件编号 ××××××××

犯罪嫌疑人 刘×× 男/女

出生日期 19××年××月××日

被害人 陈××

出生日期 19××年××月××日

批准人 李××

批准时间 20××年8月8日

承办人 赵××

办案单位 ××市公安局刑侦大队

填发时间 20××年8月8日

填发人 陈××

七十一、不准予补充鉴定/重新鉴定决定书

（一）概念

2020 年公安部在公安机关刑事法律文书中增加了不准予补充鉴定/重新鉴定决定书。该文书是公安机关在办理刑事案件过程中，犯罪嫌疑人、被害人对鉴定意见有异议，提出补充鉴定或者重新鉴定的申请，县级以上公安机关负责人不批准补充鉴定或者重新鉴定的决定性文书。

（二）法律依据

《刑事诉讼法》第 148 条规定，侦查机关应当将用作证据的鉴定意见告知犯罪嫌疑人、被害人。如果犯罪嫌疑人、被害人提出申请，可以补充鉴定或者重新鉴定。

《公安机关办理刑事案件程序规定》第 254 条规定，经审查，发现有下列情形之一的，经县级以上公安机关负责人批准，应当补充鉴定：（1）鉴定内容有明显遗漏的；（2）发现新的有鉴定意义的证物的；（3）对鉴定证物有新的鉴定要求的；（4）鉴定意见不完整，委托事项无法确定的；（5）其他需要补充鉴定的情形。经审查，不符合上述情形的，经县级以上公安机关负责人批准，作出不准予补充鉴定的决定，并在作出决定后 3 日以内书面通知申请人。第 255 条规定，经审查，发现有下列情形之一的，经县级以上公安机关负责人批准，应当重新鉴定：（1）鉴定程序违法或者违反相关专业技术要求的；（2）鉴定机构、鉴定人不具备鉴定资质和条件的；（3）鉴定人故意作虚假鉴定或者违反回避规定的；（4）鉴定意见依据明显不足的；（5）检材虚假或者被损坏的；（6）其他应当重新鉴定的情形。重新鉴定，应当另行指派或者聘请鉴定人。经审查，不符合上述情形的，经县级以上公安机关负责人批准，作出不准予重新鉴定的决定，并在作出决定后 3 日以内书面通知申请人。

（三）适用条件

1. 经审查，发现不具有《公安机关办理刑事案件程序规定》第 254 条第 1 款规定情形的，应当经县级以上公安机关负责人批准，不准予补充鉴定。

2. 经审查，发现不具有《公安机关办理刑事案件程序规定》第 255 条第 1 款规定情形的，应当经县级以上公安机关负责人批准，不准予重新鉴定。

3. 申请人对于符合补充鉴定情形的申请重新鉴定，或者对于符合重新鉴定情形的申请补充鉴定的，应当结合案件具体情况向申请人进行解释说明，并告知其重新提出申请，依法予以办理。

（四）内容及制作要求

不准予补充鉴定/重新鉴定决定书属于多联式填充型文书，由正本、副本及存根三部分组成。

1. 正本。不准予补充鉴定/重新鉴定决定书是决定机关通知申请人不准予补充鉴定/重新鉴定决定的依据和凭证，分为首部、正文和尾部三部分。

（1）首部。首部包括制作机关名称、文书名称（已印制好）、文书字号及申请人的基本情况组成。申请人的基本情况包括申请人姓名、性别、出生日期、案件名称及申请人与案件的关系。填写时应当注意：

①案件名称。可以填写案件代号，如"11·27 故意伤害案""××团伙诈骗案"，也可以用"犯罪嫌疑人姓名＋涉嫌罪名"的方式命名，如"刘某某涉嫌盗窃案"。

②申请人与案件的关系，即填写清楚申请人是该案件的犯罪嫌疑人、被害人，还是其法定代理人。

（2）正文。按照格式要求依次填写出具鉴定意见单位、案件名称、鉴定意见编号等。填写时应当注意县级以上公安机关负责人不批准的是补充鉴定，还是重新鉴定，可根据具体情况划掉不选择的内容。

（3）尾部。填写清楚成文时间，写明单位名称，并加盖制作文书的公安机关印章。

2. 副本。不准予补充鉴定/重新鉴定决定书副本作为公安机关不准予补充鉴定/重新鉴定的凭证，用于附卷，其内容及制作要求与正本一致。

3. 存根。存根作为公安机关不准予补充鉴定/重新鉴定的凭证，用于公安机关留存备查。存根内应当按照顺序详细填写所列内容。

（五）使用要求

经审查，不符合《公安机关办理刑事案件程序规定》第 254 条第 1 款或者第 255 条第 1 款规定情形的，经县级以上公安机关负责人批准，作出不准予补充鉴定或者不准予重新鉴定的决定，并在作出决定后 3 日以内书面通知申请人。

不准予补充鉴定/重新鉴定决定书应当向申请人宣读，由申请人在正本和副本上签名、捺指印，并注明时间。

（六）范例

＊＊＊公安局

不准予补充鉴定/重新鉴定决定书

×公（刑）不准鉴字〔20××〕25 号

申请人 刘×× ，性别 女 ，出生日期 19××
年××月××日 ，系 刘××涉嫌故意伤害 案
（犯罪嫌疑人、被害人或者其法定代理人）
因其对 ××市司法鉴定中心 出具的 刘×××涉嫌
故意伤害 案的 鉴定意见（鉴定文书编号：××××××）
×××所提异议不符合重新鉴定/补充鉴定条件，
根据《中华人民共和国刑事诉讼法》第一百四十八条之
规定，决定不准予补充鉴定/重新鉴定。

公安局（印）

二0××年八月八日

本决定书已收到。

申请人：刘××

20××年8月8日

此联交申请人

＊＊＊公安局

不准予补充鉴定/重新鉴定决定书
（副　本）

×公（刑）不准鉴字〔20××〕25 号

申请人 刘×× ，性别 女 ，出生日期 19××
年××月××日 ，系 刘××涉嫌故意伤害 案
（犯罪嫌疑人、被害人或者其法定代理人）
因其对 ××市司法鉴定中心 出具的 刘×××涉嫌
故意伤害 案的 鉴定意见（鉴定文书编号：××××××）
×××所提异议不符合重新鉴定/补充鉴定条件，
根据《中华人民共和国刑事诉讼法》第一百四十八条之
规定，决定不准予补充鉴定/重新鉴定。

公安局（印）

二0××年八月八日

本决定书已收到。

申请人：刘××

20××年8月8日

此联附卷

＊＊＊公安局

不准予补充鉴定/重新鉴定
决定书
（存　根）

×公（刑）不准鉴字〔20××〕25号案

案件名称 刘××涉嫌故意伤害案

案件编号 ××××××××

犯罪嫌疑 刘××　　　男/女

出生日期 19××年××月××日

故意 陈××

出生日期 19××年××月××日

批事人 陈××

批准时间 20××年8月8日

办案人 赵××

办案单位 ××市公安局刑侦支队

填发时间 20××年8月8日

填发人 陈××

七十二、通缉令

(一) 概念

通缉令是公安机关在办理刑事案件过程中，针对在逃的应当逮捕的犯罪嫌疑人制作的发布追捕归案命令的通知性文书。通缉是公安机关协同作战并动员和组织群众共同查获在逃的犯罪嫌疑人的有效方式，对于被通缉的对象，任何公民都有权利和责任将其扭送公安机关处理。因此，发布通缉令对于及时抓获犯罪嫌疑人和案件顺利侦破具有重要作用。

(二) 法律依据

《刑事诉讼法》第 155 条规定，应当逮捕的犯罪嫌疑人如果在逃，公安机关可以发布通缉令，采取有效措施，追捕归案。各级公安机关在自己管辖的地区以内，可以直接发布通缉令；超出自己管辖的地区，应当报请有权决定的上级机关发布。

《公安机关办理刑事案件程序规定》第 274 条第 2 款、第 3 款规定，县级以上公安机关在自己管辖的地区内，可以直接发布通缉令；超出自己管辖的地区，应当报请有权决定的上级公安机关发布。通缉令的发送范围，由签发通缉令的公安机关负责人决定。

(三) 适用条件

发布通缉令应当符合以下条件：

1. 通缉的对象是应当逮捕的犯罪嫌疑人。犯罪嫌疑人虽然在逃，但不符合逮捕条件的，不能发布通缉令。所谓应当逮捕，既包括已经检察机关批准逮捕的，也包括公安机关经过调查取证，认为犯罪嫌疑人符合逮捕条件，应当予以逮捕，但尚未提请检察机关批准的。对于应当逮捕但尚未提请批准逮捕的犯罪嫌疑人，应当办理刑拘手续。

2. 犯罪嫌疑人在逃。

3. 呈请意见经县级以上公安机关负责人批准。

（四）内容及制作要求

通缉令属于多联式填充型文书，由对内发布联、对外发布联和存根组成。

1. 对内发布联。本联是公安机关依法对在逃的犯罪嫌疑人进行追捕的依据。主要包括：

（1）犯罪嫌疑人的基本情况。犯罪嫌疑人的基本情况应当写明犯罪嫌疑人的姓名（别名、曾用名、绰号等）、性别、年龄、民族、职业、工作单位、户籍所在地、住址等。在逃人员网上编号、身份证件号码应当根据有关情况准确填写。体貌特征要写明被通缉对象的面部特征、身高、肤色、体态、发型及颜色、生理病理特征、衣着等情况。行为特征要写明被通缉对象活动的一般规律、行为动作的特殊表现形态。口音要写明被通缉对象是否操有地方口音或操有何种地方口音。携带物品要写明被通缉对象逃跑时，是否携带枪支、弹药、爆炸物、赃款赃物以及有关物品的数量、特征等。特长应当写明被通缉对象掌握何种技能，如驾驶、搏击、射击、爆破等。

（2）发布范围。根据《刑事诉讼法》第155条第2款的规定，各级公安机关在自己管辖的地区以内，可以直接发布通缉令；超出自己管辖的地区，应当报请有权决定的上级机关发布。因此，发布范围与公安机关的管辖范围密切相关。

（3）简要案情。写明被通缉的犯罪嫌疑人的作案时间、地点、手段、案件性质、情节及后果等。对需要保密的，应当有选择地说明。

（4）工作要求和注意事项。写明对被通缉对象的追捕措施以及抓获后的处置措施，并写明办案单位、联系人、联系电话及通讯地址等。

（5）附件。有条件的，可以在通缉令中附犯罪嫌疑人的照片、指纹、DNA编号及社会关系。公开发布的通缉令不得将犯罪嫌疑人的社会关系公开。

（6）抄送部门。写明通缉令应当抄送的部门名称。

2. 对外发布联。本联是公安机关通过广播、电视、报刊、计算机网络等方式对外发布通缉令的凭证。

（1）对外发布的通缉令不需要就指纹、DNA 等专业事项进行鉴别，因此，对外发布联的附件仅公开发布犯罪嫌疑人的照片。

（2）需要对外保密的，应当有选择性地进行说明。

3. 存根。存根是公安机关发布对犯罪嫌疑人通缉令的凭证，由公安机关留存备查。应当按照规定的格式按顺序填写所列项目。

（五）使用要求

通缉令制作完毕后应当立即予以发布。通缉令既可以发布给有关公安机关，也可以通过新闻媒体等其他方式发布，还可以张贴于公共场所，向社会公开发布。

（六）范例

通　缉　令

×公（刑）缉字〔20××〕36号

犯罪嫌疑人的基本情况，在逃人员网上编号，行为特征，体貌特征，口音、携带物品，特长：犯罪嫌疑人程××，男，25岁，××市××口音，系××厂工人，××××××××号，身份证号××××××××××××××××，住址××市××区××路××号，身高一米七，留平头，国字脸，单眼皮，体格健壮，下穿浅色牛仔裤，白色旅游鞋，携带一把自制手枪。该犯罪嫌疑人曾练过四年排球，会驾驶汽车。

发布范围：各市、县、区公安局（分局）

简要案情：20××年3月25日9时许，犯罪嫌疑人程××，男，××持枪闯入位于××市××区××路××号的工商银行××储蓄所，打伤一名保安和一名营业员，抢劫人民币20万元，两人驾驶一辆××牌摩托车逃离现场。

注意事项：程××体格健壮，随身携带一把自制手枪，危险性很大。发现时应当与公安机关联系，并注意保护好自身安全，不要惊动犯罪嫌疑人。

联系人，联系电话：王××，高×××（×××
市公安局刑警支队

附：犯罪嫌疑人照片。

公安局（印）

二○××年三月二十六日

（注：此联用于对外发布）

通　缉　令

×公（刑）缉字〔20××〕36号

犯罪嫌疑人的基本情况，在逃人员网上编号，行为特征，体貌特征，口音、携带物品，特长：犯罪嫌疑人程××，男，25岁，××市××口音，系××厂工人，在逃人员网上编号××××号，身份证号××××××××××××××××，住址××市××区××路××号，身高一米七，留平头，国字脸，单眼皮，体格健壮，下穿浅色牛仔裤，白色旅游鞋，携带一把自制手枪。该犯罪嫌疑人曾练过四年排球，会驾驶汽车。

发布范围：各市、县、区公安局（分局）

简要案情：20××年3月25日9时许，犯罪嫌疑人程××，男，××持枪闯入位于××市××区××路××号的工商银行××储蓄所，打伤一名保安和一名营业员，抢劫人民币20万元，随后驾驶一辆××牌摩托车逃离现场。

工作要求和注意事项：望各单位接此通缉令后，立即布控，注意缉查，如发现犯罪嫌疑人程××，立即扣押并查明身份，立即与××市公安局刑警支队联系。

捕后请与市公安局刑警支队联系。

联系人，联系电话：王××，高×××（×××
市公安局刑警支队

附：1. 犯罪嫌疑人照片，指纹。
2. 犯罪嫌疑人社会关系：程××妻子谢××，女，身份证号××××××××，住址××市××区××路××号。
3. DNA编号：×××××××。

抄送部门：××市公安局。

公安局（印）

二○××年三月二十六日

（注：此联用于对内发布）

×××公安局
通　缉　令
（存　根）

×公（刑）缉字〔20××〕36号

案件名称	程××，男，××抢劫案
案件编号	×××××××
被通缉人	程××
出生日期	19××年×月×日
身份证号	××××××××××××××××
住址	××市××区××路××号
单位及职业	××厂工人
通缉时间	20××年3月26日
批准人	张××
批准时间	20××年3月26日
办案单位	××市公安局刑警支队
办案时间	20××年3月26日
填发时间	20××年3月26日
填发人	王××

七十三、关于撤销 字〔 〕 号通缉令的通知

(一) 概念

关于撤销 字〔 〕 号通缉令的通知是公安机关在办理刑事案件过程中，由于被通缉的犯罪嫌疑人已经死亡、自动投案或者被公安机关抓获等原因，不需要继续通缉时，由原发布机关制作的通知有关单位撤销通缉工作的通知性法律文书。公安机关发布通缉令后，有关公安机关均要根据工作要求部署查缉，因此，为了避免给有限的公安机关警力造成浪费，当对犯罪嫌疑人不再需要通缉的时候，应当及时发布关于撤销 字〔 〕 号通缉令的通知。

(二) 法律依据

《公安机关办理刑事案件程序规定》第 281 条规定，经核实，犯罪嫌疑人已经自动投案、被击毙或者被抓获，以及发现有其他不需要采取通缉、边控、悬赏通告的情形的，发布机关应当在原通缉、通知、通告范围内，撤销通缉令、边控通知、悬赏通告。

(三) 适用条件

符合下列情形之一的，应当发布关于撤销 字〔 〕 号通缉令的通知：

1. 被通缉的犯罪嫌疑人已经死亡，包括正常死亡、被公安机关击毙以及其他非正常死亡。

2. 被通缉的犯罪嫌疑人已经归案，包括犯罪嫌疑人自动投案、被抓获等。

3. 有证据证实被通缉的犯罪嫌疑人无罪。

(四) 内容及制作要求

关于撤销 字〔 〕 号通缉令的通知属于多联式填充型文书，由正本和存根组成。

1. 正本。正本是对于已经死亡或者归案的犯罪嫌疑人，原发布机关制作的通知有关单位撤销通缉工作的文书。主要内容包括：

（1）名称。在名称的相应空白处填写原通缉令的发文字号。

（2）发布范围。应当与原通缉令的发布范围一致。

（3）内容。应当按照规定的格式填写清楚原通缉令的发文字号，被通缉的犯罪嫌疑人的姓名，犯罪嫌疑人死亡或者归案的时间、地点以及死亡或者归案的具体情形。

（4）抄送部门。应当与原通缉令的抄送部门一致。

2. 存根。存根是公安机关撤销对犯罪嫌疑人通缉的凭证，由公安机关留存备查。应当按照规定的格式按顺序填写各项内容。

（五）使用要求

被通缉的犯罪嫌疑人死亡或者归案后，应当立即制作关于撤销　　字〔　　〕　　号通缉令的通知，将原通缉令予以撤销。

（六）范例

＊＊＊公安局

关于撤销×公（刑）缉字〔20××〕36号通缉令的通知（存　根）

×公(刑)撤缉字〔20××〕16号

案件名称　程××、吴××抢劫案
案件编号　×××××××
被通缉人　程××　　　男/女
出生日期　19××年×月×日　×××××××××
身份证号码　××××××××
住　　址　××市××区××路××号
单位及职业　××厂工人
通缉时间　20××年3月26日
撤销原因犯罪嫌疑人程××被击毙
批 准 人　张××
批准时间　20××年4月2日
办 案 人　高××、王××
办案单位　××市公安局刑警支队
填发时间　20××年4月2日
填 发 人　高××

×公（刑）撤缉字贰零××第拾陆号

关于撤销×公（刑）缉字〔20××〕36号
通缉令的通知

×公（刑）撤缉字〔20××〕16号

发布范围：　各市、县、区公安局（分局）

内容：

　　　×公（刑）缉　字〔20××〕　36　号通缉令通缉的　犯罪嫌疑人程××，于　20××　年　4　月　1　日在　××省××市　已　被当地公安机关击毙，请撤销通缉工作。

公安局（印）
二〇××年四月二日

抄送部门：　××、××市公安局

七十四、办案协作函

（一）概念

办案协作函是公安机关在办理刑事案件过程中，需要异地公安机关协作的时候制作的请求协作配合的函件。

随着经济的不断发展，人员流动加剧，流窜作案、跨地区作案以及作案后逃往异地的情况不断增加。公安机关在办案中往往需要异地公安机关协作配合。只有与异地公安机关之间密切配合，才能真正发挥公安机关打击犯罪的整体功能，保证办案效率。因此，《公安机关办理刑事案件程序规定》第348条第2款规定，异地公安机关提出协作请求的，只要法律手续完备，协作地公安机关就应当及时无条件予以配合，不得收取任何形式的费用或者设置其他条件。同时，为了确保办案协作顺利进行，《公安机关办理刑事案件程序规定》又要求有关公安机关需要异地公安机关协作的，应当制作办案协作函件。因此，办案协作函是公安机关办案协作时的必备法律文书，是与异地公安机关之间协作配合的依据。

（二）法律依据

《公安机关办理刑事案件程序规定》第347条规定，需要异地公安机关协助的，办案地公安机关应当制作办案协作函件，连同有关法律文书和人民警察证复印件一并提供给协作地公安机关。必要时，可以将前述法律手续传真或者通过公安机关有关信息系统传输至协作地公安机关。请求协助执行传唤、拘传、拘留、逮捕的，应当提供传唤证、拘传证、拘留证、逮捕证；请求协助开展搜查、查封、扣押、查询、冻结等侦查活动的，应当提供搜查证、查封决定书、扣押决定书、协助查询财产通知书、协助冻结财产通知书；请求协助开展勘验、检查、讯问、询问等侦查活动的，应当提供立案决定书。第348条第1款规定，公安机关应当指定一个部门归口接收协作请求，并进行审核。对符合该规定第347条规定的协作请求，应当及时交主管业务部门办理。

（三）适用条件

办案协作函适用于公安机关在办理刑事案件过程中，需要异地公安机关协作配合的情形。所谓异地，一般是指跨县级以上行政辖区。

公安机关办案协作主要包括以下内容：

（1）转交犯罪线索；

（2）协助查询犯罪信息、资料；

（3）协助执行传唤、拘传、拘留、逮捕；

（4）代为执行拘留、逮捕；

（5）协助查询犯罪嫌疑人的身份、年龄、违法犯罪经历等情况；

（6）协助办理查询、查封、扣押或者冻结与犯罪有关的财物、文件等。

（四）内容及制作要求

办案协作函属于多联式填充型文书，由正本和存根组成。

1. 正本。正本是有关公安机关请求异地公安机关予以办案协作以及异地公安机关提供协作的依据和凭证，由首部、正文和尾部组成。

（1）首部。首部包括制作文书的公安机关名称、文书名称（已印制好）、文书字号及抬头。抬头填写被请求协助的公安机关名称。

（2）正文。正文应当按照规定的格式填写清楚案件名称、请求协助事项以及侦查人员基本情况。其中，请求协助事项主要包括查询犯罪信息，执行强制措施，查询、查封、扣押、冻结与犯罪有关的物品、文件等，制作文书时应当根据具体情况填写清楚。侦查人员基本情况应当写明侦查人员姓名、单位及职务。如果委托异地公安机关代为执行的，可不填写侦查人员基本情况。

（3）尾部。尾部填写清楚成文时间，写明单位名称，并加盖制作文书的公安机关印章。

2. 存根。存根是有关公安机关请求异地公安机关协作配合的凭证，由制作文书的公安机关留存备查。应当按照规定的格式按顺序填写清楚所列内容。

（五）使用要求

1. 办案协作函制作完毕后，对于需要派员赴异地的，办案人员应当持办案协作函、本人工作证件以及有关法律手续赴异地与当地公安机关联系具体协作事宜，并将办案协作函交异地公安机关；对于需要委托异地公安机关代为执行的，应当将办案协作函以及有关法律手续送达被委托的公安机关。

2. 对于需要异地办理查询、查封、扣押或者冻结与犯罪有关的财物、文件的，在紧急情况下，可以将办案协作函和相关法律手续电传至协作地县级以上公安机关，协作地公安机关应当及时采取措施，委托地公安机关应当立即派员携带法律文书前往协作地办理。

3. 办案协作函一次使用有效，再次需要异地公安机关协作的，应当制作新的办案协作函。

4. 侦查终结时，办案协作函应当存入侦查工作卷。

（六）范例

＊＊＊公安局
办案协作函
（存　根）

×公（刑）协字〔20××〕136号

案件名称　陈××诈骗案
案件编号　×××××××
犯罪嫌疑人　陈××　　男／女
出生日期　19××年×月×日
住　　址　×市××路××号
单位及职业　无业
协作单位　×××市公安局
协作事项　拘留犯罪嫌疑人陈××
批准人　唐××
批准时间　20××年3月21日
办案人　宋××、赵××
办案单位　××市公安局刑警支队
填发时间　20××年3月21日
填发人　高××

×公（刑）协字贰零××第壹佰叁拾陆号

＊＊＊公安局
办案协作函

×公（刑）协字〔20××〕136号

×××市公安局　：

　　我局因办理　陈××诈骗　案，需要前往你辖区／委托你局代为执行　拘留犯罪嫌疑人陈××的　　　　　任务，请予以协助。

　　前往执行任务侦查人员姓名、单位、职务：

　　1. 宋××，××市公安局刑警支队副大队长

　　2. 赵××，××市公安局刑警支队侦查员

公安局（印）
二○××年三月二十一日

此联交协作地公安机关

389

七十五、撤销案件决定书

（一）概念

撤销案件决定书是公安机关对于经过侦查，发现不应当追究犯罪嫌疑人刑事责任、应当撤销案件时制作的文书。公安机关对于经过侦查，发现犯罪嫌疑人不应被追究刑事责任的，应当及时制作撤销案件决定书撤销案件，避免侵害当事人的合法权益。

（二）法律依据

《刑事诉讼法》第16条规定，有下列情形之一的，不追究刑事责任，已经追究的，应当撤销案件，或者不起诉，或者终止审理，或者宣告无罪：（1）情节显著轻微、危害不大，不认为是犯罪的；（2）犯罪已过追诉时效期限的；（3）经特赦令免除刑罚的；（4）依照刑法告诉才处理的犯罪，没有告诉或者撤回告诉的；（5）犯罪嫌疑人、被告人死亡的；（6）其他法律规定免予追究刑事责任。第163条规定，在侦查过程中，发现不应对犯罪嫌疑人追究刑事责任的，应当撤销案件；犯罪嫌疑人已被逮捕的，应当立即释放，发给释放证明，并且通知原批准逮捕的人民检察院。

《公安机关办理刑事案件程序规定》第186条规定，经过侦查，发现具有下列情形之一的，应当撤销案件：（1）没有犯罪事实的；（2）情节显著轻微、危害不大，不认为是犯罪的；（3）犯罪已过追诉时效期限的；（4）经特赦令免除刑罚的；（5）犯罪嫌疑人死亡的；（6）其他依法不追究刑事责任的。对于经过侦查，发现有犯罪事实需要追究刑事责任，但不是被立案侦查的犯罪嫌疑人实施的，或者共同犯罪案件中部分犯罪嫌疑人不够刑事处罚的，应当对有关犯罪嫌疑人终止侦查，并对该案件继续侦查。第187条规定，需要撤销案件的，办案部门应当制作撤销案件报告书，报县级以上公安机关负责人批准。公安机关决定撤销案件时，原犯罪嫌疑人在押的，应当立即释放，发给释放证明书。原犯罪嫌疑人被逮捕的，应当通知原批准逮捕的人民检察院。对原犯罪嫌疑人采取其他强制措施的，应当立即解除强制措施；需要行政处理的，依法予以处理或者移交有关部门。对查封、扣押的财物及其孳息、文件，或者冻结的财产，除按照法律和有关规定另行处理的以外，应当解除查封、扣押、冻结，并及时返还或者通知当事人。

（三）适用条件

撤销案件决定书适用于以下情形：

1. 《刑事诉讼法》第 16 条规定的不应当追究刑事责任的情形。

2. 没有犯罪事实的。

3. 根据《刑法》规定不负刑事责任的，如根据《刑法》第 17 条第 2 款的规定，除八种犯罪外，不满 14 周岁的人不负刑事责任；第 18 条第 1 款规定，精神病人在不能辨认或者不能控制自己行为的时候造成危害后果，经法定程序鉴定确认的，不负刑事责任。

（四）内容及制作要求

撤销案件决定书属于多联式填充型文书，由附卷联，交原案件犯罪嫌疑人联，交原案件被害人或者其近亲属、法定代理人联，交移送机关联及存根组成。

1. 附卷联。本联是公安机关撤销案件的依据，由首部、正文和尾部组成。

（1）首部。首部包括制作文书的公安机关名称、文书名称（已印制好）、文书字号。

（2）正文。正文应当按照规定的格式填写清楚案件名称、撤销案件的原因及撤销案件的法律依据。其中，撤销案件的原因应当简要说明侦查结果及属于应当撤销案件的具体情形。撤销案件的法律依据，如属于《刑事诉讼法》第 16 条规定的情形，填写第"十六"条；如属于没有犯罪事实或者根据《刑法》规定不负刑事责任的，填写第"一百六十三"条。

（3）尾部。尾部填写清楚成文时间，写明单位名称，并加盖制作文书的公安机关印章。

2. 交原案件犯罪嫌疑人联。本联是犯罪嫌疑人被撤销案件，不被追究刑事责任的凭证。其内容及制作要求与附卷联一致，原案件犯罪嫌疑人死亡的，交其家属。

3. 交原案件被害人或者其近亲属、法定代理人联。本联是公安机关将撤销案件的决定通知原案件被害人或者其近亲属、法定代理人的依据及凭证。其内容及制作要求与附卷联一致。

4. 交移送机关联。本联是公安机关将撤销案件的决定通知移送机关的依据及凭证。其内容及制作要求与附卷联一致。

5. 存根。本联是公安机关对不应追究刑事责任的犯罪嫌疑人撤销案件的凭证，用于公安机关留存备查。应当根据规定的格式按照顺序填写清楚所列内容。

（五）使用要求

1. 撤销案件决定书制作完毕后，办案人员应当将决定书相关联送达原案件犯罪嫌疑人、被害人，并让其在决定书副本上签名、注明日期。决定书副本由办案人员带回存入侦查工作卷。

2. 案件如果是由其他行政机关移送至公安机关的，公安机关在作出撤销案件决定后，应当将决定书交移送机关联送达案件的移送机关，由移送机关在决定书副本盖章、注明日期。如果不是其他行政机关移送的，此联无须填写。

（六）范例

***公安局 撤销案件决定书

×公（刑）撤案字〔20××〕23 号

我局办理的 冯××诈骗 案，因 被指控的事实不构成犯罪 ，根据《中华人民共和国刑事诉讼法》第 一百六十三 条之规定，决定撤销此案。

公安局（印）

二○××年五月十九日

×公（刑）撤案字第贰零××第贰拾叁号

此联交原案件犯罪嫌疑人（原案件犯罪嫌疑人死亡的交其家属）

***公安局 撤销案件决定书（副　本）

×公（刑）撤案字〔20××〕23 号

我局办理的 冯××诈骗 案，因 被指控的事实不构成犯罪 ，根据《中华人民共和国刑事诉讼法》第 一百六十三 条之规定，决定撤销此案。

公安局（印）

二○××年五月十九日

本决定书已收到。　　本决定书已收到。

移交机关：

原案件犯罪嫌疑人：　　原案件被害人：

冯××　　　　　　　　林××

20××年5月19日　20××年5月19日　20××年5月19日

×公（刑）撤案字第贰零××第贰拾叁号

此联附卷

***公安局 撤销案件决定书（存　根）

×公（刑）撤案字〔20××〕23号

案件名称　冯××诈骗案

案件编号　×××××××××

原案件犯罪嫌疑人　冯××　　男/女

出生日期　×××年××月××日

住　　址　×市××路××号

单位及职业　××市××公司经理

撤销案件原因　不构成犯罪

批　　准　唐××

批准时间　20××年5月19日

办案人　林××、张××

办案单位　××市公安局刑警队

填发时间　20××年5月19日

填发人　林××

***公安局

撤销案件决定书

×公(刑)撤案字〔20××〕23 号

我局办理的 ＿＿冯××诈骗＿＿ 案，因被指控的事实未构成犯罪，根据《中华人民共和国刑事诉讼法》第 ＿一百六十三＿ 条之规定，决定撤销此案。

公安局(印)

二O××年五月十九日

×公(刑)撤案字贰零××第贰拾叁号

此联交移送机关

***公安局

撤销案件决定书

×公(刑)撤案字〔20××〕23 号

我局办理的 ＿＿冯××诈骗＿＿ 案，因被指控的事实未构成犯罪，根据《中华人民共和国刑事诉讼法》第 ＿一百六十三＿ 条之规定，决定撤销此案。

公安局(印)

二O××年五月十九日

×公(刑)撤案字贰零××第贰拾叁号

此联交原案件被害人或者其近亲属、法定代理人

七十六、终止侦查决定书

（一）概念

终止侦查决定书是公安机关经侦查发现有犯罪事实需要追究刑事责任，但不是被立案侦查的某犯罪嫌疑人实施的，对该犯罪嫌疑人终止侦查而制作的文书。终止侦查决定书旨在终止对某个特定犯罪嫌疑人的侦查，并不是终止对案件的侦查，公安机关终止对某犯罪嫌疑人侦查以后又发现新的犯罪事实或者证据，认为需要追究该犯罪嫌疑人刑事责任的，应当继续侦查。

（二）法律依据

《公安机关办理刑事案件程序规定》第186条第2款规定，对于经过侦查，发现有犯罪事实需要追究刑事责任，但不是被立案侦查的犯罪嫌疑人实施的，或者共同犯罪案件中部分犯罪嫌疑人不够刑事处罚的，应当对有关犯罪嫌疑人终止侦查，并对该案件继续侦查。第187条规定，需要对犯罪嫌疑人终止侦查的，办案部门应当制作呈请对犯罪嫌疑人终止侦查报告书，报县级以上公安机关负责人批准。公安机关决定对犯罪嫌疑人终止侦查时，原犯罪嫌疑人在押的，应当立即释放，发给释放证明书。原犯罪嫌疑人被逮捕的，应当通知原批准逮捕的人民检察院。对原犯罪嫌疑人采取其他强制措施的，应当立即解除强制措施；需要行政处理的，依法予以处理或者移交有关部门。对查封、扣押的财物及其孳息、文件，或者冻结的财产，除按照法律和有关规定另行处理的以外，应当解除查封、扣押、冻结，并及时返还或者通知当事人。

（三）适用条件

终止对犯罪嫌疑人的侦查应当符合以下条件：

1. 该案的犯罪行为不是被终止侦查的犯罪嫌疑人实施的，或者共同犯罪案件中部分犯罪嫌疑人不够刑事处罚的。

2. 已报经县级以上公安机关负责人批准。

（四）内容及制作要求

终止侦查决定书属于多联式填充型文书，由正本、副本及存根组成。

1. 正本。正本是公安机关终止对犯罪嫌疑人侦查的依据，由首部、正文和尾部组成。

（1）首部。首部包括制作文书的公安机关名称、文书名称（已印制好）、文书字号及犯罪嫌疑人基本情况。

（2）正文。正文应当按照规定的格式填写清楚案件名称、终止对犯罪嫌疑人侦查的原因。

（3）尾部。尾部填写清楚成文时间，写明单位名称，并加盖制作文书的公安机关印章。

2. 副本。副本是犯罪嫌疑人被终止侦查的凭证。其内容及制作要求与正本一致。

3. 存根。存根是公安机关对不应追究刑事责任的犯罪嫌疑人终止侦查的凭证，用于公安机关留存备查。应当根据规定的格式按照顺序填写清楚所列内容。

（五）使用要求

终止侦查决定书制作完毕后，办案人员应当将决定书送达原案件犯罪嫌疑人或其家属，并让其在决定书副本附注"本决定书已收到"后签名、注明日期。决定书副本由办案人员带回存入卷宗。

（六）范例

***公安局
终止侦查决定书

×公（刑）终侦字 [20××] 73 号

姓名 赵×× ，性别 男 ，出生日期
19××年×月×日，住址 ××市××区
××路××号 ，单位及职业 无业

我局办理的 李×× ，赵×× 等人涉嫌盗窃
案，经查明 赵×× 没有实施盗窃行为
，根据《公安机关办理刑事案件程序规
定》第一百八十六条第二款之规定，现决定终止
对 赵×× 的侦查。

公安局（印）

二○××年六月二十八日

×公（刑）终侦字贰零××第柒拾叁号

此联交原犯罪嫌疑人（原犯罪嫌疑人死亡的交其家属）

***公安局
终止侦查决定书
（副 本）

×公（刑）终侦字 [20××] 73 号

姓名 赵×× ，性别 男 ，出生日期
19××年×月×日，住址 ××市××区
××路××号 ，单位及职业 无业

我局办理的 李×× ，赵×× 等人涉嫌盗窃
案，经查明 赵×× 没有实施盗窃行为
，根据《公安机关办理刑事案件程序规
定》第一百八十六条第二款之规定，现决定终止
对 赵×× 的侦查。

公安局（印）

二○××年六月二十八日

本决定书已收到。
原犯罪嫌疑人或其家属：赵××
20××年6月28日

×公（刑）终侦字贰零××第柒拾叁号

此联附卷

***公安局
终止侦查决定书
（存 根）

×公（刑）终侦字[20××]73号

案件名称 李××、赵××等人盗窃案
案件编号 ××××××××
原犯罪嫌疑人 赵××　　　　男/女
出生日期 19××年×月×日
住址 ××市××区××路××号
单位及职业 无业
终止侦查原因 赵××没有实施盗窃行为
批准人 罗××
批准时间 20××年6月28日　何××
办案人 林××、何××
办案单位 ××县公安局刑警大队
填发时间 20××年6月28日
填发人 何××

七十七、起诉意见书

(一) 概念

起诉意见书是公安机关对于侦查终结的案件，认为犯罪事实清楚，证据确实、充分，应当依法追究犯罪嫌疑人刑事责任的，在移送人民检察院时制作的提请检察机关予以起诉的文书。起诉意见书是对案件侦查情况的全面总结，是公安机关对犯罪嫌疑人的指控意见书，集中反映了公安机关办理案件的情况和质量，同时也是人民检察院提起公诉和人民法院审理案件的重要基础，因此，在公安机关办理刑事案件过程中具有重要地位。

(二) 法律依据

《刑事诉讼法》第162条规定，公安机关侦查终结的案件，应当做到犯罪事实清楚，证据确实、充分，并且写出起诉意见书，连同案卷材料、证据一并移送同级人民检察院审查决定；同时将案件移送情况告知犯罪嫌疑人及其辩护律师。

《公安机关办理刑事案件程序规定》第289条第1款规定，对侦查终结的案件，应当制作起诉意见书，经县级以上公安机关负责人批准后，连同全部案卷材料、证据，以及辩护律师提出的意见，一并移送同级人民检察院审查决定；同时将案件移送情况告知犯罪嫌疑人及其辩护律师。

(三) 适用条件

制作起诉意见书应当符合以下条件：

1. 案件已经侦查终结。

2. 犯罪事实清楚，证据确实、充分，犯罪性质和罪名认定正确，法律手续完备，依法应当追究刑事责任。

(四) 内容及制作要求

起诉意见书属于叙述型文书，由首部、正文和尾部组成。

1. 首部。首部包括制作文书的公安机关名称、文书名称（已印制好)、文书字号、犯罪嫌疑人的身份情况及违法犯罪经历情况等。犯罪嫌疑人有辩护律师的,应当写明律师的姓名,所在律师事务所或者法律援助机构名称,律师执业证编号等(制作要求可参见"三十二、提请批准逮捕书")。

2. 正文。这是起诉意见书的核心部分,主要包括:

(1)案件办理情况。案件办理情况主要是指案由,可表述为"犯罪嫌疑人涉嫌×××一案……"(制作要求可参见"三十二、提请批准逮捕书")。在这部分最后要写明"犯罪嫌疑人×××涉嫌××案,现已侦查终结"。

(2)案件事实。制作要求可参见"三十二、提请批准逮捕书"。

(3)证据。在叙述清楚犯罪事实后,另起一段以"认定上述事实的证据如下"引出列举的证据,并且说明证据与案件事实的关系。在列举完证据后,另起一段,写明"上述犯罪事实清楚,证据确实、充分,足以认定",表明对案件事实、证据叙述的结束。

(4)案件有关情节。具体写明犯罪嫌疑人是否有累犯、立功、自首、和解等影响量刑的从重、从轻、减轻等犯罪情节。

(5)犯罪性质认定及移送审查起诉的依据。主要包括:概括说明犯罪嫌疑人的行为特征及其触犯的《刑法》条文和涉嫌的罪名;移送案件的法律依据要写明依据的具体法律条款,即《刑事诉讼法》第162条。当事人和解的公诉案件,应当写明双方当事人已自愿达成和解协议以及履行情况,同时提出从宽处理的建议。

3. 尾部。尾部包括送达部门,即接受移送案件的同级人民检察院的名称;移送审查起诉时间并加盖制作文书的公安机关印章;附注事项,根据需要填写"本案卷宗×卷××页""随案移交物品××件"等内容。

(五)使用要求

1. 侦查终结案件的处理,由县级以上公安机关负责人批准;

重大、复杂、疑难的案件应当经过集体讨论决定。

2. 侦查终结后，应当将全部案卷材料加以整理，按要求装订立卷。向人民检察院移送案件时，只移送诉讼卷，侦查工作卷由公安机关存档备查。

3.《刑事诉讼法》第 162 条规定，犯罪嫌疑人自愿认罪的，应当记录在案，随案移送，并在起诉意见书中写明有关情况。据此，对于犯罪嫌疑人自愿认罪认罚的，要求在起诉意见书中简要写明相关情况。最高人民法院、最高人民检察院、公安部、国家安全部、司法部联合印发的《关于适用认罪认罚从宽制度的指导意见》第 24 条规定，公安机关认为案件符合速裁程序适用条件的，可以在起诉意见书中建议人民检察院适用速裁程序办理，并简要说明理由。据此，在起诉意见书中增加了相应要求。

（六）范例

范例：

＊＊＊公安局

起 诉 意 见 书

×公（刑）诉字〔20××〕25号

犯罪嫌疑人×××……［犯罪嫌疑人姓名（别名、曾用名、绰号等），性别，出生日期，出生地，身份证件种类及号码，民族，文化程度，职业或工作单位及职务，居住地（包括户籍所在地、经常居住地、暂住地），政治面貌（如是人大代表、政协委员，一并写明具体级、届代表、委员），违法犯罪经历以及因本案被采取强制措施的情况（时间、种类及执行场所）。案件有多名犯罪嫌疑人的，应逐一写明。］

辩护律师×××……［如有辩护律师，写明其姓名，所在律师事务所或者法律援助机构名称，律师执业证编号。］

犯罪嫌疑人涉嫌×××（罪名）一案，由×××举报（控告、移送）至我局（写明案由和案件来源，具体为单位或者公民举报、控告、上级交办、有关部门移送或工作中发现等）。简要写明案件侦查过程中的各个法律程序开始的时间，如接受案件、立案的时间。具体写明犯罪嫌疑人归案情况。最后写明犯罪嫌疑人×××涉嫌×××案，现已侦查终结。

经依法侦查查明：……（详细叙述经侦查认定的犯罪事实，包括犯罪时间、地点、经过、手段、目的、动机、危害后果等与定罪有关的事实要素。应当根据具体案件情况，围绕刑法规定的该罪构成要件进行叙述。）

（对于只有一个犯罪嫌疑人的案件，犯罪嫌疑人实施多次犯罪的犯罪事实应逐一列举；同时触犯数个罪名的犯罪嫌疑人的犯罪事实应该按照主次顺序分别列举；

　　对于共同犯罪的案件，写明犯罪嫌疑人的共同犯罪事实及各自在共同犯罪中的地位和作用后，按照犯罪嫌疑人的主次顺序，分别叙述各个犯罪嫌疑人的单独犯罪事实。）

　　认定上述事实的证据如下：

　　……（分列相关证据，并说明证据与案件事实的关系）

　　上述犯罪事实清楚，证据确实、充分，足以认定。

　　犯罪嫌疑人×××……（具体写明是否有累犯、立功、自首、和解等影响量刑的从重、从轻、减轻等犯罪情节）

　　犯罪嫌疑人自愿认罪认罚的，简要写明相关情况。

　　综上所述，犯罪嫌疑人×××……（根据犯罪构成简要说明罪状），其行为已触犯《中华人民共和国刑法》第××条之规定，涉嫌×××罪。依照《中华人民共和国刑事诉讼法》第一百六十二条之规定，现将此案移送审查起诉。（当事人和解的公诉案件，应当写明双方当事人已自愿达成和解协议以及履行情况，同时可以提出从宽处理的建议。犯罪嫌疑人自愿认罪认罚的，如昗认为案件符合速裁程序适用条件，可以在起诉意见书中建议人民检察院适用速裁程序办理，并简要说明理由）。

　　此致
××市人民检察院

公安局（印）

二〇××年八月八日

　　附：1. 本案卷宗×卷××页。
　　　　2. 随案移交物品××件。

范例一：

＊＊＊公安局

起 诉 意 见 书

×公（刑）诉字〔20××〕123号

犯罪嫌疑人郭××，曾用名郭×，男，19××年5月19日生，出生地××省××县，身份证号码×××××××××××××××××××，汉族，高中文化，××市××橡胶制品厂工人，住××市××区××路××号。

犯罪嫌疑人郭××于19××年曾因盗窃罪被××市××区人民法院判处有期徒刑3年，19××年9月27日刑满释放。于19××年因抢夺罪被判处有期徒刑2年，于19××年3月20日刑满释放。20××年6月15日因涉嫌盗窃罪被××市公安局刑事拘留，经××市人民检察院批准，于同年6月20日被依法逮捕。

辩护律师赵××，工作单位：××律师事务所；律师执业证编号：×××××××××××××××××××。

犯罪嫌疑人郭××涉嫌盗窃一案，由被害人张××于20××年5月23日报案至我局。我局经过审查，于5月23日立案进行侦查。犯罪嫌疑人郭××已于20××年6月15日被抓获归案。犯罪嫌疑人郭××涉嫌盗窃一案，现已侦查终结。

经依法侦查查明：犯罪嫌疑人郭××于20××年5月23日上午，潜入被害人在××市××区××路××号5楼213号的住房，窃取了被害人人民币现金5000元，美元1000元，人民币活期存折一个（户名张××，账号××××，金额15000元），存单一张（户名张××，账号×××××，金额50000元），折合人民币共计78000余元。

认定上述事实的证据如下：

报案记录、被害人的证言，可证实有犯罪事实发生以及被害人损失财物的价值；现场勘验笔录，可证实现场被盗情况，并与犯罪嫌疑人供述相互印证；查获部分涉案赃物，可证实犯罪嫌疑人携带财物确系被害人财物；犯罪嫌疑人郭××对犯罪事实供认不讳，其供述与其他证据材料可以相互印证。

　　上述犯罪事实清楚，证据确实、充分，足以认定。

　　综上所述，犯罪嫌疑人郭××利用秘密窃取的方法，盗窃他人钱财，数额巨大，其行为已触犯《中华人民共和国刑法》第二百六十四条之规定，涉嫌盗窃罪。依照《中华人民共和国刑事诉讼法》第一百六十二条之规定，现将此案移送审查起诉。

　　此致
××市人民检察院

公安局（印）

二〇××年八月八日

　　附：1. 本案卷宗×卷××页。

　　　　2. 随案移交物品××件。

范例二：

＊＊＊公安局

起 诉 意 见 书

×公（刑）诉字〔20××〕××号

犯罪嫌疑人宋××，男，19××年5月19日生，出生地××省××县，身份证号码×××××××××××××××××，汉族，初中文化，××市××煤矿职工，捕前住××市××区××路××号。因涉嫌抢劫罪于20××年10月9日被××市公安局刑事拘留，经××市人民检察院批准，于同年11月20日被依法逮捕。

辩护律师金××，工作单位：××律师事务所；律师执业证编号：×××××××××××。

犯罪嫌疑人陈××，男，19××年3月23日生，出生地××省××县，身份证号码×××××××××××××××××，汉族，高中文化，农民，捕前住××省××县××乡××村。因涉嫌抢劫罪于20××年10月9日被××市公安局刑事拘留，经××市人民检察院批准，于同年11月20日被依法逮捕。

辩护律师王××，工作单位：××律师事务所；律师执业证编号：×××××××××××。

犯罪嫌疑人庞××，男，19××年6月24日生，出生地××省××县，身份证号码×××××××××××××××××，汉族，初中文化，农民，捕前住××省××县××乡××村。因涉嫌抢劫罪于20××年10月9日被××市公安局刑事拘留，经××市人民检察院批准，于同年11月20日被依法逮捕。

辩护律师李××，工作单位：××律师事务所；律师执业证编号：×××××××××××。

犯罪嫌疑人易××，男，19××年7月12日生，出生地××省××县，身份证号码×××××××××××××××××，汉族，初中文化，农民，捕前住××省××县××乡××村。因涉嫌抢劫罪于20××年10月9日被××市公安局刑事拘留，经××市人民检察院批准，于同年11月20日被依法逮捕。

辩护律师李××，工作单位：××律师事务所；律师执业证编号：×××××××××××××××××××。

犯罪嫌疑人宋××、陈××、庞××、易××涉嫌抢劫一案，由被害人张××于20××年9月19日报案至我局。我局经过审查，于当日立案进行侦查。犯罪嫌疑人宋××、陈××、庞××、易××已于20××年10月9日被抓获归案。犯罪嫌疑人宋××、陈××、庞××、易××涉嫌抢劫一案，现已侦查终结。

经依法侦查查明：犯罪嫌疑人宋××因单位效益不好，收入较低，遂产生通过抢劫"致富"的念头。犯罪嫌疑人宋××于20××年8月间，结识了外地民工陈××、庞××、易××，宋××提议抢劫××市至××市之间公路上来往的长途汽车搞点儿钱，陈××、庞××、易××表示同意。随后经过密谋，上这四名犯罪嫌疑人自20××年9月2日至9月19日间，先后实施三次抢劫：

1. 20××年9月2日19时许，宋××伙同陈××、庞××、易××在××市至××市公路××镇路口以北的××站，乘上了车牌为×H34623的长途汽车，当汽车启动行驶约800米时，坐在第二排的宋××、陈××和坐在倒数第三排的庞××、易××同时掏出事先携带的弹簧刀，威胁乘客交出随身携带的现金，共抢得人民币3500元。事后宋××分得1000元，陈××分得900元，庞××、易××各分得800元。

2. 20××年9月9日20时许，宋××伙同陈××、庞××、易××在××市至××市公路××汽修厂站，乘上了车牌为×C25645的长途汽车，以同样方法抢劫乘客人民币3000元。事后宋××分得1000元，陈××分得800元，庞××、易××各分得600元。

3. 20××年9月19日18时30分许，宋××伙同陈××、庞××、易××在××市至××市公路××矿务局站，乘上了车牌为×D33426的长途汽车，以同样方法抢劫乘客人民币3300元。在抢劫过程中，乘客张××（男，45岁）因掏钱时将钱掉到地上，被宋××用

弹簧刀扎伤右臂。事后宋××分得1000元，陈××分得800元，庞×
×、易××各分得750元。

犯罪嫌疑人宋××积极组织进行抢劫犯罪活动，实施共同抢劫犯
罪三次，抢得人民币现金9800元，分得赃款3000元，且在抢劫过程
中实施故意伤害他人身体的行为，是本案的主犯；犯罪嫌疑人陈××
参与抢劫三次，分得赃款2500元，是本案的从犯；犯罪嫌疑人庞××
参与抢劫三次，分得赃款2150元，是本案的从犯；犯罪嫌疑人易××
参与抢劫三次，分得赃款2150元，是本案的从犯。

认定上述犯罪事实的证据如下：

报案记录、被害人的证言，可证实有犯罪事实发生以及被害人损
失财物的价值；证人证言，可证实犯罪嫌疑人抢劫的经过；辨认笔
录，被害人、部分证人可辨认出犯罪嫌疑人参与作案；现场勘验笔
录，可证实犯罪嫌疑人实施抢劫的经过和提取证据的合法性；被害人
的人身伤害法医鉴定，可证实被害人人身伤害程度；查获涉案赃款、
作案工具，可证实犯罪嫌疑人携带有作案时使用的工具及抢劫得来的
财物；犯罪嫌疑人宋××、陈××、庞××、易××对犯罪事实均供
认不讳，与案件其他证据材料可以相互印证。

上述犯罪事实清楚，证据确实、充分，足以认定。

综上所述，犯罪嫌疑人宋××、陈××、庞××、易××以非法
占有为目的，采用暴力或者以暴力相威胁的手段，劫取他人财物，其
行为已触犯了《中华人民共和国刑法》第二百六十三条之规定，涉嫌
抢劫罪。犯罪嫌疑人易××作案时未满18岁，应当适用《中华人民
共和国刑法》第十七条第三款的规定。依照《中华人民共和国刑事诉
讼法》第一百六十二条之规定，现将此案移送审查起诉。

此致
××市人民检察院

公安局（印）
二○××年八月十五日

附：1. 本案卷宗×卷××页。
　　2. 随案移交物品××件。

七十八、补充侦查报告书

（一）概念

补充侦查报告书是公安机关根据人民检察院的补充侦查决定书的要求，对案件进行补充侦查后，将补充侦查的结果告知人民检察院时制作的文书。补充侦查有利于进一步查明案情，证实犯罪，依法打击犯罪分子，同时也有利于避免错案，提高办案质量。因此，公安机关对人民检察院的补充侦查决定应当认真执行，并制作补充侦查报告书。

（二）法律依据

《刑事诉讼法》第 175 条第 2 款规定，人民检察院审查案件，对于需要补充侦查的，可以退回公安机关补充侦查，也可以自行侦查。

（三）适用条件

制作补充侦查报告书应当符合以下条件：

1. 补充侦查的案件是经侦查终结，移送人民检察院审查起诉后，人民检察院退回公安机关的。对于提请批准逮捕后，人民检察院不批准逮捕，并要求补充侦查的，公安机关经过补充侦查，认为符合逮捕条件的，应当制作提请批准逮捕书，重新提请批准逮捕，不用制作补充侦查报告书。

2. 公安机关经过补充侦查，认为原认定犯罪事实清楚，证据不够充分的，在补充侦查后，制作补充侦查报告书。经过补充侦查，有以下情形之一的，不必制作补充侦查报告书：（1）在补充侦查过程中，发现新的同案犯或者新的罪行，需要追究刑事责任的，应当重新制作起诉意见书，移送人民检察院审查；（2）发现原认定的犯罪事实有重大变化，不应当追究刑事责任的，应当重新提出处理意见，并将处理结果通知退补侦查的人民检察院；（3）原认定犯罪事实清楚，证据确实、充分，人民检察院退回补充侦查不当的，应当说明理由，移送人民检察院审查。

（四）内容及制作要求

补充侦查报告书属于叙述型文书，由首部、正文和尾部组成。

1. 首部。首部包括制作文书的公安机关名称、文书名称、文书字号、抬头。抬头填写审查案件的人民检察院名称。

2. 正文。正文包括补充侦查事由、补充侦查结果。

（1）补充侦查事由部分，应当按照规定填写检察机关补充侦查决定书的日期、字号及案件名称。

（2）补充侦查结果部分，应当详细说明补充侦查的情况和结果以及所取得的证据。叙述时，应当针对人民检察院补充侦查决定书所附的补充侦查提纲所列内容，逐条予以说明。对于经补充侦查查清的事实，应当写明查清的事实及证据；对于经过补充侦查仍未查清或无法查清的，应当写明没有查清的原因；对于案卷材料中已有证据，不需要补充侦查的，要说明所需证据所在的卷宗及具体页码。最后，要在报告书结尾写明"现将该案卷宗 × 卷 × 页及补充查证材料 × 卷 × 页附后，请审查"。

3. 尾部。尾部填写清楚成文时间，写明单位名称，并加盖进行补充侦查的公安机关印章。

（五）使用要求

补充侦查报告书一式两份，一份交退补侦查的人民检察院，一份由公安机关留存，附侦查工作卷。

（六）范例

＊＊＊公安局

补充侦查报告书

×公（刑）补侦字〔20××〕××号

　　<u>××市</u>人民检察院：

　　你院于<u>20××</u>年<u>6</u>月<u>18</u>日以<u>×检×补侦</u>〔20××〕<u>20</u>号补充侦查决定书退回的<u>徐××盗窃</u>案，已经补充侦查完毕。结果如下：

　　一、关于犯罪嫌疑人徐××盗窃××大学学生宿舍23栋103号房间后离开的时间问题。经查证，犯罪嫌疑人徐××盗窃大学生宿舍23栋103号房间后离开的时间是20××年4月15日17时10分左右。据该宿舍学生姚×、左×反映，二人4月15日17时下课后直接返回宿舍，从教学楼2栋回到宿舍23栋1层需要约10分钟。当二人进入宿舍23栋走廊时看见犯罪嫌疑人从103号房间走出来。详见证人姚×、左×的补充证明材料。

　　二、关于20××年4月8日××大学学生宿舍23栋204号房间被盗是否也是犯罪嫌疑人徐××所为的问题。经查证，××大学学生宿舍23栋204号房间被盗时间为20××年4月8日15时30分至16时40分。××公司的张×、××工厂的刘×、××便利店的周×证实20××年4月8日13时至18时一直和犯罪嫌疑人徐××在家打麻将，没有离开。被害人王××及宿舍同学也未见到犯罪嫌疑人徐××。详见证人张×、刘×、周×、被害人王××及其宿舍三名同学的补充证明

410

材料。

　　三、关于犯罪嫌疑人20××年4月19日盗窃××大学学生宿舍25栋318号房间方××随身听的型号问题。原案卷已有证据证明。请见案卷第×页。

　　现将该案卷宗＿＿×＿＿卷＿＿×＿＿页及补充查证材料＿＿×＿＿卷＿＿×＿＿页附后，请审查。

　　　　　　　　　　　　　　　　　公安局（印）

　　　　　　　　　　　　　　　　　二〇××年七月十日

本报告书一式两份，一份附卷，一份交检察院。

七十九、没收违法所得意见书、违法所得清单

（一）概念

没收违法所得意见书、违法所得清单是公安机关对贪污贿赂犯罪、恐怖活动犯罪等重大犯罪案件，犯罪嫌疑人、被告人潜逃，通缉一年后不能到案，或者犯罪嫌疑人、被告人死亡的，依照《刑法》规定应当追缴其违法所得及其他涉案财产的情况下使用的文书。

（二）法律依据

《刑事诉讼法》第298条第1款、第2款规定，对于贪污贿赂犯罪、恐怖活动犯罪等重大犯罪案件，犯罪嫌疑人、被告人逃匿，在通缉一年后不能到案，或者犯罪嫌疑人、被告人死亡，依照《刑法》规定应当追缴其违法所得及其他涉案财产的，人民检察院可以向人民法院提出没收违法所得的申请。公安机关认为有上述规定情形的，应当写出没收违法所得意见书，移送人民检察院。

《公安机关办理刑事案件程序规定》第339条规定，有下列情形之一，依照《刑法》规定应当追缴其违法所得及其他涉案财产的，经县级以上公安机关负责人批准，公安机关应当写出没收违法所得意见书，连同相关证据材料一并移送同级人民检察院：（1）恐怖活动犯罪等重大犯罪案件，犯罪嫌疑人逃匿，在通缉一年后不能到案的；（2）犯罪嫌疑人死亡的。犯罪嫌疑人死亡，现有证据证明其存在违法所得及其他涉案财产应当予以没收的，公安机关可以进行调查。公安机关进行调查，可以依法进行查封、扣押、查询、冻结。第340条规定，没收违法所得意见书应当包括以下内容：（1）犯罪嫌疑人的基本情况；（2）犯罪事实和相关的证据材料；（3）犯罪嫌疑人逃匿、被通缉或者死亡的情况；（4）犯罪嫌疑人的违法所得及其他涉案财产的种类、数量、所在地；（5）查封、扣押、冻结的情况等。

（三）适用条件

没收违法所得意见书、违法所得清单适用于恐怖活动犯罪等重大犯罪案件，犯罪嫌疑人、被告人逃匿，在通缉一年后不能到案，或者犯罪嫌疑人、被告人死亡，依照《刑法》规定应当追缴其违法所得及其他涉案财产的情形。

（四）内容及制作要求

没收违法所得意见书属于叙述型文书，由首部、正文和尾部组成。违法所得清单属于表格型文书，制作要求参见"六十三、随案移送清单"。

1. 首部。首部包括制作文书的公安机关名称、文书名称（已印制好）、文书字号、犯罪嫌疑人的身份情况及违法犯罪经历情况等。

（1）犯罪嫌疑人的身份情况，包括犯罪嫌疑人的姓名（包括别名、曾用名、绰号等与作案有关的名字，犯罪嫌疑人姓名未查清的，按其自报的姓名填写）、性别、出生日期、出生地、身份证件种类及号码（包括身份证、护照等有关身份证件的号码）、民族、文化程度、职业或工作单位及职务、住址、政治面貌（如是人大代表、政协委员，一并写明具体级、届代表、委员）。

（2）违法犯罪经历以及因本案被采取强制措施或逃匿、通缉、死亡的情况。

（3）共同犯罪案件中有多名犯罪嫌疑人需要被没收违法所得的，犯罪嫌疑人的身份情况及违法犯罪经历要分别叙述，并按照首要分子、主犯、从犯、胁从犯的顺序排列。

（4）单位犯罪案件还应当写明单位的名称、地址。

2. 正文。这是没收违法所得意见书的核心部分，主要包括：

（1）案件办理情况。具体包括：①案由，可表述为"犯罪嫌疑人××涉嫌×××一案"；②案件来源，即公安机关获取案件线索或者受理案件的来源，具体为单位或者公民举报、控告、上级交办、有关部门移送以及工作中发现等；③案件侦查过程，简要写明案件侦查过程中的各个法律程序开始的时间。

（2）案件事实。详细叙述经侦查认定的犯罪事实，重点阐明该案中潜逃、死亡的犯罪嫌疑人、被告人违法所得及其他涉案财产的情况，包括涉案财产的名称、种类、数量、特征、所在地及查封、扣押、冻结情况。

（3）证据。在叙述清楚犯罪事实后，另起一段以"认定上述事实的证据如下"引出列举的证据，简明列举证据与案件事实的关系。列举证据，并不是要将案件所有证据一一列举，而是根据不同性质案件的不同特点，有针对性地列举部分主要证据，而且叙述要简明扼要。在列举完证据后，另起一段，写明"上述犯罪事实清楚，证据确实、充分，足以认定"，表明对案件事实、证据叙述的结束。

（4）犯罪性质认定及建议没收违法所得的依据。主要包括：①概括说明犯罪嫌疑人的行为特征及其触犯的《刑法》条文和涉嫌的罪名；②没收违法所得等涉案财产的理由和依据，即《刑事诉讼法》第298条。

3. 尾部。属部包括：①送达部门，即接受没收违法所得意见书的同级人民检察院的名称；②意见书提交的时间并加盖制作文书的公安机关印章；③附注事项，根据需要填写"本案卷宗×卷××页""违法所得清单"等内容。

（五）使用要求

1. 没收违法所得意见书由县级以上公安机关负责人批准。

2. 提供应当没收的违法所得及其他涉案财产的详细情况，包括涉案财产的名称、种类、数量、来源、权属、所在地及查封、扣押、冻结情况等。

3. 没收违法所得意见书制作完毕后，应当连同案卷材料、证据，一并移送同级人民检察院审查决定。

（六）范例

＊＊＊公安局

没收违法所得意见书

×公（刑）没字〔20××〕123号

犯罪嫌疑人赵××，男，19××年5月19日生，出生地××省××县，身份证号码×××××××××××××××××××，汉族，大学文化，住××省××市××区××路××号。20××年5月15日因涉嫌诈骗罪被××市公安局决定刑事拘留，经××市人民检察院批准，于同年6月10日被依法逮捕，7月12日因心脏病在××看守所死亡。

犯罪嫌疑人赵××涉嫌诈骗一案，由公安机关在侦查中发现。经过审查于20××年4月25日立案侦查。犯罪嫌疑人赵××于20××年5月15日被抓获归案。

经依法侦查查明：20××年1月起，犯罪嫌疑人赵××为实施诈骗活动，借用他人身份证办理了26张银行卡，以给予一定报酬的方式先后招募犯罪嫌疑人李××、张××、谢××（上述三人已移送审查起诉）作为转账及取款人员，并安排转账、取款、交接、支付报酬等具体事项。

20××年2月14日，赵××冒充电信、公安等相关部门工作人员，打电话给被害人倪××，以被害人家中的固定电话欠费为由，并预设假冒的警方电话供其查询骗取信任，继而假冒××市公安局民警，谎称其个人信息已经被他人盗用，急需将其存款转入警方指定的安全账户，诱使被害人先后两次在××市的××银行，向赵××所指定的2个账户内各转入人民币100万元。之后，赵××通过网上银行转账的方法，将上述200万元人民币分批转入该团伙持有的各类作案用银行卡内，并由李××、张××、谢××在××市的××银行ATM机上分别提取上述资金。

侦查期间，我局依法扣押犯罪嫌疑人赵××借用他人身份证办理的26张银行卡，××牌手机1部；冻结赵××名下在××市的××银行存款550000（大写伍拾伍万）元人民币，上述财产详见违法所得清单。

认定上述事实的证据如下：

扣押的银行卡、手机，可证实犯罪嫌疑人赵××准备实施诈骗活动；犯罪嫌疑人赵××与被害人倪××的通话记录，可证实赵××实施诈骗行为的经过；犯罪嫌疑人赵××与李××、张××、谢××的通话记录，可证实赵××指使他人实施取款行为的经过；犯罪嫌疑人赵××对犯罪事实供认不讳，与案件其他证据相互印证；同案犯罪嫌疑人李××、张××、谢××供述与犯罪嫌疑人赵××供述相互印证。

上述犯罪事实清楚，证据确实、充分，足以认定。

综上所述，犯罪嫌疑人赵××的行为已触犯《中华人民共和国刑法》第二百六十六条之规定，涉嫌诈骗罪，因犯罪嫌疑人赵××死亡，依照《中华人民共和国刑事诉讼法》第二百九十八条第二款之规定，建议没收犯罪嫌疑人赵××的违法所得及其他涉案财产。

此致

××市人民检察院

公安局（印）

二〇××年×月××日

附：1. 本案卷宗×卷××页。

　　2. 违法所得清单。

＊＊＊公安局

违 法 所 得 清 单

编号	名　称	数　量	特　征	财产所在地	侦查措施	备　注
1	银行卡	26	分别为××银行，××银行		扣押	
2	手机	1	白色，××牌，型号×××		扣押	
3	存款	55万元	账号：×××××	××银行××市支行	冻结	人民币

本清单一式两份，一份附卷，一份由办案单位留存。

八十、强制医疗意见书

（一）概念

强制医疗意见书是公安机关发现精神病人符合强制医疗条件，移送同级人民检察院时制作的法律文书。

（二）法律依据

《刑法》第 18 条第 1 款规定，精神病人在不能辨认或者不能控制自己行为的时候造成危害结果，经法定程序鉴定确认的，不负刑事责任，但是应当责令他的家属或者监护人严加看管和医疗；在必要的时候，由政府强制医疗。

《刑事诉讼法》第 302 条规定，实施暴力行为，危害公共安全或者严重危害公民人身安全，经法定程序鉴定依法不负刑事责任的精神病人，有继续危害社会可能的，可以予以强制医疗。第 303 条第 2 款规定，公安机关发现精神病人符合强制医疗条件的，应当写出强制医疗意见书，移送人民检察院。

《公安机关办理刑事案件程序规定》第 343 条规定，对经法定程序鉴定依法不负刑事责任的精神病人，有继续危害社会可能，符合强制医疗条件的，公安机关应当在 7 日以内写出强制医疗意见书，经县级以上公安机关负责人批准，连同相关证据材料和鉴定意见一并移送同级人民检察院。

（三）适用条件

强制医疗程序的适用情形包括三个方面的条件：

1. 实施暴力行为，危害公共安全或者严重危害公民人身安全的精神病人。

2. 经法定程序鉴定确认为依法不负刑事责任的精神病人。

3. 有继续危害社会可能的。

（四）内容及制作要求

强制医疗意见书属于叙述型文书，由首部、正文和尾部组成。

1. 首部。首部包括制作文书的公安机关名称、文书名称（已印制好）、文书字号、犯罪嫌疑人的身份情况及违法犯罪经历情况等。

（1）犯罪嫌疑人的身份情况，接受刑事处罚、行政处理的情况，制作要求参见"三十二、提请批准逮捕书"。

（2）因本案被采取强制措施或者临时保护性约束措施的情况。

2. 正文。正文包括案件办理情况、案件事实、能证明案件事实的证据、案件的有关情节、案件性质、鉴定情况、是否符合强制医疗条件的情况、移送人民检察院的法律依据等。

（1）案件办理情况。制作要求参见"三十二、提请批准逮捕书"。

（2）案件事实及证据。详细叙述认定精神病人实施的暴力行为，并说明对公共安全或者公民人身安全的严重危害情况。同时写明精神病医学鉴定意见和认定事实的证据。

（3）移送强制医疗意见的依据。主要包括：①概括说明犯罪嫌疑人精神病鉴定的情况、不负刑事责任的理由，以及有继续危害社会可能的理由；②移送强制医疗意见的法律依据要写明依据的具体法律条款，即《刑事诉讼法》第302、303条之规定。

3. 尾部。尾部包括：①送达部门，即接受移送强制医疗意见的同级人民检察院的名称；②移送时间并加盖制作文书的公安机关印章；③附注事项，根据需要填写"本案卷宗 × 卷 ×× 页"等内容。

（五）范例

＊＊＊公安局

强制医疗意见书

×公（刑）强医字〔20××〕3号

林××，男，19××年5月19日生，出生地××省××县，身份证号码×××××××××××××××××××，汉族，高中文化，无业，住××市××区××路××号。

林××于20××年曾因故意伤害罪被××市××区人民法院判处有期徒刑3年，20××年9月27日刑满释放。20××年6月15日因涉嫌故意伤害罪被××市公安局刑事拘留，同年6月27日送××精神病院治疗。

林××故意伤害一案，由被害人黄××、孙××、赵××于20××年6月15日报案至我局。我局经过审查，于6月15日立案进行侦查。犯罪嫌疑人林××已于20××年6月15日被抓获归案。

经依法侦查查明：20××年6月15日上午11时许，林××行至××市××区××路××商店门口时，使用随身携带的水果刀将路人黄××左肋及孙××腰部刺伤后，欲再向他人实施伤害行为时，被路过现场的赵××拦下，赵××在力图控制犯罪嫌疑人林××的过程中，被林××用水果刀划伤右手臂。后巡逻民警赶到现场，将犯罪嫌疑人林××抓获。经人身伤害医学鉴定，黄××、孙××、赵××的伤情构成重伤。

我局于20××年6月26日聘请×××机构，对犯罪嫌疑人林××进行了精神病医学鉴定，鉴定意见为林××患有×××××××精神病。

认定上述事实的证据如下：

报案记录、被害人陈述、证人证言，可证实有犯罪事实发生，林××伤害他人的过程；现场勘验笔录、提取的作案工具，可证实林×

×实施犯罪的手段和方法；犯罪嫌疑人林××供述，可证实其伤害他人的犯罪事实，并与其他证据材料相互印证；×××机构对林××的精神病医学鉴定意见，可证实林××在作案时处于精神病发病期间，不具有刑事责任能力。

综上所述，犯罪嫌疑人林××系在不能辨认或者不能控制自己行为的时候实施暴力行为，严重危害公民人身安全，经法定程序鉴定确认，属于依法不负刑事责任的精神病人。鉴于犯罪嫌疑人林××近年来已有多次侵害他人的行为，且监护人无力监管，有继续危害社会的可能，根据《中华人民共和国刑事诉讼法》第三百零二条、第三百零三条之规定，建议对犯罪嫌疑人林××强制医疗。

此致
×××人民检察院

公安局（印）

二〇××年六月三十日

附：本案卷宗×卷××页。

第五章　技术侦查文书

八十一、采取技术侦查措施决定书

（一）概念

采取技术侦查措施决定书是公安机关在侦查过程中经过严格的批准手续，根据侦查犯罪的需要，对法律规定的严重危害社会的犯罪案件决定采取技术侦查措施时使用的文书。技术侦查措施是《刑事诉讼法》规定的刑事侦查措施之一，对犯罪嫌疑人依法采取技术侦查措施，有利于公安机关调查取证。

（二）法律依据

《刑事诉讼法》第150条第1款、第3款规定，公安机关在立案后，对于危害国家安全犯罪、恐怖活动犯罪、黑社会性质的组织犯罪、重大毒品犯罪或者其他严重危害社会的犯罪案件，根据侦查犯罪的需要，经过严格的批准手续，可以采取技术侦查措施。追捕被通缉或者批准、决定逮捕的在逃的犯罪嫌疑人、被告人，经过批准，可以采取追捕所必需的技术侦查措施。第151条规定，批准决定应当根据侦查犯罪的需要，确定采取技术侦查措施的种类和适用对象。批准决定自签发之日起3个月以内有效。对于不需要继续采取技术侦查措施的，应当及时解除；对于复杂、疑难案件，期限届满仍有必要继续采取技术侦查措施的，经过批准，有效期可以延长，每次不得超过3个月。

《公安机关办理刑事案件程序规定》第263条规定，公安机关在立案后，根据侦查犯罪的需要，可以对下列严重危害社会的犯罪案件采取技术侦查措施：（1）危害国家安全犯罪、恐怖活动犯罪、黑社会性质的组织犯罪、重大毒品犯罪案件；（2）故意杀人、故意伤害致人重伤或者死亡、强奸、抢劫、绑架、放火、爆炸、投放危险物质等严重暴力犯罪案件；（3）集团性、系列性、跨区域性重大犯罪案件；（4）利用电信、计算机网络、寄递渠道等实施的重大犯罪案件，以及针对计算机网络实施的重大犯罪案件；（5）其他严重危害社会的犯罪案件，依法可能判处 7 年以上有期徒刑的。公安机关追捕被通缉或者批准、决定逮捕的在逃的犯罪嫌疑人、被告人，可以采取追捕所必需的技术侦查措施。第 264 条规定，技术侦查措施是指由设区的市一级以上公安机关负责技术侦查的部门实施的记录监控、行踪监控、通信监控、场所监控等措施。技术侦查措施的适用对象是犯罪嫌疑人、被告人以及与犯罪活动直接关联的人员。第 265 条第 1 款规定，需要采取技术侦查措施的，应当制作呈请采取技术侦查措施报告书，报设区的市一级以上公安机关负责人批准，制作采取技术侦查措施决定书。

（三）适用条件

采取技术侦查措施应当符合以下条件：

1. 采取技术侦查措施的案件必须是危害国家安全犯罪、恐怖活动犯罪、黑社会性质的组织犯罪、重大毒品犯罪或者其他严重危害社会的犯罪案件，或者追捕被通缉或者批准、决定逮捕的在逃的犯罪嫌疑人、被告人。

2. 在立案后公安机关才可以采取技术侦查措施。

3. 采取技术侦查措施必须经过严格的批准手续，要由设区的市一级以上公安机关负责人审批。

（四）内容及制作要求

采取技术侦查措施决定书属于多联式填充型文书，由交办案部门联、交负责技术侦查的部门联和存根组成。

1. 交办案部门联。本联是公安机关决定对有关案件采取技术侦查措施的依据，由办案部门存卷。本联由首部、正文和尾部组成。

（1）首部。首部包括文书的制发机关名称、文书名称（已印制好）、文书字号。

（2）正文。正文按照格式要求填写采取技术侦查措施的起止时间、案件名称、技术侦查对象以及技术侦查措施类型。技术侦查对象是犯罪嫌疑人、被告人以及与犯罪活动直接关联的人员。措施类型根据实际情况选择，可同时选择多项。

（3）尾部。尾部填写清楚成文时间，写明单位名称，并加盖制作文书的地（市）级以上公安机关印章。

2. 交负责技术侦查的部门联。本联是公安机关决定对有关案件采取技术侦查措施的凭证，由负责技术侦查的部门存档，其内容及制作要求与交办案部门联一致。

3. 存根。存根是公安机关决定对有关案件采取技术侦查措施的凭证，由公安机关留存备查。存根内应当按照顺序填写清楚有关栏目内容。其中，"适用对象"一栏填写涉案人员或场所名称。

（五）使用要求

1. 负责技术侦查的部门将采取技术侦查措施决定书制作完毕后，交办案部门联一般存入侦查工作卷；如采取技侦措施收集的材料，作为证据使用的，则该联应当附在诉讼卷，用于刑事诉讼活动，作为办案部门开展技术侦查活动的合法性凭证。交负责技术侦查的部门联用于内部存档，作为负责技术侦查的部门开展侦查活动的凭证。

2. 采取技术侦查措施决定书一次使用有效。如果需要采取其他技术侦查措施或对其他对象等采取技术侦查措施的，应当制作新的采取技术侦查措施决定书。

（六）范例

***公安局

采取技术侦查措施决定书

×公（刑）决技字〔20××〕72号

因侦查犯罪需要，根据《中华人民共和国刑事诉讼法》第一百五十条、第一百五十一条之规定，现决定自 20×× 年 5 月 23 日至 20×× 年 8 月 22 日，对涉嫌制造毒品___案的 犯罪嫌疑人钱×采取采用监控行踪监控/通信监控/场所监控等技术侦查措施。

公安局（印）

二〇××年五月二十三日

×公（刑）决技字贰零××第柒拾贰号

此联交负责技术侦查的部门

***公安局

采取技术侦查措施决定书
（副本）

×公（刑）决技字〔20××〕72号

因侦查犯罪需要，根据《中华人民共和国刑事诉讼法》第一百五十条、第一百五十一条之规定，现决定自 20×× 年 5 月 23 日至 20×× 年 8 月 22 日，对涉嫌制造毒品___案的 犯罪嫌疑人钱×采取采用监控行踪监控/通信监控/场所监控等技术侦查措施。

公安局（印）

二〇××年五月二十三日

×公（刑）决技字贰零××第柒拾贰号

此联交办案部门

***公安局

采取技术侦查措施决定书
（存根）

×公（刑）决技字〔20××〕72号

案件名称	×涉嫌制造毒品案
案件编号	××××××
办案部门	×市公安局××区分局刑警大队
办案人	肖××、张××
适用对象	钱×（男，34岁）通信监控
措施种类	通信监控
起止时间	20××年5月23日至20××年8月22日
批准人	杨××
批准时间	20××年5月23日
填发时间	20××年5月23日
填发人	唐××

八十二、执行技术侦查措施通知书

(一) 概念

执行技术侦查措施通知书是人民检察院、军队保卫部门等在自侦案件中决定采取技术侦查措施，并交公安机关执行时，公安机关制作的通知性文书。

(二) 法律依据

《刑事诉讼法》第 150 条第 2 款规定，人民检察院在立案后，对于利用职权实施的严重侵犯公民人身权利的重大犯罪案件，根据侦查犯罪的需要，经过严格的批准手续，可以采取技术侦查措施，按照规定交有关机关执行。第 151 条规定，批准决定应当根据侦查犯罪的需要，确定采取技术侦查措施的种类和适用对象。批准决定自签发之日起 3 个月以内有效。对于不需要继续采取技术侦查措施的，应当及时解除；对于复杂、疑难案件，期限届满仍有必要继续采取技术侦查措施的，经过批准，有效期可以延长，每次不得超过 3 个月。

《公安机关办理刑事案件程序规定》第 265 条第 2 款规定，人民检察院等部门决定采取技术侦查措施，交公安机关执行的，由设区的市一级以上公安机关按照规定办理相关手续后，交负责技术侦查的部门执行，并将执行情况通知人民检察院等部门。

(三) 适用条件

使用执行技术侦查措施通知书应当符合以下条件：

1. 人民检察院对于利用职权实施的严重侵犯公民人身权利的重大犯罪案件，军队保卫部门依照《刑事诉讼法》及有关规定，依法审批的严重危害社会的案件。

2. 决定采取技术侦查措施的单位是人民检察院、军队保卫部门等机关。

3. 交由公安机关执行。

（四）内容及制作要求

执行技术侦查措施通知书属于多联式填充型文书，由正本、副本和存根组成。

1. 正本。正本是公安机关通知决定采取技术侦查措施的委托单位已执行技术侦查措施的依据，由首部、正文和尾部组成。

（1）首部。首部包括文书的制发机关名称、文书名称（已印制好）、文书字号及抬头。抬头填写委托单位名称。

（2）正文。正文按照格式要求填写执行技术侦查措施的法律依据、执行技术侦查措施的起止时间、执行对象以及具体技术侦查措施类型。具体要求可参见"八十一、采取技术侦查措施决定书"。

（3）尾部。尾部填写清楚成文时间，写明单位名称，并加盖制作文书的公安机关的印章。

2. 副本。副本是公安机关通知委托单位已执行技术侦查措施的凭证，由执行技术侦查措施的单位存卷，其内容及制作要求与正本一致。

3. 存根。存根是公安机关通知委托单位已执行技术侦查措施的凭证，由公安机关留存备查。存根内应当按照顺序填写清楚有关栏目内容。

（五）使用要求

1. 执行技术侦查措施通知书制作完毕后，正本交决定采取技术侦查措施的委托单位，副本交委托单位签收后，由负责技术侦查的部门留存。

2. 执行技术侦查措施通知书一次使用有效。如果委托单位需要执行其他技术侦查措施或对其他对象等采取技术侦查措施，应当重新办理手续，交由负责技术侦查的部门制作新的执行技术侦查措施通知书。

（六）范例

×××公安局

执行技术侦查措施通知书

×公（刑）执技字〔20××〕72号

×市××区人民检察院：

根据《中华人民共和国刑事诉讼法》第 一百五十 条之规定，现自 20×× 年 5 月 23 日至 20×× 年 8 月 22 日，对你单位决定并交公安机关执行的 把罪嫌疑人钱× 采取 记录监控/行踪监控/通信监控/场所监控等技术侦查措施。

公安局（印）
二○××年五月二十三日

×公（刑）执技字贰零××第××柒拾贰号

此联交委托单位

×××公安局

执行技术侦查措施通知书

（副　本）

×公（刑）执技字〔20××〕72号

×市××区人民检察院：

根据《中华人民共和国刑事诉讼法》第 一百五十 条之规定，现自 20×× 年 5 月 23 日至 20×× 年 8 月 22 日，对你单位决定并交公安机关执行的 把罪嫌疑人钱× 采取 记录监控/行踪监控/通信监控/场所监控等技术侦查措施。

公安局（印）
二○××年五月二十三日

本通知书已收到。
收件人：肖×× （××区人民检察院印章）
20××年5月24日

×公（刑）执技字贰零××第××柒拾贰号

此联公安机关留存

×××公安局

执行技术侦查措施通知书

（存　根）

×公（刑）执技字〔20××〕72号

案件名称	钱×涉嫌贪污案
案件编号	××市××区人民×××××
委托单位名称	×市××区人民检察院
委托人	肖×× 钱×× 张××
适用对象	钱××（男，34岁）
措施种类	通信监控
起止时间	20××年5月23日至20××年8月22日
批准人	杨××
批准时间	20××年5月23日
填发时间	20××年5月23日
填发人	唐××

八十三、延长技术侦查措施期限决定书

(一) 概念

延长技术侦查措施期限决定书是公安机关在侦查过程中,对于复杂、疑难的案件,首次采取技术侦查措施期限届满,仍有必要继续采取技术侦查措施,经过批准后延长技术侦查措施期限时使用的文书。

(二) 法律依据

《刑事诉讼法》第151条规定,批准决定应当根据侦查犯罪的需要,确定采取技术侦查措施的种类和适用对象。批准决定自签发之日起3个月以内有效。对于不需要继续采取技术侦查措施的,应当及时解除;对于复杂、疑难案件,期限届满仍有必要继续采取技术侦查措施的,经过批准,有效期可以延长,每次不得超过3个月。

《公安机关办理刑事案件程序规定》第266条第3款规定,对复杂、疑难案件,采取技术侦查措施的有效期限届满仍需要继续采取技术侦查措施的,经负责技术侦查的部门审核后,报批准机关负责人批准,制作延长技术侦查措施期限决定书。批准延长期限,每次不得超过3个月。

(三) 适用条件

使用延长技术侦查措施期限决定书应当符合以下条件:

1. 已经采取技术侦查措施的案件,因案情复杂、疑难,3个月以内无法侦破,需要继续采取技术侦查措施。

2. 采取技术侦查措施的种类以及适用对象不变。

3. 每次延长不得超过3个月。

4. 可以多次延长,但是每次延长都要办理呈批手续。

5. 须报原批准机关负责人批准。

（四）内容及制作要求

延长技术侦查措施期限决定书属于多联式填充型文书，由交办案部门联、交负责技术侦查的部门联和存根组成。

1. 交办案部门联。本联是公安机关决定对有关案件延长技术侦查措施期限的依据，由首部、正文和尾部组成。

（1）首部。首部包括文书的制发机关名称、文书名称（已印制好）、文书字号。

（2）正文。正文按照格式要求，首先填写决定采取技术侦查措施的机关名称，如××市公安局，再填写决定采取技术侦查措施的时间，后面依次填写案件名称和具体的技术侦查对象，以及延长技术侦查措施期限的具体起止时间。起始时间应填写上一次技术侦查措施结束日的次日。

（3）尾部。尾部填写清楚成文时间，写明单位名称，并加盖制作文书的公安机关印章。

2. 交负责技术侦查的部门联。本联交由负责技术侦查的部门存档，其内容及制作要求与交办案部门联一致。

3. 存根。存根是公安机关办理延长技术侦查措施期限手续的凭证，由公安机关留存备查。存根内应当按照顺序填写清楚有关栏目内容。

（五）使用要求

1. 延长技术侦查措施期限决定书制作完毕后，一联交办案部门，一联由负责技术侦查的部门留存。

2. 如果需要再次延长技术侦查措施期限，应当重新办理呈批手续，制作新的延长技术侦查措施期限决定书。

（六）范例

***公安局 延长技术侦查措施期限决定书

×公（刑）延技字〔20××〕72号

×市公安局于 20×× 年 × 月 23 日决定对 ×线×涉嫌制造毒品案 采取技术侦查措施。现因案情复杂、疑难，需要继续采取技术侦查措施，根据《中华人民共和国刑事诉讼法》第一百五十一条之规定，决定延长技术侦查措施期限，自 20×× 年 8 月 23 日至 20×× 年 11 月 22 日。

公安局（印）

二〇××年八月二十三日

延技字 贰零×× 第柒拾贰号

此联交负责技术侦查的部门

***公安局 延长技术侦查措施期限决定书 （副　本）

×公（刑）延技字〔20××〕72号

×市公安局于 20×× 年 × 月 23 日决定对 ×线×涉嫌制造毒品案 采取技术侦查措施。现因案情复杂、疑难，需要继续采取技术侦查措施，根据《中华人民共和国刑事诉讼法》第一百五十一条之规定，决定延长技术侦查措施期限，自 20×× 年 8 月 23 日至 20×× 年 11 月 22 日。

公安局（印）

二〇××年八月二十三日

延技字 贰零×× 第柒拾贰号

此联交办案部门

***公安局 延长技术侦查措施期限决定书 （存　根）

×公（刑）延技字〔20××〕72号

案件名称	×涉嫌制造毒品案
案件编号	×××××××
办案部门	×市公安局×区 ×分局刑警支队
办案人	×省×××、张××、耿××
延长措施原案情复查	通信监控
延长措施截止时间	20××年8月23日至 20××年11月22日
批准人	杨××
批准时间	20××年8月23日
填发时间	20××年8月23日
填发人	唐××

八十四、解除技术侦查措施决定书

（一）概念

解除技术侦查措施决定书是公安机关在侦查过程中，发现不需要继续采取技术侦查措施，依法予以解除技术侦查措施时所使用的文书。

（二）法律依据

《刑事诉讼法》第151条规定，批准决定应当根据侦查犯罪的需要，确定采取技术侦查措施的种类和适用对象。批准决定自签发之日起3个月以内有效。对于不需要继续采取技术侦查措施的，应当及时解除；对于复杂、疑难案件，期限届满仍有必要继续采取技术侦查措施的，经过批准，有效期可以延长，每次不得超过3个月。

《公安机关办理刑事案件程序规定》第266条第2款规定，在有效期限内，对不需要继续采取技术侦查措施的，办案部门应当立即书面通知负责技术侦查的部门解除技术侦查措施；负责技术侦查的部门认为需要解除技术侦查措施的，报批准机关负责人批准，制作解除技术侦查措施决定书，并及时通知办案部门。

（三）适用条件

使用解除技术侦查措施决定书应当符合以下条件：

1. 已经采取技术侦查措施的，因案情变化，不需要继续采取技术侦查措施；或者发现采取的技术侦查措施不当，应当予以解除的。

2. 由负责技术侦查的部门报原批准技术侦查措施的公安机关负责人审批。

（四）内容及制作要求

解除技术侦查措施决定书属于多联式填充型文书，由交负责技术侦查的部门联、交办案部门或委托单位联和存根组成。

1. 交负责技术侦查的部门联。本联是公安机关决定对有关案件解除技术侦查措施，并告知办案部门或委托部门的依据，由首部、正文和尾部组成，由负责技术侦查的部门留存。

（1）首部。首部包括文书的制发机关名称、文书名称（已印制好）、文书字号。

（2）正文。正文按照格式要求填写决定采取技术侦查措施的机关名称、决定时间、案件名称和技术侦查措施执行对象等，并填写需要解除技术侦查措施的具体时间。

（3）尾部。尾部填写清楚成文时间，写明单位名称，并加盖制作文书的公安机关印章。

2. 交办案部门或委托单位联。本联由办案部门或委托单位附卷，其内容及制作要求与交负责技术侦查的部门联一致。

3. 存根。存根是公安机关决定对有关案件解除技术侦查措施的凭证，由公安机关留存备查。存根内应当按照顺序填写清楚有关栏目内容。

（五）范例

＊＊公安局

解除技术侦查措施决定书

×公（刑）解技字〔20××〕72号

×××公安局于20×× 年 5 月 23 日 犯罪嫌疑人钱×

决定对 钱×涉嫌制造毒品 案的 犯罪嫌疑人钱×

采取技术侦查措施。现因不需要继续采取技术侦查措施，

根据《中华人民共和国刑事诉讼法》第一百五十一条之

规定，决定于20×× 年 7 月 13 日予以解除。

公安局（印）

二〇××年七月十三日

× 公（刑）解技字贰零××第柒拾贰号

此联交案部门或委托单位

＊＊公安局

解除技术侦查措施决定书
（副　本）

×公（刑）解技字〔20××〕72号

×××公安局于20×× 年 5 月 23 日

决定对 钱×涉嫌制造毒品 案的

采取技术侦查措施。现因不需要继续采取技术侦查措施，

根据《中华人民共和国刑事诉讼法》第一百五十一条之

规定，决定于20×× 年 7 月 13 日予以解除。

公安局（印）

二〇××年七月十三日

× 公（刑）解技字贰零××第柒拾贰号

此联交负责技术侦查的部门

＊＊公安局
解除技术侦查措施决定书
（存　根）

×公（刑）解技字〔20××〕72号

案件名称	×涉嫌制造毒品案
案件编号	×××××××
办案部门	××市公安局 ××区分局刑警大队
办 案 人	省×× 张××
解除原因	钱×已被依法批准 通信监控
解除措施种类	
批 准 人	杨××
批准时间	20××年7月13日
填发时间	20××年7月13日
填 发 人	唐××

第六章 执行文书

八十五、减刑/假释建议书

（一）概念

减刑/假释建议书是执行机关提请人民法院对其执行的罪犯予以减刑或假释时使用的文书。

（二）法律依据

《刑事诉讼法》第 273 条第 2 款规定，被判处管制、拘役、有期徒刑或者无期徒刑的罪犯，在执行期间确有悔改或者立功表现，应当依法予以减刑、假释的时候，由执行机关提出建议书，报请人民法院审核裁定，并将建议书副本抄送人民检察院。人民检察院可以向人民法院提出书面意见。

《刑法》第 78 条第 1 款规定，被判处管制、拘役、有期徒刑、无期徒刑的犯罪分子，在执行期间，如果认真遵守监规，接受教育改造，确有悔改表现的，或者有立功表现的，可以减刑；有下列重大立功表现之一的，应当减刑：（1）阻止他人重大犯罪活动的；（2）检举监狱内外重大犯罪活动，经查证属实的；（3）有发明创造或者重大技术革新的；（4）在日常生产、生活中舍己救人的；（5）在抗御自然灾害或者排除重大事故中，有突出表现的；（6）对国家和社会有其他重大贡献。第 79 条规定，对于犯罪分子的减刑，由执行机关向中级以上人民法院提出减刑建议书。人民法院应当组成合议庭进行审理，对确有悔改或者立功事实的，裁定予以减刑。非经法定程序不得减刑。第 81 条规定，被判处有期徒刑的犯罪分子，执行原判刑期二分之一以上，被判处无期徒刑的犯罪分子，实际执行 13 年以上，如果认真遵守监规，接受教育改造，确有悔改表现，没有再犯罪的危险的，可以假释。如果有特殊情况，经最高人民法院核准，可以不受上述执行刑期的限制。对累犯以及因故意杀人、强奸、抢劫、绑架、放火、爆炸、投放危险物质或者有组织的暴力性犯罪被判处 10 年以上有期徒刑、无期徒刑的犯罪分子，不得假释。对犯罪分子决定假释时，应当考虑其假释后对所居住社区的影响。第 82 条规定，对于犯罪分子的假释，依照本法第 79 条规定的程序进行。非经法定程序不得假释。

《公安机关办理刑事案件程序规定》第 305 条规定，对依法留看守所执行刑罚的罪犯，符合减刑条件的，由看守所制作减刑建议书，经设区的市一级以上公安机关审查同意后，报请所在地中级以上人民法院审核裁定。第 306 条规定，对依法留看守所执行刑罚的罪犯，符合假释条件的，由看守所制作假释建议书，经设区的市一级以上公安机关审查同意后，报请所在地中级以上人民法院审核裁定。

（三）适用条件

1. 针对依法留看守所执行刑罚的罪犯。

2. 符合减刑或者假释条件。

3. 《刑法》第 78 条第 2 款规定，减刑以后实际执行的刑期不能少于下列期限：（1）判处管制、拘役、有期徒刑的，不能少于原判刑期的二分之一；（2）判处无期徒刑的，不能少于 13 年；（3）人民法院依照本法第 50 条第 2 款规定限制减刑的死刑缓期执行的犯罪分子，缓期执行期满后依法减为无期徒刑的，不能少于 25 年，缓期执行期满后依法减为 25 年有期徒刑的，不能少于 20 年。根据《刑法》第 81 条和第 83 条的规定，被判处有期徒刑的犯罪分子，执行原判刑期二分之一以上的才可以假释，有期徒刑的假释考验期限，为没有执行完毕的刑期。

4. 经看守所或者派出所提出意见，主管公安机关审批同意后，才能制作减刑/假释建议书。非经主管公安机关审批同意，看守所或者派出所不得自行决定提请人民法院对罪犯减刑或者假释。

（四）内容及制作要求

减刑/假释建议书是一式三份的叙述型文书，由首部、正文和尾部三部分组成。

1. 首部。首部包括文书名称（已印制好）、文书字号及罪犯的基本情况。

2. 正文。正文要写明罪犯在服刑期间的悔改或者立功表现，要具体写明有关的事实情况。一般包括两个方面的内容：一是执行刑罚期间的表现；二是减刑或假释的理由，内容应当进一步具体填写。正文最后填写公安机关对罪犯减刑或者假释的具体意见。

3. 尾部。尾部要写明报请的人民法院全称。根据《公安机关办理刑事案件程序规定》的要求，应当报请所在地中级以上人民法院审核裁定。最后，填写成文时间，写明单位名称，并加盖制作文书单位的印章。附注部分写明随本文书附送的档案情况。

（五）使用要求

减刑/假释建议书一式三份，一份送当地中级以上人民法院，一份抄送人民检察院，一份由看守所或者派出所附卷。

（六）范例

减刑/假释建议书

×公减/假字〔20××〕××号

罪犯　**孙××**　（性别　**男**　，出生日期　**1980 年 12 月 15 日**　，民族　**汉**　，住址　**××市××县××乡××村**　），因　**盗窃**　罪，被　**××市××县**　人民法院于　**20××**　年　**××**　月　**××**　日以　**××**　字〔**20××**〕**××**　号刑事判决书判处　**有期徒刑一年零六个月**　，于　**20××**　年　**××**　月　**××**　日由我单位执行，现已执行　**×个月**　。

该犯在服刑期间，确有悔改（立功）表现，具体事实如下：

罪犯孙××一贯遵守罪犯改造行为规范，积极参加政治、文化、技术学习，积极参加劳动，完成劳动任务，有悔改表现。

20××年 4 月 5 日，罪犯孙××检举××县××厂财务室被盗案系刘××所为。经××县公安局立案侦查，刘××已于 20××年 4 月 7 日被抓获，赃款也被如数追回。刘××对犯罪行为亦供认不讳。

综上所述，根据《中华人民共和国刑事诉讼法》第二百七十三条第二款之规定，建议对罪犯　孙××　　　　　　予以　减刑二个月　　，特提请审核裁定。

此致

×× 市中级　　人民法院

执行机关（印）

二○××年四月十九日

附：罪犯　孙××　档案　1　卷　68　页。

本建议书一式三份，一份附卷，一份交法院，一份交检察院。

八十六、假释证明书

（一）概念

假释证明书是刑罚执行机关向被假释罪犯出具的证明其身份和法律地位的文书。

假释是对被判处徒刑刑罚还没有执行完毕的罪犯，有条件地释放的一种刑罚执行方式。由于被假释的罪犯仍然属于服刑的罪犯，但其又不在监管场所服刑，而是有条件地予以释放，并依法实行社区矫正，由社区矫正机构负责执行，所以，在社区矫正期间，为罪犯出具假释证明书，可以证明其身份和法律地位，避免不必要的麻烦。

（二）法律依据

《看守所留所执行刑罚罪犯管理办法》第 37 条规定，看守所收到人民法院假释裁定书后，应当办理罪犯出所手续，发给假释证明书，并于 3 日内将罪犯的有关材料寄送罪犯居住地的县级司法行政机关。

（三）适用条件

人民法院出具核准假释的刑事裁定书，看守所即应据此制作假释证明书。

（四）内容及制作要求

假释证明书是多联式填充型文书，由正本、副本（两份）和存根组成。填写时注意：

1. 正本。本联是被假释罪犯的身份证明，由首部、正文和尾部组成。

（1）首部。首部应当填写制作机关名称、文书名称（已印制好）和文书字号。

（2）正文。正文应当根据人民法院刑事裁定书依次填写罪犯基本情况、原判决情况和假释情况。被假释的犯罪分子应当遵守的规定，已印制在文书上，将文书送达被假释罪犯时，可以适当予以说明。

（3）尾部。尾部填写清楚成文时间，写明单位名称，并加盖文书制作机关印章。

2. 副本。本文书副本有两联，一联附卷，一联交社区矫正机构，其内容及制作要求与正本相同。

3. 存根。本联用于留存备查。应当按照规定的格式填写清楚有关内容。有关事项应与正本、副本内容保持一致。

（五）使用要求

1. 假释证明书制作完毕后，应当将正本交被假释罪犯，并让其在一副本（附卷联）上签收，同时将另一副本送交相应的社区矫正机构。

2. 附卷联由看守所附卷保存。

（六）范例

***看守所
假释证明书
（副本）

×看假释字〔20××〕16号

罪犯 魏×× （性别 男 、出生日期 1982 年 11月11日，住址 ××县××乡××村 ）因犯罪于 20×× 年 8 月 21 日被 ××县 人民法院判处 有期徒刑一年 ，剥夺政治权利 —— 年 —— 月 —— 日至 —— 年 —— 月 —— 日，现 ××县中级 人民法院裁定假释，假释考验期自 20×× 年 5 月 25 日起至 20×× 年 8 月 21 日。现予以假释，特此证明。

被假释的罪犯分子，应当遵守下列规定：

（一）遵守法律、行政法规，服从监督；（二）按照监督机关关于会客的规定，报告自己的活动情况；（三）离开所居住的市、县或者迁居，应当报经监督机关批准；（四）附加剥夺政治权利的罪犯本应遵守的假释罪犯尚还必须遵守有关被剥夺政治权利的规定；（六）遵守社区矫正机构规定的其他监督管理措施。

看守所（印）

二〇××年五月二十四日

本证明书已收到。

被假释罪犯：魏××（捺指印）

20××年5月24日

×看假释字〔20××〕第贰零×××号

此联附卷

***看守所
假释证明书
（存根）

×看假释字〔20××〕16号

罪　　犯	魏××	男/女
出生日期	1982 年11月11日	
住　　址	××县××乡××村	
罪　　名	盗窃罪	
原判法院	××县人民法院	
原判刑期起止时间	自20××年8月22日至20××年8月21日	
剥夺政治权利起止时间	无	
假释考验期限	自20××年5月25日起至20××年8月21日	
裁定机关	××市中级人民法院　社区矫正机构	
执行机关	魏××	
承办人	刘×× 张××	
填发时间	20××年5月24日	
填发人	刘××	

***看守所
假释证明书
（副本）

×看假释字〔20××〕16号

罪犯 魏××（性别 男，出生日期 1982年11月11日，住址 ××县××乡××村），因犯罪于20××年8月21日被××县人民法院判处 有期徒刑一年，剥夺政治权利 一年，至 ×年 ×月 ×日，在执行期间由 ××市中级 人民法院裁定假释，假释考验期自 20××年 5月 25 日起至 20××年 8月 21 日。现予以假释，特此证明。

被宣告假释的犯罪分子，应当遵守下列规定：（一）遵守法律、行政法规，服从监督；（二）按照监督机关的规定报告自己的活动情况；（三）遵守监督者机关关于会客的规定；（四）离开所居住的市、县或者迁居，应当报经监督机关批准；（五）附加剥夺政治权利的假释罪犯必须遵守有关被剥夺政治权利的罪犯应当遵守的规定；（六）遵守社区矫正机构制定的具体监督管理措施。

看守所（印）

二○××年五月二十四日

第 拾 伍 号

×看假释字〔20××〕16号

此联交社区矫正机构

***看守所
假释证明书

×看假释字〔20××〕16号

罪犯 魏××（性别 男，出生日期 1982年11月11日，住址 ××县××乡××村），因犯罪于20××年8月21日被××县人民法院判处 有期徒刑一年，剥夺政治权利 一年，至 ×年 ×月 ×日，在执行期间由 ××市中级 人民法院裁定假释，假释考验期自 20××年 5月 25 日起至 20××年 8月 21 日。现予以假释，特此证明。

被宣告假释的犯罪分子，应当遵守下列规定：（一）遵守法律、行政法规，服从监督；（二）按照监督机关的规定报告自己的活动情况；（三）遵守监督者机关关于会客的规定；（四）离开所居住的市、县或者迁居，应当报经监督机关批准；（五）附加剥夺政治权利的假释罪犯必须遵守有关被剥夺政治权利的罪犯应当遵守的规定；（六）遵守社区矫正机构制定的具体监督管理措施。

看守所（印）

二○××年五月二十四日

第 拾 伍 号

此联交被假释罪犯

八十七、暂予监外执行决定书

(一) 概念

暂予监外执行决定书是公安机关对符合暂予监外执行条件的罪犯决定暂予监外执行，并通知执行单位和被暂予监外执行人时使用的文书。

(二) 法律依据

根据《刑事诉讼法》第 265 条的规定，对被判处有期徒刑或者拘役的罪犯，有下列情形之一的，可以暂予监外执行：(1) 有严重疾病需要保外就医的；(2) 怀孕或者正在哺乳自己婴儿的妇女；(3) 生活不能自理，适用暂予监外执行不致危害社会的。对被判处无期徒刑的罪犯，有上述第 2 项规定情形的，可以暂予监外执行。对适用保外就医可能有社会危险性的罪犯，或者自伤自残的罪犯，不得保外就医。对罪犯确有严重疾病，必须保外就医的，由省级人民政府指定的医院诊断并开具证明文件。在交付执行前，暂予监外执行由交付执行的人民法院决定；在交付执行后，暂予监外执行由监狱或者看守所提出书面意见，报省级以上监狱管理机关或者设区的市一级以上公安机关批准。

《公安机关办理刑事案件程序规定》第 307 条第 2 款规定，对罪犯暂予监外执行的，看守所应当提出书面意见，报设区的市一级以上公安机关批准，同时将书面意见抄送同级人民检察院。第 308 条规定，公安机关决定对罪犯暂予监外执行的，应当将暂予监外执行决定书交被暂予监外执行的罪犯和负责监外执行的社区矫正机构，同时抄送同级人民检察院。

(三) 适用条件

主管公安机关批示同意对罪犯暂予监外执行的意见，即应当制作暂予监外执行决定书。

（四）内容及制作要求

暂予监外执行决定书是多联式填充型文书，由正本、副本和存根组成。

1. 正本。正本是公安机关对罪犯决定暂予监外执行的依据和凭证，送交被暂予监外执行的罪犯。本联由首部、正文和尾部组成。

（1）首部。首部包括制作机关名称、文书名称（已印制好）、文书字号及被暂予监外执行人基本情况。其中，被暂予监外执行人基本情况要填写清楚被暂予监外执行人的姓名、性别、出生日期、住址。

（2）正文。正文需要填写的内容主要是：

①暂予监外执行原因。暂予监外执行原因填写的内容，如"罪犯×××患有严重心脏病""罪犯×××正在哺乳自己的婴儿"或者"罪犯×××有残疾，生活不能自理"等。

②暂予监外执行时间。按照批准的暂予监外执行的时间填写。

③执行机关。根据《刑事诉讼法》第 269 条的规定，对被判处管制、宣告缓刑、假释或者暂予监外执行的罪犯，依法实行社区矫正，由社区矫正机构负责执行。

（3）尾部。尾部填写清楚成文时间，写明单位名称，并加盖制作文书的公安机关印章。

2. 副本。暂予监外执行决定书的副本由三联组成，分别是交看守所联（附卷联）、交检察院联（以便人民检察院行使法律监督职能）和交社区矫正机构联，其内容及制作要求与正本一致。

3. 存根。存根是公安机关决定对罪犯暂予监外执行的凭证，用于留存备查。有关内容应与暂予监外执行决定书中的内容保持一致。

（五）使用要求

暂予监外执行决定书制作完毕后，公安机关应当根据《公安机关办理刑事案件程序规定》的相关规定进行送达。

1. 暂予监外执行决定书正本交被暂予监外执行的罪犯保存，副本分别送交看守所、社区矫正机构和同级人民检察院。

2. 被决定暂予监外执行的罪犯应当持暂予监外执行决定书到执行机关报到，本决定书可以作为相关证明使用，公安机关不再开具罪犯保外就医证明书。

（六）范例

＊＊＊公安局
暂予监外执行决定书

×公（看）暂外字〔20××〕20号

罪犯 何×× ，性别 女 ，出生日期 1985年4月5日 ，住址 ××省××市××

×公（看）暂外字 4 号。

因 罪犯何××患糖尿病

根据《中华人民共和国刑事诉讼法》第二百六十五条之规定，现决定对罪犯 何×× 20×× 年 8 月 10 日至 20×× 年 2 月 9 日暂予监外执行，并由 ××社区 矫正机构 执行。

＊＊＊公安局（印）

二〇××年八月九日

此联交被暂予监外执行的罪犯

第 拾 号　贰零×× 字外暂（看）公×

＊＊＊公安局
暂予监外执行决定书
（副 本）

×公（看）暂外字〔20××〕20号

罪犯 何×× ，性别 女 ，出生日期 1985年4月5日 ，住址 ××省××市××

×公（看）暂外字 4 号。

因 罪犯何××患糖尿病

根据《中华人民共和国刑事诉讼法》第二百六十五条之规定，现决定对罪犯 何×× 20×× 年 8 月 10 日至 20×× 年 2 月 9 日暂予监外执行，并由 ××社区 矫正机构 执行。

＊＊＊公安局（印）

二〇××年八月九日

本决定书已收到。

罪犯：何××（捺指印）

20××年8月9日

此联交看守所

第 拾 号　贰零×× 字外暂（看）公×

＊＊＊公安局
暂予监外执行决定书
（存 根）

×公（看）暂外字〔20××〕20号

罪　　犯	何×× 男/女
出生日期	1985年4月5日
暂予监外执行原因	患糖尿病
起止时间	20××年8月10日至20××年2月9日
执行机关	××社区矫正机构
批准人	林××
批准时间	20××年8月9日
办案人	刘×× 关××
办案单位	××市公安局 ××分局刑警大队
填发时间	20××年8月9日
填发人	关××

＊＊＊公安局

暂予监外执行决定书

（副　本）

×公（看）暂外字〔20××〕20号

罪犯　何××　，性别　女　，出生日期
1985 年 4 月 5 日　，住址　××省××市××
××街4号　。

因　罪犯何××患糖尿病　，
根据《中华人民共和国刑事诉讼法》第二百六十
五条之规定，现决定对罪犯　何××　自
20×× 年 8 月 10 日至 20×× 年
2 月 9 日暂予监外执行，并由 ×××社区
矫正机构　执行。

公安局（印）

二〇××年八月九日

此联交社区矫正机构

＊＊＊公安局

暂予监外执行决定书

（副　本）

×公（看）暂外字〔20××〕20号

罪犯　何××　，性别　女　，出生日期
1985 年 4 月 5 日　，住址　××省××市××
××街4号　。

因　罪犯何××患糖尿病　，
根据《中华人民共和国刑事诉讼法》第二百六十
五条之规定，现决定对罪犯　何××　自
20×× 年 8 月 10 日至 20×× 年
2 月 9 日暂予监外执行，并由 ×××社区
矫正机构　执行。

公安局（印）

二〇××年八月九日

此联交检察院

×公（看）暂外字贰零××第贰拾号

八十八、收监执行通知书

（一）概念

收监执行通知书是罪犯刑期未满，暂予监外执行的条件消失后，看守所通知执行的社区矫正机构对罪犯收监执行的文书。

（二）法律依据

《刑事诉讼法》第 268 条第 1 款规定，对暂予监外执行的罪犯，有下列情形之一的，应当及时收监：（1）发现不符合暂予监外执行条件的；（2）严重违反有关暂予监外执行监督管理规定的；（3）暂予监外执行的情形消失后，罪犯刑期未满的。

《公安机关办理刑事案件程序规定》第 310 条第 1 款、第 2 款规定，对暂予监外执行的罪犯，有下列情形之一的，批准暂予监外执行的公安机关应当作出收监执行决定：（1）发现不符合暂予监外执行条件的；（2）严重违反有关暂予监外执行监督管理规定的；（3）暂予监外执行的情形消失后，罪犯刑期未满的。对暂予监外执行的罪犯决定收监执行的，由暂予监外执行地看守所将罪犯收监执行。

（三）适用条件

使用收监执行通知书，应当符合以下条件之一：

1. 发现不符合暂予监外执行条件的。

2. 严重违反有关暂予监外执行监督管理规定的。

3. 暂予监外执行的情形消失后，罪犯刑期未满的。

（四）内容及制作要求

收监执行通知书是多联式填充型文书，由正本、副本和存根组成。

1. 正本。正本是公安机关通知负责执行的社区矫正机构将暂予监外执行罪犯收监执行的依据和凭证，包括首部、正文和尾部。

（1）首部。首部包括制作机关名称、文书名称（已印制好）、文书字号及抬头。其中，抬头填写负责监督考察的社区矫正机构的名称。

（2）正文。正文包括以下内容：

①罪犯基本情况。写明罪犯姓名、性别、出生日期、住址。

②收监执行原因。写明原暂予监外执行原因消失情况，如"疾病已治愈"等。

（3）尾部。尾部填写清楚成文时间，写明单位名称，并加盖制作机关印章。

2. 副本。副本用于交看守所附卷，其内容及制作要求与正本一致。

3. 存根。存根用于留存备查，有关内容应与正本、副本一致。

（五）使用要求

批准暂予监外执行的公安机关及时将收监执行通知书制作完毕，正本送负责执行的社区矫正机构，副本（附卷联）送达看守所，看守所收到通知书后应立即将罪犯收监执行。

（六）范例

×××公安局
收监执行通知书
×公（看）收监字〔20××〕21号

××社区矫正机构：

因罪犯 韦×× （性别 女 ，出生日期 1982年11月30日 ，住址 ××市××街×号 ）在暂于监外执行期间 疾病已治愈 ，根据《中华人民共和国刑事诉讼法》第二百六十八条之规定，决定将其收监执行刑罚。

公安局（印）

二○××年三月十六日

此联交社区矫正机构

×公（看）收监字〔20××〕第贰拾壹号

×××公安局
收监执行通知书
（副 本）
×公（看）收监字〔20××〕21号

××看守所：

因罪犯 韦×× （性别 女 ，出生日期 1982年11月30日 ，住址 ××市××街×号 ）在暂于监外执行期间 疾病已治愈 ，根据《中华人民共和国刑事诉讼法》第二百六十八条之规定，决定将其收监执行刑罚。

公安局（印）

二○××年三月十六日

本通知书已于 20×× 年 3 月 17 日 9 时向我宣布。

罪犯：韦×× （捺指印）

罪犯 韦×× 已于 20×× 年 3 月 17 日 10 时被我所收监执行刑罚。

接收民警：刘 ×× 看守所（印）

此联交看守所

×公（看）收监字〔20××〕第贰拾壹号

×××公安局
收监执行通知书
（存 根）
×公（看）收监字〔20××〕21号

罪　犯 韦×× 男/女

出生日期 1982年11月30日

住　址 ××市××街××号

收监执行

原　因 疾病治愈

送往住单位 ××社区矫正机构

批 准 人 王××

批准时间 20××年3月15日

办 案 人 王×××、周××

办案单位 ××市公安局

填发时间 20××年3月16日

填 发 人 周××

451

八十九、准许拘役罪犯回家决定书

（一）概念

准许拘役罪犯回家决定书是公安机关对于被判处拘役的罪犯，在服刑期间依法准许其回家时制作的文书。被判处拘役的罪犯，其犯罪情节较轻，社会危险性较小，允许其回家，可以使其保持与家庭的联系，以便稳定其心情，促使其服从规定，接受改造，早日复归社会。

（二）法律依据

《刑法》第 43 条第 2 款规定，在执行期间，被判处拘役的犯罪分子每月可以回家 1—2 天。

《刑事诉讼法》第 264 条第 2 款规定，对被判处拘役的罪犯，由公安机关执行。

《看守所留所执行刑罚罪犯管理办法》第 54 条规定，被判处拘役的罪犯每月可以回家 1—2 日，由罪犯本人提出申请，管教民警签署意见，经看守所所长审核后，报所属公安机关批准。

（三）适用条件

准许拘役罪犯回家决定书在公安机关决定允许被判处拘役的罪犯回家时使用。

（四）内容及制作要求

准许拘役罪犯回家决定书属于多联式填充型文书，由正本、副本和存根组成。

1. 正本。正本是公安机关准许被判处拘役的罪犯离监回家的证明，由首部、正文和尾部组成。

（1）首部。首部包括制作文书的公安机关名称、文书名称（已印制好）、文书字号以及罪犯基本情况。其中，罪犯基本情况包括罪犯的姓名、性别、出生日期和住址。

（2）正文。正文应当按照规定的格式填写清楚罪犯被判处的罪名、审理案件的人民法院名称、刑期起止时间、执行地点、准许回家的起止时间和天数，其中，执行地点填写看守所的名称。

（3）尾部。尾部填写清楚成文时间，写明单位名称，并加盖制作文书的公安机关印章。

2. 副本。准许拘役罪犯回家决定书的副本有两联，一联交看守所附卷；一联交检察院，其内容及制作要求与正本一致。

3. 存根。存根是公安机关准许被判处拘役的罪犯回家的凭证，由公安机关留存备查。制作时应当根据规定的格式按照顺序填写清楚所列内容。

（五）使用要求

1. 准许拘役罪犯回家决定书制作完毕后，办案人员应当将正本交被批准回家的罪犯，作为其回家的身份证明，并让其在交看守所联附注部分填写离所时间，看守民警也同时签名。

2. 负责执行的看守所应当告知被准许回家的罪犯应当遵守的有关规定，主要包括按时返回监管场所、在回家期间遵纪守法等；同时，应当告知其不按时返回将要承担的法律责任。

3. 将准许拘役罪犯回家决定书副本送同级人民检察院。为了保证对被判处拘役罪犯的执行依法进行，充分发挥人民检察院的法律监督职能，看守所应当将准许拘役罪犯回家决定书副本送同级人民检察院。这样规定，便于公安机关主动接受人民检察院的法律监督，及时发现拘役执行过程中存在的问题。对于人民检察院对有关准许拘役罪犯回家的决定提出异议的，公安机关应当及时说明情况，发现确实存在问题的，应当及时纠正。

4. 罪犯回所时，应当让其在交看守所联附注部分填写回所时间并签名，看守民警也同时签名。

5. 根据《刑法》第43条第2款的规定，被判处拘役的犯罪分子每月可以回家1—2天。根据该规定，被判处拘役的罪犯只能是每月按照规定的时间离开监管场所回家，并按时返回。执行中不得将每月可以回家的天数进行累计，一次性使用。这样一方面可以保证被判处拘役的罪犯与其家人每月保持接触，同时也有利于公安机关及时对其实施监管，尽量防止出现由于其长时间在监管场所外可能发生的意外情况。

6.《刑法》第 43 条第 2 款规定的是被判处拘役的犯罪分子可以"回家"。一般来说，"回家"应当是回到与家人共同居住的场所。但是由于我国地域辽阔，加之当前人员流动日益频繁，异地作案情况越来越多，一些罪犯在执行机关的辖区没有固定住处，每月1—2 天的回家时间可能连路途上的时间都不够，尤其是被判处拘役的外国籍罪犯，更不可能让其在刑罚尚未执行完毕的情况下回国。如果坚持让被判处拘役的罪犯回家，则实质上剥夺了一些外地罪犯及外国籍罪犯在被执行拘役期间回家的权利。因此，为了使符合条件的被判处拘役的罪犯都能在执行期间与家人团聚，有利于刑罚的执行，同时便于公安机关对被判处拘役罪犯回家期间的管理，对被判处拘役的罪犯在执行机关辖区内有固定住处的，可允许其回固定住处；没有固定住处的，可在决定机关为其指定的居所每月与其家人团聚 1—2 天。

7. 对于拘役罪犯在回家期间逃跑的，应当根据《刑法》第316 条第 1 款的规定，以脱逃罪追究其刑事责任。但是，对于只是超过公安机关规定的返回时间但未逃跑的，则可以视其情节轻重决定是否撤销准许其回家的决定，不应再追究其刑事责任。

8. 准许拘役罪犯回家决定书一次使用有效，再次允许被判处拘役的罪犯回家时，应当制作新的准许拘役罪犯回家决定书。

（六）范例

***公安局

准许拘役罪犯回家决定书

（副　本）

×公（看）准回字〔20××〕22号

罪犯 于×× ，性别 男 ，出生日期 1975年1月23日 ，住址 ×××县 ×××乡 ×××村 。该罪犯因犯 故意伤害 罪被 ××县人民 法院判处拘役，刑期自 20×× 年 3 月 15 日至 20×× 年 9 月 14 日，现在 ×× 县看守所 执行。根据《中华人民共和国刑法》第四十三条第二款 之规定，决定准许其自 20×× 年 4 月 30 日 18 时至 20×× 年 5 月 2 日 18 时回家 2 天。

公安局（印）

二○××年四月三十日

离所时间 20××年 4 月 30 日 18 时

回所时间 20××年 5 月 2 日 18 时

看守民警：王×× 　　罪犯：于××

看守民警：王×× 　　罪犯：于××

此联交看守所

公（看）准回字贰零××第贰拾贰号

***公安局

准许拘役罪犯回家决定书

（存　根）

×公（看）准回字〔20××〕22号

罪　犯 于××　男/女

出生日期 1975年1月23日

住　址 ×××县 ×××乡 ×××村

原判人民法院 ××县人民法院

罪　名 故意伤害罪

刑　期 20××年3月15日至 20××年9月14日

回家时间 20××年4月30日18时至 20××年5月2日18时

批准人 罗××

批准时间 20××年4月29日

填发时间 20××年4月30日

填发人 陈××

***公安局

准许拘役罪犯回家决定书

（副　本）

×公（看）准回字〔20××〕22号

罪犯　于××，住址　××县××乡××村　，性别　男　，出生日期　1975年1月23日。该罪犯因犯　故意伤害　罪被　××县人民法院判处拘役，刑期自　20××　年　3　月　15　日至　20××　年　9　月　14　日，现在　××县看守所执行。根据《中华人民共和国刑法》第四十三条第二款之规定，决定准许其自　20××　年　5　月　2　日　18　时至　20××　年　4　月　30　日　18　时回家　2　天。

公安局（印）

二○××年四月三十日

×公（看）准回字贰零××第贰拾贰号

此联交检察院

***公安局

准许拘役罪犯回家决定书

×公（看）准回字〔20××〕22号

罪犯　于××，住址　××县××乡××村　，性别　男　，出生日期　1975年1月23日。该罪犯因犯　故意伤害　罪被　××县人民法院判处拘役，刑期自　20××　年　3　月　15　日至　20××　年　9　月　14　日，现在　××县看守所执行。根据《中华人民共和国刑法》第四十三条第二款之规定，决定准许其自　20××　年　5　月　2　日　18　时至　20××　年　4　月　30　日　18　时回家　2　天。

公安局（印）

二○××年四月三十日

×公（看）准回字贰零××第贰拾贰号

此联交罪犯

九十、刑满释放证明书

（一）概念

刑满释放证明书是看守所对执行期满的罪犯释放时发给的证明文书。

（二）法律依据

《公安机关办理刑事案件程序规定》第 303 条规定，对被判处有期徒刑由看守所代为执行和被判处拘役的罪犯，执行期间如果没有再犯新罪，执行期满，看守所应当发给刑满释放证明书。

（三）适用条件

使用刑满释放证明书应当符合以下条件：

1. 罪犯在执行期间没有再犯新罪。

2. 执行期满。

（四）内容及制作要求

刑满释放证明书是多联式填充型文书，由正本、副本和存根三联组成。

1. 正本。正本是看守所交被释放人证明其刑满被释放的凭证，包括首部、正文和尾部。

（1）首部。首部包括制作机关名称、文书名称（已印制好）、文书字号。

（2）正文。正文内应当填写清楚以下内容：

①罪犯基本情况。写明罪犯的姓名、性别、出生日期、住址。

②定罪量刑情况。写明被判处的罪名、定罪的时间、原判人民法院名称及量刑情况。

③执行情况。写明在执行过程中执行方法的变化情况，如减刑、假释、暂予监外执行等情况。如没有变化情况，划横线表明。

（3）尾部。尾部填写清楚成文时间，写明单位名称，并加盖制作文书的看守所的印章。

2. 副本。副本是证明看守所释放罪犯的凭证，由看守所留存附卷，其内容及制作要求与正本一致。

3. 存根。存根用于留存备查，有关内容应当与正本、副本一致。

（五）使用要求

刑满释放证明书制作完毕后，将正本交被释放人，用以证明被释放人的身份，副本由看守所留存附卷。

（六）范例

＊＊＊看守所

刑满释放证明书

×看释字［20××］23号

兹有　丁××（性别　男，出生日期　1977年3月2日），住址　××县××镇××街5号），因犯　故意伤害　罪于　20××年　7月　11日　被　××县人民　法院判处　有期徒刑一年，剥夺政治权利　1年（自　20××年　5月　15日至　20××年　5月　14日）。在执行期间曾被依法　现因执行期满，予以释放。

特此证明。

看守所（印）

二○××年五月十四日

此联交被释放人

×看释字贰零××第贰拾叁号

＊＊＊看守所

刑满释放证明书

（副本）

×看释字［20××］23号

兹有　丁××（性别　男，出生日期　1977年3月2日），住址　××县××镇××街5号），因犯　故意伤害　罪于　20××年　7月　11日　被　××县人民　法院判处　有期徒刑一年，剥夺政治权利　1年（自　20××年　5月　15日至　20××年　5月　14日）。在执行期间曾被依法　现因执行期满，予以释放。

特此证明。

看守所（印）

二○××年五月十四日

本证明书已收到。

被释放人：丁××（签名盖印）

20××年5月14日

此联看守所留存

×看释字贰零××第贰拾叁号

＊＊＊看守所

刑满释放证明书

（存根）

×看释字［20××］23号　　　　男/女

被释放人	丁××
出生日期	1977年3月2日
住　址	××县××镇××街5号
罪　名	故意伤害罪
刑　种	有期徒刑
原判法院	××县人民法院
原判刑期	20××年5月15日至 20××年5月14日
刑期起止时间	20××年5月15日至20××年5月14日
剥夺政治权利	无
变动情况	无
承办人	陈××、王××
填发时间	20××年5月14日　陈××
填发人	陈××

第七章　复议复核文书

九十一、刑事复议申请记录

(一) 概念

刑事复议申请记录是对于刑事复议申请人由于情况紧急或者不便书面申请而提出口头申请的，由刑事复议机构工作人员按照刑事复议申请书应当载明的内容，通过询问申请人的方式当场制作的书面记录。

(二) 法律依据

《公安机关办理刑事复议复核案件程序规定》第 9 条第 1 款规定，申请刑事复议，应当书面申请，但情况紧急或者申请人不便提出书面申请的，可以口头申请。第 11 条规定，申请人口头申请刑事复议的，刑事复议机构工作人员应当按照本规定第 10 条规定的事项，当场制作刑事复议申请记录，经申请人核对或者向申请人宣读并确认无误后，由申请人签名或者捺指印。第 13 条规定，刑事复议、复核机构开展下列工作时，办案人员不得少于 2 人：(1) 接受口头刑事复议申请的；(2) 向有关组织和人员调查情况的；(3) 听取申请人和相关人员意见的。刑事复议机构参与审核原决定的人员，不得担任刑事复议案件的办案人员。

(三) 适用条件

制作刑事复议申请记录应当符合以下条件：

1. 由不少于 2 名的刑事复议机构工作人员在场作出，刑事复议机构参与审核原决定的人员，不得担任刑事复议申请的记录人员。

2. 只适用于刑事复议申请人，申请刑事复议只能通过书面形式（即提交刑事复议申请书的方式）申请。

3. 刑事复议申请人口头提出申请是由于情况紧急或者不便提出书面申请，一般情况下，刑事复议申请应当采取书面形式。

（四）内容及制作要求

刑事复议申请记录属于叙述型文书，由首部、正文、尾部组成。

1. 首部。首部包括制作机关名称、文书名称（已印制好）。

2. 正文。正文填写内容主要包括：（1）申请人的姓名、性别、出生日期、身份证件种类及号码、住址、邮政编码、联系电话，委托代理人姓名及联系电话；申请人为单位的，填写法人或者其他组织的名称、地址、法定代表人或者主要负责人的姓名、住址、联系电话。（2）作出决定的公安机关。（3）原决定书、通知书名称及文号。（4）刑事复议请求，具体结合申请人的复议请求填写，如要求撤销原不予立案决定，重新作出立案决定；撤销原驳回申请回避决定，重新作出回避决定等。（5）申请刑事复议的事实和理由，该部分内容应当根据申请人口述的具体案件事实和复议的理由，客观如实填写。

3. 尾部。记录制作完成后，要经申请人核对或者向申请人宣读并确认无误后，由申请人签名或者捺指印，有代理人的，代理人要签名。刑事复议机构的记录人也要签名。填写记录制作日期，该日期即视作申请刑事复议的日期。

（五）使用要求

刑事复议申请记录具有与刑事复议申请书相同的法律效果，应当按照立卷规范的要求，存入有关卷宗。刑事复议申请记录与刑事复议申请书的不同点在于制作的主体不同，前者是由刑事复议机构工作人员制作，后者是由申请人自行制作。

（六）范例

×× 县公安局

刑事复议申请记录

　　申请人　王×× ，性别　女 ，出生日期　19×× 年 ×月×× 日 ，身份证件种类及号码　身份证××××××× ×××××××××× ，住址　×× 省×× 市×× 县×× 路× 号楼×× 室 　　　　　　　　　　　　　　。

　　邮政编码××××× 联系电话　××××××

　　委托代理人　薛×× 　联系电话　××××××

　　作出决定的公安机关　×× 县公安局

　　原决定书名称及文号　×公（经）不立字〔20××〕15 号不予立案通知书

　　刑事复议请求　要求×× 县公安局撤销该局于20×× 年 ×月×日作出的×公（经）不立字〔20××〕15 号不予立案 决定，并重新作出立案决定。

　　事实与理由　我在×× 县从事水果批发生意多年，20×× 年2月至5月间，我经人介绍同鲁×认识，他从我这里批发 水果，起初均能按时足额付款，后鲁×说手头资金紧张，采 取先拉货后付款的方式从我这先后拉过五次货，价值人民币 5.5万元。其间，我一直找他催要货款，他一直推托，后来就 联系不上他了。我向×× 县公安局经侦大队告他合同诈骗， 经侦大队认为是经济纠纷，不予立案，为此我申请刑事复议。

以上记录经本人核对，与口述一致。

申请人：王××

代理人：薛××

20××年12月20日

记录人：张××、赵××

九十二、不予受理刑事复议/复核申请决定书

(一) 概念

不予受理刑事复议/复核申请决定书是刑事复议、复核机构在收到刑事复议、复核申请人提交的申请后，经审查认为该申请不符合相关受理条件，决定不予受理申请而以公安机关名义出具的法律文书。

(二) 法律依据

《公安机关办理刑事复议复核案件程序规定》第 14 条规定，刑事复议、复核机构收到刑事复议、复核申请后，应当对申请是否同时符合下列条件进行初步审查：(1) 属于本机关受理；(2) 申请人具有法定资格；(3) 有明确的刑事复议、复核请求；(4) 属于刑事复议、复核的范围；(5) 在规定期限内提出；(6) 所附材料齐全。第 15 条规定，刑事复议、复核机构应当自收到刑事复议、复核申请之日起 5 个工作日以内分别作出下列处理：(1) 符合本规定第 14 条规定条件的，予以受理；(2) 不符合本规定第 14 条规定条件的，不予受理。不属于本机关受理的，应当告知申请人向有权受理的公安机关提出；(3) 申请材料不齐全的，应当一次性书面通知申请人在 5 个工作日以内补充相关材料，刑事复议、复核时限自收到申请人的补充材料之日起计算。公安机关作出刑事复议、复核决定后，相关人员就同一事项再次申请刑事复议、复核的，不予受理。第 16 条规定，收到控告人对不予立案决定的刑事复议、复核申请后，公安机关应当对控告人是否就同一事项向检察机关提出控告、申诉进行审核。检察机关已经受理控告人对同一事项的控告、申诉的，公安机关应当决定不予受理；公安机关受理后，控告人就同一事项向检察机关提出控告、申诉，检察机关已经受理的，公安机关应当终止刑事复议、复核程序。第 26 条规定，刑事复议、复核决定作出前，申请人要求撤回申请的，应当书面申

请并说明理由。刑事复议、复核机构允许申请人撤回申请的，应当终止刑事复议、复核程序。但具有下列情形之一的，不允许申请人撤回申请，并告知申请人：（1）撤回申请可能损害国家利益、公共利益或者他人合法权益的；（2）撤回申请不是出于申请人自愿的；（3）其他不允许撤回申请的情形。公安机关允许申请人撤回申请后，申请人以同一事实和理由重新提出申请的，不予受理。

《行政执法机关移送涉嫌犯罪案件的规定》第 9 条第 2 款规定，作出不予立案决定的公安机关应当自收到行政执法机关提请复议的文件之日起 3 日内作出立案或者不予立案的决定，并书面通知移送案件的行政执法机关。移送案件的行政执法机关对公安机关不予立案的复议决定仍有异议的，应当自收到复议决定通知书之日起 3 日内建议人民检察院依法进行立案监督。

（三）适用条件

在审查刑事复议、复核申请时，发现存在以下情形之一的，应当适用本决定书：

1. 不符合《公安机关办理刑事复议复核案件程序规定》第 14 条规定的申请刑事复议、复核的条件。其中，未在《公安机关办理刑事案件程序规定》规定的期限内提出的，如果确因不可抗力或者其他正当理由，则应当在障碍消除后 5 个工作日以内提交相应证明材料，并经刑事复议、复核机构认定，以及申请人在申请中所附材料不齐全的，如果经过刑事复议、复核机构通知，在 5 个工作日以内补充齐全相关材料，可以受理。

2. 公安机关收到控告人对不予立案决定的刑事复议、复核申请后，发现控告人就同一事项向检察机关提出控告、申诉，而且检察机关已经受理的，应当决定不予受理。

3. 公安机关允许申请人撤回申请后，申请人以同一事实和理由重新提出申请的，不予受理。

4. 公安机关作出刑事复议、复核决定后，相关人员就同一事项再次申请刑事复议、复核的，不予受理。

（四）内容及制作要求

不予受理刑事复议/复核申请决定书属于填充型文书，由首部、正文、尾部组成。

1. 首部。首部包括制作机关名称、文书名称、文书字号和抬头。抬头填写申请人的姓名或者申请单位名称。

2. 正文。正文填写内容主要包括：刑事复议、复核申请针对的决定文号、类别、作出决定的时间和公安机关名称。申请刑事复议、复核时间；不予受理的事实和理由。不予受理的事实和理由应当根据实际情况具体填写，并选择相应的法律依据。

3. 尾部。尾部填写成文时间，加盖公安机关印章或者刑事复议、复核专用章，不必填写公安机关名称。成文时间是批准人批准作出不予受理刑事复议、复核申请决定的时间。

（五）使用要求

不予受理刑事复议/复核申请决定书应当在收到刑事复议、复核申请之日起5个工作日或者申请人补充材料后5个工作日内作出。公安机关不予受理刑事复议、复核申请的，应当在作出决定后3个工作日以内书面通知申请人。本文书不适用移送案件的行政机关对不予立案决定不服申请刑事复议的情形。

（六）范例

范例一:

××县公安局

不予受理刑事复议申请决定书

× 公刑复不受字〔20××〕18 号

　　_____陈 ×____:

　　你对　_×年×月×日本机关作出的×公（刑）不立字_
〔20××〕18号不予立案决定　　不服，于　_20××_　年
　_7_　月　_2_　日向本机关申请刑事复议。经审查，本机关认
为：　_申请人未在规定的期限内提出刑事复议申请，且不具有_
正当理由　　。根据《公安机关办理刑事复议复核案件程序
规定》　_第十五条_　的规定，决定不予受理。

二○××年七月六日

（公安机关印章或者刑事复议专用章）

一式三份，申请人、办案部门各一份，一份附卷。

范例二：

××市公安局

不予受理刑事复核申请决定书

× 公刑复核不受字〔20××〕21 号

　赵 ×　：

　　　你对　　×年×月×日××县公安局作出的×公（刑）复字〔20××〕18号刑事复议决定　　不服，于　20××　年　8　月　11　日向本机关申请刑事复核。经审查，本机关认为：　你就同一事项已经向检察机关提出控告、申诉，检察机关已经受理　。根据《公安机关办理刑事复议复核案件程序规定》　第十六条　的规定，决定不予受理。

二○××年八月十五日

（公安机关印章或者刑事复核专用章）

　　一式三份，申请人、复议机关各一份，一份附卷。

九十三、刑事复议/复核申请补充材料通知书

(一) 概念

刑事复议/复核申请补充材料通知书是公安机关对于刑事复议、复核申请所附材料不齐全或者复议、复核请求不明确时，通知申请人补充相关材料或者明确复议、复核请求的法律文书。

(二) 法律依据

《公安机关办理刑事复议复核案件程序规定》第 14 条规定，刑事复议、复核机构收到刑事复议、复核申请后，应当对申请是否同时符合下列条件进行初步审查：(1) 属于本机关受理；(2) 申请人具有法定资格；(3) 有明确的刑事复议、复核请求；(4) 属于刑事复议、复核的范围；(5) 在规定期限内提出；(6) 所附材料齐全。第 15 条第 1 款规定，刑事复议、复核机构应当自收到刑事复议、复核申请之日起 5 个工作日以内分别作出下列处理：(1) 符合本规定第 14 条规定条件的，予以受理；(2) 不符合本规定第 14 条规定条件的，不予受理。不属于本机关受理的，应当告知申请人向有权受理的公安机关提出；(3) 申请材料不齐全的，应当一次性书面通知申请人在 5 个工作日以内补充相关材料，刑事复议、复核时限自收到申请人的补充材料之日起计算。第 12 条规定，申请刑事复议、复核时，申请人应当提交下列材料：(1) 原决定书、通知书的复印件；(2) 申请刑事复核的还应当提交复议决定书复印件；(3) 申请人的身份证明复印件；(4) 诉讼代理人提出申请的，还应当提供当事人的委托书；(5) 辩护律师提出申请的，还应当提供律师执业证书复印件、律师事务所证明和委托书或者法律援助公函等材料；(6) 申请人自行收集的相关事实、证据材料。

(三) 适用条件

适用于《公安机关办理刑事复议复核案件程序规定》规定的所有种类的刑事复议、复核案件。对于刑事复议、复核申请人应当

提交材料而未提交或者提交不齐全的，以及刑事复议、复核请求不明确的，刑事复议、复核机构工作人员应当一次性书面通知申请人在 5 个工作日以内补充相关材料。

（四）内容及制作要求

刑事复议/复核申请补充材料通知书属于填充型文书，由首部、正文、尾部组成。

1. 首部。首部包括制作机关名称、文书名称（已印制好）、文书字号和抬头。抬头填写申请人的姓名或者申请单位的名称。

2. 正文。正文填写内容主要包括：（1）申请人不服公安机关作出的决定或者复议决定的时间、文号、类别。（2）申请刑事复议、复核时间。（3）补充材料的理由。主要指未按规定提供相关材料或者刑事复议、复核请求不明确的情形。（4）需要补充的内容。包括需要补充材料的名称，需要根据实际情况具体填写。需要注意的是需要补充的内容必须一次性告知申请人。

3. 尾部。尾部填写成文时间，加盖公安机关印章或者刑事复议、复核专用章，不必填写公安机关名称。成文时间是批准人批准通知刑事复议、复核申请人补充材料的时间。

（五）使用要求

本文书是公安机关审查刑事复议、复核申请时，发现所附材料不齐全或者刑事复议、复核请求不明确时使用的，填写时务必将需要申请人补充的材料名称填写清楚、材料的种类填写齐全或者要求申请人明确刑事复议、复核请求。本文书应当制作一式两份，一份交申请人，一份附卷。

（六）范例

范例一：

××县公安局

刑事复议申请补充材料通知书

×公刑复补字〔20××〕18号

　　赵×：

　　你对　×年×月×日本机关作出的×公（刑）不立字〔20××〕18号不予立案决定　　不服，于　20××　年　11　月　3　日向本机关申请刑事复议。经审查，本机关认为：该刑事复议申请　所附材料不齐全　　　　　　　　　　　。根据《公安机关办理刑事复议复核案件程序规定》第十五条的规定，请自收到本通知书之日起五个工作日以内补充以下材料：　1. 不予立案通知书复印件；2. 申请人自行收集的相关事实、证据材料　。刑事复议时限自收到申请人补齐材料之日起计算。

二○××年十一月七日

（公安机关印章或者刑事复议专用章）

一式两份，一份交申请人，一份附卷。

范例二：

××市公安局

刑事复核申请补充材料通知书

× 公刑复核补字〔20××〕15 号

姚×：

　　你对　×年×月×日××县公安局作出的×公（刑）复字〔20××〕18号刑事复议决定　不服，于　20××　年　3　月　10　日向本机关申请刑事复核。经审查，本机关认为：该刑事复核申请　所附材料不齐全　　　　　　。根据《公安机关办理刑事复议复核案件程序规定》第十五条的规定，请自收到本通知书之日起五个工作日以内补充以下材料：　1. 不予立案通知书复印件；2. 复议决定书复印件；3. 申请人自行收集的相关事实、证据材料　　。刑事复核时限自收到申请人补齐材料之日起计算。

二○××年三月十三日
（公安机关印章或者刑事复核专用章）

一式两份，一份交申请人，一份附卷。

九十四、中止刑事复议/复核通知书

(一) 概念

中止刑事复议/复核通知书是公安机关办理刑事复议、复核案件中，对于出现特殊情形需要中止复议、复核时，用以通知申请人、办案部门或者刑事复议机关的法律文书。

(二) 法律依据

《公安机关办理刑事复议复核案件程序规定》第 31 条规定，刑事复议、复核期间，有下列情形之一的，经刑事复议、复核机构负责人批准，可以中止刑事复议、复核，并书面告知申请人：(1)案件涉及专业问题，需要有关机关或者专业机构作出解释或者确认的；(2) 无法找到有关当事人的；(3) 需要等待鉴定意见的；(4) 其他应当中止复议、复核的情形。中止事由消失后，刑事复议、复核机构应当及时恢复刑事复议、复核，并书面告知申请人。

(三) 适用条件

刑事复议、复核期间，遇到需要有关机关或者专业机构作出解释或者确认，无法找到有关当事人，需要等待鉴定意见等客观原因无法在期限内作出决定的情形，可以适用中止刑事复议、复核。中止期间，相关刑事复议、复核期限不计算在办案期限内，中止事由消失后，刑事复议、复核机构应当及时恢复刑事复议、复核，并书面告知申请人。

(四) 内容及制作要求

中止刑事复议/复核通知书属于填充型文书，由首部、正文、尾部组成。

1. 首部。首部包括制作机关名称、文书名称（已印制好）、文书字号和抬头。抬头填写申请人的姓名或者申请单位名称。

2. 正文。正文填写内容主要包括：(1) 申请人不服公安机关作出的决定、复议决定的时间、文号、类别；(2) 受理刑事复议、复核时间；（3）中止刑事复议、复核的理由，主要根据《公安机关办理刑事复议复核案件程序规定》第 31 条的规定，结合具体案情填写。

3. 尾部。尾部填写成文时间，加盖公安机关印章或者刑事复议、复核专用章，不必填写公安机关名称。成文时间是批准人批准中止刑事复议、复核的时间。

（五）使用要求

刑事复议、复核机构在刑事复议、复核期间，发现需要中止的事由，应当及时报本机构负责人批准后中止复议、复核，并出具这类文书。本文书应当制作一式三份，申请人、办案部门或者复议机关各一份，一份附卷。

（六）范例

范例一：

××县公安局

中止刑事复议通知书

×公刑复中字〔20××〕32号

　　王×：

　　你对　×年×月×日本机关作出的×公（刑）不立字〔20××〕18号不予立案决定　　　　不服，提出的刑事复议申请，本机关已经于　20××年×月×日　　　依法受理。经审查，因　申请人伤情重新鉴定意见尚未作出，需要等待鉴定意见　　　，根据《公安机关办理刑事复议复核案件程序规定》第三十一条的规定，决定中止刑事复议。

二〇××年四月二十三日

（公安机关印章或者刑事复议专用章）

一式三份，申请人、办案部门各一份，一份附卷。

范例二：

××市公安局

中止刑事复核通知书

× 公刑复核中字〔20××〕26 号

刘 × ：

你对 ×年×月×日××县公安局作出的×公（刑）复字〔20××〕18号刑事复议决定 不服，提出的刑事复核申请，本机关已经于 20××年×月×日 依法受理。经审查，因 本案唯一目击证人张×目前暂无法找到 ，根据《公安机关办理刑事复议复核案件程序规定》第三十一条的规定，决定中止刑事复核。

二〇××年十一月五日

（公安机关印章或者刑事复核专用章）

一式三份，申请人、复议机关各一份，一份附卷。

九十五、延长刑事复议/复核期限通知书

(一) 概念

延长刑事复议/复核期限通知书是公安机关在办理控告人对不予立案决定申请刑事复议、复核的案件时,对于案情重大、复杂,需要延长办理时限的案件决定延长复议、复核期限后,用以通知申请人、办案部门、复议机关的法律文书。

(二) 法律依据

《公安机关办理刑事复议复核案件程序规定》第 30 条规定,控告人对不予立案决定申请刑事复议、复核的,公安机关应当在收到申请后 30 日以内作出决定并书面告知申请人。案情重大、复杂的,经刑事复议、复核机构负责人批准,可以延长,但是延长时限不得超过 30 日,并书面告知申请人。

(三) 适用条件

本文书适用于公安机关办理控告人对不予立案决定申请刑事复议、复核,案情重大、复杂,在 30 日内无法办结的案件。

(四) 内容及制作要求

延长刑事复议/复核期限通知书属于填充型文书,由首部、正文、尾部组成。

1. 首部。首部包括制作机关名称、文书名称(已印制好)、文书字号和抬头。抬头填写申请人的姓名或者申请单位名称。

2. 正文。正文填写内容主要包括:(1) 申请人不服公安机关作出的不予立案决定、有关复议决定的时间、文号、类别;(2) 受理刑事复议、复核时间;(3) 延长刑事复议、复核期限的理由(已印制好),决定延长刑事复议、复核期限的天数以及延长后有关期限的截止日期。

3. 尾部。尾部填写成文时间,加盖公安机关印章或者刑事复议、复核专用章,不必填写公安机关名称。成文时间是批准人批准

延长刑事复议、复核期限的时间。

（五）使用要求

对于需要延长复议、复核期限的案件，延长时限不得超过 30 日。本文书应当制作一式三份，申请人、办案部门或者复议机关各一份，一份附卷。

（六）范例

范例一：

××县公安局

延长刑事复议期限通知书

× 公刑复延字〔20××〕25 号

许×：

　　你对　<u>×年×月×日本机关作出的×公（刑）不立字</u><u>〔20××〕18 号不予立案决定</u>　　　　不服，提出的刑事复议申请，本机关已经于　<u>20××年×月×日</u>　　依法受理。经审查，因案情重大、复杂，根据《公安机关办理刑事复议复核案件程序规定》第三十条的规定，决定延长刑事复议期限　<u>二十</u>　日，复议期限截止至　<u>20××年7月3日</u>　　。

二〇××年六月十三日

（公安机关印章或者刑事复议专用章）

一式三份，申请人、办案部门各一份，一份附卷。

范例二：

××市公安局

延长刑事复核期限通知书

×公刑复核延字〔20××〕5号

　　杨×：

　　你对　×年×月×日××县公安局作出的×公（刑）复字〔20××〕18号刑事复议决定　　不服，提出的刑事复核申请，本机关已经于　20××年×月×日　　依法受理。经审查，因案情重大、复杂，根据《公安机关办理刑事复议复核案件程序规定》第三十条的规定，决定延长刑事复核期限　十五　日，复核期限截止至　20××年7月28日　。

二○××年七月十三日

（公安机关印章或者刑事复核专用章）

　　一式三份，申请人、复议机关各一份，一份附卷。

九十六、终止刑事复议/复核程序通知书

(一) 概念

终止刑事复议/复核程序通知书是公安机关在办理刑事复议、复核案件时，根据出现终止复议、复核事由决定终止复议、复核程序后出具的用以通知申请人、办案部门、复议机关的法律文书。

(二) 法律依据

《公安机关办理刑事复议复核案件程序规定》第 16 条规定，收到控告人对不予立案决定的刑事复议、复核申请后，公安机关应当对控告人是否就同一事项向检察机关提出控告、申诉进行审核。检察机关已经受理控告人对同一事项的控告、申诉的，公安机关应当决定不予受理；公安机关受理后，控告人就同一事项向检察机关提出控告、申诉，检察机关已经受理的，公安机关应当终止刑事复议、复核程序。第 26 条第 1 款规定，刑事复议、复核决定作出前，申请人要求撤回申请的，应当书面申请并说明理由。刑事复议、复核机构允许申请人撤回申请的，应当终止刑事复议、复核程序。但具有下列情形之一的，不允许申请人撤回申请，并告知申请人：(1) 撤回申请可能损害国家利益、公共利益或者他人合法权益的；(2) 撤回申请不是出于申请人自愿的；(3) 其他不允许撤回申请的情形。

(三) 适用条件

1. 公安机关受理刑事复议、复核申请后，控告人就同一事项向检察机关提出控告、申诉，检察机关已经受理的情况下，公安机关应当终止刑事复议、复核程序。

2. 刑事复议、复核决定作出前，申请人要求撤回申请的，经审查符合撤回条件而允许申请人撤回申请的，公安机关应当终止刑事复议、复核程序。

（四）内容及制作要求

终止刑事复议/复核程序通知书属于填充型文书，由首部、正文、尾部组成。

1. 首部。首部包括制作机关名称、文书名称（已印制好）、文书字号和抬头。抬头填写申请人的姓名或者申请单位名称。

2. 正文。正文填写内容主要包括：（1）申请人不服公安机关作出的不予立案决定、有关复议决定的时间、文号、类别。（2）受理刑事复议、复核时间。（3）终止刑事复议、复核程序的理由。包括已就同一事项向检察机关提出控告、申诉；申请人撤回申请，相关内容已印制在文书上，根据实际情况删除不需要的选项。（4）法律依据。已印制在文书上，根据实际情况删除不需要的条文。

3. 尾部。尾部填写成文时间，加盖公安机关印章或者刑事复议、复核专用章，不必填写公安机关名称。成文时间是批准人批准终止刑事复议、复核程序的时间。

（五）使用要求

公安机关终止刑事复议、复核程序的，应当在作出决定后3个工作日以内书面通知申请人。本文书应当制作一式三份，申请人、办案部门或者复议机关各一份，一份附卷。

（六）范例

范例一：

××县公安局

终止刑事复议程序通知书

×公刑复终字〔20××〕11号

周××：

你对 ×年×月×日本机关作出的×公（刑）不立字〔20××〕18号不予立案决定 不服，提出的刑事复议申请，本机关已经于 20××年×月×日 依法受理。经审查，因 申请人已就同一事项向检察机关提出申诉、控告 ，根据《公安机关办理刑事复议复核案件程序规定》 第十六条 的规定，决定终止刑事复议程序。

二○××年五月十七日

（公安机关印章或者刑事复议专用章）

一式三份，申请人、办案部门各一份，一份附卷。

范例二：

×× 市公安局

终止刑事复核程序通知书

× 公刑复核终字〔20××〕5 号

刘 ×× ：

你对 <u>× 年 × 月 × 日 ×× 县公安局 × 公刑复字</u> <u>〔20××〕15 号刑事复议决定书</u> 不服，提出的 刑事复核申请，本机关已经于 <u>20×× 年 × 月 × 日</u> 依法受理。经审查，因 <u>申请人撤回申请</u> ，根据《公安机 关办理刑事复议复核案件程序规定》 <u>第二十六条第一款</u> 的规定，决定终止刑事复核程序。

二○×× 年一月二十三日
（公安机关印章或者刑事复核专用章）

一式三份，申请人、复议机关各一份，一份附卷。

九十七、刑事复议决定书

（一）概念

刑事复议决定书是公安机关对提请复议的事项作出复议决定时使用的法律文书。在刑事诉讼过程中，允许当事人对某些程序性事项申请复议，对于维护公民合法权益，保障公安机关依法办案具有重要作用。

（二）法律依据

《刑事诉讼法》第 31 条第 3 款规定，对驳回申请回避的决定，当事人及其法定代理人可以申请复议一次。第 112 条规定，人民法院、人民检察院或者公安机关对于报案、控告、举报和自首的材料，应当按照管辖范围，迅速进行审查，认为有犯罪事实需要追究刑事责任的时候，应当立案；认为没有犯罪事实，或者犯罪事实显著轻微，不需要追究刑事责任的时候，不予立案，并且将不立案的原因通知控告人。控告人如果不服，可以申请复议。

《公安机关办理刑事案件程序规定》第 37 条规定，当事人及其法定代理人对驳回申请回避的决定不服的，可以在收到驳回申请回避决定书后 5 日以内向作出决定的公安机关申请复议。公安机关应当在收到复议申请后 5 日以内作出复议决定并书面通知申请人。第 99 条第 1 款规定，公安机关在宣读没收保证金决定书时，应当告知如果对没收保证金的决定不服，被取保候审人或者其法定代理人可以在 5 日以内向作出决定的公安机关申请复议。公安机关应当在收到复议申请后 7 日以内作出决定。第 104 条第 1 款规定，决定对保证人罚款的，应当报经县级以上公安机关负责人批准，制作对保证人罚款决定书，在 3 日以内送达保证人，告知其如果对罚款决定不服，可以在收到决定书之日起 5 日以内向作出决定的公安机关申请复议。公安机关应当在收到复议申请后 7 日以内作出决定。第 181 条规定，移送案件的行政执法机关对不予立案决定不服的，可以在收到不予立案通知书后 3 日以内向作出决定的公安机关申请复议；公安机关应当在收到行政执法机关的复议申请后 3 日以内作出决定，并书面通知移送案件的行政执法机关。

《公安机关办理刑事复议复核案件程序规定》第 6 条规定，在办理刑事案件过程中，下列相关人员可以依法向作出决定的公安机关提出刑事复议申请：（1）对驳回申请回避决定不服的，当事人及其法定代理人、诉讼代理人、辩护律师可以提出；（2）对没收保证金决定不服的，被取保候审人或者其法定代理人可以提出；（3）保证人对罚款决定不服的，其本人可以提出；（4）对不予立案决定不服的，控告人可以提出；（5）移送案件的行政机关对不予立案决定不服的，该行政机关可以提出。第 32 条规定，原决定或者刑事复议决定认定的事实清楚、证据充分、依据准确、程序合法的，公安机关应当作出维持原决定或者刑事复议决定的复议、复核决定。第 33 条第 1 款、第 2 款规定，原决定或者刑事复议决定认定的主要事实不清、证据不足、依据错误、违反法定程序、超越职权或者滥用职权的，公安机关应当作出撤销、变更原决定或者刑事复议决定的复议、复核决定。经刑事复议，公安机关撤销原驳回申请回避决定、不予立案决定的，应当重新作出决定；撤销原没收保证金决定、对保证人罚款决定的，应当退还保证金或者罚款；认为没收保证金数额、罚款数额明显不当的，应当作出变更原决定的复议决定，但不得提高没收保证金、罚款的数额。

（三）适用条件

刑事复议决定书适用于以下四种情形，并且刑事复议要符合《公安机关办理刑事复议复核案件程序规定》第 14 条规定的条件：

1. 当事人及其法定代理人、诉讼代理人、辩护律师对驳回申请回避决定不服，提出复议申请的。

2. 被取保候审人或者其法定代理人对没收保证金决定不服，提出复议申请的。

3. 保证人对罚款决定不服，提出复议申请的。

4. 控告人或者移送案件的行政机关对不予立案决定不服，提出复议申请的。

（四）内容及制作要求

刑事复议决定书属于填充型文书，由首部、正文、尾部组成。

1. 首部。首部包括制作机关名称、文书名称（已印制好）、文书字号。

2. 正文。正文填写内容主要包括：（1）申请人的基本情况，包括申请人的姓名、性别、出生日期、住址。申请人为单位的，需要填写单位名称、地址、法定代表人或者主要负责人的姓名、住址等。（2）原决定书文号。（3）审查认定的事实。主要填写刑事复议机构对申请人申请刑事复议的有关事实审查认定情况。根据《公安机关办理刑事复议复核案件程序规定》第 32 条、第 33 条规定结合具体案情，准确填写。（4）决定的法律依据。根据所作出维持、撤销、变更决定的种类，选择《公安机关办理刑事复议复核案件程序规定》第 32 条或者第 33 条。（5）决定内容。主要包括维持、撤销、变更等内容，选择其一。（6）告知权利。告知申请人如果不服本决定，可在规定的时间内向上一级公安机关申请复核的权利。其中，对没收保证金、对保证人罚款的复议决定不服，有关人员申请刑事复核的时间为收到复议决定书后 5 日以内；对不予立案的复议决定不服，有关人员申请刑事复核的时间为收到复议决定书后 7 日以内。另外，由于对驳回申请回避决定、对行政机关移送案件不予立案决定只能申请复议，不能申请复核，对于这两类复议不用告知申请人申请复核的权利。

3. 尾部。尾部填写成文时间，加盖公安机关印章或者刑事复议专用章，不必填写公安机关名称。成文时间是批准人批准作出刑事复议决定的时间。

（五）使用要求

本文书的作出意味着刑事复议程序的结束，同时对于没收保证金决定、对保证人罚款决定、控告人对不予立案决定这三类决定的复议决定来说，本文书又是启动刑事复核程序的重要依据。刑事复议机构经审理拟作出刑事复议决定的，应当在规定期限内报本级公安机关负责人批准后，制作本文书一式三份，申请人、办案部门各一份，一份附卷。

（六）范例

范例：

××县公安局

刑事复议决定书

×公刑复字〔20××〕15号

　　申请人　<u>　周××　</u>，性别　<u>　男　</u>，出生日期　<u>　1980 年 7 月 5 日　</u>，住址　<u>　××省××市××县××村××号　</u>。

　　<u>　周××　</u>对本局　<u>　×公（刑）不立字〔20××〕25号　</u><u>　</u>决定书不服并申请复议。经审查，认为　<u>　周××于20××年×月×日向我局控告其同宿舍工友姚×盗窃其手机一案，经查事实清楚，证据充分，但该手机经鉴定价值人民币300元，未达到盗窃罪的立案追诉标准　</u>，根据《公安机关办理刑事复议复核案件程序规定》　<u>　第三十二条　</u>的规定，决定　<u>　维持原决定　</u>。

　　如不服本决定，可以自收到本决定之日起　<u>　七　</u>日以内，向　<u>　××市公安局　</u>申请复核。（驳回申请回避决定、对行政机关移送案件不予立案决定不填写此项）

二〇××年八月二十日

（公安机关印章或者刑事复议专用章）

一式三份，申请人、办案部门各一份，一份附卷。

九十八、刑事复核决定书

（一）概念

刑事复核决定书是公安机关对提请复核的事项作出复核决定时使用的法律文书。在刑事诉讼过程中，当事人对于公安机关对其作出的没收保证金决定、对保证人罚款决定、对控告人不予立案决定的复议决定不服，可以申请复核。公民、单位申请复核的，公安机关应当依法制作复核决定书。

（二）法律依据

《公安机关办理刑事案件程序规定》第99条第2款规定，被取保候审人或者其法定代理人对复议决定不服的，可以在收到复议决定书后5日以内向上一级公安机关申请复核一次。上一级公安机关应当在收到复核申请后7日以内作出决定。对上级公安机关撤销或者变更没收保证金决定的，下级公安机关应当执行。第104条第2款规定，保证人对复议决定不服的，可以在收到复议决定书后5日以内向上一级公安机关申请复核一次。上一级公安机关应当在收到复核申请后7日以内作出决定。对上级公安机关撤销或者变更罚款决定的，下级公安机关应当执行。第179条第2款规定，控告人对不予立案的复议决定不服的，可以在收到复议决定书后7日以内向上一级公安机关申请复核；上一级公安机关应当在收到复核申请后30日以内作出决定。对上级公安机关撤销不予立案决定的，下级公安机关应当执行。

《公安机关办理刑事复议复核案件程序规定》第32条规定，原决定或者刑事复议决定认定的事实清楚、证据充分、依据准确、程序合法的，公安机关应当作出维持原决定或者刑事复议决定的复议、复核决定。第33条规定，原决定或者刑事复议决定认定的主要事实不清、证据不足、依据错误、违反法定程序、超越职权或者滥用职权的，公安机关应当作出撤销、变更原决定或者刑事复议决定的复议、复核决定。经刑事复议，公安机关撤销原驳回申请回避决定、不予立案决定的，应当重新作出决定；撤销原没收保证金决定、对保证人罚款决定的，应当退还保证金或者罚款；认为没收保证金数额、罚款数额明显不当的，应当作出变更原决定的复议决定，但不得提高没收保证金、罚款的数额。经刑事复核，上级公安机关撤销刑事复议决定的，作出复议决定的公安机关应当执行；需要重新作出决定的，应当责令作出复议决定的公安机关依法重新作出决定，重新作出的决定不得与原决定相同，不得提高没收保证金、罚款的数额。

（三）适用条件

1. 被取保候审人或者其法定代理人对没收保证金决定不服，提出复议申请，并对公安机关作出的复议决定不服的，向上一级公安机关提出复核申请。

2. 保证人对罚款决定不服，提出复议申请，并对公安机关作出的复议决定不服的，向上一级公安机关提出复核申请。

3. 控告人对不予立案决定不服的，提出复议申请，并对公安机关作出的复议决定不服的，向上一级公安机关提出复核申请。

（四）内容及制作要求

刑事复核决定书属于填充型文书，由首部、正文、尾部组成。

1. 首部。首部包括制作机关名称、文书名称（已印制好）、文书字号。

2. 正文。正文填写内容主要包括：（1）申请人的基本情况，包括申请人的姓名、性别、出生日期、住址。申请人为单位的，需要填写单位名称、地址、法定代表人或者主要负责人的姓名、住址等。（2）作出刑事复议决定的公安机关名称。（3）刑事复议决定书文号。（4）审查认定的事实，主要填写刑事复核机构对申请人申请刑事复核的有关事实审查认定情况。根据《公安机关办理刑事复议复核案件程序规定》第 32 条或者第 33 条规定结合具体案情，准确填写。（5）决定的法律依据。根据所作出维持、撤销决定的种类，选择《公安机关办理刑事复议复核案件程序规定》第32条或者第33条。（6）决定内容，主要包括维持、撤销等内容。

3. 尾部。尾部填写成文时间，加盖公安机关印章或者刑事复核专用章，不必填写公安机关名称。成文时间是批准人批准作出刑事复核决定的时间。

（五）使用要求

本文书的作出意味着刑事复核程序的结束，刑事复核机构经审理拟作出刑事复核决定的，应当在规定期限内报本级公安机关负责人批准后，制作刑事复核决定书一式三份，申请人、复议机关各一份，一份附卷。

（六）范例

范例：

××市公安局

刑事复核决定书

× 公刑复核字〔20××〕28 号

申请人　<u>周××</u>　，性别　<u>男</u>　，出生日期　<u>1980 年 7 月 5 日</u>　，住址　<u>××省××市××县××村××号</u>　。

　　<u>周××</u>　对　<u>××县公安局×公刑复字〔20××〕15 号</u>　刑事复议决定书不服并申请复核。经审查，认为　<u>周××于20××年×月×日向××县公安局控告其同宿舍工友姚×盗窃其手机一案，经查事实清楚，证据充分，但该手机经鉴定价值人民币300元，未达到盗窃罪的立案追诉标准，原刑事复议机关作出的复议决定并无不当</u>　，根据《公安机关办理刑事复议复核案件程序规定》　<u>第三十二条</u>　的规定，决定　<u>维持复议决定</u>　。

二〇××年九月十日

（公安机关印章或者刑事复核专用章）

一式三份，申请人、复议机关各一份，一份附卷。

第八章　刑事通用文书

九十九、呈请　　　　报告书

（一）概念

呈请　　报告书是公安机关办理刑事案件过程中，对于拟进行的有关诉讼行为呈报领导审批时使用的文书。

严格来讲，呈请　　报告书不属于刑事法律文书，而属于内部使用的审批性文书，但是，由于公安机关进行的有关诉讼活动往往涉及公民的人身权利或者财产权利，因此，《刑事诉讼法》和《公安机关办理刑事案件程序规定》对公安机关的有关诉讼活动都规定了比较明确的审批程序。认真制作呈请　　报告书，严格按照规定的程序进行审批，对于规范公安机关刑事执法活动，保证准确、及时地惩治犯罪，保护公民的合法权益不受侵害具有十分重要的作用。

（二）适用条件

《公安机关办理刑事案件程序规定》明确规定了呈请拘传报告书、呈请取保候审报告书、呈请监视居住报告书、呈请拘留报告书、结案报告等适用条件和使用方法。上述事项的审批都可以使用本文书。上述事项以外其他与刑事办案有关需要审批的事项，并且是《公安机关刑事法律文书式样（2012版）》没有明确规定的，均可以制作呈请　　报告书。

（三）内容及制作要求

呈请　　报告书是叙述型文书，由审批栏和正文组成，审批栏

494

设办案单位意见栏、审核意见栏、领导批示栏。

正文由呈请单位制作，主要包括以下内容：

1. 题目。题目应当写明呈请的事项，如"拘留""搜查"等。

2. 正文。正文包括：

（1）第一部分：写明犯罪嫌疑人的基本情况，包括姓名、性别、出生日期、身份证件号码、民族、文化程度、工作单位和职业、住址、政治面貌（如是人大代表或政协委员，一并写明具体级、届代表、委员）、采取强制措施情况、简历等。由于办案中需要审批的事项很多，每次呈请报告时，上述情况并不一定都要列举，可根据具体事项确定；如果不能确定犯罪嫌疑人的，写明案件基本情况；如果涉及其他人员的，如被害人等，应当写明该人的基本情况。

（2）第二部分：写明呈请领导批示的事项，如"现呈请对犯罪嫌疑人×××予以拘留，理由如下"。

（3）第三部分：写明拟实施的事项的事实依据，简要叙述有关案件事实，并对有关证据进行分析。

（4）第四部分：写明拟实施的事项的法律依据，要具体写明法律名称和条款，必要时予以分析。

（5）第五部分：结语和落款。结语要对以上理由作总结，并重申拟实施的事项的必要性，请领导批示。

审核意见栏一般由审核人（部门）签署审核意见，部分审批事项不需要审核人（部门）签署意见的，此栏可以不填。典型的审核人、审核部门有法制员、法制部门、预审部门等。

（四）使用要求

1. 呈请　报告书在 2002 版文书格式的基础上，增加了一栏"办案单位意见"，目的是增加审批层次，使签署意见更为灵活和贴近实际，如方便法制（预审）部门在"审核意见"一栏中增加意见。

2. 呈请　报告书制作完毕后，应当由办案单位主要领导填写办理意见，然后送有关部门进行审核，审核部门签署意见后，送单位领导批示。

3. 根据领导批示，制作相关法律文书，开展有关侦查活动，如根据经领导批示同意的呈请立案报告书，可制作立案决定书，并开展有关侦查工作；根据经领导批示同意的呈请拘留犯罪嫌疑人×××报告书，可制作拘留证，对犯罪嫌疑人×××执行拘留。

4. 呈请　　报告书属于内部审批性文书，经领导审批的呈请有关事项的报告书应当存入侦查工作卷。

（五）范例

领导 批示	同意。 林×× 20××年×月×日
审核 意见	拟同意拘留。 谭×× 20××年×月×日
办案 单位 意见	周××的行为涉嫌故意杀人罪，建议对其刑事拘留。 卢×× 20××年×月×日

呈请 对犯罪嫌疑人周××拘留报告书

犯罪嫌疑人周××，男，1983年4月15日出生，居民身份证号码：110××××××××××××××××，汉族，住北京市××区××路××号，×××××公司职工，大学毕业。

现呈请对犯罪嫌疑人周××予以拘留，理由如下：

20××年5月21日下午4时左右，周××随同于××到其家中，后将于××杀死。有关证据如下：

据被害人邻居反映，当天下午4时左右，死者和一名身材高大的男子曾一同回到家中。据死者丈夫反映，其妻有一同事姓周，在家里见过几次。据周××单位领导反映，听说周××在追求于××，但两人关系到底如何，他们并不知情。据熟悉于××的同事反映，于××曾说过在外面有人，但没有看上周××，倒是周××在苦苦追求于××。经询问周××，他承认在当天下午4时左右去过于××家，但是应于××请求来为她修理水管的，修完后自己有事马上就走了。目测周××有180厘米高，身材魁梧。

经对死者家中提取的脚印进行分析，除死者的脚印和死者丈夫的脚印外，还有其他脚印。其中，在死者躺卧的地方有很多零乱的脚印，经分析比对，确认是周××所穿的××牌皮鞋所留。

综上所述，犯罪嫌疑人周××的行为触犯了《中华人民共和国刑法》第二百三十二条之规定，涉嫌故意杀人罪。为查清周××的犯罪事实，防止发生社会危险性，拟根据《中华人民共和国刑事诉讼法》第八十二条之规定，对犯罪嫌疑人周××予以拘留。

妥否，请批示。

××市××区公安分局刑警支队

二〇××年×月二十八日

一百、要求复议意见书

(一) 概念

要求复议意见书是公安机关认为人民检察院作出的不批准逮捕或不起诉决定有错误，要求人民检察院复议时使用的法律文书。

(二) 法律依据

《刑事诉讼法》第 92 条规定，公安机关对人民检察院不批准逮捕的决定，认为有错误的时候，可以要求复议，但是必须将被拘留的人立即释放。

《公安机关办理刑事案件程序规定》第 141 条第 1 款规定，对人民检察院不批准逮捕的决定，认为有错误需要复议的，应当在收到不批准逮捕决定书后 5 日以内制作要求复议意见书，报经县级以上公安机关负责人批准后，送交同级人民检察院复议。

《刑事诉讼法》第 179 条规定，对于公安机关移送起诉的案件，人民检察院决定不起诉的，应当将不起诉决定书送达公安机关。公安机关认为不起诉的决定有错误的时候，可以要求复议。

《公安机关办理刑事案件程序规定》第 294 条第 1 款规定，认为人民检察院作出的不起诉决定有错误的，应当在收到不起诉决定书后 7 日以内制作要求复议意见书，经县级以上公安机关负责人批准后，移送人民检察院复议。

《刑事诉讼法》第 282 条第 2 款规定，对附条件不起诉的决定，公安机关要求复议、提请复核或者被害人申诉的，适用本法第 179 条、第 180 条的规定。

《公安机关办理刑事案件程序规定》第 330 条第 1 款规定，认为人民检察院作出的附条件不起诉决定有错误的，应当在收到不起诉决定书后 7 日以内制作要求复议意见书，经县级以上公安机关负责人批准，移送同级人民检察院复议。

（三）适用条件

要求复议意见书适用于以下两种情形：

1. 公安机关认为人民检察院作出的不批准逮捕决定有错误的。

2. 公安机关认为人民检察院作出的不起诉决定有错误的。

3. 公安机关认为人民检察院作出的附条件不起诉决定有错误的。

（四）内容及制作要求

要求复议意见书是单联式填充型文书，由首部、正文和尾部组成。

1. 首部。首部包括制作机关名称、文书名称（已印制好）、文书字号及抬头。抬头填写同级人民检察院名称。

2. 正文。正文包括以下内容：

（1）要求复议的事项。填写认为有错误的人民检察院的不批准逮捕决定书或者不起诉决定书的制作时间、字号、简要内容。

（2）要求复议的依据。写明公安机关认为检察机关有关文书存在错误的事实依据和法律依据，并进行简要分析。

（3）要求复议的法律依据。写明要求复议所依据的具体法律条文。如果是对不批准逮捕的决定要求复议的，应当填写《刑事诉讼法》第"九十二"条；如果是对不起诉决定要求复议的，应当填写《刑事诉讼法》第"一百七十九"条；如果是对附条件不起诉决定要求复议的，应当填写《刑事诉讼法》第"二百八十二"条。

3. 尾部。尾部写明接受要求复议意见书的人民检察院的名称，填写成文时间，写明单位名称，并加盖制作文书的公安机关印章，还应当注明所附案件卷宗的卷数及页数。

（五）使用要求

要求复议意见书应当制作一式两份，一份留存附卷，一份随有关材料送同级人民检察院。

（六）范例

＊＊＊公安局

要 求 复 议 意 见 书

×公（刑）要复字〔20××〕25号

　×× 市 ×× 区 　人民检察院：

　　你院于　20××　年　6　月　2　日以　×××　〔20××〕　××　号文决定　对周××故意杀人案的犯罪嫌疑人周×× 不批准逮捕　　　　　，我局认为　该不予批准逮捕决定有误。虽然犯罪嫌疑人周××并未供述其实施了杀人行为，但被害人的邻居和被害人的丈夫等证人证言，周××所穿皮鞋在死者家中地板上所留下的印痕，足以说明有证据证明周××杀害了于××，达到了《中华人民共和国刑事诉讼法》第八十一条规定的"有证据证明有犯罪事实，可能判处十年有期徒刑以上刑罚"的逮捕证明要求。

　　综上所述，根据《中华人民共和国刑事诉讼法》第　九十二　条之规定，特要求你院进行复议。

　　此致

　×× 市 ×× 区 　人民检察院

公安局（印）

二〇××年六月三日

注：附本案卷宗共　3　卷　264　页。

本意见书一式两份，一份附卷，一份交检察院。

一百零一、提请复核意见书

（一）概念

提请复核意见书是公安机关认为人民检察院作出的复议决定书有错误，提请上一级人民检察院复核时使用的法律文书。

（二）法律依据

《刑事诉讼法》第 92 条规定，公安机关对人民检察院不批准逮捕的决定，认为有错误的时候，可以要求复议，但是必须将被拘留的人立即释放。如果意见不被接受，可以向上一级人民检察院提请复核。上级人民检察院应当立即复核，作出是否变更的决定，通知下级人民检察院和公安机关执行。

《公安机关办理刑事案件程序规定》第 141 条第 2 款规定，如果意见不被接受，认为需要复核的，应当在收到人民检察院的复议决定书后 5 日以内制作提请复核意见书，报经县级以上公安机关负责人批准后，连同人民检察院的复议决定书，一并提请上一级人民检察院复核。

《刑事诉讼法》第 179 条规定，对于公安机关移送起诉的案件，人民检察院决定不起诉的，应当将不起诉决定书送达公安机关。公安机关认为不起诉的决定有错误的时候，可以要求复议，如果意见不被接受，可以向上一级人民检察院提请复核。

《公安机关办理刑事案件程序规定》第 294 条第 2 款规定，要求复议的意见不被接受的，可以在收到人民检察院的复议决定书后 7 日以内制作提请复核意见书，经县级以上公安机关负责人批准后，连同人民检察院的复议决定书，一并提请上一级人民检察院复核。

《刑事诉讼法》第 282 条规定，对于未成年人涉嫌《刑法》分则第四章、第五章、第六章规定的犯罪，可能判处 1 年有期徒刑以下刑罚，符合起诉条件，但有悔罪表现的，人民检察院可以作出附条件不起诉的决定。人民检察院在作出附条件不起诉的决定以前，应当听取公安机关、被害人的意见。对附条件不起诉的决定，公安机关要求复议、提请复核或者被害人申诉的，适用本法第 179 条、第 180 条的规定。未成年犯罪嫌疑人及其法定代理人对人民检察院决定附条件不起诉有异议的，人民检察院应当作出起诉的决定。

《公安机关办理刑事案件程序规定》第 330 条第 2 款规定，要求复议的意见不被接受的，可以在收到人民检察院的复议决定书后 7 日以内制作提请复核意见书，经县级以上公安机关负责人批准后，连同人民检察院的复议决定书，一并提请上一级人民检察院复核。

（三）适用条件

公安机关认为人民检察院作出的不批准逮捕、不起诉、附条件不起诉复议决定书有误，需要提请上一级人民检察院复核的，应当经县级以上公安机关负责人批准，制作提请复核意见书。

（四）内容及制作要求

提请复核意见书是单联式填充型文书，由首部、正文和尾部组成。

1. 首部。首部包括制作机关名称、文书名称（已印制好）、文书字号及抬头。抬头填写同级人民检察院的上一级人民检察院的名称。

2. 正文。正文包括以下内容：

（1）提请复核事项。填写认为有错误的人民检察院的复议决定书的制作时间、字号、简要内容。

（2）提请复核的依据。写明公安机关认为检察机关复议决定书存在错误的事实依据和法律依据，并进行简要分析。

（3）提请复核的法律依据。写明提请复核所依据的具体法律条文。如果是对不批准逮捕决定的复议决定书提请复核的，应当填写《刑事诉讼法》第"九十二"条；如果是对不起诉决定的复议决定书提请复核的，应当填写《刑事诉讼法》第"一百七十九"条；如果是对附条件不起诉决定的复议决定书提请复核的，应当填写《刑事诉讼法》第"二百八十二"条。

3. 尾部。尾部写明接受提请复核意见书的人民检察院的名称，填写成文时间，写明单位名称，并加盖制作文书的公安机关印章，还应当注明所附卷宗的卷数及页数。

（五）使用要求

提请复核意见书应当制作一式两份，一份留存附卷，一份随有关材料送人民检察院。

（六）范例

＊＊＊公安局

提 请 复 核 意 见 书

×公（刑）请核字〔20××〕25号

　　__××市__　人民检察院：

　　我局于 __20××__ 年 __6__ 月 __3__ 日以 __×公（刑）要复字__ __〔20××〕__ __25__ 号文要求 __××市××区__ 人民检察院复议的 __对周××不批准逮捕决定__ 案，该院以 __××__ 〔20××〕 __×__ 号文决定维持原 __不予批准逮捕__ 决定，我局认为该院决定有误，理由是： __该决定以证据不足维持原不予批准逮捕的决定不成立。虽然犯罪嫌疑人周××并未供述其实施了杀人行为，但被害人的邻居和被害人的丈夫等证人证言，周××所穿皮鞋在死者家中地板上所留下的印痕，足以说明有证据证明周××杀害了于××，达到了《中华人民共和国刑事诉讼法》第八十一条规定的证明要求。__

　　综上所述，根据《中华人民共和国刑事诉讼法》第 __九十二__ 条之规定，特提请你院对此案进行复核。

　　此致

　　__××市__　人民检察院

公安局（印）

二〇××年六月十日

注：附本案卷宗共 __3__ 卷 __264__ 页。

本意见书一式两份，一份附卷，一份交检察院。

一百零二、死亡通知书

（一）概念

死亡通知书是对犯罪嫌疑人、被告人或者罪犯死亡的，公安机关通知有关单位和死者家属时使用的法律文书。

（二）法律依据

《看守所条例》第 27 条规定，人犯在羁押期间死亡的，应当立即报告人民检察院和办案机关，由法医或者医生作出死亡原因的鉴定，并通知死者家属。

（三）适用条件

根据有关规定，凡是犯罪嫌疑人、被告人或者罪犯在办案期间死亡的，执行机关或者办案机关即应当及时通知案件主管机关、原执行机关、人民检察院、原判人民法院和死者家属。

应当注意的是，《公安机关办理刑事案件程序规定》第 368 条第 2 款规定，外国人在公安机关侦查或者执行刑罚期间死亡的，有关省级公安机关应当通知该外国人国籍国的驻华使馆、领事馆，同时报告公安部。根据该规定，有关省级公安机关通知时，另行制作通知书，不使用本文书。

（四）内容及制作要求

死亡通知书是多联式填充型文书，由附卷联、交送往人员或单位联、存根组成。存根联用于公安机关存档备查。通知书正本、副本的正文内容一致。填写副本时应当注意：

1. 首部。首部包括文书名称（已印制好）、文书字号及抬头。抬头根据通知对象填写，有多少个送往人员或送往单位就填写多少份正本。

2. 正文。正文主要填写以下内容：

（1）死亡人基本情况。包括姓名、性别、出生日期、住址。

（2）死亡的基本情况。依次写明死亡的时间、办案阶段、死亡原因。

3. 尾部。尾部填写清楚成文时间，写明单位名称，并加盖制作文书的单位印章。

（五）使用要求

1. 死亡通知书应当根据不同情况使用：

（1）被羁押的犯罪嫌疑人死亡的，看守所应当报告所属公安机关，并通知人民检察院、办案机关和死者家属；

（2）犯罪嫌疑人在取保候审、监视居住期间死亡的，负责执行的公安机关应当通知办案机关（包括检察机关和法院）和死者家属；

（3）犯罪嫌疑人在拘传或者传唤期间死亡的，公安机关应当通知死者家属；

（4）被羁押的被告人死亡的，看守所应当通知办案的人民法院和死者家属；

（5）罪犯在看守所执行刑罚期间死亡的，看守所应当通知原判人民法院和死者家属。

2. 交送往人员或单位联可根据送往人员和单位的数量打印或填写多份，只是抬头不同。抬头只写一人或一个单位，需要送达多人或多个单位的，制作相同数量的正本。

3. 送达相关人员和单位时，应当让其在附卷联上签名、盖章。如果无法通知的（如死者家属无法联系），承办人应当予以注明。

（六）范例

×亡通字〔20××〕25 号

死 亡 通 知 书

××县人民检察院：

犯罪嫌疑人/被告人×罪犯　文 ××
（性别 男 ，出生日期 1970 年 12 月 31 日
住址 ××县 ××镇 ××街 23 号 ）
于 20×× 年 3 月 16 日在 拘留 期
间因 突发疾病 死亡。

通知单位（印）

二〇××年三月十六日

此联交送往人员或单位（可打印或填写多份）

×亡通字第贰零××第贰拾伍号

死 亡 通 知 书
（副本）

×亡通字〔20××〕25 号

××刑警大队，××县人民检察院，文 ××：

犯罪嫌疑人/被告人×罪犯，文 ××
（性别 男 ，出生日期 1970 年 12 月 31 日
住址 ××县 ××镇 ××街 23 号 ）
于 20×× 年 3 月 16 日在 拘留 期
间因 突发疾病 死亡。

通知单位（印）

二〇××年三月十六日

本通知书已收到。

死者家属：文××　　　　　20××年××月××日

原办案机关整理收人：张××　20××年××月××日（公章）

人民检察院整理收人：郭××　20××年××月××日（公章）

人民法院整理收人：　　　　　年 月 日（公章）

如有无法通知等特殊情况，予以注明：　　　年 月 日。

承办人：

此联附卷

×亡通字第贰零××第贰拾伍号

死亡通知书
（存根）

×亡通字〔20××〕25号

案件名称　文 ×杀骗案

案件编号　×××××××××

死亡人　文 ××　　　男次

出生日期　1970 年 12 月 31 日

住址　××县 ××镇 ××街 23 号

单位及职业　无业

死亡原因　突发疾病

送往单位或人民检察院　文 ×

光者家属或单位　×× 县看守所

通知单位　×× 刑警大队，×× 县检察院

填发时间　20××年3月16日

填发人　刘 ××

死亡通知书

×亡通字〔20××〕25号

××刑警大队：

犯罪嫌疑人/被告人×犯罪　文××

（性别　男　，出生日期　1970年12月31日　，

住址　××县××镇××街23号　）

于　20××　年　3　月　16　日在　拘留　期

间因　突发疾病　死亡。

通知单位（印）

二○××年三月十六日

×亡通字贰零××第贰拾伍号

死亡通知书

×亡通字〔20××〕25号

文××：

犯罪嫌疑人/被告人×犯罪　文××

（性别　男　，出生日期　1970年12月31日　，

住址　××县××镇××街23号　）

于　20××　年　3　月　16　日在　拘留　期

间因　突发疾病　死亡。

通知单位（印）

二○××年三月十六日

×亡通字贰零××第贰拾伍号

509

第九章　规范性文书

一百零三、刑事侦查卷宗（封面）

（一）概念

刑事侦查卷宗（封面）是公安机关在对案件材料立卷、归档时使用的封面材料。刑事侦查卷宗（封面）不是法律文书，只是方便公安机关立卷、归档时使用的技术性书面材料。

（二）法律依据

《公安机关办理刑事案件程序规定》第 287 条第 1 款规定，侦查终结后，应当将全部案卷材料按照要求装订立卷。

（三）适用条件

刑事侦查卷宗（封面）在案件侦查终结后立卷时使用。

（四）内容及制作要求

刑事侦查卷宗（封面）需要填写的主要内容如下：

1. 卷宗的种类。根据需要或要求填写诉讼卷或者侦查工作卷等。在实践中，一些地方将诉讼卷分为诉讼文书卷和证据材料卷。

2. 案件名称。填写确定的案件名称。

3. 案件编号。填写立案时确定的案件编号，应当与立案决定书和其他文书上的案件编号相同。

4. 犯罪嫌疑人姓名。填写确定的犯罪嫌疑人姓名。

5. 立案时间。填写立案决定书上的立案时间。

6. 结案时间。填写结案报告上领导批示同意的时间。

7. 办案单位。填写办案单位的名称，一般应当填写对案件进行侦查的单位名称，可以精确到科所队一级。有多个部门参与的，可填写主管案件侦查的共同上级部门，如某市局、某分局、某支队等。

8. 办案人。填写案件主办侦查员的姓名，明确案件主办责任。通常填写刑侦、经侦等办案部门民警姓名。

9. 立卷人。填写整理、装订案卷人的姓名。通常填写法制、预审部门民警姓名。

10. 审核人。填写对案件审核把关人的姓名，一般填办案单位负责人姓名。

（五）使用要求

刑事侦查卷宗（封面）制作完毕，应当作为首页与案件其他有关材料一起装订。卷宗封面用牛皮纸印制。

（六）范例

刑事侦查卷宗

（　证据材料　卷）

案件名称　齐××盗窃案

案件编号　×××××××××

犯罪嫌疑人姓名　齐××

立案时间　20××年10月20日

结案时间　20××年12月5日

办案单位　××市公安局刑侦支队

办案人　宋××、刘××

立卷人　金××

审核人　张××

本案共　拾　卷　第　贰　卷共　140　页

一百零四、卷内文书目录

（一）概念

卷内文书目录是公安机关在对案件材料立卷、归档，对各种法律文书编号排序时使用的书面材料。卷内文书目录不是法律文书，只是方便公安机关立卷、归档时使用的技术性书面材料。

（二）适用条件

卷内文书目录在立卷时使用。

（三）内容及制作要求

卷内文书目录填写的主要内容如下：

1. 序号。填写卷内文书排列的自然序号。卷内文书应当一页一号。

2. 责任者。填写入卷文书加盖印章的机关名称。对没有印章的，如笔录类文书，填写记录员的姓名，现场示意图填写制作者姓名，照片填写拍照者姓名。

3. 文号。填写相应文书的文号。没有文号的，用横线划掉。

4. 标题。填写相关文书的全称。

5. 日期。填写制作法律文书的日期，也就是文书的成文日期。

6. 页号。填写入卷的法律文书及有关材料在卷宗中的编号，如果该文书超过一页的，填写起止页号。

7. 备注。填写需要特别说明的问题。

（四）使用要求

装订时，卷内文书目录应当放在刑事侦查卷宗（封面）之后。

（五）范例

卷 内 文 书 目 录

序号	责任者	文 号	标 题	日 期	页号	备注
1	××市公安局刑侦支队	×公受案字〔××××〕××号	受案登记表	××年××月×日	1	
2	××市公安局	×公立字〔××××〕×号	立案决定书	××年××月×日	2	
3	××市公安局	×公拘字〔××××〕×号	拘留证	××年××月×日	3	
4	××市公安局	×公拘通字〔××××〕×号	拘留通知书	××年××月×日	4	
5	××市公安局	×公提捕字〔××××〕×号	提请批准逮捕书	××年××月×日	5—6	
6	××市人民检察院	×检批捕〔××××〕×号	批准逮捕决定弓	××年××月×日	7	
7	××市公安局	×公捕字〔××××〕×号	逮捕证	××年××月×日	8	
8	××市公安局	×公捕通字〔××××〕×号	逮捕通知书	××年××月×日	9	
9	××市公安局	×公诉字〔××××〕×号	起诉意见书	××年××月×日	10—11	

一百零五、_____告知书

（一）概念

_____告知书是公安机关办理刑事案件过程中，按照法律规定，将立案、撤案、移送审查起诉等情况告知相关人员的规范性文书。_____告知书不是法律文书，但可以规范执法行为，尤其是对法律尚没有明确规定的，本文书可以有效地记载和规范侦查人员的告知行为，保障当事人的合法权益。

（二）法律依据

《刑事诉讼法》第162条第1款规定，公安机关侦查终结的案件，应当做到犯罪事实清楚，证据确实、充分，并且写出起诉意见书，连同案卷材料、证据一并移送同级人民检察院审查决定；同时将案件移送情况告知犯罪嫌疑人及其辩护律师。

《公安机关执法公开规定》第22条规定，除按照规定向特定对象告知执法信息外，公安机关应当通过提供查询的方式，向报案或者控告的被害人、被侵害人或者其监护人、家属公开下列执法信息：（1）办案单位名称、地址和联系方式；（2）刑事立案、移送审查起诉、终止侦查、撤销案件等情况，对犯罪嫌疑人采取刑事强制措施的种类；（3）行政案件受案、办理结果。公安机关在接受报案时，应当告知报案或者控告的被害人、被侵害人或者其监护人、家属上述所列执法信息的查询方式和途径。

（三）适用条件

公安机关在办理刑事案件过程中，遇有上述情形需要告知相关情况时，可以使用本文书。

（四）内容及制作要求

_____告知书是单联式填充型文书，由首部、正文和尾部组成。

1. 首部。首部包括标题和告知对象，标题填写告知的事项，如立案告知书、起诉告知书等；告知对象填写需要告知的人员。

2. 正文。正文包括以下内容：

（1）告知内容所涉及的案件名称。

（2）告知的内容。

3. 尾部。尾部填写告知时间及告知方式，写明单位名称，并加盖制作机关的印章。

（五）使用要求

在尚无法律文书可用，但又确实需要将有关事项告知当事人的情况下使用本文书。本文书一式两份，一份附卷（用于证明公安机关履行了相关告知义务），一份交被告知人。

（六）范例

一式两份，一份附卷，一份交被告知人。

附

公 安 部

关于印发《公安机关刑事法律文书式样（2012版）》的通知

（2012 年 12 月 19 日　公通字〔2012〕62 号）

各省、自治区、直辖市公安厅、局，新疆生产建设兵团公安局：

　　为了规范公安机关刑事执法活动，确保严格依法办案，提高办案质量，根据修改后《刑事诉讼法》、《公安机关办理刑事案件程序规定》的规定，公安部对 2002 年 12 月 18 日印发的《公安机关刑事法律文书格式（2002 版）》（公通字〔2002〕69 号）进行了修改和补充。现将《公安机关刑事法律文书式样（2012 版）》印发给你们，请认真组织学习培训，使广大办案民警尽快熟悉、掌握并能够正确制作、使用新的刑事法律文书，确保修改后《刑事诉讼法》的正确贯彻实施，促进公安机关办理刑事案件质量不断提高。

　　《公安机关刑事法律文书式样（2012 版）》从 2013 年 1 月 1 日起启用。刑事法律文书由各省、自治区、直辖市公安厅、局和新疆生产建设兵团公安局根据本通知印发的样本自行印刷，并由法制部门监制和保管。同时，各地要按照执法信息化建设的要求，不断完善网上执法办案信息系统，积极开展网上审核审批和制作法律文书，提高办案效率，提升执法质量。

　　各地执行中遇到的问题，请及时报部。

公 安 部

关于印发《公安机关刑事复议复核法律文书式样》的通知

(2014 年 9 月 18 日 公通字〔2014〕36 号)

各省、自治区、直辖市公安厅、局，新疆生产建设兵团公安局：

近日，公安部制定下发了《公安机关办理刑事复议复核案件程序规定》（公安部令第 133 号）。为统一、规范办理刑事复议、复核案件相关法律文书的制作、使用，公安部配套制定了《公安机关刑事复议复核法律文书式样》，现印发给你们，自 2014 年 11 月 1 日起启用。《公安机关刑事复议复核法律文书式样》与《公安机关刑事法律文书式样（2012 版）》中不一致的，以《公安机关刑事复议复核法律文书式样》为准。

各地执行中遇到的问题，请及时报部。

中国银监会　公安部

关于印发电信网络新型违法犯罪案件
冻结资金返还若干规定的通知

（2016 年 8 月 4 日　银监发〔2016〕41 号）

各银监局，各省、自治区、直辖市公安厅（局），新疆生产建设兵团公安局，各政策性银行、大型银行、股份制银行，邮储银行，外资银行：

　　根据国务院关于研究解决电信网络新型违法犯罪案件冻结资金及时返还问题的工作部署，切实维护人民群众的财产权益，银监会、公安部联合制定了电信网络新型违法犯罪案件冻结资金返还若干规定。现印发给你们，请遵照执行。

电信网络新型违法犯罪案件冻结资金返还若干规定

　　第一条　为维护公民、法人和其他组织的财产权益，减少电信网络新型违法犯罪案件被害人的财产损失，确保依法、及时、便捷返还冻结资金，根据《中华人民共和国刑法》、《中华人民共和国刑事诉讼法》、《中华人民共和国银行业监督管理法》、《中华人民共和国商业银行法》等法律、行政法规，制定本规定。

　　第二条　本规定所称电信网络新型违法犯罪案件，是指不法分子利用电信、互联网等技术，通过发送短信、拨打电话、植入木马等手段，诱骗（盗取）被害人资金汇（存）入其控制的银行账户，实施的违法犯罪案件。

本规定所称冻结资金，是指公安机关依照法律规定对特定银行账户实施冻结措施，并由银行业金融机构协助执行的资金。本规定所称被害人，包括自然人、法人和其他组织。

第三条 公安机关应当依照法律、行政法规和本规定的职责、范围、条件和程序，坚持客观、公正、便民的原则，实施涉案冻结资金返还工作。

银行业金融机构应当依照有关法律、行政法规和本规定，协助公安机关实施涉案冻结资金返还工作。

第四条 公安机关负责查清被害人资金流向，及时通知被害人，并作出资金返还决定，实施返还。

银行业监督管理机构负责督促、检查辖区内银行业金融机构协助查询、冻结、返还工作，并就执行中的问题与公安机关进行协调。

银行业金融机构依法协助公安机关查清被害人资金流向，将所涉资金返还至公安机关指定的被害人账户。

第五条 被害人在办理被骗（盗）资金返还过程中，应当提供真实有效的信息，配合公安机关和银行业金融机构开展相应的工作。

被害人应当由本人办理冻结资金返还手续。本人不能办理的，可以委托代理人办理；公安机关应当核实委托关系的真实性。

被害人委托代理人办理冻结资金返还手续的，应当出具合法的委托手续。

第六条 对电信网络新型违法犯罪案件，公安机关冻结涉案资金后，应当主动告知被害人。

被害人向冻结公安机关或者受理案件地公安机关提出冻结涉案资金返还请求的，应当填写《电信网络新型违法犯罪涉案资金返还申请表》（附件1）。

冻结公安机关应当对被害人的申请进行审核，经查明冻结资金确属被害人的合法财产，权属明确无争议的，制作《电信网络新型违法犯罪涉案资金流向表》和《呈请返还资金报告书》（附件2），由设区的市一级以上公安机关批准并出具《电信网络新型违法犯罪冻结资金返还决定书》（附件3）。

受理案件地公安机关与冻结公安机关不是同一机关的，受理案件地公安机关应当及时向冻结公安机关移交受、立案法律手续、询问笔录、被骗盗银行卡账户证明、身份信息证明、《电信网络新型违法犯罪涉案资金返还申请表》等相关材料，冻结公安机关按照前款规定进行审核决定。

冻结资金应当返还至被害人原汇出银行账户，如原银行账户无法接受返还，也可以向被害人提供的其他银行账户返还。

第七条 冻结公安机关对依法冻结的涉案资金，应当以转账时间戳（银行电子系统记载的时间点）为标记，核查各级转账资金走向，一一对应还原资金流向，制作《电信网络新型违法犯罪案件涉案资金流向表》。

第八条 冻结资金以溯源返还为原则，由公安机关区分不同情况按以下方式返还：

（一）冻结账户内仅有单笔汇（存）款记录，可直接溯源被害人的，直接返还被害人；

（二）冻结账户内有多笔汇（存）款记录，按照时间戳记载可以直接溯源被害人的，直接返还被害人；

（三）冻结账户内有多笔汇（存）款记录，按照时间戳记载无法直接溯源被害人的，按照被害人被骗（盗）金额占冻结在案资金总额的比例返还（返还计算公式见附件4）。

按比例返还的，公安机关应当发出公告，公告期为30日，公告期间内被害人、其他利害关系人可就返还冻结提出异议，公安机关依法进行审核。

冻结账户返还后剩余资金在原冻结期内继续冻结；公安机关根据办案需要可以在冻结期满前依法办理续冻手续。如查清新的被害人，公安机关可以按照本规定启动新的返还程序。

  第九条 被害人以现金通过自动柜员机或者柜台存入涉案账户内的，涉案账户交易明细账中的存款记录与被害人笔录核对相符的，可以依照本规定第八条的规定，予以返还。

  第十条 公安机关办理资金返还工作时，应当制作《电信网络新型违法犯罪冻结资金协助返还通知书》（附件5），由两名以上公安机关办案人员持本人有效人民警察证和《电信网络新型违法犯罪冻结资金协助返还通知书》前往冻结银行办理返还工作。

  第十一条 立案地涉及多地，对资金返还存在争议的，应当由共同上级公安机关确定一个公安机关负责返还工作。

  第十二条 银行业金融机构办理返还时，应当对办案人员的人民警察证和《电信网络新型违法犯罪冻结资金协助返还通知书》进行审查。对于提供的材料不完备的，有权要求办案公安机关补正。

  银行业金融机构应当及时协助公安机关办理返还。能够现场办理完毕的，应当现场办理；现场无法办理完毕的，应当在三个工作日内办理完毕。银行业金融机构应当将回执反馈公安机关。

  银行业金融机构应当留存《电信网络新型违法犯罪冻结资金协助返还通知书》原件、人民警察证复印件，并妥善保管留存，不得挪作他用。

  第十三条 银行业金融机构应当指定专门机构和人员，承办电信网络新型违法犯罪涉案资金返还工作。

  第十四条 公安机关违法办理资金返还，造成当事人合法权益损失的，依法承担法律责任。

  第十五条 中国银监会和公安部应当加强对新型电信网络违法犯罪冻结资金返还工作的指导和监督。

  银行业金融机构违反协助公安机关资金返还义务的，按照《银行业金融机构协助人民检察院公安机关国家安全机关查询冻结工作规定》第二十八条的规定，追究相应机构和人员的责任。

第十六条 本规定由中国银监会和公安部共同解释。执行中遇有具体应用问题，可以向银监会法律部门和公安部刑事侦查局报告。

第十七条 本规定自发布之日起施行。

附件：1. 电信网络新型违法犯罪案件冻结资金返还申请表

2. 呈请返还资金报告书

3. 电信网络新型违法犯罪冻结资金返还决定书

4. 电信网络新型违法犯罪冻结资金协助返还通知书

5. 资金返还比例计算方法

电信网络新型违法犯罪案件冻结资金
返还申请表

<table>
<tr><td rowspan="4">被害人信息</td><td colspan="7">被害人信息</td></tr>
<tr><td>姓名
（名称）</td><td>性别</td><td>身份证号
（组织机构代码）</td><td>现住址</td><td>联系方式</td><td colspan="2">返还银行账户</td></tr>
<tr><td></td><td></td><td></td><td></td><td></td><td colspan="2"></td></tr>
<tr><td colspan="6"></td><td>被害人：签名</td></tr>
<tr><td rowspan="5">立案单位</td><td colspan="3">立案（受理）单位</td><td colspan="3">立案编号（受案编号）</td></tr>
<tr><td colspan="2">涉案账户</td><td></td><td colspan="2">被骗金额</td><td></td></tr>
<tr><td colspan="6">办案人：签名（两名）</td></tr>
<tr><td rowspan="2">办理意见</td><td colspan="5">

签名：（加盖公章）</td></tr>
<tr><td colspan="5">时间：　　年　　月　　日</td></tr>
<tr><td rowspan="5">冻结单位</td><td colspan="3">冻结单位</td><td colspan="3">办案人：签名（两名）</td></tr>
<tr><td colspan="2">冻结银行账户</td><td></td><td colspan="2">冻结金额</td><td></td></tr>
<tr><td rowspan="3">办理意见</td><td colspan="5">

签名：（加盖公章）</td></tr>
<tr><td colspan="5">时间：　　年　　月　　日</td></tr>
</table>

附件 2

领导 批示	
审核 意见	

呈请返还资金报告书

返还银行帐号：×××××××××××××××××××× 。返还
金额：×××××××

返还财产理由：

_____

_____

_____

综上所述，根据《中华人民共和国刑事诉讼法》第二百三十
四条之规定及《电信网络新型违法犯罪案件冻结资金返还若干规
定》，呈请对被害人×××涉案资金予以返还。

妥否，请领导批示。

×××××××单位

侦查员：××× ×××

年 月 日

附件 3

（公安机关全称）

电信网络新型违法犯罪冻结资金返还决定书

　　　　　　　　　　× 公 × 刑返字〔　　　〕　　　号

　　我局在侦查_____案件中查明，_____公安机关冻结的资金确属被害人_____（性别_____，出生日期_____，身份证件种类及号码_____，_____，住址_____）所有。根据《中华人民共和国刑事诉讼法》第二百三十四条和《中国银监会、公安部关于电信网络新型违法犯罪案件冻结资金返还的若干规定》之规定，决定将_____银行的_____账户（账户号码_____）中的_____资金返还至_____银行的_____账户（账户号码_____）中。

（公章）

年　　　月　　　日

526

附

（公安机关全称）

电信网络新型违法犯罪冻结资金返还决定书

（存根）

×公刑返字〔　　〕　　号

案件名称_____

案件编号_____

被害人_____

出生日期_____

住址_____

单位及其职业_____

返还账号_____

返还金额_____

接收账号_____

批准人_____

批准时间_____

办案人_____

办案单位_____

填发时间_____

填发人_____

附件4

资金返还比例计算方法

 冻结公安机关逐笔核对时间戳，按所拦截的资金来源区分被害人资金份额。若冻结账户为A账户；冻结账户的上级账户为B账户，B账户内有多笔资金来源；B账户的上级账户为C账户，C账户内的资金可明确追溯单一被害人资金。

 C账户应分配的资金$= \dfrac{\text{特定时间戳C账户汇入B账户的资金额}}{\text{特定时间戳B账户内资金余额}}$
$\times$特定时间B账户资金汇入A账户的冻结资金额

 C账户可分配资金若不能明确对应至单一被害人资金的，应参照前述所列公式，将C账户可分配资金视作公式中的"冻结账户金额"向上一级账户溯源分配，依此类推。

 举例说明：

 2016年3月事主王某被电信网络诈骗100万元，事主账号为62226001400×××2209，被犯罪嫌疑人通过逐层转账的方式转至下级账号。

 出账：于3月16日13时20分10秒被网银转到账号62226009100×××4840金额100万元。

 出账：于13时21分05秒分别网银转账到62128802000×××5406金额50万元，账号62170017000×××9449金额50万元。

 出账：62128802000×××5406金额50万元又分别于13时21分56秒转到62220213060×××5495账号金额20万元和62170017000×××5431账号金额30万元。

 进账：与此同时62170017000×××5431账号于13时22分18秒又收到账号62148302×××1469网银转来金额15万元。

 出账：62170017000×××5431账号又于13时23分50秒分

别通过网银转账转至 62178663000×××7604 账号金额 10 万元，转至 62258801×××0272 账号金额 35 万元。

出账：62258801×××0272 账号于 13 时 25 分 01 秒转至另一账号 18 万元。

冻结：62258801×××0272 账号于 13 时 25 分 30 秒该账号被我公安机关冻结，共冻结金额 17 万元。

通过以上案例，对照公式，其中 13 时 25 分 30 秒 62258801×××0272 账号为特定时间戳 A，13 时 23 分 50 秒 62170017000×××5431 账号为特定时间戳 B，13 时 21 分 56 秒 62128802000×××5406 账号为特定时间戳 C，事主王某应返还钱款计算公式为：$\dfrac{30}{45} \times 17 = 22.33$ 万元。

附件5

（公安机关全称）

电信网络新型违法犯罪冻结资金协助返还通知书

（存根）

×公×刑返通字〔　　〕　号

案件名称＿＿＿＿＿＿＿＿＿＿＿＿＿＿＿＿＿＿＿

案件编号＿＿＿＿＿＿＿＿＿＿＿＿＿＿＿＿＿＿＿

被害人＿＿＿＿＿＿＿＿＿＿＿＿＿＿＿＿＿＿＿＿

身份证号＿＿＿＿＿＿＿＿＿＿＿＿＿＿＿＿＿＿＿

协助返还单位＿＿＿＿＿＿＿＿＿＿＿＿＿＿＿＿＿

被冻结账号＿＿＿＿＿＿＿＿＿＿＿＿＿＿＿＿＿＿

返还金额＿＿＿＿＿＿＿＿＿＿＿＿＿＿＿＿＿＿＿

返还接收账号＿＿＿＿＿＿＿＿＿＿＿＿＿＿＿＿＿

批准人＿＿＿＿＿＿＿＿＿＿＿＿＿＿＿＿＿＿＿＿

批准时间＿＿＿＿＿＿＿＿＿＿＿＿＿＿＿＿＿＿＿

办案人＿＿＿＿＿＿＿＿＿＿＿＿＿＿＿＿＿＿＿＿

办案单位＿＿＿＿＿＿＿＿＿＿＿＿＿＿＿＿＿＿＿

填发时间＿＿＿＿＿＿＿＿＿＿＿＿＿＿＿＿＿＿＿

填发人＿＿＿＿＿＿＿＿＿＿＿＿＿＿＿＿＿＿＿＿

（公安机关全称）

电信网络新型违法犯罪冻结资金协助返还通知书

×公×刑返通字〔　　　〕　　号

_____：

根据《中华人民共和国刑事诉讼法》_____条和《中国银监会、公安部关于电信网络新型违法犯罪案件冻结资金返还的若干规定》之规定，请予返还×××（性别____，出生日期_____身份证号码：_____）的下列财产：

类型（名称）_____

所在机构_____

户名或权利人_____

被冻结账号_____

返还接收账号_____

返还金额（大、小写）_____

公安局（印）

年　　月　　日

（公安机关全称）

电信网络新型违法犯罪冻结资金协助返还通知书

（回执）

×公×刑返通字〔　　　〕　　号

_____：

　　根据你局通知，_____

_____

_____

_____

_____

_____

_____

已于×年×月×日返还，此复。

协助返还单位（印）

年　　月　　日

公 安 部

关于印发《公安机关办理刑事案件电子数据取证法律文书式样（试行）》的通知

（2019 年 1 月 24 日　公通字〔2019〕4 号）

各省、自治区、直辖市公安厅、局，新疆生产建设兵团公安局：

　　为规范公安机关办理刑事案件电子数据取证过程中法律文书的使用，根据《公安机关办理刑事案件电子数据取证规则》（公通字〔2018〕41 号），公安部制定了《公安机关办理刑事案件电子数据取证法律文书式样（试行）》。现印发给你们，请认真贯彻执行。

公安机关办理刑事案件电子数据取证法律文书式样（试行）

制作与使用要求

　　一、公安机关办理刑事案件电子数据取证工作过程中，应当根据不同的情形和不同的环节，选用相应法律文书。

　　二、填写文书时，应当使用能够长期保持字迹的书写工具，完整、准确、规范地填写内容。

　　三、文书编号按照以下要求填写：首位"×"处填写制作法律文书的机关代字；"（　）"处填写办案部门简称；"（　）"和"字"之间的部分为文书名称简称；"〔　〕"内填写年度；

"　号"处填写该文书的顺序编号。

四、文书中"姓名""出生日期"按照以下要求填写："姓名",是指户籍登记注明的常用姓名。"出生日期",以公历(阳历)为准,具体到年月日。

五、填写各类清单时,"编号"栏一律采取阿拉伯数字,按材料、物品的排列顺序从"1"开始逐次填写。"名称"栏填写材料、物品的名称;"数量"栏填写材料、物品的数量,使用阿拉伯数字填写;"特征"栏填写物品的品牌、型号、颜色、新旧等特点。表格多余部分应当用斜对角线划掉。

六、刑事案件现场勘查、搜查、逮捕时,按照《公安机关刑事法律文书式样》制作相关笔录,提取电子数据的,还需制作《电子数据现场提取笔录》。

七、扣押、封存原始存储介质时,按照《公安机关刑事法律文书式样》制作相关笔录,开具《扣押清单》。

八、对原始存储介质采取登记保存措施时,按照《公安机关刑事法律文书式样》制作《登记保存清单》。

九、调取电子数据时,按照《公安机关刑事法律文书式样》制作《调取证据通知书》等法律文书。

十、一式多份的文书在制作时应当保持同一项目填写内容一致。

十一、文书制作统一使用国际标准 A4 型纸。

十二、文书制作、填写、印制的其他要求参照《公安机关刑事法律文书式样》相关规定执行。

十三、办理刑事案件电子数据取证工作中需要的其他法律文书,由各省级公安机关统一制定。

十四、该文书式样自 2019 年 2 月 1 日启用。

目　录

电子数据现场提取笔录

时间_____年_____月_____日_____时_____分

　　至_____年_____月_____日_____时_____分

地点：_____

指挥人员姓名、单位：_____

侦查人员姓名、单位：_____

记录人姓名、单位：_____

电子数据来源：_____

电子数据持有人（提供人）：_____

见证人：_____

提取对象：_____

_____

事由及目的：_____

_____

过程、方法及结果：_____

_____

不能扣押原始存储介质的原因：_____

原始存储介质的存放地点：_____

备注：_____

　　　　　　　　　　侦查人员：_____

____电子数据持有人（提供人）／见证人：_____

　　　　　　　　　　记录人：_____

电子数据提取固定清单

案由					
提取固定时间					
电子数据	类别	来源	文件格式	完整性校验值	备注

电子数据持有人（提供 　　　　侦查人员： 　　　　办案单位（盖章）

人）/见证人（适用时）：

　　年　　月　　日 　　　年　　月　　日 　　年　　月　　日

网络在线提取笔录

时间_____年_____月_____日_____时_____分
　至_____年_____月_____日_____时_____分

地点：_____

侦查人员姓名、单位：_____

记录人姓名、单位：_____

电子数据来源：_____

提取对象：_____

_____

_____

事由及目的：_____

_____

_____

过程、方法及结果：_____

不能扣押原始存储介质的原因：_____

_____

_____

_____

备注：_____

_____

侦查人员：_____

记录人：_____

远程勘验笔录

时间_____年_____月_____日_____时_____分

　　至_____年_____月_____日_____时_____分

地点：_____

指挥人员姓名、单位：_____

侦查人员姓名、单位：_____

记录人姓名、单位：_____

见证人：_____

远程勘验对象：_____

_____

事由及目的：_____

_____

过程、方法及结果：_____

_____

备注：_____

_____

_____

指挥人员：_____

侦查人员：_____

见证人：_____

记录人：_____

图片记录表

编号	
备注	

(照片粘贴到此处)

***公安局

协助冻结/解除冻结
电子数据通知书

（存根）

×公（ ）冻电/解冻电字〔 〕 号

案件名称＿＿＿＿＿＿＿＿＿＿＿＿＿＿
案件编号＿＿＿＿＿＿＿＿＿＿＿＿＿＿
犯罪嫌疑人＿＿＿＿＿＿＿＿＿＿ 男/女
出生日期＿＿＿＿＿＿＿＿＿＿＿＿＿＿
协助冻结单位＿＿＿＿＿＿＿＿＿＿＿＿
冻结/解除冻结原因＿＿＿＿＿＿＿＿＿
网络应用账号等信息＿＿＿＿＿＿＿＿
冻结/解除冻结时间＿＿＿＿＿＿＿＿＿
批准人＿＿＿＿＿＿＿＿＿＿＿＿＿＿＿
批准时间＿＿＿＿＿＿＿＿＿＿＿＿＿＿
办案人＿＿＿＿＿＿＿＿＿＿＿＿＿＿＿
办案单位＿＿＿＿＿＿＿＿＿＿＿＿＿＿
填发时间＿＿＿＿＿＿＿＿＿＿＿＿＿＿
填发人＿＿＿＿＿＿＿＿＿＿＿＿＿＿＿

***公安局

协助冻结/解除冻结
电子数据通知书

×公（　）冻电/解冻电字〔　　〕　号

_____：

　　根据《关于办理刑事案件收集提取和审查判断电子数据若干问题的规定》第十一条之规定，请予冻结/解除冻结犯罪嫌疑人_____（性别____出生日期_____）的下列电子数据：

名称（类型）_____

所在机构_____

网络应用账号等信息_____

_____

_____

冻结范围_____

其他_____

冻结时间从____年___月___日起至____年___月___日止。

公安局（印）

年　　月　　日

此联交协助单位

***公安局

协助冻结/解除冻结
电子数据通知书

（回执）

×公（　　）冻电/解冻电字〔　　　〕　　号

＿＿＿＿＿＿＿＿＿公安局：

　　根据你局通知，犯罪嫌疑人＿＿＿＿＿在＿＿＿＿＿的＿＿＿＿＿

已冻结/解除冻结，此复。

协助冻结/解除冻结单位（印）
年　　月　　日

此联由协助单位填写退通知机关附卷

电子数据检查笔录

时间＿＿＿＿年＿＿＿＿月＿＿＿＿日＿＿＿＿时＿＿＿＿分

至＿＿＿＿年＿＿＿＿月＿＿＿＿日＿＿＿＿时＿＿＿＿分

地点：＿＿＿＿＿＿＿＿＿＿＿＿＿＿＿＿＿＿＿＿＿＿＿＿＿＿＿

指挥人员姓名、单位、职务：＿＿＿＿＿＿＿＿＿＿＿＿＿＿＿

侦查人员姓名、单位、职务：＿＿＿＿＿＿＿＿＿＿＿＿＿＿＿

记录人姓名、单位：＿＿＿＿＿＿＿＿＿＿＿＿＿＿＿＿＿＿＿

送检人姓名、单位：＿＿＿＿＿＿＿＿＿＿＿＿＿＿＿＿＿＿＿

检查对象：＿＿＿＿＿＿＿＿＿＿＿＿＿＿＿＿＿＿＿＿＿＿＿

检查目的：＿＿＿＿＿＿＿＿＿＿＿＿＿＿＿＿＿＿＿＿＿＿＿

＿＿＿＿＿＿＿＿＿＿＿＿＿＿＿＿＿＿＿＿＿＿＿＿＿＿＿＿

对象封存、固定状况：＿＿＿＿＿＿＿＿＿＿＿＿＿＿＿＿＿＿

＿＿＿＿＿＿＿＿＿＿＿＿＿＿＿＿＿＿＿＿＿＿＿＿＿＿＿＿

＿＿＿＿＿＿＿＿＿＿＿＿＿＿＿＿＿＿＿＿＿＿＿＿＿＿＿＿

过程、方法及结果：＿＿＿＿＿＿＿＿＿＿＿＿＿＿＿＿＿＿＿

＿＿＿＿＿＿＿＿＿＿＿＿＿＿＿＿＿＿＿＿＿＿＿＿＿＿＿＿

＿＿＿＿＿＿＿＿＿＿＿＿＿＿＿＿＿＿＿＿＿＿＿＿＿＿＿＿

备注：＿＿＿＿＿＿＿＿＿＿＿＿＿＿＿＿＿＿＿＿＿＿＿＿＿＿

＿＿＿＿＿＿＿＿＿＿＿＿＿＿＿＿＿＿＿＿＿＿＿＿＿＿＿＿

指挥人员：＿＿＿＿＿＿＿＿

侦查人员：＿＿＿＿＿＿＿＿

记录人：＿＿＿＿＿＿＿＿

电子数据侦查实验笔录

时间_____年_____月_____日_____时_____分

至_____年_____月_____日_____时_____分

地点：_____

指挥人员姓名、单位、职务：_____

侦查人员姓名、单位、职务：_____

记录人姓名、单位：_____

对象：_____

事由和目的：_____

_____

侦查实验的条件：_____

_____

_____

过程、方法及结果：_____

_____

_____

备注：_____

_____

指挥人员：_____

侦查人员：_____

记录人：_____

公安部办公厅

关于修改和补充部分刑事法律
文书式样的通知

（2020 年 8 月 21 日　公法制〔2020〕1009 号）

各省、自治区、直辖市公安厅、局，新疆生产建设兵团公安局：

　　为了贯彻修改后的刑事诉讼法和《公安机关办理刑事案件程序规定》，规范公安机关刑事执法活动，公安部对《公安机关刑事法律文书式样（2012 版）》中的部分法律文书式样进行修改和补充，其中，对《犯罪嫌疑人诉讼权利义务告知书》《被害人诉讼权利义务告知书》《证人诉讼权利义务告知书》《提请批准逮捕书》《起诉意见书》《扣押清单》《查封/解除查封清单》7 个法律文书式样进行了修改，补充了《准许被取保候审人离开所居市县决定书》《准予补充鉴定/重新鉴定决定书》《不准予补充鉴定/重新鉴定决定书》3 个法律文书式样（见附件）。现就有关事项和工作要求通知如下：

　　一、修改的主要内容

　　（一）对有关诉讼权利义务告知书进行修改。根据刑事诉讼法以及 2019 年最高人民法院、最高人民检察院、公安部、国家安全部、司法部《关于适用认罪认罚从宽制度的指导意见》（以下简称《指导意见》）要求，在《犯罪嫌疑人诉讼权利义务告知书》中增加了向犯罪嫌疑人告知认罪认罚从宽处理和依法申请法律援助、向值班律师寻求法律帮助等权利，进一步保障犯罪嫌疑人的合法权利。

（二）对《提请批准逮捕书》《起诉意见书》进行修改。根据刑事诉讼法、《指导意见》以及最高人民检察院、公安部《关于逮捕社会危险性条件若干问题的规定（试行）》的规定，在《提请批准逮捕书》中增加公安机关对符合逮捕条件进行说明的内容；在《起诉意见书》中增加公安机关可以依法向检察机关建议适用速裁程序的内容；在这两种文书中均增加对犯罪嫌疑人自愿认罪认罚的，要简要写明相关情况的要求。

（三）对查封、扣押措施相关法律文书进行完善。为了防止随意查封、扣押，在《扣押清单》《查封/解除查封清单》中增加了"法律文书号"。

（四）新增了法律文书式样。为规范取保候审执行和鉴定活动，新增加了《准许被取保候审人离开所居市县决定书》《准予补充鉴定/重新鉴定决定书》《不准予补充鉴定/重新鉴定决定书》3个法律文书式样。

二、工作要求

（一）组织学习培训。各地要通过多种形式和载体，组织广大民警特别是一线办案人员、审核审批人员及时学习，熟悉掌握此次修改和补充法律文书式样的具体内容和制作使用要求。

（二）确保规范使用。此次对法律文书式样的修改和补充，体现了修改后的刑事诉讼法和《公安机关办理刑事案件程序规定》对公安机关执法办案提出的新要求，各地要严格贯彻落实，保证办案质量，防止出现执法问题。特别是要规范查封、扣押、冻结措施的适用，对于涉案金融账户内的财产，只能依法采取冻结措施，严禁以任何方式变相扣押。扣押财物、文件的，要在《扣押清单》中填写《扣押决定书》文号；如果是在执行拘留、逮捕或者搜查过程中进行扣押的，应当填写《搜查证》《拘留证》《逮捕证》等法律文书号，但扣押财物、文件价值较高或者可能严重影响正常生产经营的，应当制作《扣押决定书》，并在《扣押清单》中填写该法律文书号。对于查封、解除查封的，要在《查封/解除查封清单》中填写《查封决定书》《协助解除查封通知书》等法律文书号。

（三）做好办案信息系统中法律文书的更新。请各省级公安机关按照本通知确定的新式样对执法办案信息系统中的相关法律文书进行更新。对公安部未制定统一法律文书式样的，各省级公安机关可以根据实际需要制定。

各地执行中遇到的问题，请及时报部法制局。

附件：1. 犯罪嫌疑人诉讼权利义务告知书（略）

2. 被害人诉讼权利义务告知书（略）

3. 证人诉讼权利义务告知书（略）

4. 提请批准逮捕书（略）

5. 起诉意见书（略）

6. 扣押清单（略）

7. 查封/解除查封清单（略）

8. 准许被取保候审人离开所居市县决定书（略）

9. 准予补充鉴定/重新鉴定决定书（略）

10. 不准予补充鉴定/重新鉴定决定书（略）